商业保理法律实务与案例

叶正欣　万　波　主编

复旦大学出版社

序一 关于保理业务的几点认识

依据提供服务的主体不同，我国保理行业分为银行保理和商业保理两大板块。根据国际保理商联合会(Factoring Chain International，以下简称“FCI”)的统计，自2011年以来，我国已经连续四年成为全球最大的保理市场。由于商业保理行业2013年刚刚起步，业务规模尚小，所以目前我国绝大部分的保理业务来自于银行保理板块。当前，我国保理行业呈现出多元、快速、创新的发展态势，成为国内外贸易融资领域关注的焦点。

然而，在我国保理业务量领先全球和商业保理市场蓬勃发展的同时，国际保理界同仁对我国保理行业的质疑声也一直不断，我国很多保理专家也表达了相似的观点：中国目前开展的“保理业务”是否是真正的保理业务，中国商业保理行业是否会重蹈台湾地区保理公司的覆辙而最终消失等等。对此，我们应该给予高度重视，并结合中国保理实践的发展进行深入研究。下面，根据我对国内外保理市场的调研和观察，谈一下关于保理业务的几点认识，供大家参考。

一、保理业务的内涵与外延

根据FCI的定义，保理业务是指保理商以受让供应商因销售商品或提供服务而产生的应收账款为前提，为供应商提供的(如下四项服务中的两项以上)综合性金融服务：① 应收账款融资；② 销售分户账管理；③ 账款催收；④ 坏账担保。《牛津简明词典》对保理业务的定义更加简明扼要、直指本质：保理业务是指从他人手中以较低的价格购买债权，并通过收回债权而获利的经济活动。

根据上述定义，保理业务是以应收账款转让和受让为前提，其本质是应收账款资产的买卖。以此为基础，受让了应收账款资产的保理商为卖方提供应收账款融资、买方付款风险担保和应收账款管理和催收等综合性服务。因此，保理业务不是一般流动资金贷款，也不是应收账款质押融资，不能将二者混为一谈。根据我的观察，国际上之所以质疑我们的保理业务，是因为我们一些银行和保理公司打着保理的名义，实际做的是流动资金贷款或应收账款质押融资。

目前，我国相关政策法规条文基本还是遵循上述保理定义的，只不过根据实践发展，我国已经把因租赁资产而产生的应收账款也纳入了保理业务的服务范围。但对于尚未履行完基础合同义务的未来应收账款可否开展保理服务、对债务人或债权人为个人的应收账款可否列入保理服务范围、对提供金融服务产生的债权、因票据或有价证券而产生的付款请求权等可否列入保理服务存在较大争论。

二、保理业务的起源与发展

保理业务起源于商务代理活动。根据资料记载，最早的保理业务可以追溯到 5 000 年前的古巴比伦时期。当时，保理商作为供应商的代理人，承担商品推广、分销、存储、运输和收款等职能，偶尔也承担坏账担保和预付款融资等功能。也就是说，最初的保理商承担了现在销售代理、物流服务和现代保理服务的全部功能。

现代保理业务起源于 17 世纪末 18 世纪初的英国。当时因工业革命的影响，英国的纺织工业得到了迅猛发展，向海外销售纺织品成为资本主义初期经济扩张的必由之路。由于出口商对进口商当地的市场情况和客户资信了解甚少，因而多以寄售方式销售，进口商负责货物的仓储、销售和收款，并在某些情况下提供坏账担保和融资服务。

19 世纪后半叶，美国作为英国的海外殖民地，吸收了大量的欧洲移民，而英国经济正处于蓬勃发展阶段，向海外大量销售消费品。为保障贸易的顺利进行，英国出口商在美洲当地选择了一些商务代理机构，负责销售货物并保证货款的及时结清。随着交通和通信技术的发展，后来部分代理机构逐渐将销售和存储职能剥离出去，专门负责债权收购和坏账担保，演变成为为供应商提供应收账款融资和买方付款担保的现代保理服务。1889 年，纽约一家名为澳尔伯·多梅里克的保理公司率先宣布放弃传统的货物销售代理和仓储职能，但继续为其委托人(欧洲的出口商)提供收购应收账款债权和担保付款的服务，成为美国现代保理业务诞生的标志性事件。

20 世纪 60 年代，美式保理传入英国，并与英式保理(主要形式是银行提供的以不通知买方为特征的“发票贴现”业务)融合,并逐渐在欧美国家流行,70年代后传入亚洲。

随着保理行业的发展与完善,国际保理组织也日益成熟。2016年之前,国际上规模较大的保理行业组织有国际保理商联合会和国际保理商组织。FCI成立于1968年,总部设在荷兰的阿姆斯特丹。FCI共有280多个会员,遍布全球73个国家和地区,为目前全球最大的国际保理商组织。国际保理商组织(International Factors Group,以下简称“IFG”)成立于1963年,是全球第一个国际保理商组织,总部设在比利时的布鲁塞尔。IFG共有160多个会员,遍布全球60多个国家和地区,是全球第二大的国际保理商组织。2015年10月,两大国际保理组织决定合并,合并后的机构将统一使用FCI的名义。两大国际保理组织合并后,将在全球范围内加强保理行业发展的规范性,建立统一规则,整合数据交换系统,以此来帮助保理企业降低支出,提高抵抗风险的能力,同时积累更准确的数据,为行业的发展做出合理预测,推动全球贸易经济发展。

三、保理业务引入中国

我国保理业务起步于1987年。当年中国银行与德国贴现与贷款公司签署了国际保理总协议,在我国率先推出国际保理业务,成为中国第一家保理商,标志着保理业务在我国的正式登陆。1992年2月,中国银行成功申请加入FCI,并成为我国首家FCI会员。

1991年4月,应FCI秘书处邀请,原外经贸部计算中心(现商务部研究院)组织商务部、中国银行总行等9名专家赴荷兰、德国和英国考察保理业务,并正式将“Factoring”的中文译名确定为“保理”,促进了保理业务在中文地区的推广。之前香港地区将保理业务译为“销售保管服务”,台湾地区将其译为“应收账款管理服务”,新加坡则直接将其音译为“发达令”,寓意为使用了保理服务,企业就可以生意兴隆、事业发达。

2002年初发生的南京爱立信“倒戈”事件有力地促进了银行保理业务的发展。由于中资银行无法提供“应收账款融资”业务,2002年初,年结算信贷业务量达20多亿元的南京熊猫爱立信公司将其结算银行转移到外资银行,此事发生在中国刚刚加入世界贸易组织(WTO)的背景下,被媒体广泛报道,引起了央行的重视,由此推动了中国银行界普遍开始重视保理业务。为了防止此类事件的再次发生,同时保持住优质的客户资源,各家银行不约而同地加快推进了保理业务,我国保理业务也开始进入快速发展阶段。

在商业保理领域,2009年10月,经国务院同意,国家发改委批复天津滨海新区综合改革方案,可以在滨海新区设立保理公司。之后天津出现了30家左右以国际保理为业务方向的保理公司。但由于外汇政策不配套等多种原因,绝大多数公司业务没有开展起来,逐渐停业转型。2010年以后,天津又陆续成立了一些以国内保理业务为主的保理公司,商业保理业务得以快速发展。

随着国家商务部2012年6月下发《关于商业保理试点有关工作的通知》及之后出台的诸多文件,天津滨海新区、上海浦东新区、深圳前海、广州南沙、珠海横琴、重庆两江新区、江苏苏南地区、浙江、北京等地陆续开始商业保理试点,各地商业保理公司如雨后春笋般迅速发展。

四、保理是最适合成长型中小企业的贸易融资工具

提到保理业务,人们普遍认为它是面向中小企业、服务实体经济的贸易融资工具,但是,保理并不适用于所有的小微企业,它最适合于成长型的中小企业。一般而言,成长型中小企业产品和客户趋于稳定,同时业务进入快速发展期,其最大的资产就是应收账款,约占其总资产的60%,但又达不到银行贷款条件(没有足够的抵押担保和信用评级),也达不到资本市场融资条件,如果其买方的付款信用较好,那么保理业务就是其最适合的融资工具。

国内外的保理实践也表明,保理业务通过盘活中小企业的流动资产,加速应收账款回收,提高了企业运营效率,有效地支持了实体经济的发展。近年来,我国加快推动金融市场化改革,提倡金融回归服务实体经济,保理业务基于真实贸易背景、可实现对实体中小企业的精准滴灌,其作用应该给予高度重视。

五、保理是逆经济周期而行的现代信用服务业

在金融危机或经济下行周期,市场信用风险快速上升,一般金融机构均会采取信贷收缩政策,导致市场流动性缺乏。但此时企业应收账款规模和拖欠增多,对应收账款融资和管理需求更大更迫切;同时,保理业务依托先进的风险控制模式(与核心企业信用进行捆绑)和可靠的还款来源(核心企业付款为第一还款来源),是风险相对较小的融资工具,因此保理业务具有逆经济周期而行的特点,可以发挥其他金融工具无法替代的作用。例如,根据FCI的统计,在国际金融危机期间,2009~2013年全球保理业务量增长了0.74倍,净增9 500亿欧元,年均增

速达14.8%，是同期GDP增速的4倍，而且FCI会员无一倒闭。2013年全球保理业务量首超3万亿美元。2014年全球保理业务同比继续增长3.6%，总量达到2.311万亿欧元，创历史新高。

六、保理代表了贸易金融业发展的方向

尽管保理业务在欧美国家已经有60多年广泛开展的历史，但近年来在欧美国家仍呈现快速发展态势，尤其是近20年来，年平均增长率达到11%。欧洲一直占据全球保理市场的60%，2014年仍保持了9.8%的增长，保理业务量2014年达到1.487万亿欧元，是2011年以来增长最快的一年。其中英国2014年同比增长了22%，达到3 761亿欧元，其保理业务量占GDP的比重达到16.8%，继续领跑各大洲保理市场，值得高度关注。

根据FCI提供的资料，欧洲保理业务之所以近年来持续快速发展，是因为各商业银行均将保理作为战略重点业务给予了高度重视。由此可见，保理这一古老的融资工具因其基于真实贸易背景、可有效解决中小企业融资难题、逆经济周期而行等特点，在当前全球经济尚处在艰难复苏时期具有重要的现实意义，代表了贸易融资的发展方向。

2014年，全球国内保理业务量达到1.853万亿欧元，占全部保理业务量的80%，同比增长1.37%；国际保理业务量达到4 850亿欧元，占全部保理业务量的20%，同比增长14%。国际保理业务增速是国内保理业务增速的10倍多，是未来保理业务增长的重要驱动力。

七、我国商业保理行业的发展趋势

2013年以来，我国商业保理行业发展迅猛。根据中国服务贸易协会商业保理专业委员会的统计，截至2015年底，全国已注册商业保理法人企业2 346家(其中2015年新注册1 217家)，2015年保理业务量达到2 000多亿元，保理余额达到500亿元左右。除遵循一些与国外保理行业共同的发展规律外，中国商业保理行业的最大亮点是与电子商务、互联网金融和资产证券化的融合创新，这个领域也是保理业务增长最快的领域。例如，某大型电子商务平台下属保理公司，其保理业务已实现全程在线化管理，2014年第一年作业，保理业务量就达到120多亿元，2015年业务量达到350亿元，基本实现对平台供应商的全覆盖，平均放款速度在供应商申请后3分钟左右，年化利率控制在9%左右，有效满足了平台

供应商的融资需求。

同时，中国商业保理行业存在市场认知度低、政策法规不完善、征信体系不健全、融资渠道不畅、融资成本较高、专业人才缺乏，以及由于前期操作不慎导致的资产质量不高，在经济下行形势下部分风险开始暴露等问题。

在我国商业保理快速发展的同时，受监管政策收紧和市场风险加大、银行主动收缩等因素影响，银行保理业务2014年出现了下降的趋势。据中国银行业协会保理专业委员会统计，2014年银行保理业务量为2.71万亿元人民币，同比下降14.8%；其中，国内保理1.97万亿元，同比下降20.9%；国际保理1 211亿美元，同比上升6.13%。中国银行保理没有像欧美国家一样呈现出逆经济周期而行的特点，是否恰恰证明了我国银行所做的部分保理业务不是真正的“保理业务”，仍需要进一步研究。

总体来看，基于庞大的市场需求，只要我国商业保理行业沿着正确的发展路径，其前景是非常看好的。商业保理正确的发展路径应该是：专注细分行业领域，与银行等金融机构紧密合作，与电子商务、互联网金融、供应链金融、资产证券化等业务融合创新，从而实现依托供应链（核心企业）、建立（上下游企业）信用链、疏通（中小企业）融资链、提升（中小企业）价值链的目标，助力我国实体经济转型升级。

预计随着中国金融市场化改革的推进和互联网经济的快速发展，未来中国商业保理行业前景光明。预计“十三五”期间将是我国商业保理大发展时期，到2020年业务规模将达到万亿级规模，占到中国整个市场的三分之一。

商务部研究院信用与电子商务研究所所长
中国服务贸易协会商业保理专委会常务副主任兼秘书长 韩家平

2016年2月28日于北京

序二　致行业之兴者在于人才

“治国经邦，人才为急。”无论哪一行，都需要专业的技能和专门的人才。商业保理是当今全球贸易金融创新发展的方向，是国家正在推动试点发展的新兴业态。培养具有国际视野、专业技能和管理经验的人才队伍，对商业保理行业的发展具有重要的战略意义。

人才奇缺是企业最大的焦虑，本领恐慌是人才最大的恐慌。自2012年国家商务部推动商业保理试点工作以来，商业保理企业注册数量呈现井喷式发展的态势，由初期的数十家增长到2015年底的2 346家，有没有懂保理、会管理、符合资质要求的高管人员和有没有具备商业保理专业技能的业务骨干，已经成为商业保理企业完成组建和开展业务的制约条件。

目前，国内高等院校尚没有开设专门的商业保理专业，也没有成体系的培训教材。商业保理行业的从业人员绝大多数来自金融机构或相关的经济领域，对商业保理知识和实务的学习大多来自于网络和零星书刊的碎片化知识。因此，建立培训体系、开发培训教材、统一行业语言、规范行业标准，是目前商业保理行业发展的一项非常重要的任务。上海立信会计金融学院在全国率先开设商业保理实验班，以时任上海金融学院国际经贸学院院长陈霜华教授为主组成的专门团队，制定了系列培训教材的编写计划，为商业保理行业的人才培养做了一件非常有意义的工作。

上海浦东新区是2012年最早被国家商务部列为行业试点的两个地区之一，上海浦东商业保理行业协会是国内最早成立的专业商业保理行业协会之一。协会一成立，就把人才培养和业务培训作为一项主要工作，时任协会副会长的上海立信会计金融学院陈霜华教授分工负责培训工作。在商务部商业保理专业委员会的支持下，上海立信会计金融学院、上海市浦东新区商务委员会、上海浦东商业保理行业协会联合开发系列培训教材，是产学研结合的创新实践，也是协会培训工作的重要抓手。

从五千年前巴比伦王朝的萌芽时期，到20世纪欧洲的成熟发展，伴随着全球贸易的发展进程，商业保理的理论和实践也在不断的丰富和创新。上海是一个在20世纪初就以“东方华尔街”的美誉远播四海的城市，国际金融中心、具有全球影响力的科技创新中心的建设和自贸区金融创新的先发优势，将会为商业保理理论和实践的创新提供更多的创新元素。我也希望，大家能够始终站在理论发展和实践探索的前沿，对教材编写和人才培训进行不断的丰富和创新。

致行业之兴者在于人才，成行业之治者在于培训。我相信，我们正在努力和将要开展的工作，将对上海市乃至全国商业保理行业的规范发展起到重要的促进作用。

是为序。

上海浦东商业保理行业协会会长
国核商业保理股份有限公司董事长 时运福

2015年10月23日于上海

前言 | PREFACE

近年来，我国的保理业务发展迅速，根据国际保理商联合会2015年发布的数据，2007—2014年，中国保理业务量年均以约43%的速度增长，2014年，中国保理业务量约为4 061亿欧元，自2011年起连续四年占据全球业务量第一。然而，保理法律的研究远远滞后，即使到现在，社会资本进入保理领域已有三年的时间，但许多立法者、法官、仲裁员、律师和保理从业人员仍对保理这项为世界广泛运用的金融工具十分陌生，这不仅衍生了许多法律风险，也极大地限制了保理商在中国现代服务领域的大展宏图。协助相关人士从实务角度出发识别和防范这些潜在的风险，正是本书出版的目的。

本书将商业保理法律实务方面的理论和知识分为基础知识、主体法律实务、运营法律实务和外部规制法律实务等四大板块，通过以点带面的方式，构建了较为完整的理论体系。以超越传统理论体系的视角，对商业保理法律实务的内涵和外延等理论问题进行了深入的阐述与理论重构，探索并尝试建立全新的理论和实务知识体系。全书侧重保理法律实务知识的介绍与分析及法律实践技能的培训，每一章以大量真实的司法案例为主，并辅以市场上最新、最及时的资讯，力争全景涵括在中国从事保理业务所可能遭遇的法律问题，期待这样的编排对读者来说更具时效性和实用性，也期待书中的一些法律思考和域外立法案例能唤起相关人士的共鸣和深入研究，最终为保理行业的健康有序发展贡献绵薄之力。

作为上海立信会计金融学院国际经贸学院和上海金茂律师事务所联合开发的国际商务专业商业保理系列教材之一，本项目得到上海立信会计金融学院获得的中央财政专项资助。本书由叶正欣和万波担任主编，共同设计、策划和组织。具体分工如下：第一章、第二章、第七章由万波编写；第三章由万波、许智尧编写；第四章由万波、段洁琦编写；第五章、第六章由施君、韩正编写；第八章由李一萌、金文玮编写；第九章由韩春燕、姜海涛、任俊、万波编写。叶正欣按照教材撰写规范提出修改意见，全书何永哲统稿、校对。本书各章文责自负。

本书在编写过程中，特别是在教材立项阶段得到了上海立信会计金融学院陈晶莹教授、刘玉平教授、陈霜华教授等专家学者的指导和帮助，教材的出版还得到复旦大学出版社的大力支持，在此一并表示感谢！

最后，本书作为首次合作开发商业保理领域教材尝试性的成果，限于作者的学术水平，加上时间仓促，难免有错漏和不妥之处，恳请专家、同行和广大读者能提出宝贵的意见，以期再版时及时更正。

目录 | CONTENTS

第一篇　商业保理基础知识

第二篇　商业保理主体法律实务

第三篇　商业保理运营法律实务

第四篇 商业保理外部规制法律实务

第一篇

商业保理基础知识

第一章

商业保理法律基础知识

本章概要

1. 本章从概念、分类、功能等层面解析了现代保理的含义。
2. 本章从国际、国内等视角认知了保理的法律体系。

第一节 认知保理

定义是法律分析和决策的基础，准确的法律定义有助于立法、司法、行业、客户在统一的认知平台上看待和对待保理。国际保理商联合会（Factors Chain International，简称 FCI）指出，给保理作一个全球通行的定义几乎是不可能的，每个国家都有自己独特的语言、习俗、金融和商业需求及各自的法律，同一种类型的保理商有不同的名字，不同种类的保理商有时也会有相同的名字。虽然如此，域外立法、国际公约和国际保理业组织的文件、我国相关法律规范都对保理进行了一定程度的定义，并形成了一定的共识。

一、保理的定义

案例 1-1　鼓楼支行诉徐州湖滨、西安经发、New Lakeside Ltd. 案

2012 年 6 月 16 日，江苏省徐州市中级人民法院审结了中国工商银行股份有限公司徐州鼓楼支行(以下简称鼓楼支行)诉湖滨果汁(徐州)有限责任公司(以下简称徐州湖滨公司)、西安经发经贸实业有限责任公司(以下简称西安经发公司)、新加坡新湖滨控股有限公司(以下简称 New Lakeside Ltd.)金融借款合同纠纷一案。

一、案情概览

2008 年 8 月 20 日,鼓楼支行与 New Lakeside Ltd. 签订《最高额保证合同》。合同约定:New Lakeside Ltd. 为徐州湖滨公司提供连带责任最高额保证,所担保的主债权为自 2008 年 8 月 20 日至 2011 年 8 月 19 日期间,在人民币 1 000 万元的最高余额内,鼓楼支行依据与徐州湖滨公司签订的借款合同、银行承兑协议、信用证开证合同、开立担保协议以及其他融资文件而享有的对徐州湖滨公司的债权,不论该债权在上述期间届满时是否已经到期;保证范围包括债权本金、利息、复利、罚息、违约金、损害赔偿金以及实现债权的费用;保证期间为自主合同项下的借款期限届满之次日起两年。2008 年 10 月 23 日和 2009 年 3 月 24 日,鼓楼支行与徐州湖滨公司分别签订了有追索权的《国内保理业务合同》各一份(合同编号分别为 2008 年古办字第 0373 号和 2009 年古办字第 0121 号),鼓楼支行据此给予其 400 万元和 600 万元的保理融资。

2009 年 10 月 21 日、12 月 16 日,鼓楼支行与徐州湖滨公司分别签订了《应收账款回购确认书》各一份,约定:按照徐州湖滨公司(销货方)与鼓楼支行(保理银行)签订的编号为 2008 年古办字第 0373 号和 2009 年古办字第 0121 号《国内保理业务合同》相关规定,徐州湖滨公司已对发票编号为 04757905 - 04757992 和 04758910 - 04758930 项下其对西安经发公司的应收账款进行回购,应收账款债权及相关权利自本确认书签署之日起由鼓楼支行转让给徐州湖滨公司。

2010 年 7 月 29 日,鼓楼支行向法院诉称,徐州湖滨公司在鼓楼支行处办理有追索权保理融资,以其与西安经发公司的应收账款作质押,同时用徐州湖滨公司的机器设备作抵押,并由 New Lakeside Ltd. 提供最高额保证。后经鼓楼支行催要,徐州湖滨公司未偿还借款本息。现请求法院判令:徐州湖滨公司、西安经发公司偿还借款本金 9 899 038.5 元及相应利息;New Lakeside Ltd. 对上述借款本息承担连带清偿保证责任;本案一切诉讼费用由被告承担。

法院另查明,2006 年 8 月 10 日和 2007 年 1 月 10 日,New Lakeside Ltd. 与西安经发公司分别签订了合作协议和果汁委托加工协议。2006 年 9 月和 2008 年 8 月 15 日,徐州湖滨公司与西安经发公司分别签订了果汁购销合作合同和浓缩苹果汁委托加工协议。2009 年 4 月 10 日，New Lakeside Ltd. 与西安经发公司就 06－07、07－08 榨季浓缩苹果汁进行了对账，并形成对账结果。2010 年 3 月 3 日，西安经发公司起诉徐州湖滨公司支付欠款，西安市未央区人民法院于 2010 年 10 月 12 日作出(2010)未民二初字第 462 号民事判决：徐州湖滨公司于判决生效后十日内向西安经发公司支付借款、货款合计 5 227 315.9 元及利息。

二、法院判决

法院判定：

(一) 关于徐州湖滨公司偿还借款数额、利息及 New Lakeside Ltd. 保证责任如何确定的问题

法院认为，借款人应当按照约定的期限返还借款并支付利息，借款人未按照约定的期限返还借款的，应当按照约定支付逾期利息。本案中，鼓楼支行与徐州湖滨公司在借款合同(借据)中明确约定了借款利率、逾期借款利率浮动值，鼓楼支行与 New Lakeside Ltd. 签订的最高额保证合同明确约定为徐州湖滨公司借款承担连带保证责任。故鼓楼支行要求徐州湖滨公司偿还剩余借款本金、利息及逾期借款利息，New Lakeside Ltd. 对上述借款本息承担连带偿还责任的诉讼请求符合法律规定，本院予以支持。

(二) 关于西安经发公司在本案中应否承担还款责任的问题

法院认为，西安经发公司在本案中并不承担民事法律责任。理由为：

(1) 保理合同的内容是徐州湖滨公司对西安经发公司应收账款转让给鼓楼支行，而不是权利质押。

(2) 西安经发公司对徐州湖滨公司转让对其应收账款及鼓楼支行与徐州湖滨公司针对应收账款进行融资借款而签订的保理合同并不知情。

(3) 至今徐州湖滨公司尚欠西安经发公司 500 余万元款项，徐州湖滨公司现对西安经发公司就保理合同项下并无债权。

(4) 2009 年 10 月 21 日、12 月 16 日，鼓楼支行与徐州湖滨公司签订了应收账款回购确认书，对保理合同项下应收账款进行了回购。故鼓楼支行要求西安经发公司偿还本案借款本息无事实和法律依据，本院不予支持。

案例 1－2　无锡工行诉中马公司案

2007 年 9 月 17 日，江苏省无锡市南长区人民法院审结了中国工商银行股份

有限公司无锡分行(以下简称无锡工行)诉江阴中马橡胶制品有限公司(以下简称中马公司)等借款合同纠纷一案。

一、案情概览

2007年1月8日,无锡工行与中马公司签订2007年江阴字0012号《国内保理业务合同》,合同约定:借款人中马公司向无锡工行申请办理有追索权、隐蔽性国内保理业务,中马公司将其因向购货方销售商品、提供服务或其他原因所产生的应收账款转让给无锡工行,由无锡工行提供应收账款融资及相关的综合性金融服务,若在约定期限内不能足额偿付应收账款,无锡工行有权按照合同约定向中马公司追索未偿融资款。

2007年2月28日,中马公司向无锡工行出具一份还款计划,载明:中马公司于2007年1月8日向无锡工行借款人民币800万元,因到期一次性还款比较困难,中马公司要求提前分期还贷。2007年4月17日,无锡工行与中马公司签订2007年江阴(质)字0012-3号《权利质押合同》,约定:中马公司提供应收债权为无锡工行与中马公司所签订的2007年江阴字第0012号借款合同(即上述国内保理业务合同)提供担保。

因中马公司仍未能按还款计划还款,无锡工行遂诉至法院。法院判决:中马公司于本判决生效后3日内归还无锡工行借款本金人民币190万元及相应利息(自2007年4月21日起至判决应给付之日止,按年利率8.37%计算),息随本清。

二、案例评析

法院内部对本案应如何解决产生了不同的意见。一种观点认为,本案为保理合同纠纷。保理合同中已经明确约定无锡工行为中马公司提供应收账款融资及相关的综合性金融服务,中马公司将应收账款债权及相关权利转让给无锡工行,故符合保理合同的本质特征。虽然该保理属于隐蔽型保理,但对于双方之间的纠纷应按保理合同的约定来处理。至于主、从合同书中多次称为借款合同,只是反映了当事人对这一法律关系的混淆和模糊不清,但不能否定这一基础事实。另一种观点认为,本案已构成借款合同纠纷。本案中债权转让对债务人并无约束力,无锡工行在保理合同约定的融资期限届满后未受领应收账款时,即按照保理合同中回购条款的约定向中马公司主张实现追索权,主债权债务关系最终还是固定在无锡工行与中马公司之间,该保理合同所产生的实际法律后果与借款合同并无区别,借款与融资是种属关系,且在后来订立的还款计划、担保合同等一系列法律文件中出现的字样均是借款合同,而非保理合同,说明当事人认可借款合同关系，即使开端为保理合同，随着合同的履行过程已变更为事实上的借款合同。从本案的判决结果来看，法院基于两者法律后果的一致性以及目前法律欠缺明文规定，按第二种观点进行了判决。

拓展1-1 关于“民事案件案由”

最高人民法院《关于印发修改后的〈民事案件案由规定〉的通知》(法〔2011〕42号)规定:“民事案件案由是民事案件名称的重要组成部分，反映案件所涉及的民事法律关系的性质，是将诉讼争议所包含的法律关系进行的概括，是法院进行民事案件管理的重要手段。建立科学、完善的民事案件案由体系，有利于方便当事人进行民事诉讼，有利于对受理案件进行分类管理，有利于确定各民事审判业务庭的管辖分工。”

我国现行的《民事案件案由规定》是2007年10月29日最高人民法院审判委员会第1438次会议通过，并根据2011年2月18日最高人民法院《关于修改〈民事案件案由规定〉的决定》(法〔2011〕41号)第一次修正。该规定以民法理论对民事法律关系的分类为基础，以法律关系的内容(即民事权利类型)来编排体系，结合现行立法及审判实践，将案由的编排体系划分为人格权纠纷，婚姻家庭继承纠纷，物权纠纷，合同、无因管理、不当得利纠纷，劳动争议与人事争议，知识产权与竞争纠纷，海事海商纠纷，与公司、证券、保险、票据等有关的民事纠纷，侵权责任纠纷，适用特殊程序案件案由共十大部分作为第一级案由。在第一级案由项下，细分为四十三类案由，作为第二级案由(以大写数字表示)；在第二级案由项下列出了424种案由，作为第三级案由(以阿拉伯数字表示)，第三级案由是司法实践中最常见和广泛使用的案由。基于审判工作指导、调研和司法统计的需要，在部分第三级案由项下又列出了一些第四级案由〔以阿拉伯数字加()表示〕。基于民事法律关系的复杂性，不可能穷尽所有第四级案由，目前所列只是一些典型的、常见的或者为了司法统计需要而设立的案由。

最高人民法院在《关于印发修改后的〈民事案件案由规定〉的通知》(法〔2011〕号)中特别指出:“各级法院要正确认识民事案件案由的性质与功能，不得将《民事案件案由规定》等同于《中华人民共和国民事诉讼法》第一百零八条规定的受理条件，不得以当事人的诉请在《民事案件案由规定》中没有相应案由可以适用为由，裁定不予受理或者驳回起诉，影响当事人行使诉权。”但保理合同作为一项新型的民事法律关系，在《中华人民共和国合同法》中并没有被列为有名合同，《民事案件案由规定》也没有相应的案由所对应，各地法院受理此类案件时任意选用案由，客观上给保理案件的分类管理、管辖分工带来了不少障碍。

（一）UNIDROIT 对保理的定义

国际统一私法协会（UNIDROIT）于 1988 年 5 月 28 日在加拿大的渥太华签订《国际保理公约》（Convention on International Factoring），该公约对世界各国的保理立法影响巨大。《国际保理公约》第一条第二款将保理合同界定为：

为本公约的目的，保理合同系指在一方当事人（供应商）与另一方当事人（保理商）之间所订立的合同，根据该合同：

（1）供应商可以或将要向保理商转让供应商与其客户（债务人）订立的货物销售合同产生的应收账款，但主要供债务人个人、家人或家庭使用的货物的销售所产生的应收账款除外。

（2）保理商应履行至少两项下述职能：（a）为供应商融资，包括贷款和预付款（finance for the supplier, including loans and advance payments）；（b）保持与应收账款有关的账务（分类账）（maintenance of accounts 〔ledgering〕 relating to the receivables）；（c）应收账款催收（collection of receivables）；（d）坏账担保（protection against default in payment by debtors）。

（3）应收账款转让的通知应送交债务人。

该公约第一条第三款进一步明确：本公约所指的“货物”和“货物销售”应包括服务和服务的提供。

《国际保理公约》将保理定义为四个功能，即融资、应收账款账务管理、应收账款催收和坏账担保，并且要求保理商应履行至少两项职能。应注意的是，《国际保理公约》规定本公约仅适用于“应收账款转让的通知应送交债务人”的保理，即该公约并不适用于隐蔽型保理。

（二）FCI 对保理的定义

国际保理商联合会是保理商最大的国际组织，其制定的《国际保理业务通用规则》(General Rules for International Factoring,简称 GRIF)第一条将保理合同界定为:

保理合同意指供应商与保理商间存在的一种契约关系,根据该契约,供应商可能或将要将应收账款(本规则中也称为账款,该词视上下文不同,有时也指应收账款的部分)转让给保理商,无论有没有获取融资,至少为获得保理商提供的下述服务中的一种:

(1) 分户账管理(receivables ledgering);

(2) 应收账款催收(collection of receivables);

(3) 坏账担保(protection against bad debts)。

GRIF 也是从四个功能的角度定义保理合同,四个功能分别为融资、分户账管理、应收账款催收和坏账担保,但与《国际保理公约》不同的是,GRIF 要求保理商履行四项功能中的一项即可。

(三) 我国对保理的定义

1. 对银行保理的定义

我国对保理最早做出较确切定义的是中国银行业协会于 2010 年 4 月 7 日颁布的《中国银行业保理业务规范》。该《规范》第四条第二款作出规定:

保理业务是一项以债权人转让其应收账款为前提,集融资、应收账款催收、管理及坏账担保于一体的综合性金融服务。债权人将其应收账款转让给银行,不论是否融资,由银行向其提供下列服务中的至少一项:

(1) 应收账款催收。银行根据应收账款账期,主动或应债权人要求,采取电话、函件、上门催款直至法律手段等对债务人进行催收。

(2) 应收账款管理。银行根据债权人的要求,定期或不定期地向其提供关于应收账款的回收情况、逾期账款情况、对账单等各种财务和统计报表,协助其进行应收账款管理。

(3) 坏账担保。债权人与银行签订保理协议后,由银行为债务人核定信用额度,并在核准额度内,对债权人无商业纠纷的应收账款提供约定的付款担保。

中国银行业监督管理委员会于 2014 年 4 月 10 日颁布的《商业银行保理业务管理暂行办法》(银监会令 2014 年第 5 号)第六条规定如下。

本办法所称保理业务是以债权人转让其应收账款为前提,集应收账款催收、管理、坏账担保及融资于一体的综合性金融服务。债权人将其应收账款转让给商业银行,由商业银行向其提供下列服务中至少一项的,即为保理业务。

(1) 应收账款催收。商业银行根据应收账款的账期,主动或应债权人要求,采取电话、函件、上门等方式或运用法律手段等对债务人进行催收。

(2) 应收账款管理。商业银行根据债权人的要求,定期或不定期地向其提供关于应收账款的回收情况、逾期账款情况、对账单等财务和统计报表,协助其进行应收账款管理。

(3) 坏账担保。商业银行与债权人签订保理协议后,为债务人核定信用额度,并在核准额度内,对债权人无商业纠纷的应收账款提供约定的付款担保。

(4) 保理融资。以应收账款合法、有效转让为前提的银行融资服务。

以应收账款为质押的贷款,不属于保理业务范围。

2. 对商业保理的定义

商务部国际贸易经济合作研究院、北京中贸远大信用管理有限公司、中国服务贸易协会商业保理专业委员会起草的《商业保理术语》(征求意见稿)将保理定义为:

保理是由保理商向卖方提供的综合性信用服务。卖方将其现在或将来的基于其与买方订立的货物销售或服务合同所产生的应收账款转让给保理商,由保理商为其提供贸易融资、销售分户账管理、应收账款催收、信用风险控制与坏账担保等服务中的至少两项。

目前,我国取得试点资格的地区也陆续出台了各自的规范性文件,其对商业保理的定义和内容呈现较为明显的趋同性。

二、保理的分类

案例 1-3 普陀支行诉实业公司案

2012 年 9 月 27 日,上海市普陀区人民法院审结了某银行上海市普陀支行(以下简称普陀支行)诉上海某实业发展有限公司(以下简称实业公司)金融借款合同纠纷一案。

一、案情概览

普陀支行和实业公司于 2011 年 7 月 28 日签订《国内保理业务合同》,同日,双方又签订了《质押合同》,约定实业公司提供三张银行承兑汇票为《国内保理业务合同》项下的债务提供质押担保。2011 年 8 月 1 日,普陀支行依约足额向实业公司发放了 1 710 万元保理融资款。但普陀支行在对三张银行承兑汇票行使质权时,其中一张银行承兑汇票(出票行为建行永嘉县支行,票号为 105000532018XXXX,

票面金额为1 000万元，出票人为浙江某玩具有限公司）出票行拒绝承兑，拒绝承兑理由为该张票据已被法院除权判决宣告无效，且款项已被除权判决申请人取走。故普陀支行诉至法院，请求判令：实业公司归还保理融资本金、利息及普陀支行有权就银行承兑汇票的赔偿金、补偿金优先受偿。

二、法院判决

法院认为，银行保理业务是一项以债权人转让其应收账款为前提，集融资、应收账款催收、管理及坏账担保于一体的综合性金融服务，其最主要的特征为银行通过受让债权取得对基础合同债务人的直接请求权。然而，由于银行采用的是隐蔽型保理，并未将应收账款转让的事实通知债务人，因此，根据合同法的相关规定，该转让对债务人不发生效力；事实上，原告没有在保理账户内扣划到《应收账款转让清单》中所涉及的款项，在获知基础合同的债务人向被告履行了全部付款义务后，原告也没有提出异议；从整个保理业务合同的履行情况来看，也无法看出银行提供了应收账款催收、应收账款管理、坏账担保中的任何一项服务。结合保理合同签订当天，原、被告同时签订了《质押合同》，且被告将票面金额为1 900万元的银行承兑汇票交付给了原告，只是因其中一张1 000万元的票据在承兑时遭拒，才致本案诉讼，故原、被告双方签订的《国内保理业务合同》仅有保理业务之形，而无保理业务之实，原、被告之间的关系实质是票据质押贷款。

原、被告之间的融资关系合法成立，对于普陀支行主张的融资本金、利息、罚息、复息，法院予以支持。至于票号为105000532018XXXX的承兑汇票，因出质人在背书时只记载了“委托收款”字样，未记载“质押”字样，故不构成票据质押；另外，该票据已经由永嘉县人民法院于2012年1月9日作出(2011)温永催字第20号民事判决宣告汇票无效，故质押合同中有关该票据的质押应属无效。原告对该票据不享有质权，也无权对该票据的赔偿金或补偿金享有优先受偿权。

《尔雅》把动物分为虫、鱼、鸟、兽，分类的意义在于辨别。商业保理的功能多元，形式多样，如果不予分类，不立系统，便无从认识，无法交流，也难以利用。目前，商业保理尚没有一个法定的分类标准，本书采取的分类方法部分是约定俗成，但未必尽全，未必与操作个案完全一致。

(一) 基本分类

本书采纳《中国商业保理》(2013 年 3 月创刊号)所列的观点,保理基本分类如表 1 - 1 所示。

表 1 - 1 保理产品基本分类表

序号	所 分 类 别	分 类 标 准
1	国内保理或国际保理	依基础交易当事人及基础交易行为是否跨境
2	银行保理或商业保理	依保理商的属性及行业管理不同
3	融资保理或服务保理	依保理商是否提供融资
4	公开保理或隐蔽保理	依是否将应收账款转让的事实通知债务人
5	有追索权保理或无追索权保理	依保理商是否承担债务人的信用风险
6	预付保理或到期保理	依保理商是否预先付款
7	现有债权保理或未来债权保理	依受让时应收账款是否已经产生
8	直接保理或间接保理	依债务人付款对象是保理商还是债权人
9	完全保理或部分保理	依保理商服务范围是否包括四大功能
10	逐笔保理或批量保理	依保理商是否逐笔叙做保理业务
11	循环保理或非循环保理	依保理商是否循环叙做保理业务
12	定向保理或非定向保理	依保理商是否接受委托叙做保理业务
13	折扣保理或非折扣保理	依应收账款转让是否有折扣
14	单笔回款保理或分笔回款保理	依债务人回款次数不同
15	单保理或双保理或多保理	依保理商数量不同
16	正向保理或反向保理	依发起保理业务的主体是债权人还是债务人

(二) 特殊保理类型

除了上述列举的保理类型,实务中还有下列三类常见的特殊保理:

1. 再保理(refactoring)

再保理这一词汇现在被广泛地用于讨论保理商与保理商之间的合作,指保理商将其受让的应收账款通过叙做保理的方式再转让给另一保理商(如商业银行)的产品或行为。与一般保理业务的不同之处在于,再保理项下的再保理商并不直接从债权人处受让应收账款,而是由保理商将应收账款的债权转让给再保理商后,再通过再保理商给保理公司发放保理融资款的方式完成保理商再融资或调账之目的。

除有特别约定,再保理法律关系的主体仅是保理商和再保理商,再保理商与债权人并没有直接的权利义务关系。

2. 池保理(pool factoring)

池保理是一个国内银行已广泛使用的保理概念,有人将其与定保理作为一组相对的业务品种,其产品较早为深圳发展银行所提出,并迅速被国内银行界推广开来。

池保理的通常理解为:在债权人向保理商转让的应收账款能够保持事先确定的最低余额的情况下,保理商给予债权人融资的期限可以超过具体每笔应收账款的期限,并且该保理融资款不因为给予融资时的具体某笔应收账款到期而收回的一种特殊的保理模式。

一般而言,池保理多用于应收账款批次较多但单笔金额不大的企业,传统的保理产品,无论应收账款的回款是否直接支付给保理商,债权人将应收账款转让给保理商后,应收账款的所有权已归保理商所有,应收账款的回款当然应归保理商取得,债权人不再有权支用该回款。然而,池保理却不再受限于此,在满足"应收账款池内的合格应收账款余额×保理融资比例≥保理融资款余额"的前提下,保理商允许债权人直接支用池内应收账款回款,或者用符合保理商受让条件的特定的合格应收账款置换原应收账款池内的应收账款。形象地说,一旦形成了"应收账款池"以后,债权人在具体每笔应收账款产生后,就凭发票和对账单等凭证将该应收账款注入池内,当池内的所有应收账款×保理融资比例比保理融资款的余额大时,差额就可以拨款给债权人;如果债务人到期偿还了应收账款,保理商就会按上述公式再计算一下,如果发现池内的所有应收账款×保理融资比例仍大于保理融资款的,保理商就会把这笔回款全数交由债权人自行支用;否则,保理商就用该回款去冲销应收回的保理融资款或者用债权人置换入池的其他应收账款来替代。

虽然池保理业务在国内已为商业银行开办多年,但由此引发的风险也不容忽视,国内银行保理的风险案例,究其原因多与开展池保理业务时放松审核有一定关联。因为应收账款池往往都是陈年旧账,不易判断池内的应收账款真实与否和质量好坏;而池内的应收账款注入和置换操作频繁,保理商对债务人未来付款所针对的是哪一笔具体应收账款往往缺乏有效的核对手段和台账管理能力,导致纠纷发生时难以举证证明池内应收账款的具体情况。

3. 背对背保理(back-to-back factoring)

较大型的出口商通常通过在境外的分销商销售产品或服务，该分销商可以是该出口商的分支机构，也可以是一家独立的公司，无论是哪种形式，分销商的主要任务都是销售出口商的产品。出口商需要给分销商提供融资或坏账担保，但是，传统的保理模式无法满足其需求，这是因为：

(1) 若分销商是出口商的分支机构，则出口商和分销商之间构成关联交易，而关联交易通常为谨慎的保理商所回避。

(2) 若分销商是独立的公司，则多数实力不强，无法获得与其进口量相匹配的保理额度。

针对上述情况，保理商设计了一种保理业务模式，即背对背保理，用以满足出口商对分销商的应收账款保理需求。

背对背保理由一个国际保理和一个国内保理有机组合而成。背对背保理通常包括下列三份合同：

(1) 就出口商对分销商销售产生的应收账款，出口商与出口保理商(export factor，简称 EF)签署《出口保理合同》。

(2) 就分销商对最终买家销售产生的应收账款，分销商与当地的保理商(import factor，简称 IF)签署《国内保理合同》。

(3) 分销商、EF 和 IF 签订《三方协议》，约定 IF 将其从最终买家收取的应收账款扣除分销商的成本和利润后直接支付给 EF。

通过背对背保理，IF 能够为 EF 给出口商的保理融资提供保障，解决了出口商按照传统保理操作无法获得的融资，活化了分销商的资金周转，但操作起来较为复杂，且涉及不同的司法管辖区域和法律冲突，合作的 EF 和 IF 需对各自的法律有充分的了解，并详细设计其业务流程，明确权利边界、风险承担、法律适用和争议解决等各项事宜。

三、其他出口融资工具

市场上存在着其他贸易融资工具，具有与保理相同或类似的功能，下面以出口贸易融资为例，介绍其他融资工具并与出口保理对比。

(一) 信用保险(credit insurance)

出口信用保险是信用保险公司与作为被保险人的出口商之间签订协议的一种特殊保险。根据协议，出口商缴纳保险费，保险人将赔偿出口商因进口商不能按合同规定支付到期的全部或部分货款的经济损失。出口信用保险诞生于20世纪初，起源于保险制度的发源地——欧洲。1919年，英国成立了第一家官方出口信贷担保机构——英国出口信用担保局(ECGD)，以鼓励英国产品向当时认为高风险的东欧和澳大利亚出口。历史上，信用保险在欧洲最受青睐，随着亚洲金融危机的爆发和信用保险分支机构的设立，使得亚洲地区交易商对信用保险的兴趣越来越大。中国的出口信用保险自20世纪80年代发展起来，中国人民保险公司和中国进出口银行先后开办出口信用保险业务，2001年12月18日，中国出口信用保险公司(Sinosure)成立并专营出口信用保险。

信用保险与商业保理所提供的坏账担保功能相同，因此，信用保险既可以成为商业保理的替代工具，也可以成为保理商自身信用风险控制的手段。出口商可以投保信用保险，以取代保理商的坏账担保职能，而与保理商仅叙做有追索权保理业务。两者的异同可以用表1-2大致概括之。

表1-2　信用保险与保理对比表

项　　目	信用保险	保　理
应收账款转让	否	是
统　保	是	否
应收账款最长期限	180天	180天
100%赔付比例	否	是
单一买家信用额度	是	是
资信评估费	是	否
最低自留额	是	否
免赔额	可能	否
每年理赔限额	是	否
赔付时限	180天	90天
正式索赔程序	是	否
政治风险保障	可能	是
出运前风险保障	可能	可能
事故超赔再保险	可能	否

续 表

项　　目	信用保险	保　理
未提货风险保障	可能	否
坏账催收服务	可能	是
应收账款融资	否	是

(二) 信用证(letter of credit,L/C)

最早的跟单信用证并非由银行签发,在欧洲中世纪时是由商人签发的。当时,在意大利的一些贸易城市中出现了一种票据,取代了现金付款,这种票据的功能与目前的汇票相似。第一次世界大战后,为适应国际贸易的繁荣发展,美国银行界于 1920 年制定出 Regulations Affecting Export Commercial Credits,欧洲各国纷纷效仿,国际商会于 1933 年通过了最早的关于跟单信用证的统一惯例,目前最新实施的是国际商会(International Chamber of Commerce,简称 ICC) 2007 年版第 600 号出版物《跟单信用证统一惯例》(*The Uniform Customs and Practice for Documentary Credits*, 2007 Revision, ICC Publication No. 600,简称为 UCP600)。根据 UCP600 第 2. 14 条所述,无论如何命名与描述,信用证意指一项不可撤销的安排,据此构成开证行在相符交单下的确定的承付责任。信用证的基本操作流程如图 1－1 所示。

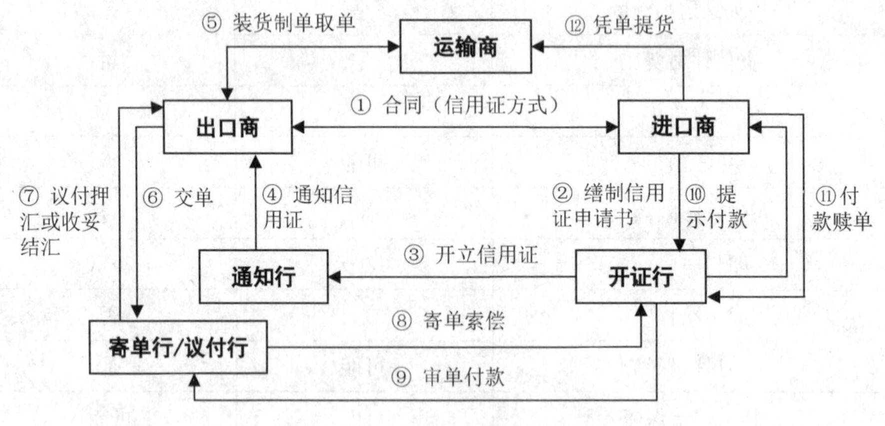

图 1－1　信用证业务基本流程图

信用证所涉及的主要主体为：

(1) 申请人(applicant)，指申请开立信用证的一方；

(2) 开证行(issuing bank)，指应申请人的请求或代表其自身开立信用证的银行；

(3) 通知行(advising bank)，指应开证行请求对信用证进行通知的银行；

(4) 受益人(beneficiary)，指信用证以其为受益者而开立的一方。

对出口商而言，信用证的优势在于：

(1) 属于传统工具；

(2) 适合长距离贸易；

(3) 开证行付款条件单据化；

(4) 容易基于远期付款信用证获得融资；

(5) 可按需选择不同的信用证。

对进口商而言，信用证的优势在于：

(1) 受有效期限制，出口商交货时间有保证；

(2) 信用证不存在不符点时才付款。

对出口商来说，信用证的缺点在于：

(1) 信用证将占用进口商的授信额度，从而不被进口商所欢迎，降低了出口商的市场竞争力；

(2) 搜集并查核单据符合信用证条件的责任较重；

(3) 当信用证对相符交单规定不够精确时，可能面临迟延付款，甚至损失；

(4) 成本较高。

与保理不同，进口商是信用证申请人，信用证的成本主要由进口商承担，因此，对于进口商而言，接受信用证作为付款方式，不仅意味着占用自己的授信额度，更意味昂贵的成本。相比之下，保理的成本一般由出口商承担，在买方市场下保理的可接受度更高。

(三) 福费廷(forfaiting)

福费廷是英文单词“forfaiting”的音译，意为放弃、让与权利。国际福费廷协会(International Forfaiting Association，简称 IFA，1999 年 8 月在瑞士的苏黎世成立)将福费廷看成是一种贸易和供应链金融形式，是对应收账款的无追索贴现[①]。国内习惯上称之为包买票据。

① 网址：http://itfa.org/trade-forfaiting/what-is-forfaiting/。

福费廷的基本操作流程为：

(1) 进出口商磋商基础交易条件，进口商提出给予商业赊销。

(2) 出口商向福费廷商申请叙做福费廷，福费廷商开始审核，审核要点包括进口国、进口商名称、货物种类、货值、预计装船日、进口商退货条款、进口商有无担保行及担保行名称。

(3) 福费廷商审核同意并通知出口商费率等。

(4) 进出口商拟定基础合同，通常在基础合同签订前，出口商会征求福费廷商的对债权凭证(汇票、本票等)受让确认。

(5) 福费廷商再次审核。

(6) 福费廷商向出口商签发业务确认书，并标明基础交易的详情、福费廷商审核确认的债权单据、贴现率及相关收费、福费廷商所需单据清单、出口商最晚交单日等要点。

(7) 出口商签约并备货发运，缮制单据交往福费廷商。

(8) 福费廷商审单无误后寄单至进口商的担保行。

(9) 担保行发来承兑电，确认到期付款责任。

(10) 福费廷商向出口商进行无追索权贴现融资，并结汇入账。

(11) 福费廷商自行收回贴现融资款，并承担到期无法回款的风险。

国际上对福费廷进行规范的文件，早期只有 IFA 制定的《IFA 福费廷规则》及其《用户指南》和《IFA 福费廷一级市场导则》。自 2013 年 1 月 1 日起，最新实施的国际惯例是 ICC 与 IFA 共同制定的《福费廷统一规则》(Uniform Rules for Forfaiting, URF 800)，包括 14 个条文和 4 个附件：14 个条文分别规定了规则的适用范围、术语定义、解释、无追索权、一级市场的福费廷协议和交易条件以及合规文件、二级市场的交易条件、福费廷交易确认书、合规文件、付款、当事人责任和通知事项，其中，无追索权规则主要体现在第四条和第十三条；4 个附件均为协议样本，分别为《福费廷总协议》《单笔福费廷协议》《SWIFT 格式的福费廷协议》及二级市场的《福费廷交易确认书》。

福费廷和保理都以受让应收账款的方式提供融资，两者在发源背景、产品属性、金融功能和社会影响等方面呈现出一定的相同性；但两者在服务主体、转让客体、服务内容、融资标准和融资成本等诸多方面存在差异。

(1) 服务主体不同。保理商的主体类型相对丰富，除了商业银行外，商业保理企业也可续做保理业务；福费廷业务的开展主体一般为商业银行的专门信贷部门，其他类型的金融主体鲜有能够独立地完成福费廷业务的实力。

(2) 转让客体不同。就保理商与福费廷商买进的应收账款类型来看，保理业务中，应收账款是通过转让通知的形式由出口商转让给保理商的，因此，国际保理所处理的一般是发票运单，提单对账单等商业交易凭证；虽然 IFA 并未对转让的应收账款债权凭证作出限制性规定，但福费廷商一般只接受汇票、本票、信用证等债权凭证。

(3) 服务内容不同。保理服务的内容除了预先支付应收账款外，还有三项主要业务，即应收账款催收、销售分户账管理以及坏账担保；福费廷业务的融资服务内容则十分简单明了，它以担保行的担保为条件买断应收账款。

(4) 融资标准不同。首先，就融资额度而言，福费廷一般存在于远期付款的大宗和资本性货物的贸易，在无追索权的基础上对出口商进行 100％的融资，融资额度从 10 万美元到 20 亿美元不等，有时甚至更多；受限于服务的贸易类型，保理的融资额度较低。其次，就融资期限而言，福费廷以固定利率贴现提供中期的融资支持，一般为 3 到 5 年，也可以在浮动利率的基础上提供 6 个月到 10 年甚至更长的融资支持；保理的融资期限通常在 6 个月以内，主要满足短、急、频的货物性贸易。

(5) 融资成本不同。保理业务的成本通常由融资利息(finance charge)和保理手续费(factoring commission)两个部分组成，有时，保理商还会收取一些其他费用，如单据处理费、资信调查费等；福费廷业务则由福费廷商在分析进出口商交易的具体风险及有关期限后，加总并计算得出一个固定的或浮动的利率(通常基于 London Inter Bank Offer Rate 伦敦同业拆借利率，简写 LIBOR 利率)，通常，福费廷业务的费率一般要高于国际保理费率。

(6) 法律适用不同。因福费廷业务中转让应收账款表现形式包括多并以票据、信用证为典型，在以票据、信用证作为转让载体的时候，福费廷双方当事人既要受到合同法的约束，又要受到票据、信用证等特殊法的约束。

第二节 认知保理法律

目前，商业保理的法律法规主要包括国际公约、国际惯例和国内法三个层面。

一、国际公约

国际公约层面的保理法律法规有两个：一个是国际统一私法协会（The International Institute for the Unification of Private Law，简称 UNIDROIT）制定的《国际保理公约》（Convention on International Factoring）；另一个是联合国国际贸易法委员会（United Nations Commission on International Trade Law，简称 UNCITRAL）制定的《联合国国际贸易中应收账款转让公约》（United Nations Convention on the Assignment of Receivables in International Trade）。

（一）《国际保理公约》

国际统一私法协会最早成立于 1926 年，当时是作为国际联盟的一个辅助性机构，在国际联盟解体后又于 1940 年根据多边协议《国际统一私法协会章程》重新设立。该协会是一个独立的政府间国际组织，宗旨是促进各国和各多国集团之间私法规则的统一和协调，并制定可能会逐步被各个不同的国家所接受的私法统一规则，总部设在罗马，中国是其成员国之一。国际统一私法协会于 1988 年 5 月 28 日在加拿大的渥太华制定并通过了《国际保理公约》，该公约已于 1995 年 5 月 1 日正式生效。公约共四章二十一条，包括适用范围与总则、当事人各方的权利和义务、再让与和最后条款等内容。

国际统一私法协会公布[①]的该公约缔约国情况如表 1－3 所示。

表 1－3 《国际保理公约》缔约国统计表

所有日期：DD/MM/YY

国　家	签　署	批准加入	生　效	声明保留
比利时	21－12－90	18－03－10	01－10－10	Art. 18
捷　克	16－05－90	—	—	—
芬　兰	30－11－90	—	—	—
法　国	07－11－89	23－09－91	01－05－95	Art. 18
德　国	21－12－90	20－05－98	01－12－98	—
加　纳	28－05－88	—	—	—
几内亚	28－05－88	—	—	—

① 网址：http://www.unidroit.org/status-1988-factoring。

续　表

国　家	签　署	批准加入	生　效	声明保留
匈牙利	—	07-05-96	01-12-96	—
意大利	13-12-90	29-11-93	01-05-95	—
拉脱维亚	—	06-08-97	01-03-98	Art. 18
摩洛哥	04-07-88	—	—	—
尼日利亚	28-05-88	25-10-94	01-05-95	—
菲律宾	28-05-88	—	—	—
斯洛伐克	16-05-90	—	—	—
坦桑尼亚	28-05-88	—	—	—
乌克兰	—	05-12-06	01-07-07	—
英　国	31-12-90	—	—	—
美　国	28-12-90			

《国际保理公约》是迄今为止世界上第一部，也是唯一一部专门调整国际保理法律关系的国际公约，为国际保理业务提供了一个基本的法律框架，对世界各国的保理实践影响极大。

（二）《联合国国际贸易中应收账款转让公约》

联合国国际贸易法委员会于1966年12月17日由联合国大会以第2205(XXI)号决议设立。联合国大会在设立贸易法委员会时承认：各国的国际贸易法律存在差异，给贸易流通造成了障碍，因此，大会把贸易法委员会视作联合国可借此减少或消除这些障碍发挥更积极作用的工具。1992年，联合国国际贸易法委员会第25次大会提议起草一个应收账款融资与应收账款转让的公约，并由贸易法委员会下的合同惯例工作组负责拟定。该公约起草的时候，称为《联合国国际贸易中应收账款融资与应收账款转让公约》，后因为这个公约对应收账款转让废除了目的限制，即不管是基于融资、出表还是其他目的，只要发生应收账款转让，就可适用这个公约，因此，最后删除了“应收账款融资”的标题。该公约于2001年12月12日获得联合国大会通过，并开放以供各国签署和批准，该公约经5个国家批准后生效。公约共七章四十七条，另有附则四节十条。

联合国国际贸易法委员会公布[1]的该公约缔约国情况如表1-4所示。

表1-4 《联合国国际贸易中应收账款转让公约》缔约国统计表

所有日期：DD/MM/YY

国 家	备 注	签 署	批准加入	生 效
利比里亚			16-09-05	
卢森堡	(a)	12-06-02		
马达加斯加		24-09-03		
美 国		30-12-03		

注：(a) 卢森堡签署时对公约第五章声明保留。

《联合国国际贸易中应收账款转让公约》虽然不是专门用于保理的公约且迄今为止也没有生效，但该公约的内容比《国际保理公约》丰富了许多，对应收账款转让的很多关键法律问题都有规定，为国际保理的核心环节——应收账款转让提供了重要的立法参考。

二、国际惯例

国际惯例层面的商业保理法律法规主要是由国际保理商联合会制定的一系列规则。国际保理商联合会成立于1968年，总部设在阿姆斯特丹，是一个由全球保理公司参与的开放性的跨国民间会员组织。到2013年年底，它已覆盖73个国家，会员达到269家，是目前全球最大的保理商组织之一。其制定的一系列规则主要包括《国际保理业务通用规则》(General Rules for International Factoring，简称GRIF)、《仲裁规则》(Rules of Arbitration)、《保理电子数据交换规则》(The Interfactor EDI Rules)。其中，GRIF是全球最为广泛认可的调整国际保理法律关系的规则。FCI在其2013年的报告中称，全世界接近95%的跨境保理业务适用的是GRIF。

三、我国国内法

我国国内法层面缺少商业保理的系统立法，而是散见于各项法律法规、部门

① 网址：http://www.uncitral.org/uncitral/en/uncitral_texts/security/2001Convention_receivables_status.html。

规章和规范性文件之中。

（一）法律

1999 年 3 月 15 日通过并于 1999 年 10 月 1 日实施的《中华人民共和国合同法》（以下简称《合同法》）第五章"合同的变更和转让"建立的债权转让规则是开展保理业务所依赖的基础性法律依据，相关条文的主要内容为：

（1）《合同法》第七十九条：债权人可以将合同的权利全部或者部分转让给第三人，但有下列情形之一的除外：（一）根据合同性质不得转让；（二）按照当事人约定不得转让；（三）依照法律规定不得转让。

（2）《合同法》第八十条：债权人转让权利的，应当通知债务人。未经通知，该转让对债务人不发生效力。债权人转让权利的通知不得撤销，但经受让人同意的除外。

（3）《合同法》第八十一条：债权人转让权利的，受让人取得与债权有关的从权利，但该从权利专属于债权人自身的除外。

（4）《合同法》第八十二条：债务人接到债权转让通知后，债务人对让与人的抗辩，可以向受让人主张。

（5）《合同法》第八十三条：债务人接到债权转让通知时，债务人对让与人享有债权，并且债务人的债权先于转让的债权到期或者同时到期的，债务人可以向受让人主张抵销。

（6）《合同法》第八十七条：法律、行政法规规定转让权利或者转移义务应当办理批准、登记等手续的，依照其规定。

2007 年 3 月 16 日通过并于 2007 年 10 月 1 日起实施的《中华人民共和国物权法》（以下简称《物权法》）并非商业保理的直接法律依据，但《物权法》首次将应收账款作为可以质押的标的物入法，并且明确了应收账款质押登记的要求和效力，与商业保理业务有很大的相关性和可借鉴性，也引起了应收账款质押和商业保理项下应收账款转让的权利冲突，非常值得关注。

（二）商务主管部门颁布的规范文件

商务部于 2012 年 6 月 27 日发布了《关于商业保理试点有关工作的通知》（商资函〔2012〕419 号），开始在天津滨海新区和上海浦东新区进行商业保理试点，这个文件是中国商业保理发展历程中的一个里程碑、拉开了中国商业保理的大幕，对商业保理的属性、业务范围、准入管理、经营行为、监管制度提出了基本要求。2013 年 8 月 15 日，商务部办公厅又颁布了《关于做好商业保理行业管理工作的通知》(商办秩函〔2013〕718 号),进一步规定了商业保理企业重大事项报告制度和监督检查要求。

试点地区的商务主管部门也陆续颁布了各自的试点管理办法,如《上海市浦东新区设立商业保理企业试行办法》(浦府综改〔2012〕2 号)、《上海市商业保理试点管理暂行办法》(沪府办〔2014〕65 号)、《天津市商业保理业试点管理办法》(津政办发〔2012〕143 号)、《重庆两江新区商业保理(试点)管理办法》(渝商委发〔2013〕55 号)、《外商投资商业保理企业设立审批指引》(苏商资〔2013〕1036 号)、《设立内资商业保理企业试点申报指引》(苏商秩〔2013〕1158 号)、《苏州工业园区设立商业保理企业试行办法》(苏园管规字〔2013〕1 号)、《深圳市外资商业保理试点审批工作暂行细则》(深经贸信息外资字〔2013〕73 号)等。这些规范性文件为各地商业保理试点工作的顺利开展提供了保证,虽然法律位阶不高,但仍然是商业保理需遵循的合规准则之一,在没有更权威的法律规则出台之前,体现了商业保理的行业约束和政策取向,也是司法机关裁判案件的重要参考。

(三) 其他商业保理规范文件

随着商业保理在中国的不断普及,其他一些主管部门也就商业保理企业及其业务在各自事权范围内颁布了一些规范性文件,在税收方面的就有天津市地方税务局颁布的《关于在滨海新区开展商业保理业营业税差额征税管理办法试点的通知》(津地税货劳〔2013〕3 号)、重庆市地方税务局颁布的《关于营业税若干征管问题的通知》(渝地税发〔2014〕70 号),《国家外汇管理局综合司关于天津市分局修改〈保理公司办理保付代理业务有关外汇划转及进出口收付汇核销的操作规程〉的批复》(汇综复〔2009〕99 号)等。

(四) 银行保理规范文件

银行作为中国最早的保理实践者,在银行保理业务方面也建立了自己的规则。如中国银行业协会于 2009 年 7 月 7 日发布的《中国银行业保理业务自律公约》以及于 2010 年 4 月 7 日发布的《中国银行业保理业务规范》,这些自律公约和业务规范属于中国银行业自律性组织公约。

中国人民银行、中国银行业监督管理委员会(简称中国银监会)作为中国银行业的政府主管部门,对银行保理业务也颁发了一些相应的监管文件。例如,中国人民银行在给中国银行国际业务部的《关于出口保理业务范围的认定和法律适用问题的答复意见》(银条法〔1997〕23 号)中提及了 GRIF 作为国际惯例在中国银行保理业务中的可适用性;又如,中国银监会颁布的《关于加强银行保理融资业务管理的通知》(银监发〔2013〕35 号)。该《通知》是银监会首次发布的关于规范银行保理业务的管理规定,共十二条,主要明确了保理业务定义、银行保理融资的定义;对银行开展保理融资业务的组织机构要求、相关政策和程序要求、内控和风险管理能力要求、电子化系统要求等方面进行了明确规定;对不得开展保理融资的应收债权类型进行规范;针对双保理中对买方保理机构的准入要求、单保理项下对客户的授信、回款、客户经营情况变化等全流程管理进行了要求。

中国银监会在下发《关于加强银行保理融资业务管理的通知》(银监发〔2013〕35 号)前,就加强保理融资管理相关事宜开展了调研、征询意见等工作。《通知》下发后,中国银监会又起草了《商业银行保理业务管理暂行办法》,并于 2013 年 12 月分别向商业银行和全社会征求意见,2014 年 4 月 10 日,中国银监会正式发布并实施了《商业银行保理业务管理暂行办法》(银监会令〔2014〕第 5 号),该办法共六章三十七条,明确了制定目的和适用范围,对银行保理业务、银行保理融资、应收账款及转让予以定义并进行了分类,对合格应收账款标准进行了界定,从融资产品、客户和合作机构准入、业务审查、专户管理、融资比例和期限等多方面对保理融资业务流程和重点环节进行了规范,并明确了保理业务在公司治理、制度建设及内部控制等方面的要求,同时规定了相关监管措施和罚则,是迄今为止国内最为全面的银行保理业务规范。

银行保理业务规范性文件作为中国保理的先行者——银行业长期以来实践的成果总结,对商业保理企业及其业务具有突出的借鉴作用,虽然银行保理规范性文件并不是商业保理直接的法律渊源,但在中国商业保理行业自身的规范还不健全的情况下,学习和汲取银行保理业务规范中的合理成分,仍是十分必要和有益的。

拓展 1－2　中国银监会详解:商业银行保理业务管理暂行办法

为促进商业银行保理业务健康规范发展,银监会于近日发布了《商业银行保理业务管理暂行办法》(以下简称《办法》)。银监会有关部门负责人就《办法》的相关问题回答了记者提问。

银监会有关部门负责人表示,考虑到近年保理业务,特别是单保理融资业务发展迅速,《办法》第三章特别对保理融资业务的业务流程进行了规范,对融资产品、客户准入、合作机构准入、业务审查、专户管理、融资比例和期限、信息披露等方面均提出了具体要求。其中,着重对单保理融资提出审慎管理要求,即在审核基础交易的基础上,比照流动资金贷款对卖方或买方进行授信全流程管理。同时要求银行严格审核基础交易的真实性,合理评估借款人或借款人交易对手的风险,做实风险评价。

具体如下:

一、制定《办法》的背景和过程是什么?

近年来,随着全球经济由卖方市场向买方市场转变,购货商赊销付款逐步成为主导的结算方式。为适应这一市场格局变化,我国商业银行保理业务发展迅速,在支持实体经济和小微企业发展等方面发挥了积极作用。与一般贷款融资相比,保理业务准入门槛相对较低:当小微企业产品购买方为核心大企业时,小微企业可依托核心大企业上下游关系实现信用增级。此外,银行通过保理融资,帮助小微企业将应收账款转变为现金收入,拓宽了小微企业的融资渠道,有效地解决了小微企业融资难题。同时,企业通过委托保理银行调查交易对手资信,可有效降低买卖双方因信息不对称而产生的违约风险,缩短收款时间,提高催收效率。

为促进商业银行保理业务健康发展,防控保理业务可能出现的风险,银监会在全面征求相关部门、机构和银行业协会意见的基础上,起草了《商业银行保理业务管理暂行办法》。

二、制定《办法》的基本思路是什么?

《办法》旨在明确保理业务的相关定义和分类,督促银行根据自身特点,健全完善保理业务管理制度,建立与业务规模和复杂度相适应的业务组织架构,细化业务流程及风险点控制,提高对骗保、虚假贸易背景的甄别能力,加强融后资金监测力度,强化内部控制,做好风险隔离。同时,督促银行加强 IT 系统支持,提升业务效率,降低操作风险。

考虑到保理业务有较强的行业实践特点,《办法》还特别强调了中国银行业协会保理专业委员会的专业职能,要求其充分发挥自律、协调、规范职能,建立并持续完善银行保理业务的行业自律机制。

三、《办法》的主要结构和内容是什么?

《办法》共分为六章三十七条。

第一章是总则，明确了《办法》的制定目的和适用范围；第二章是定义和业务分类，对保理业务、保理融资、应收账款及转让予以定义并分类；第三章是保理融资业务管理，重点规范保理融资业务流程和重点环节；第四章是保理业务风险管理，明确保理业务在公司治理、制度建设及内部控制等方面的要求；第五章是法律责任，规定了违反《办法》的监管措施和罚则；第六章是附则。

四、《办法》对应收账款进行了规范，具体包括哪些要求？

《办法》首先对保理业务的应收账款进行了定义，由于保理业务是以债权人转让其应收账款为前提，集应收账款催收、管理、坏账担保及融资于一体的综合性金融服务，因此，保理业务项下的应收账款范围相对较广。保理业务中的应收账款是指企业因提供商品、服务或者出租资产而形成的金钱债权及其产生的收益。保理业务中的应收账款转让是指与应收账款相关全部权利及权益的让渡。同时，《办法》还严格规定了保理融资中合格应收账款的标准，对未来应收账款、权属不清的应收账款、有价证券付款请求权等几种不合格应收账款进行了定义，明确不得基于以上应收账款开展保理融资业务。

五、《办法》对保理融资业务风险有何控制措施？

考虑到近年保理业务，特别是单保理融资业务发展迅速，《办法》第三章特别对保理融资业务的业务流程进行了规范，对融资产品、客户准入、合作机构准入、业务审查、专户管理、融资比例和期限、信息披露等方面均提出了具体要求。其中，着重对单保理融资提出审慎管理要求，即在审核基础交易的基础上，比照流动资金贷款对卖方或买方进行授信全流程管理。同时要求银行严格审核基础交易的真实性，合理评估借款人或借款人交易对手的风险，做实风险评价。

六、《办法》的适用范围和实施安排如何？

《办法》适用于中华人民共和国境内依法设立的商业银行。政策性银行、外国银行分行、农村合作银行、农村信用社、财务公司等其他银行业金融机构开展保理业务，需参照《办法》执行。《办法》自 2014 年 4 月 10 日印发起正式实施。

四、国际上主要的保理商组织

世界上主要的保理商行业协会组织包括：国际保理商组织、国际保理商联合会，目前，两大国际保理组织正在推进合并事宜。

（一）国际保理商组织（IFG）

国际保理商组织（International Factors Group，简称 IFG）是世界上第一家国际性保理商协会，于 1963 年成立，总部设在比利时的布鲁塞尔，该组织主要致力于帮助全球保理商之间更好地开展业务。目前，IFG 已在全球 60 个国家和地区拥有将近 160 个成员单位，2015 年 3 月 IFG 公布的中国会员单位如下①。

表 1－5 中国加入 IFG 成员统计表

序号	成员名称	序号	成员名称
1	Asiafactor(CN) Co. Ltd.	5	Toptrans Group Supply Chain Ltd.
2	International Bohai Factoring Co. Ltd.	6	Uni-Power Guaranty Co. Ltd.
3	JRF International Factoring Ltd.	7	Zhongjin Factoring cy Ltd.
4	Shenzhen Qianhai Haofu Factoring Co. Ltd.		

（二）国际保理商联合会（FCI）

国际保理商联合会（Factors Chain International，简称 FCI）成立于 1968 年，总部设在荷兰的阿姆斯特丹，其目标和宗旨是推动全球保理业务的发展。目前，FCI 成员的国际保理业务市场份额超过全球总量的 80%，是世界上最大的和最有影响力的国际保理商组织。目前，FCI 的成员单位达到 274 家，分布于全球 76 个国家和地区，2015 年 3 月 FCI 公布的中国会员单位如下②。

表 1－6 中国加入 FCI 成员统计表

序号	成员名称	序号	成员名称
1	Agricultural Bank of China Ltd.	3	Bank of Communications
2	Bank of China H. O.	4	Bank of Dalian Co. Ltd.

① 网址：http://www.ifgroup.com/membership/members-directory/。
② 网址：http://www.fci.nl/fci-members/select-a-member/asia? c=CN。

续　表

序号	成员名称	序号	成员名称
5	Bank of Jiangsu Co. Ltd.	17	Hong Tai International Factoring (Tianjin) Co. Ltd.
6	Bank of Nanjing Co. Ltd.		
7	Bank of Shanghai Co. Ltd.	18	HSBC Bank (China) Company Ltd.
8	Bank of Tokyo-Mitsubishi UFJ(China)	19	Hua Xia Bank Co. Ltd.
9	China CITIC Bank	20	Industrial and Commercial Bank of China
10	China Construction Bank	21	Industrial Bank Co. Ltd.
11	China Development Bank	22	JRF International Factoring Ltd.
12	China Everbright Bank	23	Ping An Bank Co. Ltd.
13	China Guangfa Bank Co. Ltd.	24	Shanghai Pudong Development Bank
14	China Merchants Bank Co. Ltd.	25	Standard Chartered Bank (China) Ltd.
15	China Minsheng Banking Corp. Ltd.	26	Sumitomo Mitsui Banking Corporation
16	Fortune International Factoring Co. Ltd.	27	The Export-Import Bank of China

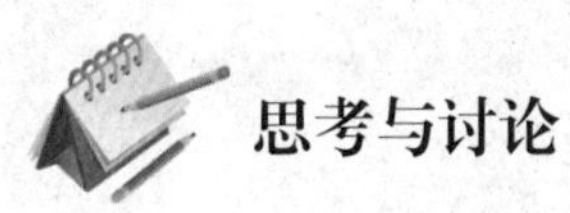

思考与讨论

1. 请结合司法判例和本章的相关内容，探讨贷款与保理之间的异同。

2. 请深入分析《商业银行保理业务管理暂行办法》，并评价该办法对保理业务以及商业保理行业的影响。

3. 请结合司法判例和本章的相关内容，对照《中华人民共和国物权法》和《中华人民共和国合同法》的规定，探讨应收账款质押和应收账款转让的区别。

第二篇

商业保理主体法律实务

第二章

商业保理主体法律实务

本章概要

1. 本章从类型分析的角度介绍了商业保理主体。
2. 本章介绍了国内商业保理主体准入制度的嬗变、现状及完善策略。

第一节　认知商业保理主体

拓展 2-1　中国服务贸易协会商业保理专业委员会

在中国商务部正式成为商业保理行业监管部门的同时,2012 年 7 月,经商务部批准,中国服务贸易协会向国家民政部正式提出了成立中国服务贸易协会商业保理专业委员会(以下简称专委会)的申请,该申请于 2012 年 11 月 26 日得到中国民政部的批准。专委会以商业保理企业为主,其会员还包括与商业保理相关的银行、保险、租赁、供应链物流、系统建设、法律、研究咨询机构、个人等,是我国首个全国性商业保理行业的自律组织。专委会将从促进和规范行业持续健康发展出发,一方面,积极搭建平台,组织行业企业与相关管理部门沟通和交流,推动解决行业发展面临的紧迫和共性问题,改善行业发展环境，促进行业发展；另一方面，通过建立和执行行业规范和自律公约，监督会员企业规范经营、建立良好市场秩序，维护行业整体利益和良好形象。

为了更好地指导专委会的工作，在中国商务部的大力支持下，专委会成了指导委员会，邀请商务部市场秩序司、外国投资管理司领导和试点地区商务主管部门领导担任指导委员会的主任、副主任和委员，这在全国性行业组织中是极为少见的，体现出中国商务部和地方商务主管部门对商业保理行业的高度重视，以及对首个全国性商业保理自律组织的大力支持。根据专委会规章制度，专委会成员构成包括主任单位、副主任单位、常务委员单位和普通会员，商务部国际贸易经济合作研究院为首届主任单位①。

商业保理主体可分为狭义和广义两种。狭义的商业保理主体是指商业保理法律关系的参与者，即在商业保理法律关系中享有权利、承担义务和责任的自然人、法人或其他组织。广义的商业保理主体还包括并不直接成为商业保理法律关系的一方当事人，但参与到商业保理的各类市场交易、市场监管、市场服务的法律主体，包括狭义的商业保理主体以及行业主管部门、行业自律组织、提供第三方资金存管、支付结算、融资、供应链物流、系统建设、会计、法律、征信、研究咨询服务的市场机构等。

一、商业保理主体

伴随着市场需求的日新月异以及经营者自身管理要求的不断提升，保理行业在中国正经历着全方位的变革，如果以 1989 年中国银行试办国际保理业务作为中国保理行业成立的标志，截至 2014 年，中国保理业发展已有 25 年的发展历史。在 25 年的发展历程中，银行保理商和商业保理企业经历了不同的发展历程和发展阶段，目前，银行保理商在中国保理市场上占据着绝对的主导地位。近些年，越来越多的商业银行意识到开办保理业务不仅可以有效地压缩信贷资产规模、优化资产结构，而且能够拓展集群式客户，提升单体服务半径；开办保理业务

① 韩家平，《中国商业保理行业发展报告 2012》，第 6—7 页。于 2013 年 3 月 4 日—5 日在中国服务贸易协会商业保理专业委员会成立大会暨首届(2013)中国商业保理行业峰会上发布。

不仅需要具有深刻的产业趋势分析能力，而且需要持续注重行业竞争态势的发展；不仅要考察用款企业，而且要考察其下游客户，对银行经营水平的提高也是大有裨益的。不少商业银行开始重点布局保理业务，表2-1以15家上市的商业银行2013年年报为例，对各自保理业务定位和拓展方向均有专门介绍。

表2-1 2013年年报银行保理商自身评价

银行名称	评价
工商银行	完善国内保理等重点产品的配套政策。
建设银行	对网络银行贷款、国内保理等新业务的内控情况开展专题调研；首次与外资银行开展无追索权国际保理融资合作。
农业银行	积极推广国际保理、大宗商品贸易融资、应收账款池融资等重点产品。
中国银行	保理业务继续保持领先优势，报告期内内地机构叙做国际保理业务453.22亿美元，其中，出口双保理106.08亿美元，连续70个月稳居全球首位，荣获FCI“最佳进出口保理商”称号；推进海外保理中心建设。
交通银行	报告期内国际保理业务量14.99亿美元，其中，FCI保理业务量8.19亿美元，在中国同业排名第三；担保承诺手续费收入增幅26.69%，主要由于银行承兑汇票、信用证及保理等表外业务的快速发展；推出快捷保理等创新产品，着力提升集群式拓展与服务水平。
招商银行	报告期内实现国际保函、保理手续费收入10.29亿元，同比增长158.37%；办理国际保理110.22亿美元，同比增长246.60%。
浦发银行	报告期内完成保理业务量逾2 600亿元，同比上升约45%，其中，国际双保理业务量同比上升143%；在贸易金融与现金管理产品上，推出再保理、出口双保理海外预付、出口保理代付等新业务。
中信银行	总行已设立保理业务中心；重点发展票据业务、国内信用证、保理等与供应链金融相关等“非主流”业务，积极培育保理等未来竞争支点①。
民生银行	报告期内保理业务量为1 083.91亿元人民币，其中，国际双保理业务量为11.49亿美元，位居国内同业第二，业务笔数为1.86万笔，位居国内同业第一；贸易金融事业部致力打造特色贸易金融服务品牌，努力为客户提供保理、结构性贸易融资、跨境人民币、境内外联动等一系列创新产品解决方案。
光大银行	制定贸易金融业务发展规划和资源配套措施，推动国际结算、福费廷、商品融资、保理等重点业务的发展与创新。

① 中信系已于2010年在天津设立中信商业保理有限公司。

续 表

银行名称	评　　价
平安银行	N/A①
华夏银行	报告期内大力发展进口信用证、结售汇、国内信用证、跨境人民币结算、出口双保理、福费廷等重点产品，国际业务产品体系进一步丰富和完善。
北京银行	N/A
南京银行	N/A
宁波银行	N/A

（一）商业保理企业

相比较而言，我国的商业保理企业则还处于起步阶段、方兴未艾。

1993年1月14日，中国第一家冠名“保理”字样的企业——北京美臣保理投资管理公司在北京怀柔成立。

2005年，国内第一家商业保理企业——天津瀛寰东润国际保理有限公司在天津滨海新区成立。

2006年5月，国务院下发了《关于推进天津滨海新区开发有关问题的意见》，鼓励天津滨海新区在金融企业、金融业务、金融市场和金融开发等方面先行先试。据此，天津市将保理列入《天津滨海新区综合配套改革试验金融创新专项方案》之中，2009年10月，经国务院同意，国家发改委做出批复，原则同意方案内容，商业保理企业遂可在天津注册。

随着2012年商业保理的试点及试点范围的不断扩大，商业保理企业也在迅速发展当中，越来越多的商业保理企业开始涉足保理业务市场，中国的商业保理企业正在迅速扩容之中，给中国保理行业增添了新元素，注入了新活力。

根据《中国商业保理行业发展报告2013》的统计，截至2013年12月31日，全国共有注册商业保理企业284家，注销3家；仅2013年就注册了200家商业保理企业，是2012年注册数量的4.5倍，是2011年注册数量的11.1倍。天津、上海已不是全国商业保理企业注册数量最多的城市，深圳以其较为宽松的政策环境吸引了大量的商业保理企业入驻，截至2013年年底，在深圳注册的商业保理

① 平安银行已于2014年建立了金橙保理商俱乐部；平安系也分别在天津、上海设立了平安国际商业保理（天津）有限公司、平安商业保理有限公司，平安海外控股公司也通过收购富登担保有限公司而实际控制了富登商业保理有限公司。

企业共有 107 家，占到注册商业保理企业数量的三分之一以上。

2014 年以来，注册商业保理企业的数量又有显著的增加，根据《中国商业保理行业发展报告 2014》的统计，截至 2014 年年底，安徽、北京、福建、广东、广西、河南、吉林、江苏、江西、辽宁、青海、山东、陕西、上海、天津、浙江、重庆 17 个省(自治区、直辖市)设立了商业保理公司，湖北、河北、黑龙江、内蒙古、山西、四川、西藏、新疆、云南 9 个省(自治区)设立了商业保理分支机构，全国仅有海南、湖南、宁夏、甘肃、贵州 5 省(自治区)尚未有商业保理企业注册。截至 2014 年 12 月 31 日，全国共有注册的商业保理企业 1 220 家，其中法人企业 1 129 家，分公司 91 家。2014 年新设立 845 家商业保理企业和 91 家分公司，注册数量是 2013 年的 4.23 倍。深圳成为最受商业保理欢迎的注册地，2014 年共有 554 家法人企业和 5 家分公司在深圳注册成立。上海排名第二，共新注册 99 家法人企业和 2 家分公司，天津新注册了 75 家法人企业，排名第三，整个行业呈井喷状发展的态势。

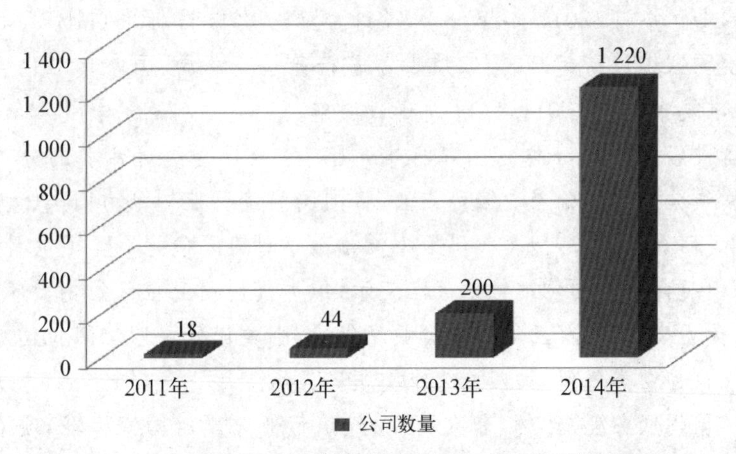

图 2-1 2011—2014 年我国商业保理企业注册的数量

(二) 商业保理行业主管部门

根据第十一届全国人民代表大会第一次会议批准的国务院机构改革方案和《国务院关于机构设置的通知》(国发〔2008〕11 号)，国家商务部新"三定"方案确定商务部的职责包括："承担牵头协调整顿和规范市场经济秩序工作的责任，拟订规范市场运行、流通秩序的政策，推动商务领域信用建设，指导商业信用销售，建立市场诚信公共服务平台，按有关规定对特殊流通行业进行监督管理。"

国家商务部于 2012 年 6 月 27 日颁布《关于商业保理试点有关工作的通知》，

将商业保理行业定位于“信用服务业”，国家商务部为商业保理的行业主管部门，并由试点地区商务主管部门作为该地区商业保理的行业主管部门。继《关于商业保理试点有关工作的通知》批准天津滨海新区、上海浦东新区开展商业保理试点之后，国家商务部又陆续开放了广州、深圳港澳服务提供者开展外资商业保理试点，除此之外，国内开展商业保理试点的区域包括但不限于重庆两江新区、苏南现代化建设示范区（南京、苏州、无锡、常州）、苏州工业园区、北京石景山区、浙江、河南、辽宁、上海自贸区、上海黄浦区、青浦区、嘉定区、徐汇区、奉贤区、虹口区以及福建的厦门、泉州，同时，又有更多的地区在申请商业保理试点，这些地区的商务主管部门为所在区域的商业保理的行业主管部门。

拓展 2-2 国民经济行业分类

《国民经济行业分类》（国家标准）于1984年首次发布，分别于1994年和2002年进行修订，2011年第三次修订。第三次修订标准（GB/T 4754—2011）由国家统计局起草，国家质量监督检验检疫总局、国家标准化管理委员会批准发布，并于2011年11月1日实施。

《国民经济行业分类》（国家标准）规定了全社会经济活动的分类与代码，采用线分类法和分层次编码方法，将国民经济行业划分为门类、大类、中类和小类四级。其中，门类代码用一位拉丁字母表示（由A至T共计20个门类）；大类代码用两位阿拉伯数字表示；中类代码用三位阿拉伯数字表示，前两位为大类代码，第三位为中类顺序代码；小类代码用四位阿拉伯数字表示，前三位为中类代码，第四位为小类顺序代码。

以“信用服务业”为例，其在《国民经济行业分类》（国家标准）项下的行业代码为L7295：L指门类——租赁和商务服务业（包括71和72大类），72指大类——商务服务业，9指中类——其他商务服务业，5指小类代码——信用服务，指专门从事信用信息采集、整理和加工，并提供相关信用产品和信用服务的活动，包括信用评级、商账管理等活动。

（三）国内行业自律组织

1. 天津市保理与贴现协会

天津市保理与贴现协会于2008年1月30日在天津宣布成立，这是我国商业保理试点之前内地设立的第一家保理协会组织。

2. 中国服务贸易协会商业保理专业委员会

中国服务贸易协会商业保理专业委员会(Commercial Factoring Expertise Committee of CATIS,简称CFEC)是首个全国性商业保理行业自律组织,经国家商务部批准,2012年11月26日在国家民政部获准登记,对中国服务贸易协会理事会负责。

CFEC的宗旨是促进和规范我国商业保理行业的发展,提高行业管理水平和服务水准;与我国相关政府部门、商会、协会和企业建立沟通渠道,加强国际交流与合作,促进我国保理业务在全球范围内的竞争与发展。CFEC接受国家商务部市场秩序司、外国投资管理司和国家民政部有关部门的业务指导和监督管理,内设指导委员会、主任、常务副主任、主任助理、副主任单位、常务委员单位和普通会员单位。

3. 天津市商业保理协会

2015年1月16日,天津市商业保理协会于天津滨海新区中心商务区召开第一次会员大会,平安国际商业保理(天津)有限公司当选为会长单位。

4. 上海浦东商业保理行业协会

2015年1月20日,上海浦东商业保理行业协会召开成立大会,选举产生了第一届会长、副会长、监事、秘书长,上海国核商业保理有限公司当选为首任会长。

5. 广东省商业保理协会

2015年1月31日,广东省商业保理协会在广州市举行第一次会员代表大会,标志着国内首个省级商业保理行业协会正式成立,广州广运商业保理有限公司当选为首任会长单位,会上还同时发布了《广东省商业保理行业发展报告(2014)》和《广东省商业保理协会行业自律公约》。

6. 深圳市商业保理协会

2015年9月24日,深圳市商业保理协会召开第一次会员大会,标志着该协会正式成立,深圳鑫科国际商业保理有限公司当选为首届会长单位。

7. 重庆市商业保理协会

2015年12月18日,重庆市商业保理协会举行成立大会,标志着中国西部首个商业保理自律组织诞生,重庆明德商业保理有限公司出任首届会长单位。

二、商业保理企业的股东背景

目前的商业保理行业的主投资人来源广泛,汇聚了各路资源,其中不乏许多知名的企业。

(1) 银行系。如具有中信集团背景的中信商业保理有限公司;具有平安集团背景的平安国际商业保理(天津)有限公司、平安商业保理有限公司;母公司为荷兰合作银行的拉赫兰顿(中国)商业保理有限公司等。

(2) 厂商系。如国家核电集团设立的上海国核商业保理有限公司;陕汽集团设立的上海德银商业保理有限公司;GE设立的通用电气保理有限公司;日立设立的日立商业保理(中国)有限公司;台湾永丰余设立的永丰余(上海)商业保理有限公司;海航集团投资的渤海国际保理有限公司等。

(3) 融资租赁、融资担保、财富管理、P2P等泛金融系。如远东国际租赁有限公司兼营的保理业务;诺亚财富设立的诺亚商业保理有限公司;具有“你我贷”P2P互联网投融资平台背景的上海嘉捷商业保理有限公司等。

(4) 电商系。例如,2012年12月,由浙江阿里巴巴电子商务有限公司100%出资设立的商诚(上海)商业保理企业成为上海第一批获准试点的商业保理企业,结合阿里金融在电子商务和第三方支付领域所积累的经验和优势,商诚(上海)商业保理企业为淘宝和天猫上的电商企业提供融资服务,所涉领域覆盖各行业产业链贸易融资,包括航旅票务代理行业在内的所有国内商业保理业务的在线行业应用。又如,2013年1月,由北京京东世纪贸易有限公司100%出资设立的上海邦汇商业保理有限公司成为上海第二批获准试点的商业保理企业。按照《中国企业家》对京东金融事业部负责人刘长宏的采访报道,2013年7月,京东的金融事业部独立,为了获得相关许可,京东拿了三块牌照——商业保理牌照、小贷牌照和基金支付牌照;2013年年末,京东推出了产品“京保贝”,其中,“保”就是指保理,京保贝主打“三分钟放款”:比如京东采购一批电视,由于京东和供应商有良好的合作,采集了供应商数据,京东的审批速度会非常快捷,只要供应商提出用款需求,京保贝能在三分钟之内完成付款[①]。而根据《经济观察报》报道,1号店沿用平台商户的模式进入金融领域。2014年5月,1号店推出了“1金融”平台,称将结合开放物流、大数据、商家管理体系、顾客管理体系,为供应商、入驻商户、第三方合作伙伴和顾客提供全方位的金融服务;1号店继与邮储银行推出“1保贷”,与平安保险合作“1元保险”后,2014年8月,1号店与深圳阜鼎汇通商业保理有限公司推出面向商城商家融资的“1订贷”也正式上线,只要在1号店运营

① 网址:http://www.iceo.com.cn/mag2013/2014/0309/281878.shtml。

6个月以上、月平均销量达1万元即可申请，1天完成审批，用款时T+0放款，随借随还，按日计息，融资成本低至每日万分之三[①]。

(5) 第三方支付系。如通联支付设立的上海通华商业保理有限公司；快钱设立的快钱(天津)商业保理有限公司；富友设立的上海富友商业保理有限公司等。

(6) IT系。如IBM设立的国际商业机器保理(中国)有限公司；天逸财金科技参与设立的昆山天雄商业保理有限公司；富基标商设立的乾润保理有限责任公司等。

三、商业保理企业的发展机遇

我国的商业保理企业正在面临一段难得的历史发展机遇。

(一) 国际国内市场的巨大需求

市场需求的日益增长以及市场服务质量的不断推陈出新，是商业保理发展的经济基础和最终根基。

中国银行业协会保理专业委员会对比了我国外贸经营体制发展与中国保理业的发展关系，显示沿着我国外贸经营体制的发展轨迹，我国国际保理业务经历了由萌芽阶段向飞跃及专业化发展阶段的演变[②]。

表2-2　我国外贸体制改革及保理业发展阶段示意

我国外贸体制变迁	外贸专营 公有制 外贸统制 统负盈亏 贸易保护	外贸承包责任制 政企分开 简政放权 外贸承包 自负盈亏	国内市场经济 汇率并轨 宏观调控	国际自由贸易 加入WTO 外贸经营权放开	世界制造工厂 第一大出口国 跨国集团 企业国际化
	1949年	1979年	1993年	2001年	2009年
保理业发展阶段	无保理阶段 赊销罕见	保理萌芽 私企发展 国际保理	保理起步 少数保理商 国内保理	保理发展 量的保证 供需双重压力	保理飞跃及专业化 质的飞跃 国际无追索保理 商业保理出现

① 网址：http://www.eeo.com.cn/2014/0829/265626.shtml。

② 中国银行业杂志、中国银行业协会保理专业委员会，"中国保理二十年：发展中稳步前行 创新中孕育突破"，《中国银行业》，2014年第9期。

国家统计局的数据表明，我国2013年规模以上工业企业（指年主营业务收入达到2 000万元以上的工业企业）的应收账款总计已达到9.56万亿，较2012年增长16.43%。全国规模以上工业企业分行业的应收账款统计信息如表2-3所示[①]。

表2-3 全国规模以上工业企业分行业应收账款主要指标

指标	应收账款（亿元）			
年份	2011年	2012年	2013年	2013年增长率
计算机、通信和其他电子设备制造业	10 250.7	11 947.12	12 457.51	4.27%
电气机械和器材制造业	7 800.12	9 216.71	10 239.77	11.10%
通用设备制造业	5 272.4	5 968.45	6 852.69	14.82%
汽车制造业	6 799.57	5 338.22	7 028.4	31.66%
专用设备制造业	4 144.83	5 276.27	6 241.68	18.30%
化学原料和化学制品制造业	3 862.02	4 677.59	5 443.13	16.37%
非金属矿物制品业	3 178.15	4 248.13	5 105.46	20.18%
金属制品业	2 371.82	3 053.92	3 492.52	14.36%
煤炭开采和洗选业	2 403.39	2 931.9	3 256.71	11.08%
电力、热力生产和供应业	2 213.83	2 627.06	2 792.02	6.28%
总计	69 873.95	82 189.9	95 693.44	16.43%

预计我国企业应收账款规模至少在人民币20万亿元以上，应收账款融资、管理、坏账担保市场空间巨大，虽然我国银行保理业务已经有很大规模，但其服务渗透很不充分，民营、小微、创新企业很难得到银行保理服务，因此，商业保理面临十分广大的市场需求。

（二）稳定供应链的天然优势

商业保理企业将供应链上的相关企业作为整体，根据交易中构成链条关系的上下游作为业务拓展对象，采用信用嫁接方法和风险分离技术，通过受让上游企业的应收账款并由下游企业偿付的方式，将资金投向对象与风险承担对象分

① 商务部国际贸易经济合作研究院、中国服务贸易协会商业保理专业委员会，《中国商业保理行业发展报告2013》，第14页，2014年2月版。

离，实现对供应链上下游的中小企业的资金供给，可以解决供应链中资金分配不平衡的问题，在为中小企业融资的同时，还有助于提升供应链上各个企业的稳定性，形成产业链合力，这也是大量有远见的供应链企业纷纷介入商业保理行业的根本原因，商业保理天然是供应链金融。

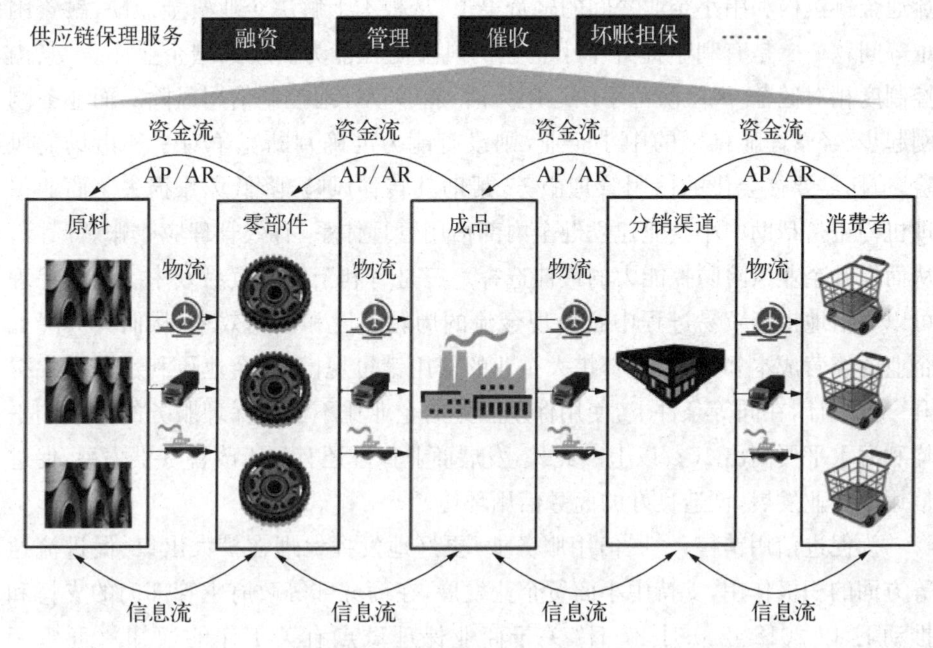

图 2－2　供应链保理网络结构模型

(三) 政府主管部门的积极支持

商务部司职商务诚信建设、规范零供关系及整顿和规范市场秩序的法定责任，商务主管部门鼓励引入信用保险公司、商业保理企业等市场化手段纾缓以零供关系为代表的应收账款、三角债问题，建立以应收账款为核心的企业信用交易记录，完善企业交易信用评价机制，并逐步将评价结果共享范围扩大到各类市场交易主体和融资机构，最终帮助降低交易和融资成本。

商务部市场秩序司温再兴巡视员在《商业保理业务信息系统培训会上的讲话》中指出："在当前我国经济面临稳增长、调结构、促改革的总体形势下，加快促进商业保理行业的健康发展具有重大的现实意义。一是有利于提升中小企业融资能力。长期以来，我国中小企业信用与金融机构主流信用之间存在断层。特别是中小商贸企业由于无抵押、无担保、无健全的信用记录，获取融资较为困难。

但目前全国大多数中小企业资产价值的60%以上是应收账款,在中小商贸企业中这一比例更高。这是一笔巨大的冻结财富,如能将其有效地盘活并加以利用,中小企业特别是中小商贸企业的融资状况将有较大改善。而商业保理正是实现这一目标的有效手段。通过商业保理还可将应收账款再转让给金融机构,从而疏通金融机构和中小企业之间的融资渠道,从根本上解决企业资金短缺、融资困难等问题。二是有利于提升中小企业的风险防控能力。就大型企业而言,其内控制度相对健全,风险防范手段运用灵活,能够较好地控制信用风险。而业务刚刚起步、经营尚显稚嫩的中小企业,则没有能力准确判断竞争对手和市场的风险,迫切需要社会化的信用管理服务,帮助其转移风险,降低坏账损失。商业保理机构正是帮助中小企业建立健全内部信用管理体系,有效管理应收账款风险,从而提升企业风险防控能力的最佳选择。三是有利于提升贸易效率。商业保理可以成倍地提高贸易过程中企业现金流的周转速度和使用效率,从而大大降低企业的经营成本和财务风险,扩大企业的信用销售规模,使企业盈利水平大幅提升。据统计,在同等条件下,使用保理服务的企业比不使用保理服务的企业的平均利润水平要高出10%以上。此外,发展商业保理还有利于改善零供关系,促进信用服务业发展,创造良好的商务信用环境。"[①]

为促进信用销售,发展信用服务业,更好地发挥保理在扩大出口、促进流通等方面的积极作用,支持中小商贸企业发展,在商务部等政府主管部门的支持和推动下,以2012年6月27日《关于商业保理试点有关工作的通知》(商资函〔2012〕419号)为契机,商业保理行业迎来了一轮发展的历史机遇。

(四) 主动融入国际经济新秩序的需要

全球投资规则谈判代替贸易规则谈判逐渐成为主流,双边和区域自由贸易协定谈判如TPP(《跨太平洋伙伴关系协议》)、TTIP(《跨大西洋贸易与投资伙伴关系协定》)等,可能取代WTO成为全球投资规则重构的主要平台,规则谈判的目标也从关境外向关境内转移,从关税等问题转移到国内投资准入等规则的改革。2013年7月10日至11日,中美第五轮战略与经济对话结束,经济对话取得了丰硕的成果,会后公布的成果清单显示,中美双方在许多领域取得了突破性的进展,特别是在经贸关系领域,中方同意以"准入前国民待遇和负面清单"为基础与美方进行投资协定实质性谈判。在此次对话中,中方承诺"积极考虑在电子商

① 网址:http://sczxs.mofcom.gov.cn/article/cbw/ea/201309/20130900301114.shtml。

务、商业保理等领域扩大开放”。因此，商业保理行业等更广大经贸领域的放开准入和扩大开放，也是中国融入新的贸易体系，通过对外谈判来引入竞争，推动国内经济结构和体制改革的主动选择。

拓展2-3　推商业保理 益商务发展[①]

商务部、财政部、人民银行、银监会、保监会《关于推动信用销售健康发展的意见》(商秩发〔2009〕88号)提出“开展商业保理业务试点、促进应收账款流转”，充分肯定了商业保理在改善流通扩大消费方面的积极作用。这是首次在政府文件中出现商业保理的概念，也为我们开展相关工作提供了政策依据。2012年1月，陈德铭部长在全国商务工作会议上部署商务工作要点时也提出，商务部将积极深化现代服务业的对外开放，推动制定外资保理等领域的准入及管理规定。

当前，推动商业保理发展的重要意义在于：

(一) 有利于拓展中小企业融资渠道

保理不同于传统的抵押贷款，传统的融资方式关注的是企业的资产、负债、利润和现金流量等考核企业自身资信能力的指标，而保理融资的基础是企业产品已经销售并由此获得短期内到账的应收账款，授信的依据是企业产品在市场上的被接受程度和盈利状况。因而，对于整体资信能力较弱、财务制度不够健全的中小企业，尤其是初创期的创新性企业，保理业务有利于外销形势好、产品适销对路的企业获得融资，助推成长。

(二) 有利于稳定和扩大出口

当前，国际经济发展不确定性增加，买方市场逐步形成，传统的信用证结算受到挑战，我国对外贸易面临多重压力。同时，我国出口企业遭遇的贸易欺诈案件数量也逐年上升，因未能采用有利合理的结算方式，每年有数百亿美元出口货款无法收回。在此背景下，外贸企业需要既能规避信用销售风险又能增强企业竞争力的国际结算方式，而商业保理作为一种国际贸易代理服务行业，恰恰迎合了赊销、承兑交单、托收等贸易方式发展的需要，不仅顺应当代国际贸易发展的需求，更有利于为中小出口企业开展国际贸易创

① 孟醒、戴巍，“推商业保理 益商务发展——现阶段推进商业保理行业发展及外资准入试点的政策建议”，《国际商务财会》，2012年第9期。

造有利条件。这些企业既可以通过向保理机构出让应收账款,盘活资产,获得资金融通;也可以通过保理业务提供的一揽子服务(如买方资信评估、销售分户账管理、应收账款催收和坏账担保)了解市场和竞争对手的情况,促进自身经营管理水平的提高。

(三)有利于提高市场流通效率

在国内贸易中,以赊销为结算方式的商业活动在国内贸易中的占比已近80%。据有关机构的调查,近年来,我国企业的坏账率高达1%~2%,且呈逐年增长势头。如果企业在国内进行交易,货款回收通常需要90天左右(国外平均为30天)。若通过商业保理的形式把债权转让给保理公司,企业可按约定的时间从保理商获得相应货款,且利息及承购费较少,从而实现对账款的盘活,加速资金周转,有利于提高市场流通效率。

(四)有利于利用外资结构优化调整

我国"十二五"规划纲要明确提出,要将继续提高利用外资水平,作为中国拓展对外开放深度和广度,提升开放性经济水平的重要组成部分。面对当前形势,商务部提出了"稳定规模、优化结构、提升水平"的利用外资方针,其中很重要的一个方面就是扩大服务业的利用外资,鼓励外资投向商业保理等服务业吸收外资新领域。

第二节　商业保理企业准入法律实务

商业保理企业尚处于试点阶段,无论设立外资或内资的商业保理企业,均需以一定形式事先取得商务主管部门的批准,才能到工商部门申请取得公司的营业执照。目前,以上海市、天津滨海新区、深圳市的准入制度最具代表性,兹一一详述。

一、上海市商业保理准入制度嬗变

(一)《上海市浦东新区设立商业保理企业试行办法》

上海市商务委员会、上海市工商行政管理局、上海市浦东新区人民政府于

2012年12月11日率先颁发了全国第一部商业保理企业试点办法——《上海市浦东新区设立商业保理企业试行办法》(浦府综改〔2012〕2号),从商业保理定义、商业保理企业设立、业务范围、公司治理和合规经营、银行托管、行业协会等多个方面进行了规范。

表2-4　浦东新区商业保理准入条件

项　目	要　　求
保理公司主体条件	(1) 应采取外方独资、中外合资、中外合作或者内资企业形式。 (2) 应以有限责任公司形式设立。 (3) 注册资本不低于5 000万元人民币,首次出资不得低于20%,其余部分自公司成立之日起两年内缴足。 (4) 应在名称中加注"商业保理"字样。
投资者条件	(1) 投资者为中国境内企业或外国公司、企业和其他经济组织。 (2) 至少拥有一个投资者或其关联实体具有经营商业保理业务或相关行业的经历。 (3) 投资者应具备开展保理业务相应的资产规模和资金实力,有健全的公司治理结构和完善的风险内控制度,近期没有违规处罚记录。 (4) 外国投资者以可自由兑换的货币、合法获得的境外人民币及其在中国境内获得的人民币利润或因转股、清算等活动获得的人民币合法收益出资。 (5) 中国投资者以人民币出资。
董监高条件	申请设立时,应当拥有两名以上具有3年以上金融领域管理经验且无不良信用记录的高级管理人员(高级管理人员系指担任副总经理及以上职务或相当职务的管理人员)。
业务经营条件	(1) 不得混业经营。 (2) 经营期限一般不超过30年。 (3) 可以从事出口保理;国内保理;与商业保理相关的咨询服务;信用风险管理平台开发;经审批部门许可的其他相关业务。 (4) 不得从事吸收存款;发放贷款或受托发放贷款;专门从事或受托开展与商业保理无关的催收业务、讨债业务;受托投资;国家规定不得从事的其他活动。 (5) 受让的应收账款必须是在正常付款期内。 (6) 风险资产一般不得超过净资产总额的10倍(风险资产按企业的总资产减去现金、银行存款、国债后的剩余资产总额确定)。 (7) 商业保理企业应当委托境内已加入国际性保理企业组织的银行作为资金托管人。
制度建设要求	有完善的内部控制制度,包括但不限于风险评估、业务流程操作、监控等制度。

按照《上海市浦东新区设立商业保理企业试行办法》的规定，设立商业保理企业按以下程序办理：

表2-5　浦东新区商业保理的设立程序

	设立内资商业保理企业	设立外资商业保理企业
设立程序	(1) 向上海市工商行政管理局浦东新区分局[①]申请办理名称预先核准手续。 (2) 上海市工商行政管理局浦东新区分局在收到申请人设立登记申请后，于3个工作日内向浦东新区商务委员会发出征询函。 (3) 浦东新区商务委员会应当在10个工作日内反馈书面意见。 (4) 获得浦东新区商务委员会书面意见后，上海市工商行政管理局浦东新区分局办理工商注册登记相关手续。	(1) 向浦东新区商务委员会提出申请。 (2) 浦东新区商务委员会在收到商业保理企业申请人全部上报材料后，召集相关部门召开征询会。 (3) 通过征询会审议后，浦东新区商务委员会出具批准设立文件并颁发《外商投资企业批准证书》。 (4) 获得批准设立文件和《外商投资企业批准证书》后，企业向上海市工商行政管理局浦东新区分局申请办理公司注册登记相关手续。

(二)《中国(上海)自由贸易试验区商业保理业务管理暂行办法》

2014年2月14日，中国(上海)自贸区挂牌以后，自贸区管委会就具体业务公布的第一个管理办法——《中国(上海)自由贸易试验区商业保理业务管理暂行办法》(中(沪)自贸管〔2014〕26号)发布。

表2-6　中国(上海)自贸区商业保理准入条件

项　目	要　　求
保理公司主体条件	(1) 应当以公司形式设立。注册资本不低于5 000万元人民币，且全部以货币形式出资。 (2) 除融资租赁公司兼营与主营业务有关的商业保理业务以外的商业保理企业应当在名称中加注“商业保理”字样。
投资者条件	(1) 投资者应具有经营商业保理业务或相关行业的经历。 (2) 投资者应具备开展保理业务相应的资产规模和资金实力，有健全的公司治理结构和完善的风险内控制度，近期没有违规处罚记录。

① 根据《中共上海市委关于组建上海市浦东新区市场监督管理局的批复》(沪委〔2013〕1081号)，原上海市工商行政管理局浦东新区分局、原上海市浦东新区质量技术监督局、原上海市食品药品监督管理局浦东新区分局、原上海市浦东新区食品安全委员会办公室的职责已划入2014年1月1日正式挂牌成立的上海市浦东新区市场监督管理局。

续 表

项 目	要 求
董监高条件	申请设立时，应当拥有两名以上具有金融领域管理经验且无不良信用记录的高级管理人员。
业务经营条件	（1）融资租赁公司可以兼营与主营业务有关的商业保理业务，即与租赁物及租赁客户有关的保理业务。 （2）可以开展进出口保理业务；国内及离岸保理业务；与商业保理相关的咨询服务；经许可的其他相关业务。 （3）不得从事吸收存款；发放贷款或受托发放贷款；专门从事或受托开展与商业保理无关的催收业务、讨债业务；受托投资；国家规定不得从事的其他活动。 （4）受让的应收账款必须是在正常付款期内。 （5）企业风险资产一般不得超过净资产总额的10倍（风险资产按企业的总资产减去现金、银行存款、国债后的剩余资产总额确定）。 （6）应当委托自贸试验区内已加入国际性保理企业组织的银行作为存管银行，并在该银行开设商业保理运营资金的专用账户。
制度建设要求	有完善的内部控制制度，包括但不限于风险评估、业务流程操作、监控等制度。

按照《中国（上海）自由贸易试验区商业保理业务管理暂行办法》的规定，设立商业保理企业包括新设商业保理企业及融资租赁公司申请兼营商业保理业务两大类，鉴于融资租赁列入“负面清单管理”实行审批制，而商业保理未列入“负面清单”实行备案制，应按以下不同的程序办理：

表2-7 上海自贸区商业保理设立程序

	新设内资商业保理企业	内资融资租赁公司兼营保理	新设外资商业保理企业	外资融资租赁公司兼营保理
设立程序	（1）新设从事商业保理业务的内资保理公司的，向自贸试验区工商分局提出申请。 （2）自贸试验区工商分局在征询自贸试验区管委会意见后办理注册登记手续。	（1）已设立的内资融资租赁公司申请兼营与主营业务有关的商业保理业务的，向自贸试验区工商分局提出申请。 （2）自贸试验区工商分局在征询自贸试验区管委会意见后办理注册登记手续。	（1）新设从事商业保理业务的外资保理公司，先向自贸试验区管委会提出申请。 （2）自贸试验区管委会出具备案证明。 （3）企业到自贸试验区工商分局办理注册登记手续。	（1）新设及已设外资融资租赁公司申请兼营与主营业务有关的商业保理业务的，向自贸试验区管委会提出申请。 （2）自贸试验区管委会出具批准文件。 （3）企业凭批准文件及批准证书向自贸试验区工商分局办理注册登记手续。

(三)《上海市商业保理试点管理暂行办法》

2014年7月8日,上海市人民政府办公厅发布了由上海市商务委员会、上海市工商行政管理局联合制定的《上海市商业保理试点管理暂行办法》(沪府办〔2014〕65号),该办法结合浦东新区、上海自贸区等区县的试点经验,有抑有扬,统一适用于全市(在上海自贸区内设立的商业保理企业,仍按照区内有关规定执行)。

表2-8 上海市(不含上海自贸区)商业保理准入条件

项目	要求
保理公司主体条件	(1) 应采取外商独资、中外合资、中外合作或者内资企业形式。 (2) 以公司形式设立,注册资本不低于人民币5 000万元,为实收货币资本。 (3) 应当在名称中标明"商业保理"字样。
投资者条件	(1) 投资者为中国境内企业或外国公司、企业和其他经济组织。 (2) 至少有一个投资者(或其关联主体)具有经营商业保理业务等相关行业的经历。 (3) 投资者设立存续满一年,符合条件的外国投资者境外母公司以其全资拥有的境外子公司(SPV)名义投资设立商业保理企业,可不要求存续满一年。 (4) 投资者具备开展商业保理业务相应的资产规模和资金实力,其资产总和不得低于人民币5 000万元且两年内在税务、海关、工商等政府部门和金融机构没有违法违规和不良记录。 (5) 境内投资者注册资本已缴足到位,境外投资者符合其他法律法规相关要求。
董监高条件	拥有不少于两名具有3年以上金融领域管理经验且无不良信用记录的高级管理人员(高级管理人员是指总经理、副总经理、业务主管、财务主管、风险控制主管以及运营主管等)。
业务经营条件	(1) 可以受让将来的应收账款。 (2) 可以从事与所受让的应收账款相关的下列业务:应收账款融资;销售分户账管理;应收账款催收;坏账担保;经许可的其他业务。 (3) 不得从事吸收存款;发放贷款或受托发放贷款;专门从事或受托开展与商业保理无关的催收业务、讨债业务;受托投资;国家规定不得从事的其他活动。 (4) 风险资产一般不得超过净资产总额的10倍(风险资产按企业的总资产减去现金、银行存款、国债后的剩余资产总额确定)。 (5) 应当按照审慎会计原则,建立资产损失准备金提取制度。 (6) 为股东及其关联实体提供担保或保理融资的总余额,不得超过该股东的出资金额。 (7) 应当在境内已加入国际性保理企业组织的商业银行开设商业保理运营资金的人民币专用存款账户。

续　表

项　目	要　　求
制度建设要求	建立健全的财务制度(包括财务管理体制、财务机构和岗位职责、资金和费用管理要求、会计政策和科目、会计凭证管理等)、风险控制制度(包括组织架构和职责、业务操作流程和要求、资产分类管理、风险处置措施等)和重大风险事件应急制度。

按照《上海市商业保理试点管理暂行办法》的规定及操作实务,在上海市(不含上海自贸区)设立商业保理企业应按以下程序办理:

表 2-9　上海市(不含上海自贸区)商业保理的设立程序

	设立内资商业保理企业	设立外资商业保理企业
设立程序	(1) 向试点区(县)工商行政管理部门申请名称预先核准。 (2) 试点区(县)工商行政管理部门告知申请人设立条件,并于收到申请人登记申请后 3 个工作日内,向试点区(县)商务主管部门发出征询函。 (3) 试点区(县)商务主管部门启动联合征询机制,并于 10 个工作日内,书面反馈意见。 (4) 获得书面反馈意见后,试点区(县)工商行政管理部门办理工商注册登记相关手续。	(1) 向试点区(县)工商行政管理部门申请名称预先核准。 (2) 试点区(县)工商行政管理部门告知申请人设立条件,并于收到申请人登记申请后 3 个工作日内,向试点区(县)商务主管部门发出征询函。 (3) 试点区(县)商务主管部门启动联合征询机制。 (4) 试点区(县)商务主管部门出具批准设立文件并颁发《外商投资企业批准证书》。 (5) 企业向试点区(县)工商行政管理部门申请办理公司注册登记相关手续。

二、天津滨海新区商业保理准入制度嬗变

(一)《天津市商业保理业试点管理办法》

天津市人民政府办公厅于 2012 年 12 月 17 日颁发了《天津市商业保理业试点管理办法》(津政办发〔2012〕143 号),从商业保理定义、商业保理企业和业务范围、公司治理和合规经营、支持鼓励政策、政府管理、行业自律和协会服务等多个方面作出了规定。

表 2-10 天津滨海新区商业保理准入条件

项目	要求
保理公司主体条件	(1) 公司注册资本不低于5 000万元,全部为实收货币资本,且来源真实合法。内资公司注册资本由投资者一次性足额缴纳,外资公司注册资本缴纳期限按现行相关规定执行。 (2) 名称中的行业表述应当标明“商业保理”字样。
投资者条件	(1) 主出资人应当为企业法人或其他社会经济组织,且在申请前1年总资产不低于5 000万元。 (2) 境外投资者或其关联实体应当具有从事保理业务的业绩和经验。
董监高条件	应当拥有两名以上具有金融领域管理经验且无不良信用记录的高级管理人员,拥有与其业务相适应的合格专业人员。
业务经营条件	(1) 原则上应当设立为独立的公司,不混业经营。 (2) 可以经营下列业务:以受让应收账款的方式提供贸易融资;应收账款的收付结算、管理与催收;销售分户(分类)账管理;与本公司业务相关的非商业性坏账担保;客户资信调查与评估;相关咨询服务;法律法规准予从事的其他业务。 (3) 不得从事吸收存款、发放贷款等金融活动,禁止专门从事或受托开展催收业务,禁止从事讨债业务。 (4) 风险资产不得超过公司净资产的10倍[风险资产(含担保余额)按企业的总资产减去现金、银行存款、国债后的剩余资产总额确定]。
制度建设要求	应当建立与保理业务相应的管理制度,健全相关业务流程和操作规范,防范经营风险。

根据上述《天津市商业保理业试点管理办法》,在天津滨海新区设立商业保理的企业,应当经滨海新区商务委员会初审同意,报天津市商务委批准后,办理工商登记手续。

(二)《天津市商业保理业试点管理办法》修订版

2013年11月27日,天津市人民政府办公厅又颁布了《天津市人民政府办公厅关于修改天津市商业保理业试点管理办法的通知》,调整了其商业保理试点工作的管理职责。

表 2-11 《天津市商业保理业试点管理办法》修订表

修改条目	修改内容	原文	修改后
拟定单位	拟定单位范围	将拟定单位“市商务委、市金融办、市财政局、市工商局、市国税局、市地税局、人民银行天津分行、国家外汇管理局天津市分局、天津银监局”删除。	

续表

修改条目	修改内容	原　　文	修　改　后
第八条	批准单位	设立商业保理企业，应当经滨海新区商务委员会初审同意，报市商务委批准后，办理工商登记手续。	设立商业保理企业，应当经滨海新区政府批准后，办理工商登记手续。
第十五条	报送单位	商业保理企业应当向市商务委、市金融办报送月度业务情况统计表、季度财务报表和经中介机构审计的年度财务报告及经营情况说明书，并对报告和资料的真实性、准确性、完整性负责。	商业保理企业应当向滨海新区政府报送月度业务情况统计表、季度财务报表和经中介机构审计的年度财务报告及经营情况说明书，并对报告和资料的真实性、准确性、完整性负责。
第十六条	检查单位	每年4月至6月，市商务委会同相关部门对商业保理企业上一年度的保理业务开展情况进行检查。	每年4月至6月，滨海新区政府对商业保理企业上一年度的保理业务开展情况进行检查。
第二十四条	监管部门	市商务委是商业保理行业的主管部门，市金融办是商业保理业务的监管部门。	滨海新区政府负责商业保理企业的审批与监管。市商务委、市金融办等部门按照各自职能对滨海新区商业保理试点工作进行指导。

三、深圳市商业保理准入制度

根据《〈内地与香港关于建立更紧密经贸关系的安排〉补充协议九》及《〈内地与澳门关于建立更紧密经贸关系的安排〉补充协议九》承诺“允许香港、澳门服务提供者在广东省深圳市、广州市试点设立商业保理企业”以及《商务部关于香港、澳门服务提供者在深圳市、广州市试点设立商业保理企业通知》(商资函〔2012〕1091号)，港澳服务提供者可以在深圳市设立外资商业保理企业。

2013年，深圳市在全国率先开展商事登记制度改革后，企业注册门槛大大降低。深圳市经济贸易和信息化委员会又于2013年8月12日发布了《深圳市外资商业保理试点审批工作暂行细则》(深经贸信息外资字〔2013〕73号)，相对宽松的监管制度使深圳市迅速超越上海、天津，成为全国商业保理企业注册家数第一的地区。

表 2-12 深圳市商业保理准入条件

项　目	要　　求
保理公司主体条件	(1) 应采取外商独资、中外合资、中外合作形式。 (2) 注册资本应不低于 5 000 万元人民币。 (3) 名称中应标明"商业保理"字样。
投资者条件	(1) 应当为符合《内地与香港关于建立更紧密经贸关系的安排》及《内地与澳门关于建立更紧密经贸关系的安排》及其有关补充协议中关于"服务提供者"定义及相关规定的港澳服务提供者。 (2) 应当具有良好的信誉和从事保理业务的业绩和经验。
董监高条件	高级管理人员中应包括两名以上具有金融领域管理经验且无不良信用记录的高级管理人员。
业务经营条件	(1) 可从事贸易融资、销售分户账管理、客户资信调查与评估、应收账款管理与催收、信用风险担保等服务。 (2) 不得从事吸收存款、发放贷款等金融活动,禁止专门从事或受托开展催收业务,禁止从事讨债业务。 (3) 风险资产不得超过企业净资产的 10 倍[风险资产(含担保余额)按企业的总资产减去现金、银行存款、国债后的剩余资产总额确定]。
制度建设要求	应建立开展保理业务相应的管理制度,健全相关业务流程和操作规范。

根据《深圳市外资商业保理试点审批工作暂行细则》,深圳市商业保理企业的设立和变更由深圳市经济贸易和信息化委员会受理,并按现行审批权限负责审核,获得批准设立文件的商业保理企业向深圳市市场监督管理局申请办理工商注册登记相关手续。

四、商业保理企业准入制度存在的问题

(一) 立法层次低且真空多

当前,国内商业保理行业正处于快速发展期,良好的法律环境是保证和促进其健康和持续发展的必备条件。但当前的立法相对滞后,难以适应商业保理主体合理、有序准入的实际需求。

1. 立法层次低

根据《中华人民共和国立法法》第七十三条的规定,省、自治区、直辖市和较大的市的政府,可以根据法律、行政法规和本省、自治区、直辖市的地方性法规,

制定规章。无论是上述上海、天津或深圳的《上海市浦东新区设立商业保理企业试行办法》《中国(上海)自由贸易试验区商业保理业务管理暂行办法》《上海市商业保理试点管理暂行办法》《天津市商业保理业试点管理办法》《深圳市外资商业保理试点审批工作暂行细则》,抑或是之后新增试点地区陆续出台的法律文件,如《重庆两江新区商业保理(试点)管理办法》(渝商委发〔2013〕55 号)、《苏州工业园区设立商业保理企业试行办法》(苏园管规字〔2013〕1 号)、《外商投资商业保理企业设立审批指引》(苏商资〔2013〕1036 号)、《设立内资商业保理企业试点申报指引》(苏商秩〔2013〕1158 号),均不是由政府制定,还不属于地方规章,立法层次较低,与商业保理行业急速发展的现状很不相称,不能满足经济社会需要。

2. 立法真空多

现行立法对准入前的审批要求规定得较多、对准入后的行为规范规定得较少,有的地区在商务部将其列入商业保理试点城市后,出台的地方细则内容极为简扼,甚至一直不出台地方细则,立法中漏洞和真空较多,使得一些已完成注册的商业保理企业在具体开展保理业务时缺乏稳定的、可预期的行为规范指引,实践中或失之于保守或失之于激进,破坏了公平有序的交易秩序,一定程度上降低了投资者、从业人员和潜在客户的执业热情和期许。行业亟需建立具有稳定性、预期性及行为指引性的立法体系。

(二) 缺乏统一立法

银行保理商与商业保理企业的行业主管部门不同,分别由银行业监督管理委员会和商务主管部门进行监管,适用的法律法规也不相同,差异十分明显。即使同为商业保理企业主体,若选择不同的注册地址,将面临不同的准入条件,设立后的业务经营条件也大相径庭(差异之处可见下表)。此现状造成商业保理主体市场准入不平等,不同类型主体的准入条件不同,不同地区的商业保理主体的经营条件不一致,容易诱发监管套利和不公平竞争。商务部正在酝酿起草的《商业保理企业管理办法(暂行)》这一全国统一立法的步伐应进一步加快。

表 2 - 13　不同地区商业保理准入及经营条件比较

	上海市(除自贸区)	上海自贸区	天津滨海新区	深圳市
投资者	设立存续满 1 年;资产总和不低于人民币 5 000 万元;境内投资者注册资本已缴足	未规定量化指标	申请前 1 年总资产不低于人民币 5 000 万元	符合 CEPA 定义的港澳服务提供者

续 表

	上海市(除自贸区)	上海自贸区	天津滨海新区	深圳市
注册资本	不低于人民币5 000万元,全部为实收货币资本	不低于人民币5 000万元、全部为货币出资,未限制缴纳期限	不低于人民币5 000万元,全部为货币资本。内资公司要求一次性足额缴纳,外资公司缴纳期限按外资现行规定执行	不低于5 000万元人民币,未限制货币出资和缴纳期限
业务兼营	未规定	融资租赁公司可兼营与主营业务有关的商业保理	不允许	不允许
逾期A/R	未规定	不允许受让逾期A/R	未规定	未规定
关联交易	规定了为关联方担保和融资的余额上限	未规定	未规定	未规定
准备金	要求建立资产损失准备金提取制度	未规定	未规定	未规定
银行托管	要求银行托管保理运营资金	要求银行托管保理运营资金	未规定	未规定
举借外债	未规定	享受《关于支持中国(上海)自由贸易试验区扩大人民币跨境使用的通知》境外人民币借款政策	未规定	注册前海者享受《前海跨境人民币贷款管理暂行办法》向香港银行申请境外人民币借款政策

(三) 审查透明度不高

长期以来,国内现行法一直坚持"严把市场准入关"的理念,对于具有金融属性的行业尤为突出。试点地区颁布的关于设立商业保理企业的规定仅能视为必要条件而非充分条件,在受理商业保理企业的准入申请时,相关政府部门往往会对商业保理企业的设立方案进行实质审查,审查范围从股东的资金实力、高管团队从业经历等"硬条件"到业务模式可行性、内部管理制度合理性等"软条件",有时甚至是审批机关的一时一事之偏好，都可能导致商业保理主体设立的努力失败，由此导致了在实践操作中，商业保理企业新设审查程序较为繁琐，企业设立效率低下，且最终结果的可预见性不强。

（四）审查法律性质不清晰

《中华人民共和国行政许可法》第十四条规定："本法第十二条所列事项，法律可以设定行政许可。尚未制定法律的，行政法规可以设定行政许可。必要时，国务院可以采用发布决定的方式设定行政许可。实施后，除临时性行政许可事项外，国务院应当及时提请全国人民代表大会及其常务委员会制定法律，或者自行制定行政法规。"该法第十五条规定："地方性法规和省级政府规章……不得设定企业或者其他组织的设立登记及其前置性行政许可。"

上述法律条款表明，企业设立登记及其前置性行政许可只能由法律、行政法规或国务院发布决定的方式设定，而地区性的商业保理试点办法规定的设立审查不是以《中华人民共和国行政许可法》规定的行政许可设定程序出现的，因此，难以辨别该审查的法律属性，也难以援引《中华人民共和国行政许可法》关于行政许可的申请与受理、审查与决定、期限、监督检查以及救济途径等一整套的运作规范，使得试点阶段商业保理准入的法律制度缺乏上位法支持与规制。

思考与讨论

1. 请查阅全国各地关于设立商业保理企业的相关规范性文件，比较各地政策的差异并探讨各地政策的利与弊。

2. 请对国际保理商组织（International Factors Group）和国际保理商联合会（Factors Chain International）的发源背景、发展现状、组织形式、法律体系等方面进行全面总结，归纳保理商行业组织的发展经验。

第三篇

商业保理运营法律实务

第三章

商业保理尽职调查法律实务

本章概要

1. 本章介绍了尽职调查的概念。
2. 本章介绍了尽职调查的主要方法和流程。
3. 本章分析了应收账款真实性、合法性等保理尽职调查的要点。

第一节　认知尽职调查

尽职调查(due diligence,简称 DD)一般是指企业内部人员和/或外部顾问遵循勤勉尽责、诚实信用的原则,通过各种有效方法和步骤对目标标的进行充分调查,掌握标的项目相关的主体资格、资产权属、债权债务等重大事项的法律状态和其业务、管理及财务状况等,对交易对手的还款意愿和还款能力作出判断,以合理评估目标标的的价值和风险的行为。尽职调查通常在债务融资、投资、收购、上市等资本运作活动时进行,其根本作用在于减轻交易各方的信息不对称,为交易各方识别风险提供信息保证,并帮助交易各方对目标标的进行合理定价。

一、尽职调查的起源

尽职调查最早起源于英美普通法,依据《布莱克法律词典》(*Black's Law*

Dictionary)，尽职调查通常是指一个人在其调查过程中寻找合适的法律要求或解除义务时应保持合理的谨慎。尽职调查一词的广为认知源于美国《1993年证券法》，根据该法的规定，当购买某一证券的投资者指控证券公司所披露的信息不完全时，证券公司可以援引其对该证券进行了尽职调查工作，并且充分披露其所调查到该公司的信息，证券公司即可不因此承担责任。随后，整个证券行业便将尽职调查工作作为证券公开发行上市中的行为标准。

尽职调查作为一个概念，在中国是随着资本市场的发展开始出现的，主承销商的尽职调查最早于1999年在证券公司配股项目中使用。1999年3月，中国证券监督管理委员会发布了《证券公司承销配股尽职调查报告指引(试行)》；特别是"银广夏"会计造假丑闻的发生，使得全社会对在资本市场尽职调查的重要性和风险有了比较充分的认识。2001年3月，中国证券监督管理委员会发布并实施了《证券公司从事股票发行主承销业务有关问题的指导意见》，明确规定了担任股票公开发行主承销商的证券公司"应当遵循勤勉尽责、诚实信用的原则，认真履行尽职调查义务"，并对主承销商在新股发行尽职调查报告中的必备内容作了详细规定，为证券公司进行股票发行业务的尽职调查提供了基本的工作规范。2003年，随着保荐制度的推行，《保荐人尽职调查工作准则》《证券公司中小企业私募债券承销业务尽职调查指引》《全国中小企业股份转让系统主办券商尽职调查工作指引(试行)》等一系列资本市场的尽职调查操作规则陆续出台。

随着商事交易活动的发展、对外开放以及金融市场的逐步建立和发展，尽职调查已广泛地应用到兼并收购、重大资产转让、债务融资工具和风险投资等领域中，常见的如主承销商的尽职调查、会计师的尽职调查、律师的尽职调查、评级机构的尽职调查及商事主体自行开展的尽职调查等。

二、尽职调查的必要性和局限性

(一) 尽职调查的必要性

尽职调查的必要性体现为以下三个方面。

(1) 风险控制。这是尽职调查的首要作用，通过尽职调查最大限度地了解目标标的的现状，控制因交易而可能发生的风险，使交易的最后结果基本符合调查方的预期，减少交易后的不确定风险。交易中的风险不仅包括项目本身可能具有的瑕疵，而且包括其他的各个方面，如交易对手所处行业的发展趋势、是否具有合法资质、其与上下游关系的稳定性、是否有欠交税款或其他政府费用、是否有环境责任风险等，都是一个谨慎的商事主体应事先了解的。

(2) 差异定价。交易的价格显然不能仅仅依据成本、预期收益和行业平均水平，决定一项交易的价格因素很多，如经营风险、法律风险、财务风险、市场占有率、长期竞争优势及获利能力等，这些都需要通过尽职调查后才能确定合理的定价。尽职调查所获得信息越充分，定价的准确性就越高，也就越可以通过差异定价策略赢取市场。

(3) 证据固定。尽职调查一般是调查方先提出一个清单(DD list)，然后由被调查方根据清单提供书面材料，必要时，调查方会根据了解的情况，提出各种问题，要求被调查方回答，并进一步提出补充清单，整个过程主要是书面审查，多数情况下还会要求被调查方在全部资料上加盖印章，这一过程本身是具有法律意义的过程，是分清双方在交易合同签订前的缔约过程中是否存在过错与责任的阶段，因此，尽职调查的整个过程也是证据收集与固定的过程。

(二) 尽职调查的局限性

由于项目所面临的风险在理论上的无穷性，因此，尽职调查必须在一定的范围内进行。尽职调查范围的确定一般取决于时间安排及尽职调查费用的预算，此外，尽职调查因项目的重大程度不同而有所差异，一个上市项目的尽职调查与一项债务融资所需尽职调查的工作量显然不同。通常来讲，为了确定适度的尽职调查范围，在潜在风险类别固定后，往往是对“重大的事项”进行调查，如“大于5%”或“大于10万元人民币”等进行量化的规定，是常采用的方法；但无论如何，“重大”是相对的，“重大”不仅仅是指百分比或总额，它是一个高度相对性的概念，指一般谨慎的调查方认为非常重要的一种水平。

因此，要求进行绝对的尽职调查，以揭露所有的潜在风险是不现实的。尽职调查必须是合理的，但不是绝对的，即使事后发现没有揭露的风险，也不能必然说是尽职调查安排不当而出现了漏洞。

三、尽职调查的原则

不同的项目尽职调查的范围、侧重点、时间安排、费用预算以及参与主体各不相同，但需要遵循的原则基本一致。

(一) 独立性原则

尽职调查应当保持客观中立的态度，不受其他部门和第三方的影响，避免自身利益驱动，在形式上和实质上保持独立。实质上的独立是指尽职调查方应当在发表意见和专业判断时公正中立,并始终保持客观的立场;形式上的独立是指避免尽职调查的参与方受到与目标标的存在的经济利益关系的影响,调查方法与流程应符合“双人调查”等权力制衡的要求。

(二) 谨慎性原则

尽职调查的计划、工作底稿及报告的出具和复核应保持谨慎的态度,在有不确定因素的情况下作出判断时,应保持审慎态度,既不夸大目标标的的优势和价值,也不刻意压低被调查方的相关风险因素,对异常情况保持反复甄别的态度,对没有确切证据支持的事实应做到保守估计。

(三) 全面性原则

调查方的尽职调查工作应当在时间、空间上涵盖所有决策时可能关心的、与目标标的有关的各个重大方面,如企业主体资格、治理结构、企业经营情况、企业主要设备、工艺和技术含量、银行和商业信用、项目盈利模式、财务报表、重要财务和经营数据、对外担保、涉案涉诉等面临的主要风险因素等,还应当包括可能影响上述经营和财务情况的行业与市场情况等重要外部因素。

(四) 重要性原则

针对不同行业、不同企业、不同目标标的要依照风险水平确定重点调查范围,在尽职调查开始之前,明确分工和责任,了解在进行尽职调查的过程中什么层次的资料和消息是重要的,并根据目标标的的具体情况制定工作方案,确定尽职调查的目的、根本要求,并围绕调查方所要达到的目标从中发现重要性事项。

(五) 保密性原则

由于尽职调查的参与机构接触到大量被调查方及目标标的的非公开信息和资料,调查人员负有对这些信息和资料保密的义务,避免损害被调查方的合法正当利益。有时候,被调查人员会要求签署保密协议,对访谈资料、工作底稿、业务和财务状况实施保密措施,不得向不相关人员或实体透露保密资料。

案例3-1　中天勤出具证明文件重大失实

中天勤会计师事务所是一个在中国注册会计师行业短暂存在的名字,然而却深刻地影响了中国注册会计师行业。在中天勤之后,中国的注册会计师行业被称为“后中天勤”时代。中天勤与“银广夏事件”这个中国证券市场史上最大的业绩骗局已经紧密相连。

一、案例概述

2003年9月3日,银川市中级人民法院对董博、李有强、丁功民、阎金岱、刘加荣、徐林文提供虚假财会报告、出具证明文件重大失实一案作出一审判决,判决书记载董博、李有强、丁功民、阎金岱、刘加荣、徐林文的违法行为如下:

1. 提供虚假财会报告罪

1999年年底至2000年年初,为了夸大广夏(银川)实业股份有限公司(以下简称银广夏公司)的业绩,达到增资配股的目的,时任天津广夏(集团)有限公司(以下简称天津广夏公司)财务总监的被告人董博,在被告人丁功民的授意、被告人李有强的同意下,虚构进货单位北京市瑞杰商贸有限公司、北京市京通商贸有限公司、北京市东风实用技术研究所,并进一步虚构从上述单位购入萃取产品原材料蛋黄粉、干姜、桂皮、产品包装桶,价值人民币6 659.164 6万元,伪造上述单位的销售发票,伪造天津广夏公司向上述单位汇款的银行汇款单,之后又伪造出口海关报关单4份(价值5 610万马克的货物)。伪造德国捷高公司驻北京办事处支付的出口产品贷款银行进账单3份,金额为人民币5 400万元。同时,被告人董博又指使时任天津广夏萃取有限公司总经理的被告人阎金岱伪造萃取产品生产记录,被告人阎金岱便让天津广夏公司职工刘某、李某、郑某等人伪造萃取产品原料入库单、班组生产记录、产品出库单等。由被告人董博编入天津广夏公司1999年度财务报表中。其中,制作虚假萃取产品出口收入人民币23 898.60万元,该虚假的年度财务报表经深圳中天勤会计师事务所审计后,并入银广夏公司年报,导致银广夏公司向社会发布虚假净利润人民币127 786 600.85元。

2000年年底至2001年年初,时任天津广夏公司董事长的被告人董博,在被告人丁功民的授意、被告人李有强的认可下,虚构进货单位北京市瑞杰商贸有限公司、北京市京通商贸有限公司,并虚构从上述单位购入萃取产品原材料蛋黄粉、干姜、桂皮、产品包装桶,价值人民币24 526万元;伪造虚假出口销售合同、银行汇款单(22笔共计人民币24 526万元)、销售发票,出口报关单及德国诚信贸易公司支付的货款进账单(五笔共计人民币47 625.84万元)等,指使天津广夏公司职工刘某、郑某、卢某等人,继续采取1999年度的造假手法,制作虚假财务凭据,后由被告人董博编入天津广夏公司2000年度财务报表中。其中,虚作萃取产品出口收入人民币72 400万元,该虚假的年度财务报表经深圳中天勤会计师事务所审计后,并入银广夏公司年报,导致银广夏公司向社会发布虚假净利润人民币 417 646 431.07 元。

2001 年初，被告人董博为达到虚构天津广夏公司 2001 年中期财会报告巨额利润的目的，采取虚报销售收入的手段，从天津市北辰区国税局领购增值税专用发票 500 份。除向正常销售单位开具外，董博指使天津广夏公司职员付某以天津广夏公司名义向天津禾源公司虚开增值税专用发票 290 份，价税合计人民币 221 456 594.02 元，涉及税款人民币 37 647 619.98 元，后以销售货款没有全部回笼为由，仅向天津市北辰区国税局交纳“税款”人民币 500 万元。给天津广夏公司造成直接经济损失人民币 500 万元。

2001 年 5 月，为掩盖银广夏公司虚报虚假利润的事实，被告人李有强承诺，2001 年银广夏公司中期利润分红资金由天津广夏公司承担。随后，以购买设备为由，向上海金尔顿投资公司拆借人民币 1.5 亿元打入天津禾源公司（系天津广夏公司萃取物产品的总经销商），又以销售萃取产品回款的形式打回天津广夏公司，制造虚假销售收入。其中，人民币 1.25 亿元以天津广夏公司利润的形式上交银广夏公司，作为利润分红，达到增资配股的目的，剩余人民币 2 500 万元由天津广夏公司自留自支。

2001 年 8 月 2 日至同年 9 月 7 日，银广夏公司因涉嫌违规，被中国证监会停牌。9 月 10 日复牌后至 10 月 8 日期间，连续出现跌停板，从停牌前的 8 月 2 日收市价人民币 30.79 元/股，跌至 10 月 8 日的收市价人民币 6.35 元/股。

2. 出具证明文件重大失实罪

深圳中天勤会计师事务所接受银广夏公司委托后，被告人刘加荣、徐林文在具体负责对该公司及其子公司 1999 年度和 2000 年度的财会报告进行审计过程中，未遵循中国注册会计师独立审计准则规定的程序，未实施有效的询证、认证及核查程序。

(1) 该所在对天津广夏公司 1999 年度和 2000 年度财务报告的审计过程中，依据天津广夏公司自制的销售发票，确认 1999 年和 2000 年虚假出口产品收入分别为人民币 23 898.60 万元和人民币 72 400 万元，没有实施向海关询证的必要程序。

(2) 该所在对天津广夏公司 1999 年度和 2000 年度财会报告的审计过程中，以天津广夏公司自制和伪造的银行对账单、银行进账单、银行汇款单和购货发票为依据，确认出口产品收款金额和购买原材料付款金额和入库数，没有实施向银行询证的重要程序，没有充分关注购进原材料发票均是普通发票这一重要疑点。

(3) 该所未对天津广夏公司1999年12月31日和2000年12月31日银行存款余额实施有效的检查及函证程序,特别是被告人刘加荣指派的审计人员在对天津广夏公司进行审计时,严重违反审计规定,委托天津广夏公司被告人董博等人代替审计人员向银行、海关等单位进行询证,致使被告人董博得以伪造询证结果。被告人刘加荣、徐林文在不辨别真伪、不履行会计师事务所三级复核有关要求的情况下,仍先后为银广夏公司出具了1999年度、2000年度"无保留意见"的审计报告,致使银广夏公司虚假的财务报告向社会公众发布,造成投资者的利益遭受重大损失。该所签发的银广夏审计报告的负责人与签字注册会计师为同一人,未遵循审计准则中规定的会计师事务所三级复核的有关要求。同时,被告人刘加荣还违反注册会计师的有关规定,兼任银广夏公司财务顾问。在形式上和实质上均失去独立性。

二、法院判决

银川市中级人民法院作出一审判决如下:(一)被告人董博犯提供虚假财务报告罪,判处有期徒刑3年,并处罚金10万元。(二)被告人李有强犯提供虚假财务报告罪,判处有期徒刑2年6个月,并处罚金8万元。(三)被告人丁功民犯提供虚假财务报告罪,判处有期徒刑2年6个月,并处罚金8万元。(四)被告人阎金岱犯提供虚假财务报告罪,判处有期徒刑2年6个月,并处罚金3万元。(五)被告人刘加荣犯出具证明文件重大失实罪,判处有期徒刑2年6个月,并处罚金3万元。(六)被告人徐林文犯出具证明文件重大失实罪,判处有期徒刑2年3个月,并处罚金3万元。一审判决后,各被告人均没有上诉。

第二节　尽职调查的主要方法和流程

尽职调查的目的不是核查事实、叙述事实,而是评估、解释、沟通的过程,着重于找出主要的风险区域并衡量对交易(包括定价、交易架构和经营等方面)的影响,以避免"交易陷阱"并帮助调查方在交易谈判中尽可能地取得最优结果。

表 3－1 财务审计与尽职调查比较表

	财务审计	尽职调查
重点	(1) 历史数据的准确性； (2) 对财务报告发表意见并评估内控系统。	(1) 发现风险，提出建议； (2) 前瞻性步骤，分析目标标的税息折旧及摊销前利率、现金流量及财务预测。
范围	由专业准则决定。	与具体交易相关，通常由调查方决定。
步骤	(1) 在抽样基础上测试主要的业务； (2) 使用标准的审计程序和核查清单。	(1) 主要以分析为主； (2) 在无法确认相关文件真实性的情况下，经常要依赖被调查方的管理层声明。

因此，首先需要树立的观念是尽职调查的具体方法和流程是为其调查目的服务的，商业交易没有两个完全相同的项目，由此决定没有一成不变的尽职调查方法和流程。兹谨以中国银行间市场交易商协会(NAFMII)公告〔2008〕第 2 号规定的《银行间债券市场非金融企业债务融资工具尽职调查指引》(简称《NAFMII 尽职调查指引》)为参照介绍尽职调查的主要方法和流程[①]。

一、尽职调查的主要方法

拓展 3－1 尽职调查常用的查询网站

一、交易主体信息查询类

1. 国家工商总局全国企业信用信息公示系统

网址是 http://gsxt. saic. gov. cn/。2014 年 3 月 1 日正式运行，网站无需注册。可查询大陆全部省份企业的工商登记信息，具体包括企业基本信息、股东及其出资、董监高成员、分支机构等。但企业的历次变更登记及股权质押信息尚不能查询。根据国务院 2014 年注册资本登记改革的最新要求，企业年度报告、工商部门对企业的行政处罚今后也可于此查询。

① 关于 NAFMII 债务融资工具的尽职调查，可参阅时朝文主编、刘珺副主编，《非金融企业债务融资工具尽职调查》，中国金融出版社，2012 年。

2. 全国组织机构代码管理中心

网址是 http://www.nacao.org.cn/。该网可以查询全国范围内所有领取有组织机构代码证的信息。

二、企业运营信息查询类

中国证监会指定信息披露网站巨潮资讯网

网址是 http://www.cninfo.com.cn/。网站无需注册，可查询上交所、深交所上市的公众公司，包括该公司就各重大事项发布的公告、分红情况、财务指标、公司年报等。也可登录上海证券交易所(http://www.sse.com.cn/)和深圳证券交易所网站(http://www.szse.cn/)，这两个网站与巨潮资讯网信息有所交叉，但侧重点略有不同。

三、财产信息查询类

1. 应收账款信息——中国人民银行征信中心中登网

网址是 http://rs.zhongdengwang.com/。网站需要注册，但无身份限制，任何自然人或机构填写相关信息，完成注册程序后即可进入查询界面。可查询企业应收账款质押、转让登记信息。

2. 土地信息——国土资源部子网站中国土地市场网

网址是 http://www.landchina.com/。网站无需注册，可查询全国范围内土地抵押、转让、招拍挂等信息以及全国范围内的供地计划、出让公告、大企业购地情况等。

3. 专利信息——国家知识产权局专利检索系统

网址是 http://www.sipo.gov.cn/zljs/。网站无需注册，除专利基本信息(如发明/设计人、专利权人、公开日等)外，还可查询各专利权法律状态、专利证书发文、年费计算及全国大部分省市的专利代理机构名录等内容。

4. 商标信息——国家工商总局商标局中国商标网

网址是 http://www.saic.gov.cn/ywbl/zxcx/sbcx/。网站无需注册，根据查询提示可确定拟查询商标的商品分类。具体可查注册商标信息及申请商标信息。商标注册信息查询又分为商标相同或近似信息查询、商标综合信息查询和商标审查状态信息查询三类。

四、诉讼及执行信息查询类

1. 最高人民法院中国裁判文书网

网址是 http://www.court.gov.cn/zgcpwsw/。网站无需注册，仅适用于查询已判决、裁决生效的案件。

2. 最高人民法院全国法院被执行人信息查询系统

网址是 http://zhixing.court.gov.cn/search/。网站无需注册，可查询2007年1月1日以后新收及此前未结的执行实施案件的被执行人信息。

3. 最高人民法院全国法院失信被执行人名单信息查询系统

网址是 http://shixin.court.gov.cn/。对于不履行或未全部履行被执行义务的被执行人，自2013年10月24日起，可于该系统中查询失信被执行人的履行情况、执行法院、执行依据文书及失信被执行人行为的具体情形等内容。

4. 人民法院诉讼资产网

网址是 http://www.rmfysszc.gov.cn/。可以查询全国范围内法院正在执行拍卖的资产情况。

5. 淘宝司法拍卖

网址是 http://sf.taobao.com/。网上拍卖减少了拍卖费用，竞价方便，越来越多的法院把没有争议比较干净的资产都通过这个方式进行拍卖，今后涉司法拍卖的信息应该会越来越多。

《NAFMII尽职调查指引》第十条规定，主承销商开展尽职调查可采用查阅、访谈、列席会议、实地调查、信息分析、印证和讨论等方法。

(一) 查阅

查阅是尽职调查最基础的方法，调查方通过查阅被调查方的企业法人营业执照、组织机构代码证、税务(国税、地税)登记证、开户许可证、验资报告、企业财务报告、年度总结等资料，全面了解企业的法律状态、日常运行结果与财务状况。

调查方还可以通过查阅被调查方的制度与业务流程等相关文件，全面了解企业日常运行所依赖的主要制度、业务流程和相关内控措施，具体包括组织人事、财务会计、资产管理与采购的业务流程、授权与审批的业务规程、岗位权限与职责分工、应急与预防等方面的规定和措施。调查方还可以选择一定数量的控制活动样本，采取验证、观察、询问、重新操作等测试方法，评价内部控制的有效性。

（二）访谈

访谈是指通过与有关的高级管理人员、财务、销售、内部控制等部门的人员进行对话，从而掌握被调查方的最新情况，并核实已有的资料。例如：

（1）与高级管理人员访谈，了解被调查方的主营业务、未来的发展目标、发展计划、主要竞争对手。

（2）与财务人员交谈，了解财务政策的稳健性、内控制度的有效性。

（3）与销售人员交谈，掌握主要客户与供应商的情况，评估主要产品市场的稳定性以及原材料供应是否有保证。

（4）与采购部门和主要供应商沟通，调查公司主要原材料市场的供求状况，判断是否存在严重依赖于个别供应商的情况，是否对重要原材料作出备选安排。

（5）与生产部门人员沟通，分析公司各生产环节是否存在瓶颈制约。

（6）与公司内审部门交谈，了解公司对内部控制措施的监督和评价制度。

（三）列席会议

列席会议是指列席被调查方有关本轮交易项目事宜的会议，如股东会、董事会、高级管理层办公会和部门协调会及其他涉及本轮交易目的、用途、资金安排等事宜的会议，以增进对被调查方相关决议的真实性、产生过程、商业目的的深入了解。

（四）实地调查

实地调查是指到被调查方的主要生产场地、建设工地、办公地址进行实地调查。对于新项目或新客户，做好实地调查是非常重要的。实地调查首先要看企业的厂房或办公场所，了解占地面积、总投资额、是自有的还是租赁的、市值、抵质押情况、有无保险；其次要看开工情况，包括生产工艺、开工率、机器设备的新旧状况、现场管理是否有序、原材料供应是否稳定、有无备用能源；三要看存货和仓库管理，包括存货进出管理措施是否健全、存货摆放是否有序、有没有积压、落灰、受潮等管理不善的货品；四是调查企业的社会环境风险，包括是否对周边环境有影响，环评是否通过、现场有无噪音、空气与水污染情况及治理措施、员工人数、工作负荷、精神状态等。现场实地考察可以更加直观地了解企业的经营管理水平、设备运行情况、安全生产和环境保护情况，直接且有效。

中国证券监督管理委员会证监稽查字〔1999〕21号文件在处罚某律师事务所

时就指出:“该所在未对娃哈哈公司募集资金投向、房屋设备产权关系核实的情况下就出具了法律意见书”,“经查实,其招股说明书中所述的前次募集资金用途包括建设美食城大厦、购买下沙工业区土地建设生产基地、生产食品、饮料和食品调料等。截至 1998 年 3 月,娃哈哈美食城大厦尚未建成,没有产生任何效益”,该律师事务所为此受到处罚。

(五) 信息分析

信息分析是指通过各种方法对采集的信息、资料进行分析,从而得出结论性意见。例如:

(1) 对国家产业政策、产业周期进行分析,确定企业发展所处的市场环境。

(2) 分析被调查方产品的市场占有率,确定企业主要产品的行业地位。

(3) 分析主营业务增长率、主营利润增长率等指标,判断企业主要产品的发展前景。

(4) 分析企业收入、成本、费用等指标的变动趋势和比例关系,判断各财务指标之间的配比关系是否合理。

(5) 通过调查被调查方主要的上游供应商、下游客户群,分析其供销渠道;通过调查其供应商和客户的集中度,分析其成本转嫁能力的高低;通过调查其产品集中度,分析其对抗行业周期性变化的能力高低。

(六) 印证

印证主要是指通过与有关机构进行沟通和验证,从而确认查阅和实地调查结论的真实性。印证主要指信息印证,包括将访谈、资料调阅分析、实地调查得出的结论进行汇总比较、相互印证。

(七) 讨论

讨论主要是指讨论尽职调查中涉及的问题和分歧,从而使调查方与被调查方的意见达成共识。

(八) 大数据分析

大数据分析主要是指以大数据分析和高速算法为基础,通过网络化方式,对被调查方行为数据进行信息处理和风险评估的尽职调查方法。近年来,随着互联网金融方兴未艾,大数据风险分析方法迅速蹿红,成为调查、识别、判断风险的新方法之一。

谢平认为:“大数据之下风险定价和风险管理的效率,可能远远超过人脑的判断效率。很多风险定价不取决于财务报表的分析,而取决于行为数据的收集和自动生成，这将颠覆目前风险定价的基本原理。而且在很多定价方面，大数据会起到根本性的作用。例如，目前车险的定价方式一般是根据前三年发生的事故来确定费率。在大数据环境下，定价是根据车主是否喝酒、汽车行驶路况信息、是否送小孩上学、从事的工作以及身体健康状况等所有数据信息来确定车险定价。依据这组数据定价的准确性要远大于前者。假设在大数据、搜索引擎的基础上，个人的数据完全可以被搜集，并能够推算出动态违约概率，社会金融的估值则更为容易。大数据和搜索引擎可以基于一个人在历史中所做的事情推算出他的违约概率，这完全可以用数学推导做到。未来任何金融产品交易，实际上都隐含着CDS，任何时点都可以知道其违约概率，所有金融产品的风险定价将非常直观而简易。开玩笑地说，APP可以代替人脑，学金融将来可能变得没有意义。"①

拓展3-2 互联网金融的本质与平台构建②

互联网企业对互联网金融的理解分三个层面。

第一个层面叫"端"，意为应用、终端是服务和连接平台。传统的PC网站和现在的APP属于端，IPAD、手机等硬件属于端。在此基础上的创新是无穷无尽的，包括余额宝、小额信贷等方面的创新，其实并不难。如今互联网非常普及，给人们带来的生活便利非常丰富，创新空间还很大。

第二个层面是互联网金融的中间层。这个层面的构建，才能真正决定互联网金融机构和传统金融机构能否健康、持续地发展。这十几年来，阿里巴巴和支付宝做得最有意义、最重要的事情是构建了信用体系。支付宝用担保交易解决了互联网平台上买卖双方的信任问题。如何通过一个好的产品实现对客户信息的掌握和对行为的洞察？这需要搭建客户平台。能向用户、企业提供什么样的服务？这需要好的产品平台作支撑。此外，资金调拨、与银行间的资金往来、备付金的管理等如何做到规范且有效率？这需要搭建支付清算平台和资金管理平台，通过对数据的分析和技术的不断强化来实现。

---

① 谢平，"互联网金融的基本理论要点"，该文是作者在2014年2月22日互联网金融外滩论坛第2期暨SFI课题评审会上就其课题报告《互联网金融理论与实务》所作的主题演讲，经中国金融四十人论坛秘书处整理，《中国金融四十人论坛月报》，2014年第2期，第9—10页。

② 彭蕾，"互联网金融的本质与平台构建"，该文是作者在2014年2月22日互联网金融外滩论坛第2期暨SFI课题评审会上就《互联网金融手册》(课题报告)所作的评审，经中国金融四十人论坛秘书处整理，《中国金融四十人论坛月报》，2014年第2期，第17—18页。

底层是金融大数据平台。金融大数据平台与“端”和中间层可以构成一个循环:“端”上的数据沉淀到大数据平台,大数据平台又支撑构建中间层。互联网金融由“端”、中间层及底层的大数据平台构成,缺一不可。

同时还需要几个支柱。首先是风险控制平台。互联网金融面临着诸多风险。例如,对于互联网这样的开放平台上的CPN模型,如何识别技术上的风险?如何防御黑客、木马的攻击?此外还有流动性、政策性、舆论危机等方面的风险。第二是运营支撑平台,这是一个底层的系统,是对原来OA(办公自动化)的一种升级。例如,在为商家和消费者提供服务的时候,如何把员工工作系统和对外商业服务系统进行有效地连接打通?第三是阿里巴巴正在建设的金融云计算业务平台。天弘基金每天资金业务的申购、赎回量是整个基金行业最高的,其业务的流畅性、稳定性也是基金行业最高的,这正是得益于云计算平台。阿里巴巴在“去IOE”,即去掉IBM、Oracle的数据库和EMC的存储,用单机的方式来解决IT服务需求。这样能降低IT的成本,提升效率。对未来互联网金融来说,除了服务和体验,成本是决定成败的重要因素。银行的IT投入非常大,而互联网的本质是服务海量用户,如果用银行的理念去做,成本的限制会使得我们无法服务海量客户。

二、尽职调查的主要流程

(一) 组建工作团队

《NAFMII尽职调查指引》第七条规定,主承销商开展尽职调查应组建尽职调查团队。

实务中,调查方应根据实际情况决定工作团队的人员组成,一般的债务融资项目可由调查方相关部门的员工自行组织,重大项目也会由内、外部从各自专业领域协同开展尽职调查工作,但无论如何,应防止利益关联者参与。

(二) 制订工作计划及项目启动会议

《NAFMII尽职调查指引》第六条规定,主承销商开展尽职调查应制订详细的工作计划。

工作计划主要包括调查目标、调查范围、工作方式、工作分工、工作时间、工作流程、参与人员等。

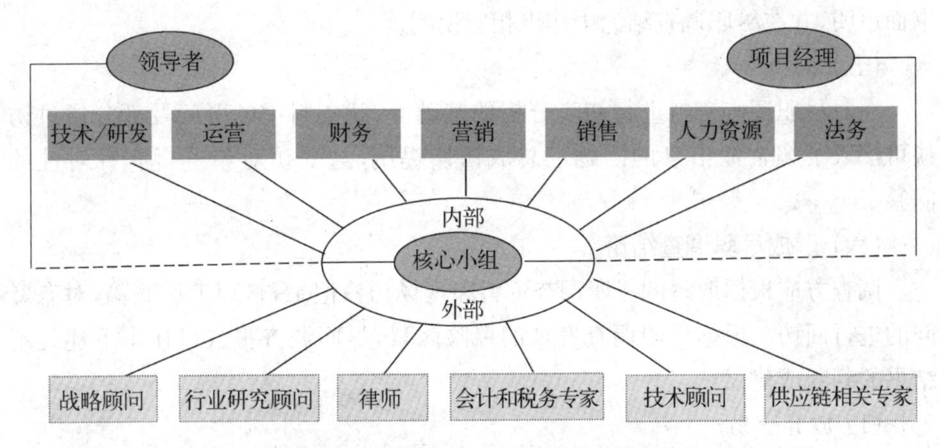

图 3-1　内外部协同尽职调查结构图

对于重大项目，特别是涉及外部中介机构的合作尽职调查，在正式启动之前，还需要召集全体参与人员召开项目启动会议，各方就尽职调查工作计划达成一致，以保证计划切实可行。

(三) 编制和提交尽职调查清单

调查方应当按照具体的交易情况编制尽职调查清单，并要求被调查方和/或相关方严格按照客观、真实的原则提供清单上所列明的文件资料。实务中，根据尽职调查清单所收集的资料是调查方了解交易对手、目标标的的主要载体，清单文件的收集和审查直接关系到尽职调查的真实、全面和充分，可以说，编制尽职调查清单是调查方最为基础也最为重要的一个环节。

(四) 收集尽职调查文件

调查方应要求被调查方披露尽职调查清单所列的文件，包括原件、传真件、复印件、副本和节录本。

原则上，应当收集文件资料的原件，经核验无误后应当将原件退还文件提供人，并要求文件提供人注明出处和原件的保存人。由于种种原因，被调查方提供的大部分文件材料都不是原件，需要调查方将这些文件材料与原件进行核实。实践中，对传真件，应首先注意是否有发件人的签字、盖章，是否有签署时间，做好接收记录，并应当及时复印归档以防止字迹模糊；对复印件、副本、节录本，应当让文件提供人签字、盖章予以确认，并注明出处和原件的保存人，对于重要文件，应亲自到有关机关进行外部调查核实。

对于重要而又缺乏相关资料支持的事实，应当取得文件提供人对该事实的书面声明，并在尽职调查结论中作出相应说明。

(五) 访谈

在对尽职调查资料进行初步分析的基础上，就资料中的疑问及部分通过访谈可深入了解企业信息的问题汇总成访谈提纲，与受访对象进行有针对性的问答。

(六) 形成尽职调查结论

调查方应根据取得的尽职调查资料和现场访谈记录，整理工作底稿，对有疑问的进行回访。根据尽职调查发现的风险因素，尽职调查报告可作出下述处理结果的判断或建议：

(1) 放弃交易；

(2) 增加或减少交易价格；

(3) 在交易前先把威胁因素解决；

(4) 在交易结构中寻求保护机制；

(5) 在交易合同中增加保护条款。

(七) 跟踪尽职调查

《银行间债券市场非金融企业债务融资工具主承销商后续管理工作指引》(NAFMII 指引 0006)第九条规定，主承销商应结合宏观经济、金融政策和行业运行变化情况，对企业和提供信用增进服务机构的经营管理、财务状况，债务融资工具信息披露、募集资金用途、二级市场交易、公开市场信息等情况，进行动态监测。

谨慎的调查方会对被调查方的后续经营情况、内外部运行变化情况进行持续跟踪，以保证尽职调查报告的结论不显著地偏离出具日之后的最新情况。

第三节　商业保理项目尽职调查的内容

一、基本情况调查

(一) 主体资格

对主体资格进行尽职调查，主要是通过查阅客户的企业法人营业执照、组织机构代码证等资料，调查其设立、变更及有效存续状况、年检记录、主营业务及所属行业,判断客户是否具有合法经营和叙做保理的主体资格。

保理商还需要结合基础交易的业务性质、所属行业,对比《国务院对确需保留的行政审批项目设定行政许可的决定》(国务院令第412号)和《国务院关于修改〈国务院对确需保留的行政审批项目设定行政许可的决定〉的决定(2009)》(国务院令第548号)以及国家和各地方政府关于取消和下放行政审批项目的最新有效规定,了解客户是否取得了有关部门颁发的从事特定基础交易的许可。

(二) 股权与实际控制人

实际控制人一般是指通过投资关系、协议或者其他安排,能够实际支配公司行为的自然人、法人或其他经济组织。对股东和实际控制人的调查,是识别关联交易、防范虚假交易和商业欺诈的重要步骤,马虎不得。保理商应要求企业披露股权结构、控股股东和实际控制人的基本情况及持股比例,实际控制人应披露到最终的国有控股主体或自然人为止。目前,中小企业的实际控制人基本上都是自然人,保理商可从下面四方面入手。

1. 社会背景

即实际控制人的社会关系,包括实际控制人的主要直系亲属的情况以及实际控制人的学习、工作、生活经历以及社会交往对象和范围等方面。

(1) 家族情况。应尽可能地查明实际控制人的家庭以及整个家族的总体实力、成员以及成员关系、社会信誉、资产负债情况等。假若其家族实力较强,且家族成员联系紧密,当该客户发生暂时的危机时,家族能够给予资金或其他方面的援助,帮助其渡过难关。若其家庭中有不良嗜好的成员,如嗜赌、吸毒、违法犯罪记录等,对实际控制人往往有直接的影响,甚至会对企业的资金、经营等产生一定的干扰,对保理业务的安全较为不利;若实际控制人婚姻状况不稳定,也会直接影响其个人、家庭、公司股权的稳定性。

(2) 社交关系。相对实际控制人的家族情况,其社交关系具有隐蔽性,不易掌握,也容易被忽略,但这种隐蔽关系往往蕴含着很大的信息量,对判断一个社交圈内参与者的诚信程度具有很大作用。

2. 个人素质

个人素质主导个人行为,实际控制人的个人素质高低也是决定保理业务是否安全的主要因素。

(1) 资信记录。资信状况是指实际控制人的声誉,是长期积累、多方面形成的,最能反映实际控制人最真实的面目。实际控制人以往的信用记录、商业信用、社会声誉等都能够反映其资信状况；其信用记录可以通过人民银行等征信系统查询；其商业信用可以从媒体、上游供应商、下游客户、纳税记录等渠道获得；其社会声誉可以通过同业、亲友、社会媒介等途径侧面了解。

(2) 品质。实际控制人的品质具体可以通过其平时为人是否诚信、是否具备社会公德意识、是否守信守约等来判断。特别是存在黄、赌、毒等不良嗜好或长期拖欠习惯的，哪怕其企业经营情况良好，也应审慎地评价其偿付意愿和能力。

(3) 其他个人信息。包括其受教育程度、年龄、健康状况等信息，在某种程度上这些信息对小企业的生存和发展起到一定的影响作用。一般说来，实际控制人受教育程度越高，其积累的专业知识越多，实际控制人年龄越大，其社会经验和阅历越丰富，对公司的发展越有利。有些对实际控制人依赖程度过高的小企业，当实际控制人的健康出现问题或者面临突然死亡等情况时，对公司经营是一个巨大甚至是致命的打击。

3. 从业经验

从业年限和专业知识可以在一定程度上反映实际控制人在此行业的阅历和经验，以及应对突发事件的能力；从业经历中有无重大决策失误、以往经营的企业有无关停、有无违规违法经营记录等，都能够折射出实际控制人以往经营管理和决策能力的强弱；对公司未来规划的明确性和可实现性能够反映实际控制人对公司可持续发展的信心程度。另外，还可以从其员工那里侧面了解员工对实际控制人的支持度、口碑以及实际控制人对企业的掌控力，从而判断其对企业的驾驭能力。

4. 其他重大情况

除了上述几方面，还有很多可以帮助判断的因素。如实际控制人是否涉及重大事故、经济纠纷或曾出现拖欠合同款、税、费等情况、是否存在民间借贷特别是大额高息借贷、投资行为是否盲目，是否存在风险隐患较大的多元化扩张等。

(三) 经营独立性

独立性情况通常包括资产独立情况、人员独立情况、机构独立情况、财务独立情况和业务独立情况五个方面。企业的独立性是该企业为了自己利益相对于公司的控股股东、实际控制人和关联方保持经营的独立，企业经营独立性要求是保理商利益得以保障的必要条件。欠缺独立性中最值得注意的问题是，欠缺独立性企业的定价原则与独立经营企业的定价形成机制不一致，控股股东、实际控制人可以利用关联交易轻而易举地转移公司财产和利润、损害债权人或中小股东的利益。对于不符合经营独立性要求的客户，保理商应穿透其独立公司之“面纱”，将其与控股股东、实际控制人视为整体对待，以防止公司非独立性风险。

案例3-2 乙科技公司资产独立性调查①

乙科技公司是一家集成电路设计与生产公司，前身为丙公司。主承销商在核查发行人及前身设立以来重大资产重组情况时发现，丙公司设立时，主要出资人丁公司与集成电路业务相关的流动资产和流动负债并未以出资形式转入，而是在2005年8月成立后，以债权转让、债务转移的方式转入。其后，丁公司于2006年3月31日将账面原值为1 920.37万元的应收账款按其账面净值1 528.76万元作价转让给丙公司；2006年7月20日，丙公司、丁公司及某银行支行签订三方协议，丁公司将其5 500万元的银行债务转移给丙公司；2007年5月和10月，丁公司又分别将2 456万元和3 998万元应收账款按账面原值转让给丙公司。

至此，主承销商认为，乙科技公司的控股股东丁公司在报告期内持续、多次地以向乙科技公司转让债权、代收销售款的方式占用乙科技公司的大量资金，从而有理由认为该公司资金管理制度存在缺陷，资产独立性较差。主承销商要求乙科技公司对其资产独立性进行整改，在未来杜绝控股股东占用发行人资金的情况，并制定相关的内部控制措施，防止类似问题的发生。

案例3-3 甲生物公司人员独立性调查②

甲生物公司是一家以化学产品的研发、生产和销售为主营业务的公司，甲公司的控股股东为乙公司，而乙公司由丙单位(事业单位)直接管理。主承销商在调查甲公司核心技术人员在其控股股东及关联方的任职情况时发现，公司两位主要研发人员皆是丙单位研究人员，在甲公司只是兼职。尽管甲公司宣称这两位主要研发人员不在关联方任职，但却在关联方领取薪酬，同时，这两位主要研发人员仍保留了在丙单位的事业单位编制。说明甲公司的人员严重依赖于丙单位，并且该单位是目前唯一能够提供上述资源的单位。

---

① 时朝文、刘珺，《非金融企业债务融资工具尽职调查》，中国金融出版社，2012年，第42—43页。

② 同上书，第44—45页。

由此,主承销商认为甲公司的人员独立性不足,建议发行人进行整改,主要研发人员必须为公司的全职人员,并不与关联方存在关联关系。

案例 3-4 索芙特:公司经营缺失独立性被责令整改①

索芙特(000662)2011 年 12 月 22 日公告称,收到广西证监局下发的《关于对索芙特股份有限公司采取责令改正措施的决定》。据公告,广西证监局认定公司财务独立性不足。《决定》指出,索芙特公司财务制度和预算外支出等审批项目须经同一实际控制下的广西索芙特集团公司(简称索芙特集团)财务总监审批,公司财务负责人及各分子公司的财务负责人均须向集团财务总监汇报工作,公司财务负责人仅负责公司报表编制、梧州生产基地财务工作。《决定》还指出,2010 年 5 月 6 日,索芙特广州分公司转出 750 万元至广东利优贸易有限公司,同日,该笔资金被广东利优转到索芙特集团,2010 年 5 月 27 日,广东利优归还了上述资金;2009—2010 年,公司共向关联方广州孚馨转出并转回资金累计 8 600 万元。上述资金往来均构成了关联方资金期间占用行为,违反了证监会《关于规范上市公司与关联方资金往来及上市公司对外担保若干问题的通知》的有关规定。

案例 3-5 甲物流公司业务独立性调查②

主承销商在分析甲物流公司的业务收入时发现,该公司与其控股股东乙集团及其附属公司存在关联交易。

项目	2008 年	2007 年	2006 年
关联交易收入占总收入的比重	29.56%	32.53%	38.19%
关联交易毛利额占总毛利的比例	34.51%	42.28%	48.48%
关联交易毛利率	13.90%	14.90%	12.49%
非关联交易毛利率	11.07%	9.81%	8.20%

① 巨潮资讯网,网址:http://www.cninfo.com.cn/information/companyinfo.html。
② 时朝文、刘珺,《非金融企业债务融资工具尽职调查》,中国金融出版社,2012 年,第 52 页。

报告期内，关联交易价格和总金额的变动将对公司的收益产生较大影响。如果该公司不能与关联方严格按照有关协议做到关联交易价格公允合理，这可能对公司的盈利情况产生不利影响，存在关联交易风险。主承销商建议公司进行整改，与关联方的交易严格按照有关协议进行，并做到价格公允合理。

（四）公司治理有效性

公司治理的主要内容包括股东、董事会、经理层和其他利益相关者的责任和权力范围，公司管理决策遵循的规则和程序，公司各级组织机构的职能和权力划分，良好的公司治理能够充分地保护各方的合法权利，从而创造一个积极合作、长治久安的发展环境。保理商应搜集和审阅客户的公司治理结构和股东（大）会、董事会、监事会、管理层等具体制度，并核查公司治理的有效性。

案例 3-6　索芙特：公司治理及内控失败被责令整改[①]

广西证监局下发的《关于对索芙特股份有限公司采取责令改正措施的决定》指出索芙特在公司治理、内部控制等方面的问题。索芙特在“三会”运作方面，《决定》认为存在部分董事会记录没有参会董事签名的问题；公司的董事会会议记录显示，2010 年 4 月 27 日，董事会第六届四次会议《关于广西集琦医药有限责任公司与桂林集琦药业股份有限公司签订产品销售协议的议案》中关联股东梁国坚、张桂珍未回避表决，违反了《深交所上市规则》《公司章程》和《董事会议事规则》的有关规定。

《决定》指出索芙特在内部控制方面也存在问题：(1) 公司制定了《索芙特股份有限公司内部控制制度》和《索芙特股份有限公司内部审计制度》，但由于公司只有一名内审人员，2010 年，内审部提出的工作计划未获总经理办公会批准。因此，2009—2011 年上半年，内审部仅于 2009 年对子公司广州市天吻娇颜化妆品有限公司进行过内部审计，并出具内控检查报告。同时，内审部门对于所提出问题的整改情况也未进行跟踪督促，反映出公司的内审部门未能切实履行职责。(2) 按照公司资金支出审批规定，5 万元以上的资金支出应由董事长审批，检查发现，实际上公司大额资金支出全部由副总经理张桂珍审批，违反了公司的财务

---

① 巨潮资讯网，网址：http://www.cninfo.com.cn/information/companyinfo.html。

制度;同时,公司存在部分大额销售款以现金方式结算,不符合《中华人民共和国现金管理暂行条例》的有关规定。

(五) 企业及个人信用情况

保理商应综合运用各种调查方法了解债权人、债务人及其董事、监事、高级管理人员的过往信用情况,必要时,要求相关企业和个人授权保理商查询其信用报告,了解其信用状况。

1. 企业信用报告

《企业信用报告》是全面记录企业各类经济活动,反映企业信用状况的文书。《企业信用报告》主要包括四部分内容:

(1) 基本信息。展示的是企业的身份信息、主要出资人信息和高管人员信息等。

(2) 信贷信息。展示企业在金融机构的当前负债和已还清债务信息,是信用报告的核心部分。

(3) 公共信息。主要展示企业在社会管理方面的信息,如欠税信息、行政处罚信息、法院判决和执行信息等。

(4) 声明信息。展示企业项下的报数机构说明、征信中心标注和信息主体声明等。

在经过企业的授权同意后,保理商等可以查询该企业的信用报告。

2. 个人信用报告

《个人信用报告》是个人征信系统提供的最基础产品,它记录客户与银行之间发生的信贷交易的历史信息,只要客户在银行办理过信用卡、贷款、为他人贷款担保等信贷业务,其在银行登记过的基本信息和账户信息就会通过商业银行的数据报送而进入个人征信系统,从而形成客户的信用报告。《个人信用报告》中的信息主要有六个方面:

(1) 公安部身份信息核查结果。

(2) 个人基本信息。

(3) 银行信贷交易信息。

(4) 非银行信用信息。

(5) 本人声明及异议标注。

(6) 查询历史信息。

根据使用对象的不同,个人征信系统提供不同版式的个人信用报告,包括银行版、个人查询版和征信中心内部版三种版式,分别服务于金融机构、消费者和人民银行。查询者查询《个人信用报告》时必须取得被查询人的书面授权,且留存被查询人的身份证件复印件。

(六) 财务状况及或有事项

保理商应尽可能地查阅基础交易双方最近三年的审计报告和最近一期财务报告(含合并、母公司财务报表),核实其编制财务报表所应用的会计准则,并通过查阅、实地查验、各主要会计科目之间的勾稽关系来分析财务报表的真实性和合理性。

保理商特别应对表外的或有事项(对外担保、已贴票据、未决诉讼或仲裁、重大承诺等)予以关注。或有事项属于潜在义务,并且不在会计记录中反映,具有很强的隐蔽性,必要时,应综合采用函证、分析性复核、相关司法机构核实等调查手段。

(七) 所属行业及行业发展前景

对特定行业及发展前景的分析是保理商新进入某一行业之前的必备功课,商业保理企业相比于银行保理商"术业有专攻"的优势往往也体现为其对特定行业的技艺娴熟和产业背景。商业保理企业可有效利用 Reuters、Bloomberg、Wind 资讯等数据处理和分析公司,透过国内产业政策、行业周期、区域市场 SWOT 以及特定的产业背景和行业优势,继续保持和扩大自身差异化的竞争优势。

二、基础交易真实性调查

拓展 3-3　关于钢贸行业危机的起因及反思[①]

一、正常的钢贸行业运作流程

钢材的常规销售模式是钢厂卖给钢材贸易商(简称钢贸商),钢贸商再卖给下级分销商或终端用户。钢贸商从钢厂拿货一般是按年与钢厂签订供销协议,并交付给钢厂一定保证金。协议规定每个月的固定拿货量,价格是

① 刘克波,"关于钢贸行业危机的起因及反思",《经营者》,2014 年第 4 期,第 18 页。

月初预估的，等到月底再综合市场该品种的价格走势定一个结算价。一般来说，这个价格钢厂给钢贸商是有优势的，让钢贸商有钱可赚。但这里面钢贸商完全没有话语权，每个月要做的就是月初就得把全款付给钢厂，然后求钢厂赶快发货。由于钢材价格高，决定了钢贸行业是一个资金密集型行业，同时，由于钢贸商预付货款和实际销售回款之间存在较大的时间差，因此，这种模式对钢贸商的资金要求较大。

商业银行与钢贸商的合作刚开始确实也设计了一套看起来风险很可控的模式，主要为“厂商银”或是“商商银”模式。大致运作模式如下：银行、钢贸商、钢厂三方签订一个协议，规定钢贸商签订采购协议后，由银行出具承兑汇票支付货款；钢厂发货后，该货物所有权归银行所有或发货仓单质押给银行。货物入库后，钢贸商想要在市场上销售该批货物，只需要将出货吨位对应的钱打到银行指定账户，然后银行出一个放货手续到仓库就可以了。钢贸商在寻求银行信用支持的同时，也渐渐把目光投向了一些闲置资金充裕的大型国企。国企的操作模式与银行差不多，同样可以为钢贸商提供融资和承兑，国企在这里实际充当了影子银行的角色。

二、漏洞和危机

前面介绍过钢厂、钢贸商、银行（或影子银行）之间的三方合作方式。除此外，由于业务的不断发展，钢贸商不满足资金直接付给钢厂，希望自己能有权力支配这些资金，于是又增加了现货质押模式。

不管是三方合作还是现货质押，要确保这种商业合作模式没有漏洞，起码要涉及以下主体都是按规矩办事：钢贸商、钢厂、集港码头、承运的物流单位、货物入库后长时间存放的仓库、银行（影子银行）自身。而其中最关键的环节就是银行（影子银行）能否真正地控制住货权。当然，如果银行（影子银行）真的能严格控制住货权并按回款资金放货，那钢贸商也无法套取更多的资金，也不会出现资金挪用的风险。但现实是由于各种原因，银行（影子银行）无法做到真正控制货权，最大的漏洞在于码头、物流和仓库环节。钢贸商利用各种手段，轻而易举地将本该属于银行（影子银行）的货权进行出售或重复质押，多次获得资金，并将资金投入到房地产、高利贷等其他行业。

钢贸行业危机大面积爆发还有一个重要的原因是联贷联保造成的。随着规模越来越大，钢贸商便成立商会，成立担保公司，为一些不符合贷款资质的钢贸商提供担保。事实上，在各种担保行为中，往往出现业主之间互相担保、互通资金，融资方、担保方、交易方之间内部关联。甚至还有虚假注册公司“自体”互保联保，从而成为银行“合格”贷款者的现象。正是利用这些手段，某些钢贸企业后来已经成了套出银行贷款的“空壳”。形势从2011年急转直下，彼时钢价大跌，钢材滞销，银行迫于风险紧急抽贷。钢贸商的大部分资金都被挪用投入了房地产、高利贷等行业，一时造成资金链断裂，联贷联保更加强了“滚雪球”效应。针对钢贸商的“逼债”风潮一波接着一波，钢贸行业危机终于大面积爆发了。

三、教训与反思

反思起来，造成这场危机的原因主要有以下三个方面：

(1) 钢贸行业从业者的素质。虽然我们不能把问题的原因完全归结于从业者素质上面，但不可否认的是，钢贸行业从业者素质确实良莠不齐。我国从事钢贸行业的绝大部分都是福建周宁人，这些人尝到钢贸的甜头，于是亲戚传亲戚，朋友拉朋友，大家都来到这个行业圈子。由于钢贸是个资金密集型行业，需要大量的资金支持，很多人并不真正地懂这个行业就参与其中，资金难免会出问题。同时，大量的亲戚朋友掺杂在一起，形成了说不清理还乱的关联关系，甚至互相造假，虚构交易，给银行贷款审查造成了极大的困难。部分钢贸商在用各种手段套取到大量资金后，为了追逐高额收益，将资金盲目地投向房地产、高利贷等其他高风险行业，为风险的爆发埋下了重大隐患。

(2) 部分国企充当了影子银行作用，放大了钢贸行业的资金风险。国有企业由于闲置资金较多或者容易从银行获得较高的授信额度，在钢贸行业初期的繁荣局面下也将大量资金投入到了钢贸行业之中，后来逐步演变成为国企凭借着自身的信用和招牌，拿着银行的贷款，以货物销售的名义，为下游企业进行融资，自己从中赚取差价。这样变相为钢贸行业扩大了资金流通量，甚至超过了这个行业的资金实际需求量，造成大量资金又投入到其他高风险行业。

(3) 银行对钢贸行业风险把控存在漏洞。钢贸行业资金量大，客户集中，对银行来说确实是一个比较好的信贷对象。然而，在钢贸行业规模越来越大时，部分银行为了追求利益，在风险管控上也出现了漏洞，主要体现在以下三个方面：

① 对客户资质审查不严。钢贸商良莠不齐，关联关系错综复杂，为了满足银行评级和授信条件，钢贸商有的会粉饰报表，甚至造假，经营时间长点的钢贸商会多注册几个公司，互相产生关联交易，虚构交易量和利润，为的是报表好看。部分银行在对钢贸商授信时没有深入审查客户的真实经营情况和关联关系，仅凭好看的报表进行授信，放松了对钢贸商资质的审查。

② 过于依赖钢贸商互联互保，忽略了对货权的管控。对一些资质不好的钢贸商，部分银行要求提供担保、联保等一系列保障措施后也进行了授信。而且随着钢贸商规模的逐步扩大，银行对合作方式中关键的“控制货权”措施也无法落实，导致了“重保证，轻质押”的做法。

③ 对贷后资金用途监管不到位。一般银行承兑开出后，期限为 6 个月，在这 6 个月内，即使钢贸商资金已经回笼，银行一般也不会要求钢贸商结清，反正只要到期时结清就行了。对于大量的银行承兑，银行确实也无法做到和钢贸商销售回款一一对应，这样时间越来越长，慢慢就会给钢贸商资金停留时间，钢贸商手握大量资金，自然就会寻找更高的收益了。

近年来，随着经济形势的下行压力和经济结构的转型期，供应链融资的风险在部分行业、部分地区连续爆发，一些商业银行贸易融资的坏账金额和比例大幅上升。2012 年 4 月，银监会办公厅通知已接到公安机关通报，反映部分钢贸企业以钢材市场为融资平台，通过虚假注资担保公司，以抵押质押、重复抵押、互保联保的方式，大量套(骗)取银行贷款，银监会要求各银行业金融机构防止部分钢贸企业虚构贸易背景的套(骗)取银行贷款行为发生[①]，此后，以上海、无锡为代表的长三角地区陆续爆发钢贸企业倒闭。

商业保理在办理业务的过程中，虚假交易、套取资金，未告知互为交易，重复转让，重复质押等欺诈风险作为最主要的风险贯穿于业务始终，审核交易单证和调查交易真实性是商业保理风险识别的重要环节。商业保理业务项下可能需要审核的单证主要有：① 商业发票；② 运输单据；③ 保险单据；④ 包装单据；⑤ 原产地证书；⑥ 检验证书；⑦ 通关单证；⑧ 结汇单证；⑨ 退税和核销单证等。

① 一财小编，“银监会预警钢贸贷款融资”，《第一财经日报》，2012 年 5 月 17 日。

（一）发票审核要点

发票是指在购销商品、提供或者接受服务以及从事其他经营活动中，开具、收取的收付款凭证。

对发票的审核应注意以下要点：

（1）发票应标明“发票”“Invoice”或“Commercial Invoice”字样，为“Proforma Invoice”或“Provisional Invoice”或其他无发票字样的凭证不应接受。

（2）发票抬头上应加盖税务局监制印章。

（3）发票应由收款方开具，并加盖收款方的发票专用章（从中国境外取得的发票，无须盖章，保理商有疑义的，可以要求其提供境外公证机构或者注册会计师的确认证明），保理商应核对发票上的收款方与债权人名称是否相一致。

（4）发票以付款方为抬头，保理商应核对发票上的付款方与债务人名称是否相一致。

（5）发票的货描与基础合同货描相一致。

（6）发票的金额与数量与基础合同的约定相一致，如基础合同对金额和数量的约定使用了“大约”“接近”“About”“Approximately”“Circa”或类似词语，发票的金额与数量可以与基础合同不完全一致，但其差异应在合理范围内并搜集相应旁证。

（7）发票如填写了运输信息，需要与运输单据一致。

（8）保理商可直接向税务局查询发票的真伪。

拓展3-4　发票信息查询渠道

渠道一：地方税务机关发票信息网上查询系统。例如，登陆北京市国家税务局主页即可查询北京市发票/电子发票（网址是 http://www.bjsat.gov.cn/bjsat/）。又如，上海市税务机关从2007年起提供发票信息网上查询功能，从2010年2月1日起，上海市税务机关正式启用了《税务机关代开统一发票》网上查询功能，实现上海税务发票信息网上查询全覆盖。登陆上海市国家（地方）税务局“涉税查询”页面（网址是 http://www.csj.sh.gov.cn/pub/bsfw/xxcx/）即可对上海市税务发票信息、电子发票、欠税企业、企业纳税信用等级查询等进行查询。

渠道二：12366纳税服务热线。该热线是信息产业部专为全国税务系统核配的，为纳税人提供纳税服务12366纳税服务热线，覆盖全国。向国家税务总局提出的咨询问题，由国家级12366纳税服务热线（12366北京呼叫中心）按照全国通行税收政策进行答复，涉及地方性税收政策的，转交各省12366纳税服务热线答复。

随着监管手段的丰富和电话、上网查询发票真伪的范围扩大，伪造发票的情况已不多见，但即使发现发票是真实的，也不意味基础交易真实和应收账款必定真实。《最高人民法院关于审理买卖合同纠纷案件适用法律问题的解释》（法释〔2012〕8号）第八条规定："出卖人仅以增值税专用发票及税款抵扣资料证明其已履行交付标的物义务，买受人不认可的，出卖人应当提供其他证据证明交付标的物的事实。"保理商应注意搜集发票以外可以证明交付标的物的其他证据。并防止"走单、走票、不走货交易"发票①和循环开立的增值税发票②。

（二）运输单据的审核要点

运输单据泛指在货物运输过程中，由承运人、货物收发货人、货运代理人签发的，在组织货源、托运订舱、货物装运、交单提货、数据交换等各业务环节中用于货物运输操作、管理、证明的货物运输一系列的单证、收据、凭单和电子报文。常见的运输单据包括：（1）海运提单（bill of lading）；（2）空运单据（air waybill）；（3）公路铁路内河运输单据（road, rail or inland waterway transport document）；（4）多式联运单据（multimodal transport document）；（5）特快专

① "走单、走票、不走货"一般是指交易双方签订交易合同，但在合同履行过程中只出具确认收货的单据及开具增值税发票，却并没有实际货物交付的情形。从司法实践的案例来看，这种情形的出现多为各方当事人以贸易合同之名、行资金拆借之实，即名为买卖，实为借贷，由此构成以合法形式掩盖非法目的，基础交易合同属于无效合同，商业保理企业购买基础交易合同项下的应收账款也成为无本之木、无水之源，最高人民法院在（2010）民提字第110号判决书即持此观点。但最高人民法院近期作出的（2014）民二终字第56号判决书，其审理思路发生了较大变化，该判决书认为，在我国现行法律、行政法规对其所谓"走单、走票、不走货"的交易方式没有明确强制性禁止规定，买卖合同系双方当事人真实意思表示，不违反法律、行政法规强制性规定，合法有效。

② 循环开立增值税发票是指这样一种情形：假设有A、B、C三家企业，A公司有商品W存于仓库，A将商品W销售给B公司并开具增值税专用发票，B公司将该商品W销售给C公司并开具增值税专用发票，C又将商品W销售给A公司并开具增值税专用发票，三者的循环开票流程完成。在上述交易活动中，货物未发生移动即完成交易，从循环开票的行为特征看，开具增值税发票的各方之间根本没有真实的货物或劳务交易，却相互开具了进项税额和销项税额基本一致的增值税发票，通过此方式增值税税负极低，但可增大销售额，做大业绩粉饰报表或者增加企业所得税汇算清缴时的收入基数，增加了业务招待费等扣除限额，减少缴纳企业所得税。此类交易符合《刑法》第二百零五条关于虚开增值税发票罪规定的构成要件，一旦被查处，所遭受的将不仅仅是经济处罚。

递/邮政运输收据(courier/post receipt)。

以海运提单为例,海运提单是承运人或其代理人收到货物后,签发给托运人的一种证件。对提单的审核应注意以下要点:

(1) 提单的内容完整,提单可包括船名、航次、提单号、承运人名称、托运人名称、收货人名称、通知人名称、装货港、卸货港、转运港、货物名称、标志、包装、件数、重量、体积、运费支付、提单签发日、提单签发地点、提单签发份数等信息。

(2) 提单必须经承运人、船长、承运人或船长的具名代理或代表三方之一签字或盖章。

(3) 托运人(shipper)、收货人(consignee)应与基础合同约定相一致,不一致时,应由指定货运代理或收货人的佐证材料。

(4) 装货港(port of loading)和卸货港(port of discharge)应与基础合同的约定相一致。

(5) 提单应注明货物已装具名船只,已装船批注应与基础合同的约定相一致。

(6) 货描、唛头、数量、重量等应与基础合同和其他单据相一致。

(7) 原则上提单应为清洁提单。

(8) 正本提单一般一式三份,每份正本提单的效力相同,为防止一货两卖,提单应标明正本的份数,保理商一般应审核全套正本提单。

(9) 要注意比对提单日期与船期,防止倒签提单(anti-dated bill of lading)和预借提单(advanced bill of lading)。

(三) 核查通关单据的真实性

通关是指海关管理相对人向海关办理进出境有关手续,以及海关对进出境运输工具、货物、物品依法进行监督管理,核准其进出境的管理全过程。根据《海关法》规定,所有进出境运输工具(Exit & Entry Conveyance)、货物(Exit & Entry Cargos)、物品(Articles of International Consignment)都需要办理报关手续。报关单位可以是根据《中华人民共和国海关报关单位注册登记管理规定》(海关总署令第221号)取得《海关报关单位注册登记证书》的进出口货物收发货人、专业报关企业或者代理报关企业。

通关单据通常包括: ① 基本单证。一般指进出口货物报关单、装箱单、进出口收付汇核销单、代理报关委托书; ② 货运单证。一般指装货单、托运单、海运提单、公路铁路内河运输单据、空运单据、多式联运单据等; ③ 法定单证。一般指原产地证书、检验证书、进出口许可证、进料加工登记手册等; ④ 备用单证。

一般指基础合同、保险单、知识产权状况补充申报单、货物运输条件鉴定书等。其中,报关单是报关单位按照海关规定的格式对进出口货物的实际情况作出书面申明,以此要求海关对其货物按适用的海关制度办理通关手续的法律文书,它在外贸活动中具有十分重要的法律地位,也是保理商调查交易真实性的重要依据。

对报关单的审核应注意以下要点:

(1) 报关单记载的合同协议号与基础合同(包括协议或订单)编号相一致。

(2) 报关单所载"进口日期"填报的是运载进口货物的运输工具申报进境的日期,"出口日期"填报的是运载出口货物的运输工具办结出境手续的日期,日期应与运输单证所载日期相匹配。

(3) 发货单位、收货单位应与基础合同的约定相一致。

(4) 自理报关的,报关单上填报的进出口企业的名称、海关注册编码与基础合同、《海关报关单位注册登记证书》的主体相一致;代理报关的,报关单上填报的报关企业名称应与《代理报关委托书》约定的报关企业相一致。

(5) 运输工具名称或编号应与运输部门向海关申报的舱单(载货清单)所列的相应内容一致。

(6) 填报的提单或运单号与运输单据相一致,一份报关单只允许填报一个提单或运单号,一票货物对应多个提单或运单时,应分别填报,且一一对应。

(7) 填报的装货港、指运港与基础合同的约定相一致。

(8) 用途/生产厂家、标记唛码、商品名称、规格、数量、单价、总价等应与基础合同和其他单据相一致。

(四) 尽职调查之原件搜集

"最佳证据规则"一般要求向裁判机关提交原件。《美国联邦证据规则》第一千零二条规定,为证明文书、记录或照片的内容,除国会所制定的法律或本规则另有规定外,应当提出该文书、记录或照片的原件。我国《民事诉讼法》也确立了类似规则,《民事诉讼法》第七十条规定:"书证应当提交原件。物证应当提交原物。提交原件或者原物确有困难的,可以提交复制品、照片、副本、节录本。"司法实务中,无法与原件核对的复印件不能单独作为认定案件事实的依据,保理商尽职调查基本交易合同和交易单证真实性的过程,也应作为搜集和固定有力证据的过程,应首先尽量搜集证据原件,确实无法取得原件的,应根据《民事诉讼法》第七十三条"双方当事人对同一事实分别举出相反的证据,但都没有足够的依据否定对方证据的,人民法院应当结合案件情况,判断一方提供证据的证明力是否明显大于另一方提供的证明力，并对证明力较大的证据予以确认”所确定的高度盖然性证明标准，形成能够相互印证的一条完整的证据链。

案例 3-7　交通银行诉坤朗公司案

上海市浦东新区人民法院 2014 年 9 月 9 日一审审结了“(2014)浦民六(商)初字第 8200 号”金融借款合同纠纷一案。

一、案例概述

法院审理查明：交通银行股份有限公司上海浦东分行(以下简称交行)与上海坤朗国际贸易有限公司(以下简称坤朗公司)签订了《隐蔽型有追索权国内保理合同》;2013 年 12 月 2 日，坤朗公司出具《应收账款转让申请书》，约定坤朗公司将其在宝钢化工(张家港保税区)国际贸易有限公司(以下简称宝钢化工)处的 2 221.29 万元应收账款债权转让给交行，所涉增值税专用发票 19 张，应收账款到期日为 2014 年 5 月 26 日，融资利率为 6.16%，融资金额为 1 500 万元，交行出具《应收账款转让申请保理银行审核意见》予以同意；同时，坤朗公司出具了收件人为宝钢化工的《应收账款债权转让通知书》，该通知书未向宝钢化工送达；2013 年 12 月 4 日，交行在中国人民银行征信中心的应收账款转让业务登记系统对上述保理融资而发生应收账款债权转让作了登记；交行遂于 2013 年 12 月 17 日向坤朗公司放款。2014 年 5 月 27 日，交行向宝钢化工发出《应收账款逾期通知书》;2014 年 6 月 3 日，交行向坤朗公司发出《催收通知书》;2014 年 7 月 2 日，交行向法院提起本案诉讼。

审理中，宝钢化工坚持认为其与坤朗公司不存在交行提供证据中所称的买卖合同关系，也不存在交行提交的由坤朗公司提供的增值税发票和其与坤朗公司其他合同项下款项，要求交行提供该买卖合同原件，以供比对；交行称买卖合同原件在坤朗公司处；坤朗公司委托代理人当庭表述称是否存在该买卖合同需回去核实。法院要求交行及坤朗公司在庭审后三日内提供该合同原件，逾期不提供视为无原件；但交行及坤朗公司均未提交。

二、法院判决

法院认为，交行不能提供证据证明宝钢化工与坤朗公司之间存在其所称买卖合同关系，在与坤朗公司签订《隐蔽型有追索权国内保理合同》及接受坤朗公司应收账款转让申请时也未告知宝钢化工，故交行要求宝钢化工支付款项没有事实和法律依据，本院不予支持。

三、应收账款合法性调查

在调查基础交易真实性的同时，也需要调查和判断应收账款的合法性。应收账款的合法性直接影响到保理业务的法律效力和安全，衡量一笔应收账款是否适合开展商业保理业务，可从以下几个方面入手：

(1) 可转让性。应收账款在债权上是否完整，有无任何法律上的限制，比如基础合同规定禁止转让的应收账款、寄售、保证金、互为交易、关联交易、已转让/抵押给第三人等都构成了法律意义上的债权不适格或风险显著增大。依《合同法》第七十九条规定，依合同性质不得转让的债权，不具有可转让性。一般来说，有以下几种性质的债权不得转让：以特定身份为基础的债权(该种债权以债权人与债务人的特定身份为基础，如扶养费请求权、养老金请求权、工资薪金请求权等)、以特定债权人为基础的债权(该种债权的债务人仅希望对特定的债权人履行债务，如雇佣合同、借用合同等)、有必要与特定人清结的债权(如当事人约定以其相互间的交易所发生的债权债务为定期计算，互相抵销而净额结算的合同)、从属于主债权的从权利(从权利一般不具有独立性，应随主权利移转而移转，一般情况下不得单独转让)。

(2) 权利的完整性。最适合保理业务的是那些简单的、没有特定附加条件的产品，也就是说只要产品为所订购的品种，数量正确，质量合规，按时装运，正确出票，买方就必须付款，并且在合同中不存在付款期限不明、权利保留、含糊不清等因素。

(3) 债权人和债务人的分散程度。权利的完整并不意味着保理商就必然能顺利回款，最可能的原因就是出现坏账和商业纠纷，寻求那些客户群体分布较为分散的债权人和债务人，是缓释可能造成的集中度风险的有效手段。

(4) 基础交易双方的资信。如果债务人资信较差的话，会给保理商收款带来很大的风险，实际上，买方资质低也是卖方资质低的一种表现。保理商应该对交易双方的历史交易记录、结算记录、应收账款账龄和坏账进行分析，判断基础交易双方的总体质量。

(5) 债权稀释。债权稀释是指债务人可以合理地从应收账款中扣除的所有部分，包括提前付款折扣、总体折扣(买方年购买量达到某一数量后获得的折扣)、互为贸易等，而商业纠纷也可能导致债权稀释。债权稀释的影响是减少了应收账款的价值，削减了保理业务的安全性。保理商应将所有的扣除项目量化，并据此控制保理融资的比例上限。

业务实践中，对下述特殊形式的应收账款，商业保理企业是否可以叙做仍持有不同的见解。

(一) 未来应收账款(future receivables)

针对部分银行借保理融资之名发放流动贷款的问题，中国银监会先后出台了《关于加强银行保理融资业务管理的通知》(银监发〔2013〕35 号文)及《商业银行保理业务管理暂行办法》〔银监会令 2014 年第 5 号〕，规定银行不得基于未来应收账款开展保理融资，由此引发了未来应收账款是否不得叙做保理的争议。

关于未来的债权可否进行转让，在德国和日本法学界都有两种不同的观点。否定说认为，应收账款转让行为即为处分行为，处分时必以债权业已存在为前提，鉴于未存在之权利(债权)不得处分的原则，而否认“将来的债权”的让与性，特别是在德国，由于权利变动采用形式主义，动产的处分以交付为要件，不动产处分则以登记为要件，应收账款转让既为一项处分行为，尚未存在的将来债权在形式主义立法例下，难以被接受。肯定说则认为，债权处分行为应与处分债权的合同区分开，即使债权非现实存在，并不影响应收账款转让合同的效力，债权移转以应收账款转让合同的效力而成立，待将来债权发生时，可以直接发生债权移转的效果。这一学说的理论基础在于，主张法律行为的成立要件与生效要件应予以区别，法律行为的生效要件并不以法律行为成立既已存在为前提，只要效力发生时其存在即可。

美国司法和理论界对此则持有限制的可转让态度，美国法院判断转让将来之合同权利的有效性，取决于这些权利在转让时是否“潜在地存在”，如同羊背上的羊毛和果园中要一年后收获的果实一样，主要考虑如下两个问题的解决：一是将来权利的受让人在何种程度上优先于其他后续受让人和债权人；二是个人在何种程度上对他自己的将来收入有期待权。我国学者认为对将来的债权的让与问题应作具体分析。如果将来的债权已有合同关系存在，但需要等待一定的条件成就或一定时间的经过，或者当事人实施某种行为，才能转化为现实的债权，则因其体现了一定的利益，具有转化为现实债权的可能性，从鼓励交易的角度出发，应允许此类债权的转让。但是在合同关系尚未发生，债权的成立也无现实基础的情况下，即使将来有可能发生的债权，此种债权也不能允许其转让[①]。

---

① 申卫星，“试论合同权利转让的条件”，《法律科学・西北政法学院学报》1999 年第 5 期，第 94—101 页。

本书认为不宜一概否认以未来应收账款作为标的物的"商业保理合同"的合法性。具体而言,对于在应收账款将来产生时可以有效识别属于保理转让的应收账款(be identified as receivables to which the assignment relates)的"商业保理合同",可以认为构成商业保理合同关系。理由是:

(1) 允许未来应收账款转让是国际公约的通行做法,例如,《国际保理公约》第五条规定:"保理合同关于转让已经发生或将要发生的应收账款的规定,不应由于该保理合同没有单独指明这些应收账款的事实而失去其效力,如果在该保理合同订立时或这些应收账款发生时上述应收账款可以被确定在该保理合同项下的话。"《联合国国际贸易中应收账款转让公约》首先对未来应收账款给出了定义,即"未来应收账款是指转让合同订立后产生的应收账款",该公约第八条规定:"应收账款符合下列条件之一的,其转让对于转让人与受让人之间、对于债务人或对于竞合求偿人而言并非无效,而且也不得以这是一项以上应收账款、未来应收账款或应收账款组成部分或其未分割权益的转让为由而否定一个受让人权利的优先权:(a) 应收账款被单独列明作为与该转让相关的应收账款;(b) 应收账款由任何其他方式列明,但条件是在转让时,或就未来应收账款而言在转让人与债务人之间原始合同订立时,可被识别为与该转让相关的应收账款。"正如贸易法委员会秘书处在《关于〈联合国国际贸易应收账款转让公约〉的解释性说明》中指出的,公约特别消除了法律上对未来应收账款转让和对未具体指明的应收账款转让(成批转让)的禁止。

(2) 以 FCI 为代表的国际保理商组织传统上关注的一直都是装船后(post-shipment)的应收账款保理业务,但是出口商的资金需求从接收订单之日就已经产生,并且按订单组织生产的成本能否如愿收回也是出口商的担心,而从订单开始直至应收账款收回的事前调查和全程跟踪有利于出口企业事先预防坏账风险,为回应此等现实需求,FCI 开始致力于拓展订单阶段的保理业务,发展了 purchase order management(POM)这一新兴领域,FCI 的转变体现了以未来应收账款进行商业保理的全球市场趋势。

(3) 国内以电商、第三方支付为代表的一批商业保理企业在商业实践中已借助互联网和大数据的优势广泛涉足未来应收账款的保理业务,受惠对象多是一些中小微企业甚至自然人,受制于其应收账款小、急、频的特点强行要求逐笔叙做商业保理客观上难以实现或成本过高,而商业保理企业的这些服务弥补了传统金融的不足,符合通过商业保理提供信用服务、支持中小企业和实体经济的政策导向，也有利于鼓励商业保理企业走与银行保理差异化竞争之路。

(4) 随着应收账款融资业务的发展，实践中用来融资的应收账款类型丰富多样，银行等机构对扩大应收账款的范围需求强烈。为顺应市场需求，中国人民银行在2015年1月21日对外公布的《应收账款质押登记办法(修订征求意见稿)》中也对此予以肯定，对应收账款的定义予以完善，具体修订内容包括：将旅游景点收费权、学生公寓收费权、医疗收费权等因服务、劳务所产生的债权纳入《办法》；将城市基础设施项目收益权、城市环保项目收益权、农村电网建设与改造工程电费收益权、水利开发项目收益权等城市农村基础设施项目收益权纳入了《办法》列举的范围；增加兜底条款，即其他以合同为基础的具有金钱给付内容的债权。此立法例值得借鉴。

(5) 未来债权主要包括三种：一是附停止条件或附起始期限的法律行为所构成的将来的债权，即附停止条件或起始期限的合同权利，此种合同权利已经成立但尚未生效，必须待特定事实产生(如条件成就或始期到来)后才能成为现实的债权；二是已有基础法律关系存在，但必须在未来有特定事实的发生才能发生的债权，如未来的租金债权等；三是尚无基础法律关系存在的将来债权，被称为"纯粹的未来债权"。前两种债权与纯粹的未来债权有本质差别，债权产生的法律基础已经发生，仅有待将来条件、期限或特定事实发生[①]。如果未来应收账款已有合同关系存在，且在这些应收账款在未来实际产生的，且能够有效识别属于商业保理企业受让的应收账款、并能和保理融资金额、期限形成匹配的，但需要等待一定的条件成就或一定时间的经过，或者当事人实施某种行为，才能转化为现实的债权，则因其体现了一定的利益，具有转化为现实债权的可能性，从鼓励创新的角度出发，宜允许此类应收账款叙做保理。

(二) 合同之外应收账款

出口退税和财政补贴都是政府付给企业的款项，对于以此类非合同应收账款能否作为商业保理合同的标的物，也有不同意见。

一种观点认为：① 从国际立法来看，合同之外的应收账款并不是保理标的物。《国际保理公约》和GRIF理解的应收账款有其特定的范围，即习惯上限于供应商与其买家订立的货物销售合同或服务合同产生的应收账款。即使是对

---

① 申卫星，"试论合同权利转让的条件"，《法律科学·西北政法学院学报》1999年第5期，第94—101页。

"应收账款"定义最为广泛的《联合国国际贸易中应收账款转让公约》,其秘书处虽然在《关于〈联合国国际贸易中应收账款转让公约〉的解释性说明》中说明到:鉴于"转让"和"应收账款"这两个术语的定义范围广泛,所以,公约适用于各种各样的交易。公约特别涵盖贸易应收账款(trade receivables,产生于企业之间货物、工程或服务的供应)、贷款应收账款(loan receivables,产生于信贷的发放)、消费者应收账款(consumer receivables,产生于消费者交易)和主权应收账款(sovereign receivables,产生于与政府当局或公共实体的交易)等应收账款的转让。但是,秘书处也特别地指出:公约将"应收账款"界定为"合同规定的获得支付一笔款额的权利(contractual right to payment of a monetary sum)",虽然"合同规定的权利"的确切含义留给国内法处理,但这一术语并不包括合同之外产生的受偿权利,如侵权行为债权或退税受偿权。② 出口退税或财政补贴项下政府的付款,并不是《合同法》项下的平等民事主体之间的债权,不受《合同法》调整,自然也不能适用《合同法》债权转让的有关规定,以合同之外的应收账款作为商业保理合同的标的物,缺乏上位法依据。正是由于其不受《合同法》调整,且发放退税或财政补贴的是政府机关,这无法解决债权转让通知的问题。而且,对出口退税或财政补贴这类款项若发生争议,行政相对人的救济途径是行政复议或行政诉讼,保理商也难以介入。

另一种观点则认为,以出口退税、财政补贴这类合同之外的应收款作为保理合同的标的物并无不当,理由为:① 银行围绕此类"合同之外应收账款"也已开发了一系列的产品。以应收出口退税款融资为例,为满足企业因出口贸易中产生的退税款未能及时到账而出现的短期融资需求,银行可在企业将退税专户托管在其名下的情况下,向出口企业提供以该应收退税款作为第一还款来源的融资服务。这种产品融资成数较高,手续较便利,银行通过报税系统即可核验退税金额。具体又有单笔出口退税融资和出口退税池融资(即按照出口企业应退未退税款余额的一定比例提供融资,每月退税款到账后,允许以新换旧,在满足银行入池、出池规定的前提下,退税款可以仍归企业使用)的分类。② 银行的上述实践还得到了中国最高司法机关的认可,最高人民法院在 2004 年 11 月 22 日发布的《关于审理出口退税托管账户质押贷款案件有关问题的规定》(法释〔2004〕18 号)中,肯定了出口退税专用账户质押贷款的合法性和优先效力。③ 无论是作为商业保理行业监管机构的商务主管部门,还是作为银行保理业务监管机构的银监会,均未限制合同之外的应收账款保理,《联合国国际贸易中应收账款转让公约》也仅是将合同之外的应收账款排除在公约适用之外，而不是禁止其转让。

联合国国际贸易法委员会在 2007 年 12 月 14 日第 864 次会议上通过的《担保交易立法指南》(The UNCITRAL Legislative Guide on Secured Transactions)对应收款也采取了扩张含义，包括合同和非合同应收款以及合同规定的非金钱债务。UNCITRAL 解释到：尽可能广泛地确定担保交易制度范围的目的有两个：其一，这样做使债务人能够利用其所有资产以及这些资产的全部价值为信贷作保，从而可能增加所获信贷额并降低信贷成本。其二，将所有类别资产纳入该制度并允许设定担保以通用术语描述担保资产，可使当事人避免在设定担保权时进行成本高昂的调查，或者在此后就特定类别资产是否为该制度所涵盖而发生成本高昂的诉讼[①]。

商业保理行业刚刚起步，仍处于试点阶段，各种商业模式还需要探索发展，以出口退税、财政补贴这类合同之外应收账款作为商业保理的标的物，除了应收账款产生的基础不是民商事合同外，实质的权利义务和交易模式并无二致，国内银行保理的实践已有多年并为中国司法肯定，有鉴于此，本书认为应认可这类合同之外的应收账款商业保理合同的合法性。

(三) 因支付清算所产生的应收账款

近年来，我国商业银行陆续开展各类以商户 POS 机交易流水为授信依据(或质押)的“POS 贷”业务。部分商业保理企业利用 POS 机刷卡或其他类似的支付清算周期，开发了围绕支付清算所产生的应收账款保理产品。例如，通过受让由持卡人 POS 机刷卡消费所形成的，应由发卡银行经由收单机构支付结算的消费应收账款(根据卡组织的运营规则，发卡银行将根据 POS 机上送的消费者刷卡信息，经由收单机构在约 T+3 个工作日内支付给商户，由此，商户在未收到发卡银行支付的消费款项之前，存在着 3 个工作日左右的金钱应收账款)，向布放 POS 机具的商户提供保理融资服务。又如，通过受让由旅客消费所形成的，应由国际航空运输协会通过 BSP(开账与结算计划)归集和集中清算后支付结算的机票应收账款(根据 BSP 的结算流程，旅客支付飞机票款后，国际航协一般在 T+15 天左右支付给航空公司，由此，航空公司在未收到国际航协支付的机票款项之前，存在着 15 天左右的金钱应收账款)，向航空公司提供的保理融资服务。

---

① *The UNCITRAL Legislative Guide on Secured Transactions*, United Nations Publication, 2007, Sales No. E. 09. V. 12, ISBN 978-92-1-133675-7.

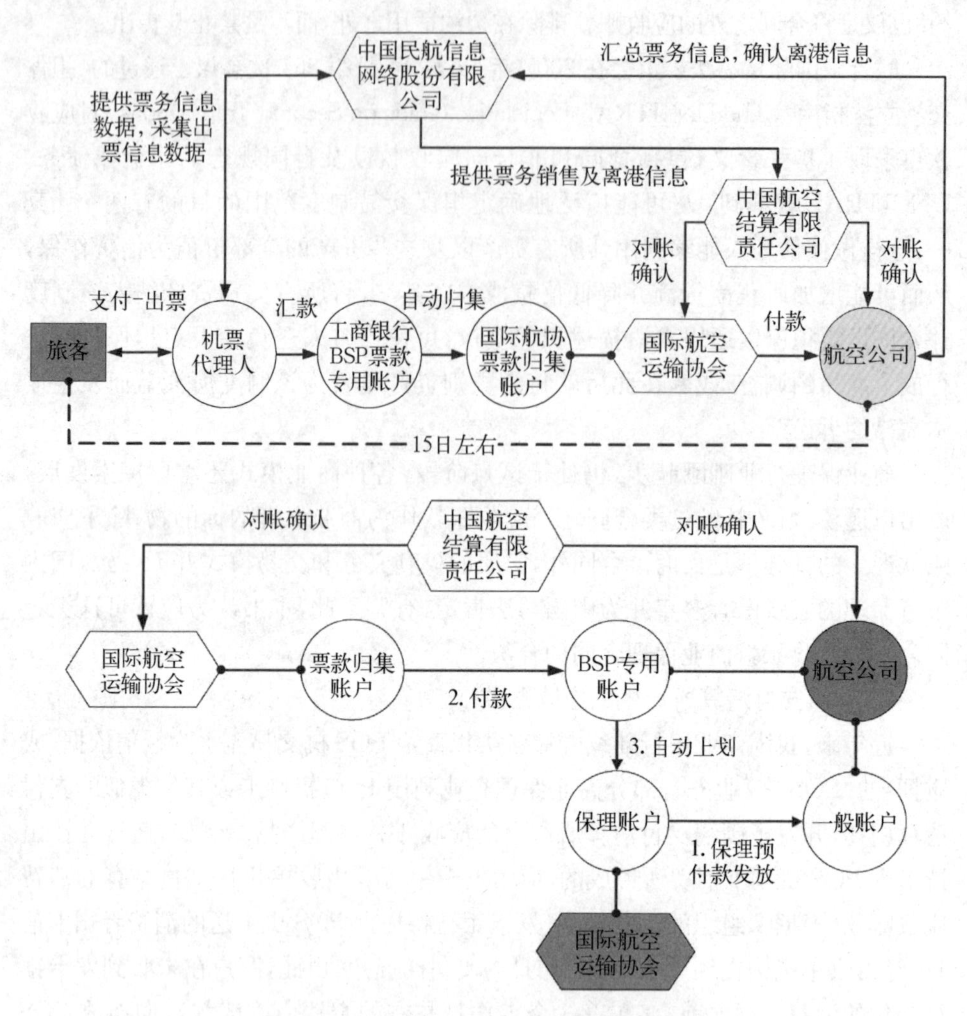

图 3-2 机票收入 BSP 结算账款保理业务图

美国《统一商法典》第九编对应收账款的列举中，第七条列举了因使用信用卡、赊销卡或者其中所含信息而发生的金钱债权（arising out of the use of a credit or charge card or information contained on or for use with the card）。与传统的应收账款相比较，支付清算项下的应收账款一般具有以下特征：最终债务人是消费者，支付清算代表消费者支付，收单机构代表商户收款；交易笔数多，金额小，期限短，付款信用程度较高。

据统计，截至 2014 年年底，全国有 1 206 万户商户使用银行卡收款方式，在剔除批发性的大宗交易、房地产和汽车类交易后，银行卡消费总额 12.6 万亿元，约占社会消费品零售总额的 48%，户均 104 万元。预计到 2017 年年底，使用银行卡收款方式的商户将达 4 500 万户，银行卡应收账款总额将达 22.5 万亿元，户均银行卡应收账款为 49 万元。小微企业存在大量的支付清算环节的应收账款等经济资源未被认可。以第三方支付为代表的商业保理企业围绕支付清算项下的应收账款开展保理业务，既有利于激活小微企业的优质动产资源，拓宽广大小微零售企业的融资渠道；也是商业保理企业发挥自身互联网技术、大数据等方面的优势，走出业务“蓝海”的有益尝试。有鉴于此，本书认为也应认可这类应收账款商业保理合同的合法性。

(四) 贷款应收账款

国内对金融机构能否向非金融机构转让贷款债权的现行规范性文件存在不一致。反对者认为，贷款应收账款不可以转让给包括商业保理企业在内的非金融机构，其主要理由为：① 金融在中国是一个特许行业，放贷收息是经营贷款业务的金融机构的一项特许权利。因此，由贷款而形成的债权只能在具有贷款业务资格的金融机构之间转让，商业保理企业不得受让。与此相关的法律规定有：《金融机构管理规定》规定，中国人民银行对金融机构实行许可证制度；《银行业监督管理法》规定，未经国务院银行业监督管理机构批准，任何单位或者个人不得从事银行业金融机构的业务活动；《贷款通则》规定，贷款人必须经中国人民银行批准经营贷款业务，持有中国人民银行颁发的《金融机构法人许可证》或《金融机构营业许可证》，并经工商行政管理部门核准登记”。② 金融机构向商业保理企业转让贷款应收账款，易诱发商业保理企业帮助金融机构资产搬家和腾挪出表，架空了国家对影子银行的调控效果。③ 财政部发布的《金融企业呆账准备提取及呆账核销管理办法》规定了严格的贷款核销条件，对折价向商业保理企业转让贷款债权形成的贷款损失，存在无法核销的风险，客观上限制了金融企业的贷款债权转让的操作。

另一种观点认为，贷款应收账款可以转让给商业保理企业，理由有：① 金融机构所享有的贷款应收账款也是普通的债权，应当适用《合同法》关于债权转让的规定，只要贷款债权的转让不在《合同法》第七十九条或其他法律、行政法规明确的禁止之列，就应当认定转让行为有效。中国人民银行、中国银行业监督管理委员会的规定不属于法律、行政法规，不应影响转让行为的效力。② 金融机构转让具体应收账款的行为属于该金融机构将合同权利转让给第三人,并非向社会不特定对象发放贷款的经营性活动,不涉及从事贷款业务的资格问题。③ 贷款债权转让也有法规和实践依据,例如,中国银行业监督管理委员会办公厅《关于商业银行向社会投资者转让贷款债权法律效力有关问题的批复》(银监办发〔2009〕24 号)明确了以下几个问题:第一,银行转让债权不属于违反法律、行政法规的强制性规定,应被认定合同有效;第二,商业银行可以将贷款债权转让给自然人、其他组织以及金融机构和非金融机构法人;该行为也不是一种规避非金融企业之间不得借贷的行为。④ 2014 年 12 月 9 日,证监会公布资产支持证券新规后的首单产品——中和农信 2014 年第一期公益小额贷款资产专项计划成功设立。该计划是证券公司受让农信的公益扶贫小额贷款,以贷款偿还资金支持发行资产支持证券。该行为已经肯定了贷款债权是可以转让的。

鉴于中国金融业特许的现状以及商务主管部门严格禁止商业保理企业"发放贷款"的明文规定,在目前的法律框架下,以贷款应收账款为标的物的保理业务仍存在较大的法律争议。

(五) 票据和信用证类收款权

《物权法》第二百二十三条列举了七类权利,即(一) 汇票、支票、本票;(二) 债券、存款单;(三) 仓单、提单;(四) 可以转让的基金份额、股权;(五) 可以转让的注册商标专用权、专利权、著作权等知识产权中的财产权;(六) 应收账款;(七) 法律、行政法规规定可以出质的其他财产权利。

实践中,关于权利可否作为商业保理合同标的物的争论主要是两类,一类是票据权利,另一类是远期付款信用证(信用证是在商业实践基础上发展起来的一种支付方式,对信用证关系的法律性质如何定性众说纷纭,有代表性的学说有代理关系说、合同关系说、票据关系说、独立关系说,但信用证单证交易和抽象独立性的特征是毋庸置疑的,从这个意义上说,信用证与票据权利有很大的相似性,因此本书将其与票据一并论述)。反对的主要理由是:

(1) 从国际立法看,基于信用证的交易不属于可保理范围,由信用证产生的应收账款不属于可转让的应收账款。例如,GRIF 第 3 条规定:"基于信用证(不包括备用信用证)、凭单付现或任何种类的现金交易不适用本规则"。《联合国国际贸易中应收账款转让公约》第四条第 2 款规定:"本公约不适用于下列情况下或从其中而产生的应收账款转让:(a) 受管制交易所的交易;(b) 由净额结算协议规范的金融合同,但所有未了结的交易终结时所欠的应收账款不在此列;

(c) 外汇交易；(d) 银行间支付系统、银行间支付协议或与证券或其他金融资产或工具相关的清算和结算系统；(e) 中间人所持证券或其他金融工具或资产的担保权转移、此类资产的买卖、借贷或持有或回购协议；(f) 银行存款；(g) 信用证或独立担保。"

(2) 信用证是一项自足文件(self-sufficient instrument)，不依附于基础合同，审单时强调的是信用证与基础贸易相分离的书面形式上的认证，作为一项纯单据业务，信用证是凭单付款，不以货物为准，只要单据相符，开证行就应无条件付款；而票据关系也同样强调独立性与无因性的特征，票据行为只要具备法定形式要件，便产生法律效力，即使其基础交易关系因有缺陷而无效，票据行为的效力仍不受影响。信用证与票据的运行基础，已脱离了应收账款赖以产生的基础合同而自成体系，无论是信用证项下的申请议付或委托收款的权利，还是票据项下的付款请求权与追索权，已与商业保理受让货物销售或服务合同项下应收账款的立法旨趣南辕北辙。

(3) 信用证和票据是传统的银行特许业务，无论是从 ICC《跟单信用证统一惯例》还是中国人民银行颁布的《国内信用证结算办法》(银发〔1997〕265 号)以及现行的《中华人民共和国票据法》的规定来看，信用证和票据结算业务都是由金融主管部门批准的特定银行专门经营的，从使用的要求看，信用证和票据都要求有真实的贸易背景，商业保理企业可以基于其自身与供应商、买方资产之间的债权转让关系，与一般的工商企业法人一样使用信用证和票据，但不能以"受让应收账款"的名义受让信用证或票据项下权利人对付款人(如信用证项下的开证行、票据项下的承兑行)的权利，从而实质性地获得信用证和票据的议付行和/或贴现行同等的地位。

有鉴于此，对于以票据、信用证等作为标的物的商业保理合同，一般不宜认定构成商业保理合同关系，而应按其实际构成的法律关系确定合同的性质以及效力。

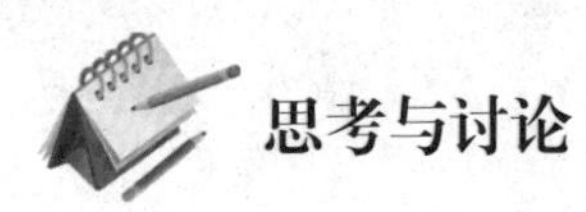

思考与讨论

1. 请结合中天勤案件及司法判例讨论保理商尽职调查的目的、可行的方式和存在的主要风险。

2. 请检索互联网时代运用大数据、云计算等互联网手段进行尽职调查的相关实践，并讨论其可行性和局限性。

3. 结合本章未来应收账款、合同之外应收账款、因支付清算所产生的应收账款、金融应收账款、票据和信用证类收款权的相关分析，谈谈你如何看待保理商可以受让的应收账款类型。

第四章

商业保理合同法律实务

本章概要

1. 本章介绍了对商业保理合同法律性质的争议。
2. 本章分析了商业保理合同的成立和生效要件。

第一节　认知商业保理合同

法律关系的准确界定是裁判和解决商业保理合同纠纷的前提，商业保理合同具有突出的商业惯例特点，由于商业保理社会实践的复杂性，各种功能排列组合衍生出不同的法律特性，给商业保理合同的法律关系认定带来了挑战。

一、商业保理合同的性质争论

保理合同并非《合同法》规定的有名合同，根据一般认识，可对商业保理合同作如下定义：保理合同是债权人、保理商等平等民事主体之间以保理商受让应收账款并向债权人提供应收账款融资、管理、催收、坏账担保等内容而达成的设立、变更、终止民事权利义务关系的协议。

由于认识角度及出发点不同，在商业保理合同的性质认定过程中，存有较大的争议，主要存在三派观点。

(一) 委托代理说

此类观点认为,商业保理和托收一样,都是债权人与保理商之间的一种委托代理关系。债权人和保理商之间存在代理关系,保理商受债权人的委托,以自己的名义追偿货款,在买家不履行债务时,进口保理商负责追偿,并按照债权人和出口保理商的协议向债权人支付款项,这与大陆法的间接代理和普通法的隐名代理相似。例如,英国的 Factors Act(1889)就将保理视为具有商事代理的性质;又如,加拿大《1982 年保理商法》参照英国 Factors Act(1889)也将保理商局限于代理人,规定保理商可以经过委托人同意处分货物、通过质押货物进行融资,但是保理商的一切行为都不得超出委托人的指示和授权。

(二) 债权质押说

此类观点认为,保理业务是债权人向保理商申请借款,并以债权人对买家享有的债权出质给保理商作为担保。各国立法大都允许以应收账款设立质押,例如,《德国民法典》规定:"对请求给付的权利的质权";我国台湾地区《民法典》规定:"可让与之债权及其他权利均得为质权之标的物。"联合国国际贸易法委员会编写的《担保交易立法指南》指出,许多财产权虽无担保权之名,但却具有担保功能,这些财产权包括:为担保目的而转让有形资产的所有权;为担保目的而转让应收款以及各种形式的保留所有权,因此,建议担保交易立法应管辖具备担保功能的各种交易,并将保理作为《担保交易立法指南》涵盖的融资做法实例。

我国财政部颁布的《关于企业与银行等金融机构之间从事应收债权融资等有关业务会计处理的暂行规定》(财会〔2003〕14 号)规定:"企业在出售应收债权的过程中如附有追索权,即在有关应收债权到期无法从买家处收回时,银行有权利向出售应收债权的企业追偿,或按照协议约定,企业有义务按照约定金额自银行等金融机构回购部分应收债权,应收债权的坏账风险由售出应收债权的企业负担。在这种情况下,应按本规定中关于对以应收债权为质押取得借款的会计处理原则执行"。我国目前的《民事案件案由规定》没有保理合同纠纷这类案由,法院立案时确定的案由多为金融借款合同纠纷,部分法院判决认定名为保理、实为借贷在一定程度上佐证了这派观点。

案例 4-1 浦发银行诉昊德公司等案

在(2014)虹民五(商)初字第 69 号上海浦东发展银行虹口支行(以下简称浦发银行)与上海昊德电气有限公司(以下简称昊德公司)、孙秀华、上海璟德电气股份有限公司、郑春芬金融借款合同、保证合同、抵押合同、质押合同纠纷一案中，法院根据浦发银行提交的《保理协议书》《应收账款转让登记协议》《最高额保证合同》《关于同意执行共同财产的承诺函》《最高额抵押合同》《上海市房地产登记证明抵押权登记[房地产抵押(现房)]》《权利最高额质押合同》《股权出质设立登记通知书》《保理融资申请书》《提前到期通知书》、昊德公司保理业务台账、应收账款转让/质押业务融资凭证暨回单等证据，认定本案事实为：2013年2月6日，浦发银行与昊德公司签订《保理协议书》，约定双方叙做回购保理业务并签订《应收账款转让登记协议》，约定昊德公司将自2012年9月25日至2013年9月24日之内发生的对西门子(上海)电气传动设备有限公司等三公司的全部应收账款转让给浦发银行，由浦发银行根据中国人民银行有关应收账款质押登记的相关规定在应收账款质押登记公示系统中办理转让登记手续，但双方均未通知过西门子(上海)电气传动设备有限公司等三公司关于应收账款转让事宜。后因昊德公司未归还融资款，担保人也未履行担保责任，故浦发银行诉至法院。

法院认为：浦发银行与昊德公司签订的《保理协议书》虽然约定昊德公司将其应收账款转让给浦发银行，浦发银行受让相关应收账款后融资给昊德公司，但从实际履行看，浦发银行与昊德公司均未向购销合同的买方通知转让应收账款事宜，依据法律规定，应收账款的转让对购销合同的买方不发生效力，浦发银行对昊德公司的融资行为并不是以应收账款的转让为前提，故本案《保理协议书》名为保理合同，实为借款合同。

(三) 债权转让说

此类观点认为，商业保理是债权人向保理商转让其对买家的应收账款债权，保理商向债权人支付一定金额的对价，保理商替代债权人成为新的债权人。为适应商品经济发展的需要，源于罗马法的债权转让制度为各国民法所承袭。《法国民法典》第1689—1701条共13条规定了债权及其他无形权利的转移，《德国民法典》第398—419条共22条规定了债权的转移和债务的承担；《意大利民法典》第1538—1548条共11条规定了债权和其他权利的让与，此外，《荷兰民法典》和《日本民法典》都规定了债的转移。我国部分学者提倡保理的债权转让性质，例如，黄斌(2007)认为保理商向供货商提供融资的前提是供货商向保理商转让债权，转让债权是保理的主要业务，其他业务都是债权转让的产物，应收账款转让是国际保理业务法律关系的核心[①]。

二、域外相关立法考察

(一) 英国

传统保理业务发源于英国,英国的保理商是一个从纺织品交易中分离出来的商人阶层,这个商人阶层承担的主要职责是: ① 接受纺织工供给的货物并代为存储; ② 销售寄售给他们的这些货物; ③ 以货物为担保,向纺织工预付一定的价款; ④ 给予纺织工和布匹批发商一些建议。在英国发源之初,保理商主要是以纺织工代理人的面目出现。1823 年,英国颁布了 Factors Act,后经过修订成为英国 Factors Act(1889)。该法虽然名为保理商法,但在条文中并未使用"保理商"这一概念,而是采用"商业代理人"(mercantile agent)的概念。依据该法规定:"商业代理人是指在日常经营活动中从事销售货物或为销售目的寄卖货物、购买货物或者以货物为担保筹集资金的商业代理人。"保理商与拍卖代理(auctioneer)、经纪人(broker)、寄售人(consignee)等一起,构成常见的几种商业代理人之一。Factors Act(1889)本质上将商业保理看成委托代理关系。

(二) 美国

现代意义上的保理始于美国。20 世纪 30 年代,保理作为一种信用担保的融资工具被广泛接受,60 年代,美国货币监理署出台了银行有权经营保理业务的规定,使商业银行成为保理市场的一股活跃力量。在《美国统一商法典》(Uniform Commercial Code)出台之前,美国各州关于应收账款转让的规定十分复杂,主要表现在: 每笔交易均须登记,十分不便利;利害关系人须查阅登记记录,极为耗时费力;买家的财务状况由于登记不得不公开,因为登记要求高度具体地揭示当事人间的债权债务关系。《美国统一商法典》改变各州之前的不同做法,以第九篇"担保交易"(secured transactions)专篇对应收账款转让和担保作出集中规定,建立了担保声明书登记制度,担保声明书只要求记载很少的内容,即买家的名称、担保权人或其代理人的名称、担保物,在电子化的登记系统中,利害关系人可以方便地通过以买家名称为序所编制的索引直接检索,可高速地查知特定应收账款上的权利负担。《美国统一商法典》与英国《保理商法(1889)》一样,也未使用

---

① 黄斌,"国际保理业务中应收账款债权让与的法律分析",《清华大学学报·哲学社会科学版》,2006 年第 2 期,第 137—144 页。

"保理商"这个术语,而是以"buyer of receivables"称之,且将担保声明书登记规则统一适用于应收账款转让和担保,在一定程度上模糊了应收账款质押和应收账款转让的区别。

(三)《国际保理公约》

《国际保理公约》将保理合同定义为:"为本公约的目的,保理合同是指在一方当事人(供应商)与另一方当事人(保理商)之间所订立的合同,根据该合同:① 供应商可以或将要向保理商转让供应商与其客户(买家)订立的货物销售合同产生的应收账款,但是主要供买家个人、家人或家庭使用的货物的销售所产生的应收账款除外;② 保理商应履行至少两项下述职能:(a) 为供应商融资,包括贷款和预付款;(b) 保持与应收账款有关的账目(分类账);(c) 应收账款催收;(d) 信用风险担保。③ 应收账款转让的通知应送交买家。"该公约第一条第三款进一步指出:"本公约所指的'货物'和'货物销售'应包括服务和服务的提供。"

(四) GRIF 规则

GRIF 开宗明义地将保理合同定义为:"保理合同意指供应商与保理商间存在的一种契约关系,根据该契约,供应商可能或将要将应收账款转让给保理商,无论有没有获取融资,至少为获得保理商提供的下述服务中的至少一种:① 分户账管理;② 应收账款催收;③ 信用风险担保。"但 GRIF 所涵盖的应收账款限于与供应商以信用方式向买家销售货物或提供服务所产生的应收账款,不包括以信用证(不包括备用信用证)、凭单付现或任何种类的现金交易为基础的销售。

GRIF 与《国际保理公约》一样,也用四个功能定义保理合同,但 GRIF 并没有要求保理商须至少提供两种服务,而是四个功能任择其一即可。

三、中国商业保理法规的界定

在国内,商务部及地方商务主管部门目前对商业保理的定义方法和内容趋同,基本采纳了《国际保理公约》和 GRIF"应收账款转让"的立法体例。例如,《商务部关于商业保理试点有关工作的通知》(商资函〔2012〕419 号)列举的商业保理功能为贸易融资、销售分户账管理、客户资信调查与评估、应收账款管理与催收、信用风险担保等。《上海市浦东新区设立商业保理企业试行办法》规定:"本办法所称的商业保理业务是指供应商将其与买方订立的货物销售或服务合同所产生的应收账款转让给商业保理企业,由商业保理企业为其提供贸易融资、应收账款管理服务。"《天津市商业保理业试点管理办法》规定:"本办法所称商业保理,是指销售商(供应商)将其与买方(买家)订立的货物销售(服务)合同所产生的应收账款转让给商业保理企业,由商业保理企业为其提供贸易融资、应收账款管理与催收等综合性商贸服务。"

实际上,商业保理法律规范对商业保理的定性也契合我国银行保理的一贯认识。我国银监会在《商业银行保理业务管理暂行办法》中规定:"本办法所称保理业务是以债权人转让其应收账款为前提,集应收账款催收、管理、信用风险担保及融资于一体的综合性金融服务。债权人将其应收账款转让给商业银行,由商业银行向其提供下列服务中至少一项的,即为保理业务:(一)应收账款催收:商业银行根据应收账款账期,主动或应债权人要求,采取电话、函件、上门等方式或运用法律手段等对债务人进行催收。(二)应收账款管理:商业银行根据债权人的要求,定期或不定期地向其提供关于应收账款的回收情况、逾期账款情况、对账单等财务和统计报表,协助其进行应收账款管理。(三)信用风险担保:商业银行与债权人签订保理协议后,为债务人核定信用额度,并在核准额度内,对债权人无商业纠纷的应收账款提供约定的付款担保。(四)保理融资:以应收账款合法、有效转让为前提的银行融资服务。"

第二节 商业保理合同管理法律实务

一、商业保理合同成立与生效法律实务

案例 4-2 要约、承诺及合同成立的时间

2014年12月15日,乙公司通过邮件向甲公司发送订单,欲采购甲公司经营的器材,要求甲公司予以最终报价。同日,甲公司向乙公司回复邮件,并给出报价单,报价单中注明:由于库存量有限,请乙公司在5个工作日内给出正式答复。12月16日,甲公司收到丙公司订单,与乙公司采购同种器材,但甲公司库存只够提供一家公司,遂决定将器材提供给丙公司,同日,甲公司回复确认丙公司订单。12月24日,乙公司回复确认报价,但收到甲公司回信称已销售给丙公司。由于乙公司前期筹备已花费数万元,遂向甲方追讨损失。

我国《合同法》规定:"要约是希望和他人订立合同的意思表示。承诺是受要

约人同意要约的意思表示。承诺的内容应当与要约的内容一致。受要约人对要约的内容作出实质性变更的，为新要约。有关合同标的、数量、质量、价款或者报酬、履行期限、履行地点和方式、违约责任和解决争议方法等的变更，是对要约内容的实质性变更。”因此，乙公司于12月15日发出订单属于要约行为，甲公司于同日回复属于承诺行为，但报价行为是对乙公司要约内容的实质性变更，因此，甲公司的报价行为属于新要约，并给出了5个工作日的承诺期限。《合同法》也规定：“承诺期限届满，受要约人未作出承诺的，要约失效。”然而，乙公司未在5个工作日内回复甲公司，故甲公司的新要约失效。由于合同成立需要经过要约和承诺两个阶段，承诺生效时，合同才能成立，虽然甲公司发出了新的要约，但乙公司未在承诺期限内作出承诺，所以，两家公司之间不存在合同关系，乙公司无法依据《合同法》向甲公司赔偿损失。

反观丙公司与甲公司，丙公司发出订单为要约行为，甲公司确认订单行为为承诺行为，双方之间的合同关系成立。

案例 4-3 合同成立中的“合意”

章某与林某认识多年，两人曾在2012年与他人合伙投资一个项目，成立一家有限责任公司。但由于章某与其他股东并不熟悉，无法成为实名股东。于是，章某向林某汇去10万元作为投资款，请林某代持股份，双方未签订代持协议。林某收到汇款后，将10万元投入公司。之后，章某获得了几次分红。

两年后，项目亏损，公司清算。与此同时，林某收到法院传票，原告为章某，称林某借其10万元要求归还，并出具了汇款凭证。林某认出汇款凭证中的汇款时间与章某向其汇投资款的日期相同，遂将10万元是投资款的事实和相关证明提交给法院。之后，章某主动撤诉。

《合同法》规定：“借款合同采用书面形式，但自然人之间借款另有约定的除外。”实务中，民间自然人借贷通常不采取书面合同的形式，而是在实际完成借贷行为后，由借款人出具借条交予贷款人作为凭证，贷款人也可以保留其汇款凭证以证明其贷款行为。本案中，章某出具了汇款凭证，虽然证明了章某有向林某汇款的事实，但由于没有提供证明双方有借贷意向并达成合意的证据，因此，无法证明双方之间成立了借贷合同关系。

反之，章某和林某虽然未签订书面的代持协议，但双方均已经实际履行，即章某的汇款行为、林某收款并注资入公司的行为、章某的分红行为等均实际构成了双方的代持合同关系。

根据我国的《合同法》,商业保理合同属于一种无名合同,即《合同法》明确规定的十五类合同类型以外的合同类型。同其他类型的合同一样,商业保理合同也受到《合同法》的调整和约束。合同的成立与生效,在《合同法》中是两个不同的概念,两者既有区别,又有联系。最大的区别就在于合同成立并非意味着合同一定生效,最大的联系就是合同生效以合同成立为前提条件。两者在法律实践中也是非常容易产生争议的地方。在商业保理合同的法律实务中,也会遇到需要鉴别保理合同以及担保合同等相关从合同等是否成立或生效的情况。因此,区分合同的成立与生效在商业保理合同的实务操作中有着较为重要的意义。

(一) 合同的成立

所谓合同的成立,是指订立合同的各方当事人对于合同条款协商一致,也称为合意。其构成要件有两个:第一,缔约主体存在双方或多方当事人,合同必须存在两个以上利益不同的主体,合同必须具有双方或多方当事人,只有一方无法成立合同;第二,当事人必须达成合意,当订立合同的各方当事人达成合意时,即可认为合同成立。

我国《合同法》对于合同的成立的主要规定有:

(1) 当事人订立合同采取要约、承诺方式。要约是希望和他人订立合同的意思表示。承诺是受要约人同意要约的意思表示。承诺通知到达要约人时生效,承诺生效时合同成立。

(2) 当事人采用合同书形式订立合同的,自双方当事人签字或者盖章时合同成立。

(3) 当事人采用信件、数据电文等形式订立合同的,可以在合同成立之前要求签订确定书,签订确定书时合同成立。

(4) 法律、行政法规规定或者当事人约定采用书面形式订立合同,当事人未采用书面形式但一方已经履行主要义务,对方接受的,该合同成立。

以上是《合同法》中规定的合同成立的几种基本情形。依据法律规定,合同的订立可以采取口头形式、书面形式或其他形式。由于商业保理合同是一种较为复杂的合同类型,采取签订合同书的书面形式更为现实,也更能保护合同当事人以及约束合同相对方。因此,在实务中,商业保理合同及其各类附件、从合同普遍采用书面形式订立。《合同法》规定:“当事人采用合同书形式订立合同的,自双方当事人签字或者盖章时合同成立。”因此,采用书面形式的商业保理合同自合同当事人在合同书上签字或盖章时成立。

(二)合同的生效

案例4-4 附生效条件合同的生效

黄某看到甲公司的某品牌化妆品,觉得不错,决定加盟甲公司。经与甲公司协商后,双方签订了《美丽专营店经销合同》(以下简称合同),约定黄某向甲公司缴纳加盟费30万元。其中,合同第二条规定,预付款10万元应于合同签订后3日内汇到公司指定账户,待甲公司为黄某联系好店面后,黄某支付剩余2万元。该合同第三条进一步明确,合同在黄某将全部款项汇入甲公司指定账户后生效。合同签订后,黄某按合同约定支付了10万元预付款。但是,甲公司并未在签约后联系好店面,黄某也未向其继续支付余款。此后,黄某要求甲公司退还已付的合同款,甲公司拒绝退还。黄某无奈诉至法院,请求甲公司返还预付款。

法院认为,涉案合同为附生效条件的合同,由于甲公司未在其承诺的期限内为黄某找好店面,涉案合同所附生效条件未成就的责任在甲公司。其因涉案合同所取得的财产应予返还。最终法院判决甲公司返还黄某预付款。

本案中,合同为附条件生效合同,双方约定的生效条件较复杂,按照先后顺序具体为黄某支付预付款、甲公司为黄某联系店铺、黄某支付余款。其中,双方均负有相应的义务,黄某为两次付款义务,甲公司为联系店铺义务,但黄某的第二次付款义务应以甲公司完成义务为前提。因为甲公司未履行义务,合同生效条件没有成就。鉴于双方无继续履行合同的意向,合同已经不可能生效,因此,甲方应当返还黄某已经支付的款项。

案例4-5 无权处分合同的生效

中国银行甲支行与某物产公司于2003年12月25日签订一份借款合同,借款金额为1 300万元,当日甲支行发放了贷款。并在当日由乙公司法人代表王某签名并加盖乙公司公章,与甲支行签订了抵押合同。该抵押合同约定的生效条件是合同当事人签字并盖章,并于2003年12月29日在当地国土资源局办理了抵押登记手续。合同到期后,借款人物产公司未履行还款义务。2004年9月27日,甲支行向法院提起诉讼,请求判令物产公司支付借款1 300万元及利息,乙公司承担抵押担保责任。2004年11月11日,甲支行撤回对借款人物产公司的起诉。事实上,2003年11月10日(上述抵押合同签订前)乙公司原股东王某(原法定代表人)、魏某作为甲方,文某、李某作为乙方,丙公司作为丙方签订一份股权转让协议,约定将甲方股东王某在乙公司中95%的股份转让给丙公司。该股权转让协议上加盖有乙公司的两枚公章,其中,在王某名下和文某名下各加盖一枚样式不同的公章。王某名下加盖的公章与上述抵押合同上所盖的公章相似。丙公司接手乙公司后,于2003年12月16日办理了乙公司的新营业执照,法定代表人更换为赵某,并在印章厂刻制了新的印章。

法院认为,本案焦点为2003年12月25日王某与甲支行签订的抵押合同的效力、王某是否构成表见代理以及乙公司民事责任承担问题。根据本案查明的事实,本案所涉抵押合同为乙公司原法定代表人王某以乙公司的名义与甲支行所签。但在抵押合同签订之时,王某已非乙公司的法定代表人,已没有权力以法定代表人的名义代表乙公司对外进行业务活动,也无权对原公司的土地使用权进行抵押,其对此明知而故意为之,主观上有欺诈的故意,客观上是无处分权的人处理了他人财产的行为。《合同法》第五十一条规定,无处分权的人处分他人财产,经权利人追认或者无处分权的人订立合同后取得处分权的,该合同有效。乙公司已变更新的法定代表人,既没有授权王某代表该公司抵押公司财产,事后也没有追认,故抵押行为不是该公司的意思表示,该抵押合同属无效合同。甲支行在签订和履行抵押合同中,未尽审慎的注意义务,对抵押担保人的股东会决议、法定代表人的身份证明、营业执照、法人状况、公章等相关资料未进行必要的鉴别和核实,且未取得抵押物他项权利证书就发放了贷款,后借款人逃跑,在贷款的审查、发放、贷后跟踪检查等环节具有明显的疏漏。故甲支行存在明显过错,应承担相应的民事责任。

关于甲支行所称本案王某的行为构成表见代理的问题,表见代理是行为人没有代理权、超越代理权或者代理权终止后继续以被代理人的名义订立合同,而善意相对人客观上有充分的理由相信行为人具有代理权,则该代理行为有效,被代理人应按合同约定承担起与相对人之间的民事责任。但是,在相对方有过错的情况下,不论该种过错是故意还是过失,无表见代理适用之余地。因甲支行在本案所涉贷款过程中具有过错,故本案不适用合同法关于表见代理的规定。借款人物产公司、王某及甲支行应根据各自的过错承担相应的民事责任。乙公司不应承担民事责任,故最终法院判决驳回甲支行的诉讼请求。

案例 4-6 违反法律强制性规定的合同效力

2006 年 3 月,周某与王某签订《房屋租赁合同》,约定周某将上海市某某区某某路某商业用房(以下简称该商铺)出租给王某使用。但该商铺未取得产权证和合法建造手续。合同签订后,周某将该商铺交付给王某使用。而后,王某将该商铺转租给牛某等次承租人经营使用。2012 年 1 月,该商铺发生火灾,造成次承租人受损。2012 年 2 月,王某与次承租人签订补偿协议,约定补偿次承租人火灾中的损失。补偿协议签订后,次承租人确认收到周某代王某支付的损失赔偿金共计 66 万元。2013 年年底,周某诉至法院,要求法院确认其与王某的《房屋租赁合同》无效,并要求王某返还其代为支付的赔偿款 66 万元。

法院认为,该商铺无产权证和合法建造手续,故依据《合同法》第五十二条以及《最高人民法院〈关于审理城镇房屋租赁合同纠纷案件具体应用法律若干问题的解释〉》第二条之规定,周某与王某于 2006 年签订的《房屋租赁合同》无效。而王某与牛某等次承租人签订的赔偿协议是双方真实意思表示,不违反法律、法规的强制性规定,应属合法有效,双方均应按月履行。现王某对周某垫付 66 万元火灾赔偿款无异议,王某应将周某代替其垫付的款项返还给周某。

本案中的涉案商铺也就是所谓的"违章建筑"。由于"违章建筑"本身先天的"违章",可以看出其主要的法律特征即违法性。因此,其在本质上是违反了《土地管理法》和《城市规划法》等相关法律、法规的规定而建造的房屋及其设施。本案中,法院援引了《合同法》第五十二条作为合同无效依据之一,即周某与王某签订的《房屋租赁合同》因违反法律、行政法规的强制性规定,为无效合同。除此之外,《最高人民法院〈关于审理城镇房屋租赁合同纠纷案件具体应用法律若干问题的解释〉》第二条也规定:"出租人就未取得建设工程规划许可证或者未按照建设工程规划许可证的规定建设的房屋,与承租人订立的租赁合同无效。"此规定进一步明确了此类合同的无效。

合同的生效是指已经成立的合同发生了拘束当事人的法律效力。一般来

说,依法成立的合同,自成立时生效,但并非所有合同都是一成立即生效的。某些合同是否能够产生法律上的约束力,还需要成就一定的条件。也有某些合同,因违反法律法规或损害国家、公共利益等无法产生效力。因此,合同的生效可以分为三种类型,即合同成立时即生效、合同满足生效要件后生效和合同无效。

1. 满足生效要件后生效的合同

根据《合同法》,合同的生效要件主要分为对效力待定合同的追认、法律规定的登记、审批等生效手续以及约定生效三种情形。

(1) 效力待定是指在合同成立后,是否发生效力尚不确定,有待于其他行为或事实使之确定的合同[①]。关于效力待定合同,《合同法》中规定了如下几种情形。

第一,限制民事行为能力人订立的合同。与限制民事行为能力人签订的合同无法立即生效,需要经过其法定代理人追认后,才能生效。根据《民法通则》,限制民事行为能力人是指十周岁以上的未成年人以及不能完全辨认自己行为的精神病人。而未成年人是指十八周岁以下的公民,但十六周岁以上不满十八周岁的公民,以自己的劳动收入为主要生活来源的,可以视为完全民事行为能力人。

第二,行为人没有代理权、超越代理权或者代理权终止后以被代理人名义订立的合同。与前述无权代理人签订的合同,因代理人缺乏相应代理权而存在瑕疵,无法生效,需要经被代理人追认后才能生效。但也需要注意,如果与无权代理人签订合同的相对方有理由相信行为人有代理权,该代理行为仍然能够生效,这是法律对善意第三人的保护,被称为表见代理。

第三,无处分权人订立的处分他人财产的合同。与无权处分财产之人订立财产的处分合同,该合同无法立即生效,需要财产的权利人进行追认,或者合同签订后无权处分人取得处分权后,合同才能生效。

上述三种类型的合同都属于效力待定合同,需要得到追认后才能生效。如无法得到追认,合同就不发生效力。

(2)《合同法》规定:"法律、行政法规规定应当办理批准、登记等手续生效的,依照其规定。"此类合同成立后,需要经过法定的审批或登记手续才能生效。这类合同并不多见,现在主要有中外合资企业的合资合同、中外合作企业的合作合同等。

---

① 王利明,《合同法研究》(第一卷),中国人民大学出版社,2002年,第541页。

(3) 约定生效条件所对应的合同有附条件生效合同及附期限生效合同。附条件生效合同是指当事人在合同中约定一定的条件,当条件成就时合同生效。附期限生效合同是指当事人在合同中约定一定的期限,当期限届满时合同生效。同样,合同的失效也可以约定附条件和附期限,条件成就或期限届满时合同失效。需要注意的是,《合同法》也规定,当事人为自己的利益不正当地阻止条件成就的,视为条件已成就;不正当地促成条件成就的,视为条件不成就。

2. 无效的合同

我国《合同法》规定:有下列情形之一的,合同无效。

(1) 一方以欺诈、胁迫的手段订立合同,损害国家利益;

(2) 恶意串通,损害国家、集体或者第三人利益;

(3) 以合法形式掩盖非法目的;

(4) 损害社会公共利益;

(5) 违反法律、行政法规的强制性规定;

(6) 合同中的下列免责条款无效:一是造成对方人身伤害的;二是因故意或者重大过失造成对方财产损失的。

应当注意,仅仅超越经营范围而订立的合同,并不会被认定无效。我国立法对此有一个态度转化的过程,传统上认为,企业法人的民事行为能力是由其核准登记的经营范围决定的,《民法通则》规定:"企业法人应当在核准登记的经营范围内从事经营。"随着市场经济的发展,我国法律对于商事主体经营范围的限制越来越少,《最高人民法院关于适用〈中华人民共和国合同法〉若干问题的解释(一)》第十条明确规定:"当事人超越经营范围订立合同,人民法院不因此认定合同无效。"

由于商业保理合同没有法律强制性生效条件,一般来说,自成立之日起生效。但为了防止发生合同效力待定或无效的情形,商业保理公司应在签署前对基础交易作事前的尽职调查。当然,保理商也可以视具体情况约定生效条件或生效期限。

(三) 禁止转让约定对保理合同效力的影响

根据合同自由原则,当事人可以在不违反法律的强制性规定和公序良俗的前提下,自由地约定合同的内容。因此,当事人在合同中也可以特别约定禁止相对方转让合同权利的内容。禁止权利转让的第三人范围可以是泛指,即约定合同权利不得让与一切他人;也可以是特指,即指明合同权利不得让与某些人。当事人可以约定在合同整个有效期内不得转让合同权利，也可以约定合同权利在一定期间内不得转让。我国《合同法》第七十九条规定，按照当事人约定不得转让的债权不得全部或者部分转让给第三人，违反《合同法》第七十九条规定的保理合同，我国司法实践中曾有判例认定为无效合同。

案例 4－7　星展银行诉博西华公司案

2012 年 5 月 28 日，江苏省高级人民法院审结了星展银行(香港)有限公司(以下简称星展银行)诉博西华电器(江苏)有限公司(以下简称博西华公司)债权转让合同纠纷上诉一案。

一、案情概览

星展银行诉称：2005 年 2 月 2 日，星展银行与艺良电业有限公司(以下简称艺良公司)签订一份保理协议，该协议约定：艺良公司根据买家订货单向买家发货后，向星展银行提交该批货物对应的发票及买家出具的收货单复印件，星展银行审核后按发票价格的 80% 向艺良公司提供融资，并作为该份发票项下应收账款的新债权人，凭发票及收货单向买家收取款项。2005 年 12 月 20 日，星展银行与艺良公司共同签署并向博西华公司发出一份《债权转让通知书》。此外，针对艺良公司与博西华公司之间的每笔应收账款，艺良公司与星展银行还曾签署单独的转让书，并在博西华公司收到的每份发票上均印有星展银行的说明，表明星展银行已取得该笔发票项下的应收账款债权。但博西华公司至今未向星展银行支付其中 17 份发票下的欠款，共计 626 020.59 美元，故诉至法院。

二、法院判决

法院指出，根据《合同法》的有关规定，星展银行具备合法的债权受让人身份必须同时满足以下条件：① 艺良公司对博西华公司拥有债权；② 该债权是可转让之债权；③ 星展银行合法受让了该债权；④ 艺良公司向博西华公司发出合法有效的债权转让通知。

就本案而言，法院认为：(一) 星展银行是本案所涉债权转让之受让人，其主张博西华公司尚欠艺良公司货款，理应对此负有举证责任，但星展银行未能提供充分、有效的证据。相反，博西华公司主张已超额支付全部货款，并提供了相应的发票、付款凭证、预付款汇款申请书等证据。(二) 艺良公司与博西华公司在采购合同、框架合同、标准协议等多份协议中约定："未经博西华公司书面同意，任何应收账款均不得转让"，因此，本案所涉债权受合同当事人之间特别约定的限制,并非可任意转让之债权。但星展银行未能提供证据证明博西华公司已书面同意涉案债权的转让,作为专业的金融机构,星展银行未能尽到合理的审查义务,理应承担相应的不利后果。(三)根据保理协议约定,星展银行作为新债权人,凭发票及收货单向采购商(即博西华公司)收取货款,故星展银行理应持有艺良公司所开具给博西华公司的发票、收货单以及应收账款转让通知等能够证明其拥有相关权利的证据原件,但星展银行未能履行上述举证义务,应承担相应的不利后果。(四)星展银行未能举证证明艺良公司向博西华公司发出合法有效的债权转让通知:第一,星展银行主张其与艺良公司于2006年2月23日共同以邮递方式向博西华公司发出债权转让通知,但其提交的债权转让通知及邮寄证明均无原件,而博西华公司否认收悉,故星展银行主张不能成立;第二,星展银行主张艺良公司在开具给博西华公司的发票上注明了债权已转让予星展银行,但博西华公司当庭提交了艺良公司开具的发票原件,其上并无此说明,可见,艺良公司并未按其与星展银行之间保理协议的约定而行事;第三,星展银行主张发票项下业务发生后,其多次以信函及电子邮件通知博西华公司债权转让事宜,但既无充分证据证明,也非债权人艺良公司所为,故不能构成有效之债权转让通知;第四,星展银行提出博西华公司曾多次向艺良公司在其处开立的账户支付货款,但博西华公司主张其是按艺良公司指令向艺良公司名下支付货款,星展银行提交的入账单也显示受益人为艺良公司。可见,星展银行的上述主张不能成立。

综上所述,法院认定星展银行不是合法的债权受让人,其诉请不予支持。

对于禁止权利转让约定的效力,各国法律的态度不同,计有三种立法模式:一是禁止转让的约定对第三人绝对无效;二是禁止转让的约定对第三人绝对有效;三是禁止转让的约定可以对抗恶意第三人,但不得对抗善意第三人。

1. 禁止转让约定对第三人绝对无效

法国是不承认禁止转让约定效力的代表,其民法典仿照《法学阶梯》的体例,不存在物债的区别,债权被认为是买卖的标的,《法国民法典》第一千五百九十八条规定:“凡属商业交易之内的物,特别法不禁止出让者,均得买卖之。”即使双方当事人签订了禁止让与特约,但它对让与人违反约定而进行的让与的效力不发生影响①。

① 杨明刚,《合同转让论》,中国人民大学出版社,2006年,第106页。

英国和美国对于禁止转让约定的效力经历了从有效到无效的过程。根据普通法，合同禁止权利转让的条款通常是有效的。但随着贸易的发展和对债权利用认识的加深，当前的通说是禁止权利转让无效。《美国统一商法典》第九编是适用于应收账款的特别规定，明确禁止了禁止转让条款，《美国统一商法典》第9-406(d)条(1)款规定，除非有(e)条和2A-303以及9-407条的限制，应收账款债务人和转让人之间协议中关于禁止、限制或要求债务人同意应收账款、担保权利、动产契据或票据的转让的条款无效。

《国际保理公约》《联合国国际贸易中应收账款转让公约》《国际保理业务通用规则》和《担保交易立法指南》等国际法都在不同程度上采纳了禁止转让约定无效立法例。例如：

《国际保理公约》第六条第一款规定：尽管供应商与债务人存在禁止应收账款转让的协议，供应商向保理商转让应收账款的行为仍然有效。考虑到各国对禁止转让约定的立法存在较大分歧，《国际保理公约》在第六条第二款允许缔约国对公约第六条第一款声明保留，当债务人的营业地位于这些声明保留的缔约国时，该等违法禁止转让约定的应收账款转让对该债务人则无效。

《联合国国际贸易中应收账款转让公约》第九条第一款规定：尽管原始的或后续的转让方和债务人之间以任何方式限制转让方转让其应收账款的权利，应收账款的转让行为都有效。

《国际保理业务通用规则》第二十条规定：如果销售合同中含有禁止转让条款，进口保理商作为出口保理商和/或供应商的代理商仍享有本条(i)款所规定的同等权利。

《担保交易立法指南》是对各国立法的建议，《担保交易立法指南》在第二十四条关于"不顾禁止转让条款的作应收款转让的有效性"提出的立法建议是："法律应当规定：(a) 即使初始转让人或任何后继转让人与应收账款债务人或任何后继受让人之间订有协议，以任何方式限制转让人对其应收账款进行转让的权利，应收账款的转让也在转让人与受让人之间有效，并具有对抗债务人的效力；(b) 本建议概不影响转让人因违反本建议(a)项提及的协议而承担的任何义务或赔偿责任，但该协议的对方当事人不得仅以该项违约为由而撤销原始合同或转让合同。非协议当事人不因仅仅知悉该协议而承担赔偿责任。"

2. 禁止转让约定对第三人绝对有效

与英美国家不同,德国对禁止转让约定区分了民事上的转让和商事上的转让,《德国民法典》第三百九十九条规定:“不变更债权的内容就不能向债权人以外的人进行给付,或与债务人达成的协议已排除让与的,不得让与债权。”《德国民法典》第三百九十九条的规定通常被认为是转让绝对无效,即禁止转让约定不仅对债权人有效,而且对受让人来说也产生法律约束力,故可称为约定的绝对效力。《德国民法典》这种过度保护债务人利益、阻碍债权自由流通的立法例受到了许多批评。《德国商法典》于 1994 年修改时在第三百五十四条作出了与《德国民法典》不同的规定,即:“如果某金钱债权的让与已经通过与债务人的商议依照《德国民法典》第三百九十九条而排除,并且设定此债权的法律行为对双方均是商行为,或者债务人是公法人或公法特别财产,则有关让与仍然有效。但债务人可以对债权人给付,并具有免责的效力。对此另行约定的无效。”依据《德国商法典》,即使存在禁止转让的约定,但债权转让人与受让人都是商行为或公法人,则转让在转让人与受让人之间依然有效;债权属于受让人的财产,受让人由此可以主张取回权和破产别除权。与此同时,债务人可以根据《德国商法典》第三百五十四条的规定,选择向债权人或受让人履行。《德国商法典》由此创制了一个让与绝对有效和债务人广泛保护的新型结合①。

3. 禁止转让约定不得对抗善意第三人

更多的国家立法认为禁止转让约定有效,但不能对抗善意第三人。例如,《意大利民法典》第一千二百六十条规定:“双方当事人得排除债权的转让;但是,如果不能证明受让人在受让时知道该排除的,则该协议不得对抗受让人。”《日本民法典》第四百六十六条第 2 项规定:“当事人禁止让与的特约有效,但不得对抗善意第三人。”

4. 我国的立法模式选择

我国《合同法》将“按照当事人约定不得转让”列为债权人不得将合同的权利全部或部分地转让给第三人的情形之一,具有一定的合理性。但是,正如国际立法所体现的精神,如果一味地支持债权禁止转让约定的有效性,对债权的流通性和经济生活的效率无疑是有妨碍的,对交易安全威胁极大,毕竟,要求

① 童建森,“禁止债权让与特约的效力”,《云南大学学报》(法学版)2012 年第 1 期,第 79—85 页。

受让人自行调查债权是否存在禁止转让约定需付出的调查成本是显而易见的，尤其是在买方怠于告知的情况下尤为不公。根据“劣币驱逐良币”的格雷欣经济法则，长此以往，最终只能使商业保理企业不得不放弃无法获得买方签发回执的那一部分的应收账款市场需求。因此，从长远看，我国应借鉴《国际保理公约》《联合国国际贸易中应收账款转让公约》《国际保理业务通用规则》和《担保交易立法指南》等国际立法的“禁止转让约定对保理商无效”的国际立法趋势。

在目前的法律框架内，法院在审理相关案件时也可以探索通过对《合同法》第七十九条进行目的解释寻求解决的路径：首先，根据合同的相对性原则，限制转让条款对不知悉该条款的善意受让人并没有约束力；其次，《合同法》第七十九条只规定了“依据当事人约定不得转让”，但对于转让的法律后果并没有作出规定，应认可转让合同的效力；最后，从该条款约定的目的看，是为了保护合同相对人的利益，因此，如果基础合同债权人转让了应收账款债权构成违约，应当向合同相对人（即基础合同的买方）承担违约责任。

二、电子合同的成立与生效

案例 4-8 梁明月诉东方航空公司案

上海市第一中级人民法院于 2011 年 8 月 5 日审结了“（2011）沪一中民一（民）终字第 1352 号”梁明月诉东方航空公司航空旅客运输合同纠纷一案。

一、案情概述

2010 年 3 月 17 日晚，原告梁明月的丈夫方晓祖在浙江省宁波市江北区家中通过被告官方网站预定了 2010 年 4 月 2 日从北京首都国际机场至宁波机场（航班为 MU5180）和 4 月 6 日从宁波机场至北京首都国际机场的往返机票（航班为 MU5177）各 1 张，乘机人为原告。在订票后半小时之内，方晓祖用其建设银行的银联卡通过该网站支付系统向被告设在建设银行的账户支付了购票款 1 590 元，其中，北京至宁波为 640 元，宁波至北京为 750 元，再加上燃油附加税及机场建设费，合计 1 590 元。之后，因建设银行支付信息实时显示系统故障，未能将收款信息及时反馈给被告，被告网站因半小时内未得到原告付款信息，系统自动取消了原告的航班订座。之后，原告在未获得订票成功的票号等反映订票成功的相关信息的情况下，未按网站提示拨打 95530 查询订单详情。4 月 2 日晚 8 时，原告去机场办理登机手续时，被告知没有购票信息。原告立即通过被告官方客服电话95530反映情况，被告告知原告订票已因网站故障被取消。当天，原告即重新购买了北京至宁波的往返机票，为此共支付购票款2 560元。4月21日，被告通过银行将原购票款1 590元以消费退款形式打回原告丈夫方晓祖的账户。因原告与被告交涉未果，故引发诉讼。原告认为被告在这一事件中存在严重违约，造成原告损失，应承担全部违约责任，向原告支付违约金。

另查明，被告在电子机票购票网站订票系统设有"购票须知"提示："购票人必须在座位预定后30分钟内完成出票手续(即网上支付)，系统产生票号后即为支付成功，请购票人在'订单管理'中予以确认。逾时支付将被视为支付不成功，该次订座自动取消"。在购票人点击相关订票信息(其中包括购票人的手机号码)后，网站"在线支付"页面会显示购票人的订单号及价款，并提示："您需座位预订后半小时内完成网上支付，逾期将自动取消座位。支付成功后，您若没有收到客票号码及行程信息的短信，请查询订单详情。如有问题，请拨打95530。支付成功后，您若没有收到客票号及电子行程单短信，请查询订单详情。如有问题，请拨打95530电话"。

二、法院判决

法院认为：目前，航空旅客运输合同大多体现在电子客票领域，国内各大航空公司都推出了电子客票，电子客票复杂的缔约过程使其在订立、生效的过程中，较一般的航空客运合同来讲有其特殊性，在法律适用上，电子客票还面临着相当多的障碍。本案的特殊性就在于电子客票在成立和生效期间，出现了电子系统故障，购票人(即本案原告)未能察觉这一情况且已在航空公司认定的时间范围内付款成功，而航空公司(即本案被告)却因未能收到原告的付款信息造成未能出票的情况。本案的争议焦点有三：(1) 原、被告之间的航空运输合同是否有效成立；(2) 被告网站关于"系统产生票号即为支付成功"的提示条款是否有效；(3) 双方对航空旅客运输合同未能履行的责任承担。

(一) 合同的成立和生效问题

电子合同的成立和生效适用合同法的一般规定，要约和承诺的生效都坚持"到达主义"。《合同法》第十六条第二款规定："采用数据电文形式订立合同，收件人指定特定系统接收数据电文的，该数据电文进入该特定系统的时间，视为到达时间；未指定特定系统的，该数据电文进入收件人的任何系统的首次时间，视为到达时间"。具体到本案，被告的网站提示信息，为被告向不特定的旅客发出的要约邀请,如果购票人点击订票相关信息,应视为对被告的具体要约,同时也说明其愿意接受网站相关提示条款作为合同条款并受之约束。在网站生成订票人具体的订单号、票价等订票信息并在规定时间内收到订票人付款后,双方之间的航空运输合同已成立并生效,被告有义务及时地向原告出票。虽然被告因建设银行系统故障未能及时地得到信息反馈而取消了原告的订票,但因建设银行是受托为被告收款,因此,建设银行收到原告票款,应视为被告收到原告票款,合同自建设银行收到原告票款时即成立并生效。

（二）格式条款的司法认定问题

《合同法》第三十九条第一款规定:“采用格式条款订立合同的,提供格式条款的一方应当遵循公平原则确定当事人之间的权利和义务,并采取合理的方式提请对方注意免除或者限制其责任的条款,按照对方的要求,对该条款予以说明。”在电子客票的出具过程中,航空公司基本上没有在网页的明显位置列明运输合同条件,而是以超链接的方式表现,如果订票人想要了解其内容,往往会因为线路繁忙而无法连上或传输等其他因素使内容不完整或无法辨识,客观上剥夺了旅客的知情权,使格式条款成为默认条款,旅客只有无条件地接受并执行的义务,这不符合《合同法》的立法本意。具体到本案,在支付系统产生故障的情况下,购票人即使已经察觉这一情况,也无法改变已经支付的事实,因此,被告网站关于“系统产生票号后即为支付成功”的提示条款,系其免除自身责任的格式条款,支付是否成功是一种客观事实,不因合同事先约定而改变。根据《合同法》第四十条的规定,提供格式条款一方免除其责任、加重对方责任、排除对方主要权利的,该条款无效。因此,从完善电子客票缔约程序方面努力,为保障旅客的合法权益,法院应依法确认该格式条款无效。

（三）双方对航空旅客运输合同未能履行的责任承担问题

在航空旅客运输合同已经成立并生效的情况下,被告有义务及时地向原告出票,被告不向原告出票,已构成违约,对因此造成原告损失的,应负相应的赔偿责任。虽然根据被告网站提示,在订票人逾时支付的情况下,视为支付不成功,可以取消订座。但事实上,原告在预定后半小时内已经完成付款,按该提示的约定,被告不应取消原告订座。被告系统没有收到付款信息反馈,是其委托收款的建设银行支付信息反馈系统故障所致,是被告自身过错造成,不能成为免责的理由。当然,根据被告的网站提示,原告在没收到票号及行程信息的情况下,有义务查询订单详情或拨打 95530 向被告查询,其在没有收到订票成功信息的情况下，未履行合同约定的相关注意义务，即没有按网站的提示进行查询，对由此造成的扩大损失，原告也应负担相应的责任。故综合本案的实际情况，法院酌定由被告承担70%的责任，原告承担30%的责任。

随着科技创新的不断发展，电子商务的迅速普及、大数据时代颠覆性的统计分析能力和更为强大的物流跟踪技术对传统贸易、服务、金融方式带来巨大的影响。对于商业保理而言，科技创新带来的将是从客户搜寻、业务信息获取、信用额度审核、风险管理视角等多方面的巨大变革。

随着阿里巴巴、京东商城、快钱、通联支付、卡得万利及一大批IT产业背景的商业保理企业的业务开展，以及新浪微财富、银湖网、积木盒子、礼德财富、众利网、旺财谷、爱投资等P2P平台与商业保理企业合作的理财产品推出，保理商对电子合同的使用与接收已成为一大趋势。

(一) 电子合同的概念

国际上尚无被普遍接受的电子合同定义，而是更注重对数据电文或电子方式这一合同形式的表述。

(1) 联合国国际贸易法委员会1996年的《电子商务示范法》(*UNCITRAL Model Law on Electronic Commerce*)第二条规定："数据电文是指经由电子手段、光学手段或类似手段生成、存储或传递的信息，这些手段包括但不限于电子数据交换(EDI、电子邮件、电报、电传或传真等)传递的信息。"

(2) 1999年的美国《统一电子交易法》法案将电子方式定义为："电子方式是采用电学、数字、磁、无线、光学、电磁或相关手段的技术。"

(3) 1999年的《中华人民共和国合同法》第十一条将数据电文首次确定为书面合同的一种形式，并采用列举法的方式将数据电文分为电子数据交换、电子邮件、电报、电传和传真。

(4) 2005年的《中华人民共和国电子签名法》首次立法确认了电子签名的合法效力，并将数据电文定义为："本法所称的数据电文，是指以电子、光学、磁或者类似手段生成、发送、接收或者储存的信息。"该法没有采用《合同法》的列举法，而是与国际立法进一步接轨。

(二) 电子合同的特征

(1) 电子合同是平等主体的当事人双方或多方实施的民事法律行为。电子合同至少有两方当事人。根据联合国国际贸易法委员会《电子商务示范法》第二条的规定，电子合同的参加入包括发端人(originator)、收件人(addressee)，中间人(intermediary)和信息系统(information system)。

(2) 电子合同是当事人设立、变更或终止财产性民事权利义务关系的协议。电子合同调整的财产性民事权利义务关系的范围相当广泛。根据《电子商务示范法》第一条注解(4)的说明，商业性质的关系包括但不限于下列交易：供应或交换货物和服务的任何贸易交易、分销协议、商业代表或代理、客账代理、租赁、工厂建造、咨询、工程设计、许可贸易、投资、融资、银行业务、保险、开发协议和特许、合营或其他形式的工业和商业合作以及空中、海上、铁路或公路的客、货运输。

(3) 电子合同关系主要发生在网页经营者和网络终端用户之间，另外一部分发生在依靠网络平台进行交易的终端用户之间。

(4) 电子合同的设立、变更、终止是通过应用电子管理和数据交换系统而完成的，既包括在线交易，也包括线下交易。

(三) 电子合同的订立形式

(1) 点击合同。互联网上的电子合同，往往是电子商务企业和网站事先草拟的格式合同，其中包括其与用户之间所有一般性的权利和义务，用户只需要点击相关按钮作出承诺，即发送数据电文，从而成立一份合同，这类合同称为点击合同。点击合同被认为是电子化的格式合同，这也是在互联网上开展保理业务的商业保理企业广泛采用的合同形式。

(2) 以EDI方式订立的合同。EDI是electronic data interchange的缩写，中文译为电子数据互换，是一种在公司之间传输订单、发票等作业文件的电子化手段，它通过网络通信将贸易、运输、保险、银行和海关等行业信息，用一种国际公认的标准格式，实现各有关部门或公司之间的数据交换与处理。

(3) 以E-mail、电报、电传、传真等方式订立的合同。

(四) 承认电子合同效力的判断标准

电子合同是合同的特殊形态，因电子数据以电子形式保存，易篡改、易删节且不留痕迹等技术特点，使电子合同内容的稳定性、可信性显著区别于传统合同，电子合同发展的现实需求与各国传统的合同法律的固有规则(如国内外法律多对一些合同、单据规定了书面形式的特殊要求)产生了冲突，如何从立法上和技术上对电子合同的法律效力作出符合法律及电子商务实际的规制，是全球性的重大法律课题。

联合国国际贸易法委员会《电子商务示范法》提出了承认电子合同效力的几个判断标准。

(1) 对于电子合同满足"书面形式"要求的问题,《电子商务示范法》第六条规定:"如果法律要求信息须采取书面形式,则假如一项数据电文所含信息能够调取以备日后查用,即满足了前述的法律要求。"

(2) 对于电子合同满足"本人签名"要求的问题,《电子商务示范法》第七条第(一)款规定:"若法律要求有一人签字,这对一项数据电文而言,倘若情况如下,则满足了前述的法律要求:① 使用了一种方法,鉴定了该人身份,并表明该人认可数据电文内含的内容;② 从所有各种情况看来,包括依任何相关协议,所用方法可靠,对生产或传递数据电文之目的而言亦属于适当。"

(3) 对于电子合同满足"原件"要求的问题,《电子商务示范法》第八条规定:"若法律要求信息须以其原始形式展现或保存,倘若情况如下,则满足了前述的法律要求:① 有办法可靠地保证自信息首次以其最终形式生成,作为一项数据电文或充当其他用途之时起,该信息保持了完整性;② 若要求信息展现,可将该信息显示给观看信息的人。"

(五) 电子合同的操作原理

电子合同主要由合同条款和电子签名组成,在电子化的商业保理业务过程中,合同条款基本都是格式条款,由互联网电子交易平台提供,合同的签署主体通过电脑、手机等终端点击确认的方式完成数据电文的签署,其工作原理如下表4-1所示:

(六) 电子合同的成立

电子合同成立过程中的要约、承诺都以数据电文的形式传输与储存,因此具有别于传统合同法律的特殊之处,以下以大麦理财网上发售的保理产品为例,说明点击合同的订立过程:

1. 点击合同之要约邀请

以大麦理财网(www.damailicai.com)挂牌的深圳国投商业保理有限公司的"立白企业集团应付账款保理债权项目-6"为例,用户首先需进行注册,进入注册页面后,用户可填入注册信息、点击打开《注册协议》、"√"选"我已阅读并同意大麦理财《注册协议》"后点击"提交注册"按键,完成注册。

表 4-1 电子合同工作原理图

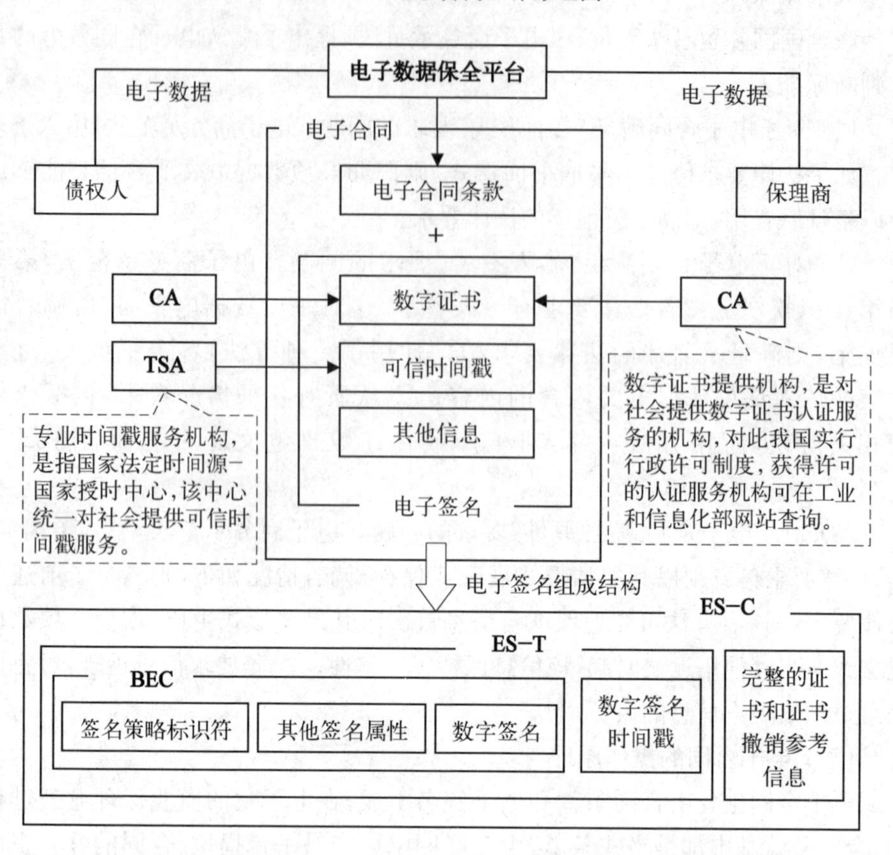

注释：
BEC 指基本电子签名(Basic Electronic Signature)。
ES-T 指带时间戳的电子签名(ES with Timestamp)。
ES-C 指带完全验证数据的电子签名(ES with Complete Validation Data)。

用户成功注册后，可以通过投资列表选择投标标的，点击进入该投资标的项目介绍页面。用户通过下拉滑动条浏览该项目的"基础描述""保理信息""风险保障""投资记录"等信息。信息显示：深圳国投商业保理有限公司与原始债权人已签订合同号为《GTBL-JJWL-201411》的保理合同，受让原始债权人对广州立白企业集团有限公司的应收账款债权，并已在中国人民银行征信系统办理了转让登记。现深圳国投商业保理有限公司将上述部分应收账款债权转让给用户，项目规模 20 万，年化收益 10.00%，年化奖励 2.00%，投资期限 15 天，还款方式为按天返息、到期还本，还款日期 2015 年 4 月 4 日，其还款来源为：① 广州立白企业集团有限公司到期付款；② 原始债权人到期强制性回购；③ 深圳国投商业保理有限公司承诺到期回购。用户还可点击打开《投资服务协议及应收账款转让合同样本》，浏览用户与深圳安投惠融互联网金融服务有限公司的《投资服务协议》样本及用户与深圳国投商业保理有限公司的《应收账款转让合同》样本。

深圳国投商业保理有限公司通过大麦理财网进行“立白企业集团应付账款保理债权项目-6”交易产品的在线展示，展示的信息包括的标的、数量、价格、期限、履行条件等主明码标价的网页产品展示类似于金融机构中标有价格、期限、履行条件的金融产品陈列。但网页上展示的不宜不认为属于要约，因为理论上和实务中都存在多人同时点击（访问量比较大的网站多人同时竞标同一产品的可能性非常大），若认定网页展示产品的行为属于要约，则面临超出投标额度的危险。所以，一般认为网页展示保理投资产品的行为，是要约邀请。

2. 电子合同的要约

电子合同的承诺是受要约人发出同意要约之意思表示，承诺生效则合同成立。点击合同作为一项电子化的格式合同，相比于一般的电子合同，应更加关注其是否具备了让相对人知晓和理解其全部内容的条件：

(1) 点击合同应提示相对人注意，此提示应达到合理程度：一是提示方法应足以使相对人注意到其存在；二是表现形式应足以使相对人知道它是合同条款；三是提示的时间应在相对人发出承诺之前；四是提示注意的程度应足以使得一个具有一般注意力的相同或类似的相对方产生注意的程度。

(2) 点击合同应保证相对方有阅读和理解的机会和时间。点击合同应保证相对方有机会（如：不能不合理的使用生僻或晦涩的语言或文字）和有时间（如：不能不合理地限定阅读时间）去阅读和理解合同的每一个条款，然后才做出是否订立合同的决定。

仍以“立白企业集团应付账款保理债权项目-6”为例，用户通过大麦理财官方网站相关页面，输入“投资金额”和“交易密码”、并点击“立即投资”按钮的方式，即作出了与深圳安投惠融互联网金融服务有限公司签订《应收账款转让合同》的要约。

3. 点击合同的要约撤回

要约的撤回，是指要约生效之前，要约人使其不发生法律效力的意思表示，《合同法》规定：“撤回要约的通知应在要约到达受要约人之前或与要约同时到达受要约人。”电子商务中，数据电文在信息系统之间的传递几乎没有迟延，通常来说要约的撤回很难实现，有人认为撤回要约在电子商务环境中是不可能的，但另一种观点认为，电子要约的撤回虽然困难，但并非绝对不可能，在网络拥挤或机器故障的情况下，数据电文有可能迟延送达，使得撤回要约的通知有可能先行或同步送达受要约人，目前学术界对此尚无定论。但因大麦理财网上用户并无“取消投资”的按键选型，事实上用户无法完成撤回要约的行为。

4. 点击合同之要约撤销

要约的撤销，是一项使生效的要约归于无效的重要的单方法律行为。《合同法》第十八条规定：“要约可以撤销。撤销要约的通知应当在受要约人发出承诺通知之前到达受要约人。”

电子合同中，若以电子邮件方式订立合同，则在受要约人回复邮件之前可以撤销。若以大麦理财类的互联网点击合同而论，在用户点击“立即投资”之后，同样因网页并未提供“取消投资”的按键选型，导致用户事实上无法完成法律意义上的撤销要约。

5. 电子合同的承诺

用户进入大麦理财官方网站(www.damailicai.com)相关页面，输入“投资金额”和“交易密码”，并点击“立即投资”按钮的后，即发出了要约。此时，系统的电子代理人在后台会自动地处理数据电文，并弹出“投标操作提示”，若弹出界面为“投标成功××元”的，应被认定为承诺生效，用户与深圳国投商业保理有限公司的《应收账款转让合同》即成立。

(七) 电子合同成立的时间和地点

1. 电子合同的成立时间

我国《合同法》采取承诺到达主义，承诺到达要约人时承诺生效，而承诺生效时合同成立。在电子合同的订立过程中，因数据电文的“发出”和“到达”是在计算机系统和互联网上传输，不具有一般意义上的“可视性”，故需通过立法予以明定。

联合国国际贸易法委员会《电子商务示范法》第十五条第(一)款规定：“除非发端人与收件人另有协议，一项数据电文的发出时间以它进入发端人或代表发端人发送数据电文的人的控制范围之外的某一信息系统的时间为准。”同时，该法第十五条第(二)款规定：“除非发端人与收件人另有协议，数据电文的收到时间按下述办法确定：(a) 如果收件人为接收数据电文而指定了某一信息系统，以数据电文进入该指定信息系统的时间为收到时间；如果数据电文发给了收件人的一个信息系统，但不是指定的信息系统，则以收件人检索到该数据电文的时间为收件时间；(b) 如果收件人并未指定某一信息系统，则以数据电文进入收件人的任一信息系统的时间为收到时间。”

我国《合同法》第十六条第二款和《电子签名法》第十一条第二款建立了我国数据电文发出时间和到达时间的法律规则：“数据电文进入发端人控制之外的某个信息系统的时间，视为该数据电文的发送时间”、“收件人指定特定系统接收数据电文的，数据电文进入该特定系统的时间，视为该数据电文的接收时间；未指定特定系统的，数据电文进入收件人的任何系统的首次时间，视为该数据电文的接收时间”。点击合同中，受要约人一旦作出承诺，数据电文瞬间发出并到达要约人，合同即告成立。

2. 电子合同的成立地点

我国《合同法》采取承诺到达主义，承诺到达要约人时，承诺生效，而承诺生效的地点为合同成立的地点。在电子合同的订立过程中，承诺生效的地点与承诺生效的时间也需通过立法予以明定。

联合国国际贸易法委员会《电子商务示范法》第十五条第(四)款规定：“除非发端人和收件人另有协议，数据电文应以发端人设有营业地的地点视为其发出地点，而以收件人设有营业地的地点视为其收到地点。如果发端人或收件人有一个以上的营业地，应以对基础交易具有最密切关系的营业地为准，如果并无任何基础交易，则依其主要的营业地为准；如果发端人或收件人没有营业地，则以其惯常居住地为准。”

我国《电子签名法》也直接规定了合同成立的地点，即“发件人的主营业地为数据电文的发送地点，收件人的主营业地为数据电文的接收地点。没有主营业地的，其经常居住地为发送或接收地点”。

拓展 4-1 美国法院对电子合同效力的审判实践[①]

一、拆封授权合同(shrink-wrap agreement)

拆封授权合同是软件厂商在销售其产品时，在软件产品的外包装上印明，如果购买者打开该包装，须受印在该包装上或里面协议约束的合同。拆

① 唐锦铨，《浅析电子格式合同》，2004 中国(福州)国际电子商务学术交流大会暨 2004 中国国际电子商务高级学术论坛、中国国际电子商务高等教育论坛、中国国际电子商务立法研究学术论坛、中国国际电子商务应用技术研究高级论坛论文集。

封授权合同源自美国，由于在付款之前，消费者无暇阅读甚至无法得知拆封授权合同的内容，因此，消费者能否主张不受该合同条款的约束就成了争议的焦点。早期，拆封授权合同在美国法院的实践中经常被判无效。例如，1991 年美国第三巡回法院在 Step Saver Data Systems Inc. v. Wyse Technology and Software Link. Inc. 案和 1993 年亚利桑那州联邦地方法院审理的 Arizona Retail Systems v. The Software Link. Inc. 案中，都否认了该合同的效力。

但是，1996 年联邦第七巡回上诉法院在 ProCD Inc. v. Zeidenberg 案中承认了该合同的效力。原告 ProCD 公司将住家与商店的电话簿资料编辑成计算机数据库，并制作成数片光盘配合一本使用手册以 Select Phone 的产品名称出售。ProCD 公司将这项软件分为个人使用版和商业版两种版本，利用拆封授权条款限制禁止将个人版使用于商业用途上。本案中，拆封授权条款除印刷在内包装盒上，外包装盒只用小字注明内含授权契约。使用者无法从盒上看到授权契约的详细内容。当该软件安装时，在屏幕上会出现提醒使用者必须遵守授权合同的条款的提示语，使用者必须在点选“同意接受”的对话框之后。才可以继续使用程序。被告 Matthew Zeidenberg 购买 ProCD 公司的 Select Phone 个人使用版数据库光盘，却违反禁止商业使用的拆封授权条款，将光盘内的程序安装到硬盘，并通过自己所写的检索软件将资料提供到本身所设的网站供人查询。联邦地方法院认为，在 ProCD 产品的外包装上并无任何限制使用的规定。被告无法从盒上得知拆封授权契约的内容。因此，ProCD 单方面的约定无法发生效力。但是，第七巡回上诉法院推翻一审法院的判决，确认拆封授权契约的效力。二审法院认为，美国统一商法典并未明确禁止拆封授权合同。除非拆封授权合同的条款违反法律规定或有显失公平，或是有诈欺胁迫等情形，否则，拆封授权合同仍属有效并可执行。由于产品包装盒外有适当之拆封授权告知条款. 在开封后使用前被告 Zeidenberg 仍有机会阅读详细条款以及在不接受拆封授权合同条款时，可以退回商品取回所付价金，因此，这项拆封授权合同是有效的。

二、点击合同(click-wrap or web-wrap agreement)

自从美国法院在 ProCD 一案中承认拆封授权合同可以规范交易相对人后，点击合同的效力也纷纷得到法院的确认。1998 年，美国加州北区联邦地方法院在 Hotmail Corporation v. Van Money Pie Inc. 案中，首次确认了点击合同的效力。该案的案情大致为：Hotmail 是网络上提供免费电子邮件与服务的著名业者，在其网页上利用点击合同的方式与申请免费电子邮件的顾客订立合同。所有使用者必须接受禁止使用原告所提供的服务从事或散发垃圾邮件的条款，顾客必须以鼠标按下对话框中的“同意”键，表示愿受网页上预先载明之网站点击合同约束。被告 Van Money 是一家专门发送猥亵资料的广告信函投邮业者，该公司利用原告 Hotmail 所提供的电子邮件账号作为其散发未经请求的电子商业广告信件（一般称之为 Spam，即所谓的垃圾邮件）回信之用，并在每封电子邮件末端附上 Hotmail 的商标，使人误认为发信位置在原告之处，许多抱怨的邮件也因此而发送到被告在原告的电子邮件地址。由于被告利用原告所提供的账号滥发垃圾邮件的不当行为，同时涉及侵害商标与构成商标淡化，以及违反《计算机诈欺及滥用法》与不公平竞争等，原告以被告未遵守其所同意的电子合同服务条款规定为由，停止向被告提供服务并提起诉讼。法院认为，有充分的证据显示被告违反了点击合同条款。法院意见显示。根据 UCC2—204 第（一）款的规定，商品买卖合同可通过足以显示合意的任何方式缔结。当被告有机会检视合同并按下“同意”键之后，便表示愿意接受合同的约束，因此，原告与被告是一个有效合同的双方当事人，该网站包装合同仍具有法律效力。

在 2001 年的 Specht v. Netscape Communications Corp. 案中，法院尽管没有赋予 Netscape 公司要求仲裁的请求，但从侧面对点击合同的效力给予了肯定，即若当事人已有机会审阅合同实质内容，并以一定行为表示同意接受该合同的规定时（如按下“同意”键），则合同可以有效成立并对当事人具有约束力。该案的案情大致为：被告 Netscape 公司通过其网站向公众免费提供 Smart 软件的下载。通过点击 Netseape 网址上的“下载”标志，人们能够获得该软件。当用户下载该软件时，只有部分网页显示于下载者的计算机屏幕，但假如下载者滚动网页，他将看到下载和使用该软件的使用许可协议。该内容通过链接将会显示一个单独的“许可和支持协议”（License & Support Agreements），而根据该协议的内容，使用 Netscape 软件的人在下载或安装该软件之前，必须同意该许可协议的规定，否则，就不要下载，而且该协议中还有在当事人发生争议提交仲裁的规定。但问题是，即使用户不点击

"我同意"按钮,也可下载到该 Smart 下载软件。原告就是下载该软件的一个用户,但认为该软件具有将用户个人资料通过 Internet 传送给 Netscape 公司的功能,侵犯了其隐私权,因而提起了诉讼。被告 Netseape 公司则要求根据软件许可协议中的仲裁条款请求仲裁,Netscape 公司认为用户下载和安装其 Smart 下载软件的行为,就显示他们同意受软件许可协议的约束。但受理法院则认为原告不受该协议的约束,法院认为,从 Netscape 公司提供的软件情况看,用户能够下载软件而没有意识到软件许可协议的存在,Netscape 公司没有采取显示原告明示同意(manifests assent)的任何行为,因此,用户不受该协议中仲裁条款的约束。

思考与讨论

1. 保理合同的法律性质应如何界定?

2. 请讨论合同成立和合同生效的区别与联系。

3. 请探讨禁止权利转让约定的效力;并相应地探讨禁止转让约定对内的法律效力和对外的法律效力有无不同。

4. 电子商务中使用"电子代理人"会带来哪些新型法律问题如何看待"电子代理人"的法律性质和法律地位?

第五章

应收账款转让通知法律实务

本章概要

1. 本章介绍了应收账款转让的效力,并按对内效力和对外效力进行分别剖析。
2. 本章从转让通知的形式、风险及防范等角度分析债权转让通知的操作要点。

保理业务肇始于应收账款的转让,保理商是否如愿取得应收账款的所有权、是否可以作为新的债权人受到法律保护、能否向债务人主张债权,债务人应向谁履行清偿义务,债务人的抗辩权和抵销权是否可以向保理商主张,第三人因应收账款转让而受何等影响,这些问题的解决都需要对应收账款转让效力进行研究。

案例 5-1　三星公司诉高雄大众银行、台湾雅新公司、祥发公司案

2010 年 12 月 20 日,广东省高级人民法院审结了东莞三星电机有限公司(以下简称三星公司)诉大众商业银行股份有限公司(以下简称高雄大众银行)、原审第三人雅新实业股份有限公司(以下简称台湾雅新公司)及祥发电子(东莞)有限公司(以下简称祥发公司)债权转让纠纷上诉一案。

一、案情概览

2006 年 6 月 28 日,高雄大众银行与台湾雅新公司签订了《应收账款债权承购契约书》,约定高雄大众银行与台湾雅新公司办理应收账款债权买卖业务,各笔应收账款债权买卖以《承购同意书》确定成立。在此之前，台湾雅新公司已于2006年6月15日出具一份*Introductory Letter*，并由高雄大众银行于2006年6月22日通过FEDEX快递方式代为邮寄该*Introductory Letter*给三星公司，*Introductory Letter*的内容为：台湾雅新公司已与保理商高雄大众银行签订协议书，高雄大众银行将有权处理基于台湾雅新公司客户产生的应收账款及信用事务；自2006年1月1日起，所有台湾雅新公司签发的发票均记载了转让条款，指示三星公司付款至台湾雅新公司在高雄大众银行开立的账户014303570536；除上述新的付款程序外，三星公司与台湾雅新公司之间的业务关系均维持不变。

《应收账款债权承购契约书》签订后，台湾雅新公司与高雄大众银行先后签订多份《承购同意书》，台湾雅新公司陆续向三星公司开具发票，同时将复印件提供给高雄大众银行，发票均注明"本发票之债权已转让给高雄大众银行"的字样，前后共计发票116份。2006年8月8日至2007年4月期间，在台湾雅新公司与三星公司签订购销合同、送货清单、发票，并由台湾雅新公司及祥发公司办理相关的海关进出口报关及审批手续，以及办理相关的银行付汇申请、审批、核销手续后，三星公司分十次共计付款20 101 137.83美元至高雄大众银行014303570536账号内。

但是，自2007年4月起，三星公司与台湾雅新公司、祥发公司或共同、或单独签订了购销合同、送货清单、发票，并与台湾雅新公司、祥发公司签订多份《付款委托书》，约定委托人台湾雅新公司、祥发公司因欠第三方供应商到期货款，委托三星公司通过代为向第三方供应商支付货款。根据上述委托内容，三星公司未继续向高雄大众银行付款，转而向台湾雅新公司、祥发公司的第三方供应商付款，由此引发争议。高雄大众银行递诉至法院，请求判决三星公司立即清偿债务本金8 868 356.3美元及逾期付款滞纳金(自应收账款到期日次日起，每笔按每日0.021%计至款项付清之日止)，并承担案件诉讼费。

三星公司辩称：① 三星公司的债权人是祥发公司，三星公司一直与祥发公司直接交易，并在海关办理了货物结转手续，台湾雅新公司只是受祥发公司委托而代签合同、代开发票和在境外收取货款，与三星公司并没有直接的交易关系，台湾雅新公司没有单独向三星公司主张债权的权利。② 三星公司没有收到关于祥发公司转让债权的通知，不存在祥发将债权转让给台湾雅新公司或者高雄大众银行的事实。③ 三星公司没有收到高雄大众银行提供的*Introductory Letter*、发票、《交易细节确认函》《重申应收账款债权承购事宜的函》《催款函》等文件材料，快递单上无三星公司人员的签名，也不能证明交寄的文件有高雄大众银行主张的相关内容。④ 台湾雅新公司在高雄大众银行开立账户，受祥发公司委托收取祥发公司的货款，而三星公司作为祥发公司的债务人只是按祥发公司的书面委托将祥发公司的货款支付到台湾雅新公司在高雄大众银行开立的账户而已，不存在高雄大众银行所称的“一直持续地按债权转让通知所要求的方式付款”。⑤ 三星公司已经将应付给祥发公司的货款付清，现三星公司已基本不欠祥发公司货款。

二、法院判决

法院认定：

（一）关于台湾雅新公司是否为三星公司的债权人的问题

祥发公司、台湾雅新公司的董事长均是黄恒俊一人，实际投资人也为同一人；台湾雅新公司与祥发公司在业务上关联密切，祥发公司由台湾雅新公司委派的人员所管理；祥发公司与台湾雅新公司在东莞设立的其他三家公司一起被称为东莞雅新；在交易过程中，三星公司不仅根据台湾雅新公司或祥发公司单独出具的付款委托书向第三方供应商支付台湾雅新公司或祥发公司所欠的货款，也根据台湾雅新公司与祥发公司共同出具的付款委托书向供应商支付货款；在台湾雅新公司与祥发公司共同出具的交易文件中，落款处均为台湾雅新公司，由台湾雅新公司和祥发公司共同加盖印章；从2006年3月20日至2007年4月23日间，三星公司主要是将货款支付给台湾雅新公司，台湾雅新公司收取货款后，并没有汇回祥发公司。因此，在与三星公司的交易中，台湾雅新公司与祥发公司存在着交易主体、经营以及财务混同的情形。三星公司与台湾雅新公司就本案所涉债权的签订了购销合同，并由台湾雅新公司开具了发票和送货清单，三星公司按照台湾雅新公司开具的上述购销合同、发票和送货清单，向台湾雅新公司支付了绝大部分货款，共计20 101 137.83美元，就本案所涉债权，台湾雅新公司是三星公司的债权人。三星公司辩称台湾雅新公司签订购销合同、开具发票和送货清单和收款皆是受祥发公司的委托，高雄大众银行所提交的三星公司职员给高雄大众银行职员的电子邮件也是虚假的，对于三星公司关于三星公司职员给高雄大众银行职员的电子邮件虚假的主张，高雄大众银行提交的该邮件的公证书已明确载明：本邮件内容是电脑网络中原始生成，并非是下载文件以及增减删改，三星公司未能提供足够的证据推翻邮件的真实性，法院对该邮件的内容予以确认；且由于台湾雅新公司与祥发公司在与三星公司的交易中存在混同的情形，三星公司认为交易中的上述行为是受祥发公司委托,没有事实依据,本院不予支持。

(二)关于台湾雅新公司转让债权是否通知三星公司的问题

高雄大众银行提交了 *Introductory Letter*、《交易细节函》《重申应收账款债权承购事宜的函》《催款函》及相应的公证书、核验证明、声明书与快递公司的快递单和网站记录等证据以证明三星公司已收到债权转让的通知。三星公司提出,高雄大众银行邮寄的快递单只载明"DOC",无法证明邮寄的文件内容,且收件人"陈玉梅"已经离职。根据查明的案件事实,高雄大众银行于2006年6月22日将台湾雅新公司出具的 *Introductory Letter* 寄送三星公司,告知债权转让事宜。三星公司所称的收件人陈玉梅在此时间内并没有离开三星公司,仍为三星公司的职员。高雄大众银行在每份文件快递单上注明了三星公司的电话号码,相关网站记录也显示邮件已被送达,并且三星公司职员针对高雄大众银行邮寄的文件回复了电子邮件。因此,应确认三星公司已经收到高雄大众银行所寄送的上述文件。三星公司也已向高雄大众银行支付了绝大部分货款。综合以上事实,三星公司抗辩没有收到台湾雅新公司的债权转让通知不能成立。

(三)关于三星公司对高雄大众银行应当承担何种责任的问题

由于三星公司自2007年4月起未继续向高雄大众银行付款,转而向第三方供应商付款,引发了本案诉讼。根据《中华人民共和国合同法》第八十条第二款的规定,债权人转让权利的通知不得撤销,但经受让人同意的除外。三星公司与台湾雅新公司未经受让人高雄大众银行的同意,擅自改变涉案债权转让合同约定的付款方式,转而向供应商付款,三星公司履行付款义务显然不符合约定,损害了受让人高雄大众银行的合法权益。在高雄大众银行向三星公司发送电子邮件、邮寄《重申应收账款债权承购事宜的函》《催款函》明确告知应收账款已合法转让高雄大众银行,台湾雅新公司已无处分权利,且不得任意变更汇款账号或付款方式,依法三星公司应对高雄大众银行付款,为免损及三星公司之权益,谨请三星公司协助配合依原汇款账号付款的情况下,三星公司仍无视债权人高雄大众银行的合法权益,甚至在高雄大众银行起诉主张案涉债权后,三星公司仍继续向祥发公司及其供应商付款,三星公司不适当地履行付款义务,不能免除案涉债务,三星公司应当对此承担不利的法律后果。

第一节　应收账款转让的效力

应收账款转让的效力包括对内效力和对外效力。所谓对内效力，是指应收账款转让在转让人（即原债权人）和受让人（即保理商）之间发生的法律约束力；所谓对外效力，是指应收账款转让对债务人及其他第三人所具有的法律约束力。

一、应收账款转让的对内效力

（一）应收账款转让对内生效的要件

应收账款是特定的当事人之间请求为特定行为的一般之债。在传统的债之关系中，有三个“特定”，即债权人特定、债务人特定和债权客体特定。这三个“特定”将债之关系限制在特定主体和特定内容之中，换言之，这三个“特定”体现了“债权相对性”的基本债法原则。

债权转让使债权人指向不特定之人，构成对“债权相对性”基本原则的突破，正如学者所指出的那样，它必然受合同性质、法定约定情节的限制[①]，我国的《涉外经济合同法》《民法通则》和《合同法》对此有明文规定；《德国民法典》第三百八十九条、《瑞士债务法典》第一百六十四条等都对债权转让作出了相应的规定。

1. 我国1985年《涉外经济合同法》与1986年《民法通则》的规定

我国《民法通则》第九十一条规定：“合同一方将合同的权利、义务全部或者部分转让给第三人的，应当取得合同另一方的同意，并不得牟利。依照法律规定应当由国家批准的合同，需经原批准机关批准。但是，法律另有规定或者原合同另有约定的除外。”此外，我国原《涉外经济合同法》第二十六条也规定：“当事人一方将合同权利和义务全部或者部分转让给第三人的，应当取得另一方的同意。”

按照《涉外经济合同法》及《民法通则》的立法体例，如果债权人在转让合同权利时，没有取得债务人的同意，这种合同权利的转让就不发生法律约束力。这种立法例有利于充分保护债务人的利益，在立法价值上追求静态安全，维护固有

---

① 孙建钢，“论债权相对性之突破”，《郑州航空工业管理学院学报》（社会科学版），2004年第23卷，第63—64页。

的合同关系。

肯定立法体例者认为，效率尽管重要，但是在我国市场经济发展初期，维护交易秩序和交易安全更为重要。一方面，由于当时合同立法和执法尚不完善，许多合同当事人缺乏必要的合同观念的约束，因此，合同尚未得到严守，债务危机严重存在，交易秩序并未真正形成。在此情况下，需要稳定交易关系，维护交易安全和秩序；另一方面，良好的交易安全和秩序是产生经济效率的最基本前提，如果缺乏秩序，即使交易对当事人是有效率的，对整个社会而言，仍然是低效率的。正是基于上述原因，对债权人转让债权作出适当限制，要求其经债务人同意才能转让是合理的、必要的[①]。

2. 我国 1999 年《合同法》的规定

在我国《涉外经济合同法》和《民法通则》的立法例下，赋予了债务人随意不同意应收账款转让的权利，使应收账款转让制度的效用难以发挥，影响债权的自由流通性，在我国制定统一的《合同法》之前，就遭到了不少学者的批评。实务界在判例中也尝试作出突破，例如，海南省高级人民法院在其 1997 年 6 月 24 日审结的镜威公司诉梁金福船舶抵押债权转让合同纠纷一案提出："《民法通则》第九十一条的规定既指合同权利，也包括合同义务。实践中，合同义务的转让如果不经权利人同意，往往会损害权利人的利益。有鉴于此，法律才作这样的规定。如果单独就转让债权而言，债务人无论向哪一个债权人履行，都没有本质的区别，都不会影响到债权人或者债务人任何一方的利益。债务人如果因此履行而支出了额外的费用，则应由债权人或新债权人承担。因此，这种转让只要求债权人通知债务人，不必征求债务人同意，就不违背法律的原意。"

借 1999 年我国统一《合同法》立法之际，我国改变了《涉外经济合同法》和《民法通则》确立的"债务人同意主义"，明确改为"转让通知主义"，《合同法》第八十条第一款规定："债权人转让权利的，应当通知债务人。未经通知，该转让对债务人不发生效力。"

3. 应收账款转让对内生效的要件

《合同法》实施后，根据"新法优于旧法"的原则，在债权转让问题上不再适用债务人同意主义，而改用转让通知主义。保理合同项下的应收账款转让，无须取得债务人同意，而仅需符合民事行为的一般生效要件，即在债权人与保理商之间

---

① 王利明，"统一合同法制订中的若干疑难问题探讨（下）"，《政法论坛》1996 年第 5 期，第 52—60 页。

发生法律约束力：

（1）债权人和保理商在缔约时具有相应的民事行为能力。

（2）债权人和保理商转让应收账款的意思表示真实，不存在意思表示不一致或意思表示不自由的情形。

（3）转让应收账款不违反效力强制性的法律和行政法规。

实务中，债权人和保理商签订的保理合同，通常会专门约定应收账款转移的条件，例如，保理商收到债权人按照本合同提供的材料后，进行审核；保理商对债权人提供的材料确认无误，同意接受债权人的应收账款转让申请时，向债权人出具《应收账款转让确认书》，保理商出具《应收账款转让确认书》时，该笔应收账款转让生效，该笔应收账款即作为受核准应收账款，按照本合同及《应收账款转让确认书》约定的条件转让至保理商或者在债权人提交《应收账款转让申请书》，经保理商审批后确定，在满足本合同约定的全部先决条件后，保理商将本合同规定的保理预付款转入债权人开立的专用账户；保理预付款发放日即为应收账款转让日。该等合同约定之条件达成后，应收账款即发生转移，保理商即承继债权人地位，成为同一债权之新债权人。

（二）应收账款转让对内效力的表现形式

应收账款转让的对内效力，具体表现在以下四个方面。

（1）法律地位的取代。应收账款转让生效后，在债权全部转让时，该合同的债权人即由转让人变成了保理商，转让人丧失原债权人地位，保理商成为新的债权人。如果仅仅是权利的部分转让，则保理商加入合同关系，与转让人一起成为共同债权人。

（2）债权人的从权利随之转让。《合同法》第八十一条规定："债权人让与权利的，受让人取得与债权有关的从权利，但该从权利专属于债权人的除外。"随同主债权由债权人一并转移给保理商的从权利一般包括债权付款请求权、票据收执权、利息、滞纳金、违约金、损害赔偿金请求权以及程序权利。

保理商为维护自身的合法权益，可与债权人和债务人作出特别约定，依法进一步扩大从权利的范围，如取得对基础合同的中止履行权（如停运权、中止发货权）、对被拒收或退回货物的所有权等，该等约定若不违反法律、法规的效力强制性规定，应尊重商主体之间的意思自治。

（3）债权人应将债权证明文件全部交付保理商，并告知保理商行使合同权利所必要的一切情况。《合同法》对此虽然没有明确规定，但是根据诚实信用原则，该义务构成债权人的从给付义务和附随义务。实务中，若保理商无法要求债权人提供债权证明文件原件的，也应以副本、复印件并加盖印鉴的方式替代，此时，应视为保理商对自身权利的处分行为，不应因此贬损应收账款转让的合法性。

(4) 债权人对其转让的合同债权应负瑕疵担保责任。由于债权转让本身是一种合同行为，因而当转让债权为有偿时，在瑕疵担保问题上可以准用《合同法》买卖合同分则的有关规定。

二、应收账款转让的对外效力

如果应收账款转让行为符合对内生效的条件，在债权人和保理商之间的转让行为即成立并生效，发生债权转让的效果。应收账款转让除涉及债权人和保理商之外，对债务人的利益也有很大的影响，此时，债务人可能不知道应收账款转让的事实，于是，为了保护债务人的利益，各国法律在规定债权转让对转让双方当事人的生效要件的同时，还必须对债权转让的对外效力作出规定。

(一) 应收账款转让对外生效的要件

从各国的立法看，应收账款转让对债务人生效的要件有以下三种不同的立法例：

1. 自由主义

这种立法例规定，债权可以自由让与，不必征得债务人的同意，也不必通知债务人。德国民法即采此立法例，《德国民法典》第三百八十九条规定，债权可依债权人与第三人的合同而转移于第三人，新债权人依合同成立取得债权人的地位[①]。

2. 登记主义

这种立法例以美国为代表，债权的转让以向登记机关登记作为对抗债务人的条件，先登记的债权受让人可以对抗后登记的受让人及未登记的受让人。《美国统一商法典》第九篇“担保交易”(secured transactions)专篇对应收账款转让和担保作出集中规定，建立了担保声明书登记制度，担保声明书只要求记载很少的内容，即买家的名称、担保权人或其代理人的名称、担保物，在电子化的登记系统中，利害关系人可以方便地通过以买家名称为序所编制的索引直接检索，可高速

① 申卫星，“试论合同权利转让的条件”，《法律科学·西北政法学院学报》1999年第5期，第94—101页。

地查知特定应收账款上的权利负担。

3. 通知主义

这种立法例要求，债权人转让其债权虽不必征得债务人的同意，但必须将债权转让的事实及时通知债务人，债务人在接到债权转让通知后，债权转让才对其发生效力。《日本民法典》第四百六十七条第1项的规定就是采此种立法例[①]。

我国《合同法》采取通知主义的立法模式，《合同法》第八十条第一款规定："债权人转让权利的，应当通知债务人。未经通知，该转让对债务人不发生效力。"

（二）应收账款转让对外效力的表现形式

应收账款转让对外生效后，针对债务人产生如下效力：

（1）债务人不得再向转让人履行债务。如果债务人仍然向债权人履行债务，则不构成合同的适当履行，也不会导致债务的消灭，保理商仍有权向债务人主张偿还应收账款。如果债权人接受此等履行，则构成不当得利，保理商和债务人均可向其主张不当得利返还。

（2）债务人负有向保理商履行债务的义务，同时免除债务人对转让人的义务。应收账款转让之后，保理商已经取代了转让人的地位，成了新的债权人。

（3）保理商可依据基础合同及保理合同的约定，向债务人行使"所有权保留"项下的取回权。所有权保留是指在买卖合同中，双方当事人约定买受人先占有使用标的物，但在双方约定的特定条件成就前，出卖人仍保留标的物的所有权，待条件成就后，再将所有权移转给买受人的制度。我国《合同法》第一百三十四条规定："当事人可以在买卖合同中约定买受人未履行支付价款或者其他义务的，标的物的所有权属于出卖人"，从而确立了所有权保留制度，但并未建立具体规则。最高人民法院在《关于审理买卖合同纠纷案件适用法律问题的解释》（法释〔2012〕8号）中，明确了不动产不得作为所有权保留的标的物，并规定了出卖人的取回权及其限制、买受人回赎权等一系列规则。

保理商行使出卖人的取回权之时，应符合《关于审理买卖合同纠纷案件适用法律问题的解释》的相关规定。

---

① 申卫星，"试论合同权利转让的条件"，《法律科学·西北政法学院学报》1999年第5期，第94—101页。

拓展 5-1 《关于审理买卖合同纠纷案件适用法律问题的解释》的理解与适用①

一、出卖人取回权及其限制

出卖人保留所有权的主要目的就是担保价款债权的实现，在买受人的行为会对出卖人的债权造成损害时，应当允许出卖人取回标的物，以防止利益受损。取回权是指在所有权保留的情形下，买受人有违约行为并可能损害出卖人的合法权益时，出卖人依法享有的从买受人处取回标的物的权利。合同法未对该取回权进行明确规定，《解释》第三十五条明确出卖人的取回权，即：只要交易双方约定了所有权保留条款，即使其没有明确约定出卖人有取回权，出卖人也可以享有取回权，但是在行使取回权时需要符合特定的条件。《解释》规定取回权的目的是：在所有权保留中，由于买受人占有、使用标的物，出卖人以保留的所有权来担保其价金债权的实现，这就造成了所有权人与标的物相分离，一旦买受人不依约支付价款，或者对标的物进行处分，进而使标的物的价值降低或状态改变，都将危害到出卖人的利益。因此，当买受人未履行价金义务或未尽善良管理人应尽的注意义务时，出卖人应享有一定的救济权利，取回标的物无疑是最好的手段。

关于出卖人取回权的法律性质，理论界存在三种观点。第一，解除权效力说。该说认为，合同中一方迟延给付价金的，对方可以给定一定的期限要求其给付，如果义务人在期限内仍不履行时，对方可以解除契约。故取回权之行使，也产生解除权之效力。第二，附法定期限解除合同说。该说认为，取回权是附有法定期间的解除契约，即在出卖人取回标的物时，买卖合同依然存在。须至回赎期间届满，买受人不为回赎时，合同关系方告解除。买受人不待回赎期间经过，即为再出卖之请求，或因有急迫情事，出卖人不待买受人回赎而径直为再出卖者，也产生同样效果。第三，就物求偿说。该观点认为，所有权保留买卖所规定的取回制度是出卖人就标的物实现价款的特别程序，因为从取回制度的内容看，它与强制执行基本类似。该取回类似强制执行法的查封，买受人的回赎类似强制执行法的撤销查封，再出卖的程序类

① 宋晓明、张勇健、王闯，“《关于审理买卖合同纠纷案件适用法律问题的解释》的理解与适用”，《人民司法》2012 年第 15 期，第 27—42 页。

似强制执行法的拍卖程序。上述三种学说中，就物受偿说为通说。依据该说，出卖人行使取回权后买卖合同并不当然解除，我们赞同这种观点。理由在于：第一，从保留所有权的功能看，法律之所以确立这一制度，其目的在于担保出卖人价金的实现。出卖人取回标的物的目的，不是要取消与买受人的合同关系，返还已受领的价金，而是为了实现剩余的价金债权。第二，解除权效力说与附法定期限解除合同说混淆了取回制度与合同解除制度的根本区别。在合同解除制度下，直接的法律后果是消灭合同关系，使当事人之间的关系恢复到订约前的状态，此时，买卖双方不受原合同的约束，买受人回赎请求权、再出卖请求权、转卖价金剩余部分返还请求权均无存在的余地。这显然与各国普遍规定的回赎权等权利不一致，所以，这两种学说缺乏解释力。第三，再次转卖程序是出卖人实现价金债权的救济手段，它虽然与强制执行中的拍卖程序存在区别，但其目的相同，均是实现债权。附法定期限解除合同说认为再出卖程序仅是确定出卖人请求权范围的方式，失之牵强，因为现代社会有大量的估价等便捷方式可以使用，大可不必舍简就繁而在当事人的结算方面采用费时耗力、手续复杂的再出卖程序。

应当注意，出卖人的取回权并非绝对，其也应受到限制：第一，应受善意取得制度的限制。如果标的物被买受人处分给第三人，该第三人又符合《物权法》第一百零六条关于善意取得的规定，则出卖人不得取回标的物。《解释》第三十六条第二款规定："在本解释第三十五条第一款第(3)项的情形下，第三人依据《物权法》第一百零六条的规定已经善意取得标的物所有权或者其他物权，出卖人主张取回标的物的，人民法院不予支持"。第二，应受买受人已支付价款数额的限制。如果买受人已支付的价款达到总价款的百分之七十五以上时，我们认为出卖人的利益已经基本实现，其行使取回权会对买受人利益影响较大，此时，应兼顾买受人利益而适当限制出卖人取回权。《解释》第三十六条第一款规定："买受人已经支付标的物总价款的百分之七十五以上，出卖人主张取回标的物的，人民法院不予支持"。如果买受人已支付总价款的百分之七十五以上，但其又具有《解释》第三十五条第一款第(2)项、第(3)项规定的情形时，出卖人能否主张取回？我们认为，以百分之七十五为限对出卖人取回权进行限制的主要目的是实现买卖双方利益的平衡，只要买受人已支付百分之七十五的价款，无论此时买受人具有《解释》

第三十五条第一款中的何种情形，取回权都应受到限制，取回权的限制不应仅局限于该款第(1)项规定的情形。

二、关于买受人回赎权问题

买受人由于对标的物的占有使用已与其形成了一定的利益关系，买受人对出卖人完全转移标的物所有权也具有一定的期待，这种利益关系及期待应予保护。出卖人取回标的物后，买受人可以在特定期间通过消除相应的取回事由而请求回赎标的物，此时，出卖人不得拒绝，而应将标的物返还给买受人。可见，买受人并不是处于完全消极的地位，只要积极恰当地履行义务，买受人的利益就能够得到保障。

回赎权是指所有权保留买卖中出卖人对标的物行使取回权后，在一定期间内买受人履行支付价金义务或完成其他条件后享有的重新占有标的物的权利。买受人行使回赎权的目的是阻止出卖人为实现债权而对标的物再行出卖，从而使原买卖交易重新回到正常轨道上来。行使回赎权的结果是使买受人可以依契约之约定履行债务并完成所有权取得之条件，同时继续占有使用标的物。

回赎期是出卖人可以行使回赎权的期间。回赎期一般包括法定期间和意定期间。法定期间由法律明确规定。意定期间是当事人确定的期间，包括买卖双方约定的期间和出卖人指定的期间两种，买卖双方约定的期间因属双方自由意思表示，故一般应予准许。出卖人单方指定的期间，一般认为出卖人不能妨碍买受人回赎标的物，所以，出卖人指定买受人应在数分钟内完成一定行为的，显然违背诚实信用原则，不发生期间的效力，不能约束买受人。

《解释》第三十七条第一款对回赎期作了规定，《解释》中没有确定法定期间，而是规定了两种意定期间，之所以未规定法定期间，主要是考虑所有权保留制度的规范性质。从主要国家的立法例看，所有权保留均属于当事人可以自由选择的制度，如果当事人选择适用，则该类制度发生法律效力；如果当事人不选择适用，则该类制度不发生效力，标的物所有权在买卖双方间的变动规则仍依照一般的物权变动规则。所以，从根本上讲，该类规范性质对当事人来讲属于“选入式”规范，这类规范的技术特征就是赋予当事人最大的意思自由，只要不明显地损害第三人或社会公共利益，法律规则就尽量不干预。而买受人回赎期的长短问题只是影响双方当事人的利益，一般不具有涉他性，所以，也没有干预的必要。另一方面，本条除了规定出卖人指定的期间外，还规定了双方约定的期间，这更体现了对双方意思的尊重。需要注意的是，双方约定的期间既可以是当事人事先在买卖合同中约定，也可以是出卖人行使取回权后双方约定的期间。

应当注意的问题是：出卖人行使取回权是否必须采取公力救济方式？即出卖人是否必须向法院提出行使取回权的请求并通过法院的执行行为取回标的物？根据《担保法》第三十五条和《物权法》第一百九十五条第二款之规定，抵押权人实现抵押权的方式存在协议和请求法院直接执行两种。相应地，出卖人行使取回权时，无疑可以通过协商请求买受人返还标的物的占有，如果买受人积极配合或者不予阻碍，出卖人以和平方式取回固无疑问，这样还有利于减少双方矛盾。如果买受人故意阻碍，出卖人无法行使取回权时，我们认为出卖人可以向法院申请执行，但无需向法院提起普通民事诉讼。买受人对执行行为有异议的，可以向法院提出或者直接提起普通民事诉讼。

(4) 债务人的抗辩权。《合同法》第八十二条规定："债务人接到债权转让通知后，债务人对让与人的抗辩，可以向受让人主张。"对此项抗辩，应采取扩张解释，不仅包括实体上的抗辩，也包括诉讼上的抗辩。实体上的抗辩包括债权未发生的抗辩、债权已消灭的抗辩、双务合同中的同时履行抗辩、先履行抗辩、不安抗辩以及合同无效、被撤销、被解除的抗辩。诉讼上的抗辩包括仲裁优先的抗辩、约定管辖的抗辩以及前述债权罹于诉讼时效的抗辩。

在抗辩事由的发生时间点上，《合同法》并未将其限制在债权转让之前或之时，债权转让后，债务人还可能因某项事实产生新的抗辩权，例如，债权转让后，债务人发现转让人交付的货物存在质量瑕疵时，可以向保理商提出合同解除和债权已消灭抗辩。

(5) 债务人的抵销权。《合同法》第八十三条规定："债务人接到债权转让通知时，债务人对让与人享有债权，并且债务人的债权先于转让的债权到期或者同时到期的，债务人可以向受让人主张抵销。"对此抵销权，应符合一般抵销的条件，即符合《合同法》第九十九条"互负到期债务，该债务的标的物种类、品质相同”的要求，其行使方式也应符合《合同法》第九十九条“当事人主张抵销的，应当通知对方。通知自到达对方时生效。抵销不得附条件或者附期限”的要求。

在抵销事由的发生时点上，《合同法》限制在债务人接到债权转让通知之前或之时，故在债权通知之后，债务人方取得对转让人的债权，不得对保理商主张抵销。

案例5-2 汕头经济特区保税区管理委员会诉林正兴案

2014年6月24日，广东省汕头市中级人民法院审结了“(2014)汕中法民一终字第110号”汕头经济特区保税区管理委员会诉林正兴建设工程施工合同纠纷案。

一、基本案情

法院查明，1995年4月16日，汕头经济特区保税区管理委员会(以下简称保税区)与汕头振侨(集团)公司(以下简称振侨集团)签订了一份《汕头保税区建筑安装工程承包合同》，由振侨集团承包建设保税区海关办公大楼；林正兴是海关大楼工程装修项目的实际施工人。2002年3月22日，保税区确认：保税区共结欠振侨集团工程款及利息2 292万元。因林正兴一直未收到工程款，遂于2009年2月16日向原审法院提起诉讼，请求判令保税区支付其装修工程款及利息。林正兴起诉后，保税区于2009年4月28日通过公证邮寄送达的方式，书面通知振侨集团，保税区受让了市财局处对振侨集团的财政周转资金债权2 200万元，并以其抵销保税区对振侨集团的2 200万元工程款。

二、法院判决

就保税区主张将涉案工程价款抵销振侨集团拖欠保税区的财政周转金债务2 200万元是否成立的问题，法院判决认为，保税海关大楼已于1996年9月25日竣工，并于同年10月7日交付使用，根据《建设工程解释》第二条关于“建设工程施工合同无效，但建设工程经验收合格，承包人请求参照合同约定支付工程价款的，应予支持”的规定，振侨集团作为承包人，仍可请求保税区参照合同约定支付工程价款。但此工程价款偿付之债务，非根据合同原因，而是直接基于法律规定。换言之，该债务性质为承揽合同项下的特殊法定债务，而保税区从市财局处取得的对振侨集团的债权，为借款合同项下的一般约定债务，由此，两者因债务性质不同，属于《合同法》第九十九条第一款规定的“依据法律规定或者按照合同性质不得抵销”的情形。且本案中保税区所欠付的振侨集团工程款不仅仅是当事人之间的互负债务，也直接关涉第三人（即实际施工人）的切身利益。保税区在涉案实际施工人诉请支付工程价款的情形下，仍向振侨集团发出债务抵销之通知，主张将涉案工程价款抵销振侨集团拖欠保税区的财政周转金债务，与《建设工程解释》第二条及第二十六条的规定精神相悖，损害了第三人的利益。根据本案查明的事实，在2009年4月15日保税区以公证邮寄送达方式向振侨集团发出债务抵销的通知之前，实际施工人林正兴已于2009年2月16日向本院提起诉讼，请求保税区作为发包人向其支付工程价款及垫资利息，故涉案抵销行为发生在林正兴向发包人主张权利之后。综上，保税区主张其与振侨集团之间2 200万元的债务抵销，不符合《合同法》规定的要件，不能发生抵销的法律效果。

（三）应收账款转让对担保从权利的效力

为应收账款提供的担保属于应收账款的从权利，若基础合同项下债务人或第三人就应收账款向债权人提供了保证、抵押、质押、定金、留置等担保的，在债权人将应收账款转让给保理商后，担保的保证、抵押、质押、定金、留置是否一并转移给了保理商，有必要具体分析。

1. 保证担保

我国《担保法》第二十二条规定："保证期间，债权人依法将主债权转让给第三人的，保证人在原保证担保的范围内继续承担保证责任。保证合同另有约定的，按照约定。"《最高人民法院关于适用〈中华人民共和国担保法〉若干问题的解释》第二十八条除进一步明确债权人依法将主债权转让给第三人的，保证债权同时转让外，对《担保法》第二十二条"保证合同另有约定"的情形作了说明："保证人与债权人事先约定仅对特定的债权人承担保证责任或者禁止债权转让的，保证人不再承担保证责任。"因此，除保证合同另有约定的情形外，我国立法已直接规定保证责任随同应收账款主债权的转让而转移，并不以保理商与保证人重新签订保证合同为法定条件。

应收账款主债权转让应当书面通知保证人。未经通知的，保证人向债权人履行保证义务的，保理商不再对保证人享有担保权利。

2. 抵押、质押担保

抵押物权以登记为公示方式，这是各国的立法通例，我国也不例外。根据《物权法》第一百八十七条、第一百八十八条和第一百八十九条的规定，对于以建筑物和其他土地附着物、建设用地使用权、以招标、拍卖、公开协商等方式取得的荒地等土地承包经营权及正在建造的建筑物作为抵押财产的，抵押权自登记时设立；对于以生产设备、原材料、半成品、产品、交通运输工具、正在建造的船舶、航空器作为抵押财产或以动产浮动抵押的，抵押权自抵押合同生效时设立，但未经登记不得对抗善意第三人。

《物权法》第二百一十二条、第二百二十四条、第二百二十六—二百二十八条规定了质押的设立条件。对于以动产作为质押物的，质权自出质人交付质押财产时设立；对于以汇票、支票、本票、债券、存款单、仓单、提单出质的，质权自权利凭证交付质权人时设立，没有权利凭证的，质权自有关部门办理出质登记时设立；以基金份额、证券登记结算机构登记的股权出质的，质权自证券登记结算机构办理出质登记时设立；以其他股权出质的，质权自工商行政管理部门办理出质登记时设立；以注册商标专用权、专利权、著作权等知识产权中的财产权出质的，质权自有关主管部门办理出质登记时设立；以应收账款出质的，质权自信贷征信机构办理出质登记时设立。

针对抵押权、质权设立以办理抵押登记、出质登记为成立要件的情形，当主债权转让时，保理商在受让债权后是否需要办理相关抵押、质押登记手续，《物权法》及《担保法》皆未作出正面规定，司法实务存在不同的理解。

案例5-3 福州商贸大厦筹备处诉福建佳盛公司案

最高人民法院于2005年10月21日审结“(2005)民二终字第147号”福州商贸大厦筹备处与福建佳盛投资发展有限公司借款纠纷一案。法院审理查明：1993年，中国工商银行福州市南门支行(以下简称南门工行)向福州商贸大厦筹备处(以下简称筹建处)签订一份6 000万元的最高额授信合同，南门工行据此于1993年至1996年先后向筹备处发放五笔贷款合计3 350万元，筹备处提供了八一七北路东侧总面积为4 860平方米的土地使用权、八一七北路东侧在建工程用于抵押担保，上述抵押物已在福州房地产交易管理所办理抵押登记。

因筹备处到期无法还款，2000年6月21日，福建工行与中国华融资产管理公司福州办事处(以下简称华融福州办)签订《债权转让协议》，由福建工行将南门工行所享有的前述五笔债权及其相应的担保从债权全部转让给华融福州办。上述债权转让已告知筹备处及相应保证人。

2003年6月26日，华融福州办与中信信托投资有限责任公司签订《华融资产处置财产信托合同》《信托财产委托处置协议》，将上述债权设定为信托财产，华融福州办仍有权处置上述财产。

2004 年 11 月，华融福州办将上述已设定为信托财产的五笔债权全部转让给佳盛公司，上述转让事实已由中信信托投资有限责任公司与华融福州办共同通知筹备处及相应保证人。

佳盛公司向福建省高级人民法院起诉筹建处及其保证人，一审法院审理后认为，筹备处将自有的土地用于抵押，根据《中华人民共和国城镇国有土地使用权出让和转让暂行规定》第四十五条的规定，经市、县人民政府土地管理部门批准，其土地使用权和地上建筑物及其他附属物的所有权可以转让、出租、抵押。筹备处在借款时已经福州市土地管理部门批准并办理抵押登记手续，因此，抵押合同及抵押登记是合法有效的。主债权转让后抵押合同也一并转让给佳盛公司，根据《中华人民共和国担保法》的规定，佳盛公司对抵押的土地及其土地上的在建工程享有优先受偿权。因此，佳盛公司要求筹备处返还欠款的请求，符合法律规定，应予支持。筹备处的抗辩无事实和法律依据，不予支持。据此，法院判令佳盛公司对筹备处用于担保的抵押物（坐落于八一七北路东侧总面积为 4 860 平方米的土地使用权和坐落于八一七北路东侧的在建工程）有优先受偿权，从处置上述抵押物所得价款中优先清偿佳盛公司在抵押贷款合同项下享有的债权。

案例 5－4　日本华轻商事株式会社诉翟某等买卖合同案

上海市高级人民法院于 2011 年 4 月 28 日二审审结“（2010）沪高民二（商）终字第 62 号”日本华轻商事株式会社诉翟某等国际货物买卖合同纠纷一案。法院审理查明：翟某与日本华轻商事株式会社（以下简称日本华轻）的法定代表人沈晓潮商谈买卖单晶硅废料事宜。因翟某未如约向日本华轻支付 1 400 公斤单晶硅废料的代购款，2008 年 10 月 31 日，翟某及佟某某与日本华轻法定代表人沈晓潮签订一份《房产抵押还款合同》，合同约定：就沈晓潮于 2008 年 7 月代翟某在日本购买并转运送到香港的 1 399 公斤废单晶硅片，翟某至今仍未支付货款人民币 2 600 000 元中的 2 450,000 元，现翟某自愿以与佟某某共同共有的上海市万安路 1213 弄 26 号 202 室的房产抵押给沈晓潮，房产证号为沪房地虹字（2008）第 000966 号；翟某必须在 2008 年 12 月 20 日前以不低于人民币 719 200 元的价款卖出货物，否则，沈晓潮有权通过诉讼处置抵押物以冲抵货款。当日，三方另签订一份《最高额抵押合同》，约定上述万安路房产抵押最高债权限额为人民币39万元。嗣后，双方办理了上述房产的抵押登记手续，沈晓潮作为权利人取得“虹200809010022”他项权证，权证载明最高债权限额为人民币39万元。

后日本华轻诉至法院，请求判令：债务人和保证人连带赔偿原告损失人民币2 955 864元；佟某某以其抵押的房产拍卖、变卖的价值对上述债务承担责任；本案案件诉讼费由原审被告承担。本案审理中，沈晓潮向原审法院明确表示，其愿意将“虹200809010022”他项权证项下的抵押权转让予日本华轻在本案中主张。

关于佟某某是否应当承担抵押担保责任的问题，法院认为：根据我国物权法的相关规定，以建筑物抵押的，应当办理登记，抵押权自登记时设立。换言之，只有依据登记取得抵押权的权利人，方能向抵押人请求行使抵押权利。沈晓潮是抵押房产他项权利登记中的抵押权利人，虽然沈晓潮是日本华轻法定代表人，其本人也向原审法院表示愿意将抵押权利转让给日本华轻行使，并且佟某某对于房产抵押针对的债务是翟某欠付日本华轻的人民币245万元货款也为明知，但在抵押房产未办理抵押担保的变更登记之前，日本华轻并未替代沈晓潮取得抵押权利人地位。并且《中华人民共和国物权法》第一百九十二条规定，抵押权不得与债权分离而单独转让或者作为其他债权的担保。因此，根据上述规定，在日本华轻未将本案债权转让给沈晓潮的前提下，日本华轻主张抵押权也无法律依据。日本华轻向佟某某请求行使抵押权，法院不予支持。

3. 定金担保

我国立法并未明文规定定金担保是否随主债权一并转移，根据《合同法》第七十九条的规定，以下三类权利不得转让。

(1) 根据合同性质不得转让的权利。这种类型主要有：基于个人信任关系而发生的债权，如雇佣人对受雇人的债权；以选定债权人为基础发生的合同权利，如某个特定演员的演出活动；脱离主权利的从权利单独转让等。

(2) 按照当事人的特别约定不得转让的债权。

(3) 法律规定禁止转让的债权。如《物权法》第一百六十四条规定的地役权，该法明确地役权不得单独转让；又如《物权法》第二百零四条规定，最高额抵押担保的债权确定前，部分债权转让的，最高额抵押权不得转让，但当事人另有约定的除外。

定金担保并不属于《合同法》第七十九条禁止转让的三类债权，根据《合同法》第八十一条“债权人让与权利的，受让人取得与债权有关的从权利，但该从权利专属于债权人的除外”的规定，应可与主债权一并转让。当然，基础合同的债务人之所以愿意交纳定金，多是基于对债权人的信任，随着合同主体发生了变化，债务人可能对新债权人发生怀疑，如果债权人与债务人事先约定，对特定的债权人承担支付定金的，则保理商不应随受让主债权而一并获得定金担保。另外，根据《担保法》的规定，定金合同从实际交付定金之日起生效，因此，定金担保随主债权一并转让的，应以定金实际交付为生效条件。

4. 留置担保

根据我国《担保法》的规定，留置权只存在于承揽、保管、运输、行记、信托等特定的合同关系中，适用范围过于狭窄。《物权法》第二百三十一条中没有沿用旧制，而是创立了商事留置制度，规定：“债权人留置的动产，应当与债权属于同一法律关系，但企业之间留置的除外。”

有学者比较了《瑞士民法典》《德国商法典》《日本商法典》《大韩民国商法》后指出，除瑞士民法外，比较法上的商事留置权制度均要求债权是在债权人与债务人之间直接成立的，而不能是依继受方式取得的。有学者认为，如果允许继受取得债权者行使商事留置权，则原本不占有留置物的债权人可能故意将债权转让给占有债务人财产的第三人，这不符合债务人将财产交付给第三人时的心理预期，且使债务人将动产交由他人占有时面临巨大的心理负担，不利于商事交易的迅捷开展。之所以提出此种“直接性”要求，是为了防止人为制造的商事留置权[①]。鉴于《物权法》及《担保法》皆未作出正面规定，司法实务尚存不同理解，国内部分法院以留置的对象是债务人提供的但由债权人所占有的动产为由，认定债权转让后转让人、受让人均不享有留置权的判例（见江苏省徐州市中级人民法院“(2014)徐民终字第00343号”《民事判决书》）。

在保理业务中，若保理商受让应收账款主债权之时一并受让债权人对债务人已享有的留置担保，并不涉及人为制造商事留置权的问题，本书认为，只要债务人的地位并没有因为应收账款转让而受到损害，应收账款转让后，应允许保理商合法占有债务人的动产，以行使留置权。

---

① 熊丙万，“论商事留置权”，《法学家》2011年第4期，第89—105页。

第二节 应收账款转让通知实务

保理是以应收账款债权转让为逻辑起点和法律前提的产品。UNIDROIT制定的《国际保理公约》开宗明义：保理合同是指在一方当事人（供应商）与另一方当事人（保理商）之间所订立的合同，根据该合同，供应商可以或将要向保理商转让供应商与其客户（买家）订立的货物销售合同产生的应收账款。

如前所述，1999年我国统一《合同法》立法之际，我国改变了《涉外经济合同法》和《民法通则》确立的"债务人同意主义"，而明确改为"转让通知主义"。保理业务的前提和第一风险保障是应收账款的有效受让，应收账款转让通知债务人，是我国法定的应收账款转让发生对外效力的要件，也是保理商确保第一还款来源及对抗第三人的内在要求。如何确保转让通知有效地送达债务人，是保理商开展业务中一项非常重要的任务，但我国《合同法》对债权转让通知的规定过于简略，实务操作中不确定之处需予关注。

一、应收账款转让通知的形式要求

（一）通知的主体

《联合国国际贸易中应收账款转让公约》第十三条规定："除非转让人和受让人之间另有约定，转让人或受让人或双方均可向债务人发出转让通知和付款指示，但在通知发出后，只有受让人才可发出这种指示。"由此可见，该公约规定转让人和受让人都有权发出转让通知。

而对于我国《合同法》第八十条第一款"债权人转让权利的，应当通知债务人。未经通知，该转让对债务人不发生效力"的理解，学术界存在分歧。部分学者认为，《合同法》第八十条第一款的文义是将债权人作为债权转让的有权通知主体，并对此立法例持肯定态度①；部分学者则认为《合同法》第八十条仅规定债权人为债权转让的通知人，似有狭隘之嫌，应当允许受让人作为转让通知的主体，从而有利于灵活地解决实际中的问题②；也有部分学者认为，《合同法》第八十

---

① 郑一珺、常东岳，"债权让与若干实务问题探析"，《法律适用》2012年第1期，第73—76页。

② 鲁叔媛，《合同法》，中国政法大学出版社，2009年；韩海光、崔建远，"论债权让与和对抗要件"，《政治与法律》2003年第6期，第55—65页。

条仅仅只是提出债权人转让债权的要通知债务人，但并未明确说明通知的主体是谁，实践中让与人与受让人通知皆可，只是通知的条件及效力有所差异①。

《最高人民法院关于审理涉及金融资产管理公司收购、管理、处置国有银行不良贷款形成的资产的案件适用法律若干问题的规定》（法释〔2001〕12号）第六条第一款规定："金融资产管理公司受让国有银行债权后，原债权银行在全国或者省级有影响的报纸上发布债权转让公告或通知的，人民法院可以认定债权人履行了《中华人民共和国合同法》第八十条第一款规定的通知义务"。由此可见，虽然学术界有所争论，但最高人民法院在该司法解释体现的精神仍是《合同法》第八十条第一款规定的通知主体应为"债权人"。

商业保理实务之中，有时会出现保理商作为通知主体的情形，具体可区分为四类情形：

（1）保理商自行发送通知，但《应收账款转让通知书》上已取得债权人单独或与保理商共同的签字盖章，多发生在先叙做的是隐蔽保理、后因故转为公开保理等情形。

对于此类情形，虽然通知送达由保理商一方完成，但应收账款转让的意思表示乃债权人作出并已由债权人单独或共同作成《应收账款转让通知书》，应认为已满足《合同法》第八十条第一款的通知主体要求，自该通知送达债务人之时，对债务人发生法律效力。

（2）经债权人合法授权（授权形式可以是单独授权，也可以在保理合同中作出约定）并事先告知债务人，保理商自行发送通知，《应收账款转让通知书》上仅有保理商的签字盖章而无债权人的签字盖章，多发生在应收账款批量转让且债权人签章程序繁琐，希望将通知事项外包给保理商等情形。

该情形下，保理商实际作为债权人的代理人完成通知送达，且债务人对代理的事实、权限已经知晓，除债务人有证据证明存在没有代理权、超越代理权或代理权终止的情形之外，依据我国《民法通则》第六十三条"代理人在代理权限内，以被代理人的名义实施民事法律行为。被代理人对代理人的代理行为承担民事责任"的规定，保理商的代理行为有效，也应认为已满足《合同法》第八十条第一款的通知主体要求，自该通知送达债务人之时，对债务人发生法律效力。

---

① 张广才：《论债权让与通知》，北大法律信息网，http://shlx.chinalawinfo.com/newlaw2002/slc/SLC.asp?gid=335621561&tiao=80&km=art&subkm=0&db=art

(3) 经债权人合法授权但并未事先告知债务人，保理商自行发送通知，《应收账款转让通知书》上仅有保理商的签字盖章，而无债权人的签字盖章，多发生在债权人违约甚至下落不明等情形。

对于此类情形，在债务人对保理商提交的已取得代理权限的证据（如保理合同）无法辨明的情况下，债务人可以拒绝向保理商履行义务。当然，如果有证据证明该债务人已经知晓应收账款转让的事实，仍向债权人还款的，则显然有违于诚实信用原则。于此情形，不能免除债务人对保理商的债务，对此恶意应由保理商承担举证责任。

天津市高级人民法院在2015年7月27日出台的《关于审理保理合同纠纷案件若干问题的审判委员会纪要（二）》第二条规定，债权人与保理商在保理合同中约定由保理商通知债务人的，保理商向债务人发送债权转让通知的同时，应当证明应收账款债权转让的事实，并表明其保理商身份。

(4) 未经债权人授权，保理商自行发送通知，《应收账款转让通知书》上仅有保理商的签字盖章，而无债权人的签字盖章。

此情形下，保理商未有效地取得代理债权人为通知行为的权利，保理商发出的通知对债务人不产生法律效力，债务人可以拒绝向保理商履行义务。

(二) 通知的方式

应收账款转让通知是一种观念通知，应适用法律中有关意思表示的规定。《合同法》并未对应收账款转让通知的形式作限制，应该认为书面或口头通知均无不可，当然，从取证便利的角度考虑，应采用书面形式。应收账款转让通知应当尽可能地采用邮寄送达、留置送达、直接送达等便于有效证明的方式。

1. 公告通知

如遇债务人下落不明或其他方式无法通知送达的情况，能否公告通知送达？《最高人民法院关于审理涉及金融资产管理公司收购、管理、处置国有银行不良贷款形成的资产的案件适用法律若干问题的规定》第六条第一款规定："金融资产管理公司受让国有银行债权后，原债权银行在全国或者省级有影响的报纸上发布债权转让公告或通知的，人民法院可以认定债权人履行了《合同法》第八十条第一款规定的通知义务。"由此可见，最高人民法院认为国有银行不良债权转让通知可以直接通过公告送达的方式，而不论是否具备直接送达或其他方式送达债务人的条件，但这一解释对债务人保护不周全，鉴于该司法解释适用范围的局限性及特定历史背景，为避免滥用公告送达而致债务人权利受损的情况发生，在《合同法》第八十条未作出修订之前，尚无法推而广之地直接适用于普通应收账款转让，保理商不应采取径行公告送达的方式通知债务人。

2. 当庭通知

诉讼/仲裁能否作为债权转让通知的方式存在争议。对此有两种不同意见：一种意见认为应当严格执行《合同法》第八十条第一款的规定，将转让通知作为起诉条件之一，未尽到通知义务的，应当驳回保理商的诉讼请求；第二种意见是对《合同法》第八十条第一款的规定应当作宽泛理解，债权转让无需债务人同意，只要债务人知晓转让事宜，不论诉讼中还是诉讼外，均对债务人产生效力。

《合同法》第八十条第一款规定："债权人转让权利的，应当通知债务人。未经通知，该转让对债务人不发生效力。"从该条文分析，履行通知义务是受让人向债务人主张权利的前提。对于如何判断"尽到通知义务"，最有效也是最严格的，自然是书面通知债务人并签收回执。然而，日常交易及经济往来远比法律的规定要复杂得多，强行要求债权人或受让人做到书面通知债务人并不现实，在通信日益发达的今天，口头通知极为普遍，而书面通知时债务人拒收、下落不明等情形也不少见。如果对《合同法》上的"通知"作严格解释，将使上述情形下的债权转让方式因债权转让通知的举证不能、无法通知等无法适用，债权转让制度有陷入架空的危险。鼓励交易是合同法的基本原则，加速经济流通是合同法的基本功能，债权转让制度也是基于鼓励交易的原则而设置的。《最高人民法院关于审理涉及金融资产管理公司收购、管理、处置国有银行不良贷款形成的资产的案件适用法律若干问题的规定》第六条第二款规定："在案件审理中，债务人以原债权银行转让债权未履行通知义务为由进行抗辩的，人民法院可以将原债权银行传唤到庭调查债权转让事实，并责令原债权银行告知债务人债权转让的事实。"可见，司法解释承认诉讼阶段的"当庭通知"也是合同法第八十条规定的通知形式。

因此，在法律没有明确规定的情形下，应当从《合同法》的基本原则出发，不能将"通知"仅仅局限于书面通知，只需达到通知的效果，采取何种方式应不受限。作为争议解决机构依照法定程序解决纠纷、处理案件的专门活动，诉讼/仲裁包括起诉、立案、庭审、判决等一系列流程，是综合性、复合性的活动，不仅仅具有诉讼程序法上的意义，还应具有民事实体法上的意义。如果在诉讼/仲裁过程中，债务人获悉了保理商受让债权的事实，应认为送达起诉/仲裁通知与《合同法》上的"通知"具有同等效力。

(三) 通知生效的时间

通知生效的时间有“发出主义”和“到达主义”，前者以投递之时生效，《联合国国际货物销售合同公约》和《国际商事合同通则》对承诺期间从电报被交发的时刻或从信件中载明的发信日期起算的规定即为典型代表；后者自到达之时生效，《国际保理公约》采用的就是“通知到达主义”，规定应收账款转让应通知债务人，转让通知在被送达人收到时送达，我国实践中也确立了“通知到达主义”这一标准。应收账款转让通知生效的时间对表见让与与重复转让的处理也具有重要意义：

1. 表见让与

所谓表见让与，是指转让通知生效后，虽无应收账款转让的事实，但仍有效力的情形。很多国家和地区的民法均对表见让与作了规定，《德国民法典》第四百零九条第一款规定：“债权人对于债务人通知应收账款转让时，纵未为让与或让与无效，也应承认对债务人所为让与通知之对自己的效力。”[①]我国《合同法》未直接规定“表见让与”这一制度，但从保护债务人和交易安全的角度出发，应类推适用该法第四十九条关于表见代理的规定，自债权人债权转让通知生效之日起，即使该应收账款转让条件未成就、未生效，或应收账款转让无效、解除或被撤销，债务人在此期间进行的善意清偿行为，均属有效。

2. 重复转让

债权的重复转让是指债权人将应收账款转让受让人后，又将同一债权转让给其他人的行为。在此情形下，何人能有效地取得债权？这主要涉及应收账款转让对债务人的效力问题。在这个问题上，学术界争议颇大，有一种观点认为，应收账款转让的时间一般就约定在转让协议订立之时，虽然在转让通知前该转让对债务人不产生效力，但这一处分行为在协议订立时即对债权人、受让人产生法律效力。债权人将应收账款转让第一受让人后，债权人不复拥有债权，债权人如将已不属于其的应收账款转让给其他人，其实是一种无权处分的行为，可以适用无权处分的法律规定，在第一受让人拒绝追认的情形下，该处分行为无效。总的来说，在债权双重转让场合，谁能真正地取得债权，应当以让与时间的先后顺序为准，时间优先者取得债权[②]。

---

① 申建平，“债权双重让与优先论”，《比较法研究》2007 年第 3 期，第 60—67 页。

② 同上。

更多学者认为，根据《合同法》第八十条第一款的规定，转让通知送达债务人的时间，才是应收账款转让对债务人的生效时间。重复转让时，受让人的优先顺位宜遵循“通知在先，权利在先”的标准，即应按债务人收到转让通知的先后来确定债权的归属，这是出于对善意债务人和交易安全的保护，也是表见让与法理的直接体现。

（四）通知的撤销

应收账款转让通知生效之时，债权转让就生效，随之会引起基础合同权利和义务关系的一系列变化，债权人被保理商替代。因此，债权人转让通知一旦生效，就意味着应收账款权利已归保理商所有，债权人不得再对转让的权利进行处置，因此，《合同法》第八十一条第二款规定：“债权人转让权利的通知不得撤销，但经受让人同意的除外。”

二、应收账款转让通知的风险防范

案例 5－5　建行诉新暨阳公司案

2014 年 6 月 30 日，江苏省无锡市中级人民法院终审审结了中国建设银行股份有限公司江阴临港新城支行（以下简称建行）与江阴市新暨阳石油有限公司（以下简称新暨阳公司）撤销权一案。

一、基本案情

2012 年 3 月 14 日，建行与江阴市润辉石油化工有效公司（以下简称润辉公司）签订了《有追索权国内保理合同》，约定建行向润辉公司提供隐蔽型有追索权保理。

2012 年 3 月 22 日，润辉公司与新暨阳公司签订产品供销合同 1 份，约定新暨阳公司向润辉公司购买石油制品，货款共计 1 776.5 万元，润辉公司开具了相应发票。

江阴市公安局经侦大队对润辉公司会计的询问笔录证实：2012 年 3 月，新暨阳公司在润辉公司提供了编号为 GNBLLG20112006 的《账号更改通知书回执》上加盖公章，同时在两份编号为 GNBL201210 的《应收账款转让通知书回执》上加盖公章及时任法定代表人胡祖芬的私章后，交还润辉公司，上述两份《应收账款转让通知书回执》均未填写日期，也未签字。润辉公司将其中两份《应收账款转让通知书回执》交给建行申请保理融资。

2012 年 9 月，新暨阳公司向编号为 GNBLLG20112006 的《账号更改通知书回执》的指定账号支付了 1 776.5 万元货款，该笔业务结清。

2012年8月27日，润辉公司与新暨阳公司又签订产品供销合同1份，货款共计1 822.8万元，货款到期日为2013年2月28日，润辉公司开具了相应发票，并再次向建行申请保理融资。2012年9月7日，新暨阳公司再次在润辉公司提供的编号为GNBLLG2012006的《账号更改通知书回执》上盖章，但该《账号更改通知书回执》上应填写的合同号及发票号处均为空白；该笔业务中，建行与润辉公司均未向新暨阳公司发送《应收账款转让通知书》。

2013年2月25日，新暨阳公司向润辉公司支付了2012年8月27日产品供销合同项下的货款1 822.8万元，但该款项未按《账号更改通知书》载明的账号支付，而是支付到了润辉公司的其他账户。

2013年2月28日，建行要求新暨阳公司新任法定代表人叶卫春支付到期保理款，新暨阳公司派职员赵果琴到建行核实时，建行出示了加盖新暨阳公司公章和胡祖芬私章、落款为2012年9月6日、编号为GNBL201210的《应收账款转让通知书回执》。赵果琴向叶卫春汇报后，新暨阳公司于2013年3月1日向建行付款1 822.8万元。建行收取1 450万元后，退还新暨阳公司370.5万元。

2013年3月5日，叶卫春以公司档案中未查询到上述落款时间为2012年9月6日、编号为GNBL201210的《应收账款转让通知书回执》为由，到建行查看回执原件，并认为该回执系伪造，遂于2013年3月7日向江阴市公安局报案。并以建行以欺诈手段，使其在违背真实意思的情况下向建行支付1 450万元为由，请求法院判令：1. 撤销新暨阳公司2013年3月1日向建行的付款行为；2. 建行立即返还新暨阳公司1 450万元。

原审审理中，经新暨阳公司申请，法院委托西南政法大学司法鉴定中心进行鉴定，鉴定结论为：送检两份《应收账款转让通知书回执》上的"买方/付款人公章"部位的"江阴市新暨阳石油有限公司"红色公章印文以及"法定代表人或授权代理人"部位的"胡祖芬印"红色私章应为同期盖印形成。

二、原审判决

原审判决认为，新暨阳公司没有义务向建行付款，建行应当向新暨阳公司返还1 450万元。理由是：

1. 润辉公司会计证实，他于2012年3月份将两份没有落款时间的《应收账款转让通知书回执》交给建行；西南政法大学鉴定中心出具的鉴定意见书结论为两份《应收账款转让通知书回执》上的印章为同期盖印形成；2012年4月16日，新暨阳公司法定代表人已经由胡祖芬变更为叶卫春。上述三者结合可以证明该回执上的时间“2012 年 9 月 6 日”是建行对 2012 年 3 月收取的两份回执中的 1 份进行添加。因新暨阳公司与润辉公司的该笔债权已经了结，重复付款明显有悖常理，新暨阳公司之所以付款是因为建行向其提供了落款时间为 2012 年 9 月 6 日的《应收账款通知书回执》，从而使新暨阳公司误认为必须承担付款责任，进一步导致其违背真实意思的错误付款行为。

2. 保理业务本质上以债权人转让其应收账款为前提，应收账款转让在法律性质上属于债权转让。根据合同相对性原则，保理合同只能约束保理合同双方，对第三人无约束力，只有当保理合同的一方将自己对第三人享有的债权按照法定形式转让给相对方时，受让方才能向第三人主张债权。因此，建行对新暨阳公司是否享有债权的关键在于润辉公司是否依据法定形式将其对新暨阳公司的应收账款转让给建行并通知新暨阳公司。本案争议对应的供销合同于 2012 年 8 月 27 日订立，2012 年 9 月，润辉公司申请办理该笔保理业务时并未向新暨阳公司发出《应收账款转让通知书》，而《账号更改通知书》的主要内容为付款账号更改，不涉及债权转让的内容，不能产生债权转让通知的效果；2012 年 3 月，新暨阳公司向建行出具《应收账款转让通知书回执》时本案诉争债权并未发生，该回执是针对 2012 年 3 月的保理业务，也不能作为证明本案诉争债权已经转让的依据，因此，本案诉争债权的转让并未向新暨阳公司发出有效通知。

三、终审判决

终审判决认为，润辉公司虽于 2012 年 9 月 7 日向新暨阳公司发出《账号变更通知书》，但该通知书上并未填写合同号及发票号，而二审已补充查明新暨阳公司与润辉公司业务往来频繁，在 2012 年 9 月前后也有多笔业务往来发生，新暨阳公司所称“其不清楚应将哪份合同项下货款支付至《账户变更通知书》上载明的账户”具有一定的合理性。新暨阳公司已向润辉公司结清货款，按常理，新暨阳公司并不需再次向润辉公司的保理专户支付该合同项下的货款，但由于建行向新暨阳公司出示了以前为其他业务曾出具的《应收账款转让通知书回执》，使其误以为润辉公司或建行曾向其发出了该合同项下债权已经转让的通知，其负有向建行付款的法定义务。《中华人民共和国民法通则》第五十九条规定，行为人对行为内容有重大误解的，有权请求人民法院撤销该民事行为。本案中，新暨阳公司的重复付款行为是基于收到建行出示的不真实文件的误导，该行为并非其真实意思表示，新暨阳公司有权要求撤销该付款行为，遂判决驳回上诉、维持原判。

我国《合同法》第八十条规定:“债权人转让权利的,应当通知债务人,未经通知,该转让对债务人不发生效力。”因此,应收账款转让通知的合法、有效是保理商得以向债务人追偿,真正实现“自偿性”的关键步骤。

(一) 通知内容的风险防范

保理商在与债权人签订保理合同之后、发放保理预付款之前,应要求债权人以自己公司的函头纸,按照保理商要求的格式,制作《应收账款转让通知书》,发给每一个债务人,通知他们其与该债权人的特定应收账款债权已经或将从某一天开始转让给保理商,为下一步保理商向债权人发放保理预付款及保理商向债务人收取债务款项奠定法律基础。

在制作应收账款转让通知的条款时,应注意的风险防范要点有以下几方面。

1. 当事人名称错误

债务人的名称应填写全称,该全称不仅要符合合同、发票、单据上的记载,还应与工商注册登记的企业名称相一致,不存在应疏忽导致的遗漏、添加或颠倒。

2. 应收账款不可识别

在上述“中国建设银行股份有限公司江阴临港新城支行与江阴市新暨阳石油有限公司撤销权”一案中,正是因为《账号变更通知书》上并未填写合同号及发票号,而被法院以此段时间内债权人债务人之间业务往来频繁,债务人所称“其不清楚应将哪份合同项下的货款支付至《账户变更通知书》上载明的账户”具有一定的合理性为由,驳回了保理商要求债务人承担未向保理专户付款不利后果的诉请。在保理商就未来应收账款叙做保理的情况下,保理商有时需先批量受让债权人对一个或多个债务人的未来应收账款,并在债权人对债务人的应收账款特定化以后,才能确定逐笔应收账款的金额、到期日、债务人等详细要素,此时应特别注意以概括性的语言准确地载明应收账款的要素,例如,“A公司与B公司于2014年2月20日签订的编号为××的《××合同》项下、自2014年4月1日至2014年9月30日期间内已经产生的或将要产生的、债权人A公司对债务人B公司的全部应收账款债权及一切从属权利(包括但不限于A公司就上述应收账款享有的对C公司的担保权利),不论上述应收账款于2014年9月30日到期与否,均在转让范围之内。该应收账款均已转让给××××保理商,并且是唯一的,排他性的转让。”

3. 转让的意思含糊不明

虽然我国《合同法》并未对通知的形式作出要求,但是,非常不正式的、随意的通知是不应被接受的。法律也未要求转让通知必须写明将转让的应收账款直接支付给受让人，但是，通知绝不应当含糊和不明，通知不应令债务人凭对文字的推理才能得出债权转让的结论，而应直接说明债权已经转让。

4. 回款账户告知不明

应注明债务人清偿应收账款金额时的回款账户，并明确除保理商书面通知外，该回款账户不得变更或取消。通知中还应含有明确告知债务人“只有向指定账户付款，才能解除付款义务，向任何其他账户（包括债权人的其他账户）付款的都视为未清偿”的语句。在涉及的应收账款不止一笔时，应要求债务人以书面形式告知保理商本次付款所对应的应收账款，并明确清偿的顺序，以免歧义，例如，可以约定：“若债务人存在多笔应付款项时，应在付款当日以书面形式告知保理商本次付款所对应的应收账款，债务人未如期告知的，保理商有权按照应收账款到期日的先后顺序，依次以本次付款予以清偿；若债务人还存在应付的其他款项的，保理商有权按照因追偿应收账款而产生的费用、利息、违约金、损害赔偿款、应收账款本金的顺序，依次以债务人本次付款予以清偿，债务人对此不持异议。”

案例 5-6　B银行诉A、C公司案

上海市第一中级人民法院于2013年8月29日审结了“(2013)沪一中民六(商)终字第272号”一案。

一、基本案情

法院审理查明：2011年6月28日，B银行与C公司签订《中小企业金融服务合同》，约定B银行向C公司提供最高额4 000万元的授信额度。同日，C公司与B银行签订《应收账款最高额质押合同》，约定C公司将其自2010年11月23日至2016年6月27日在C公司与A公司签订的所有《工矿产品购销合同》项下的全部应收账款质押给B银行。2011年6月28日11时24分，B银行针对上述应收账款质押在中国人民银行征信中心办理了《应收账款质押登记——初始登记》，并在2011年6月28日12时28分及2011年11月23日10时33分分别办理了《应收账款质押登记——变更登记》。

2011年11月24日，A公司向B银行出具确认书，向B银行承诺此后将合同项下的全部货款汇入B银行的指定账户（即C公司在B银行市南支行开立的0210014850002499银行账户）。

2012年5月10日,C公司与A公司签订《工矿产品购销合同》,约定C公司向A公司提供价值26 490 761元的热轧卷,A公司需将此合同款项全额转入上述B银行的指定账户。

后因A公司未向B银行的指定账户付款,B银行要求就C公司对A公司的应收账款优先受偿。A公司则辩称,确认书在性质上仅具有通知效力,并未变更付款对象,A公司仍仅需向C公司履行相关付款义务,至于是否支付到指定账户,并不影响A公司义务的履行。确认书对A公司不具有约束力,即便未按确认书付款,也无需向B银行承担责任。

二、法院判决

上海市第一中级人民法院认为,应收账款质押合同的合同相对方是B银行与C公司,该合同签订的目的是在质押人(即C公司)不履行到期还款义务的情况下,作为质权人的B银行有权针对C公司质押的对外应收账款行使质权,以确保相关债权的实现。因此,在质权行使条件成就之前,C公司仍是被质押应收账款的债权人。但应收账款债务人接到质权人通知后不得随意向其债权人清偿债务,否则,构成无效清偿。本案中,B银行为确保对所质押应收账款的控制力,以保证将来质权的顺利实现,要求A公司出具相关确认书。A公司在确认书中也承诺,今后将应付款项汇至B银行的指定账户。据此,本院认为,A公司作为商事主体,综合确认书的上下文,理应理解此处涉及银行的重大利益。A公司签订确认书,不仅具有与接受通知相同的法律效果,也构成对其具有法律约束力的意思表示。即A公司虽仍向C公司履行付款义务,但如其违背"向B银行的指定账户付款,非经B银行书面同意不变更收款账户"的相关承诺,需依法自行承担相应的不利后果。即使如A公司所称,其按C公司的指示变更了付款方式,也属于故意违反确认书中承诺的付款方式,恶意损害B银行的合法利益,建立在违背承诺付款行为基础上的主张不构成对B银行的有效抗辩。故对A公司的上述辩称,法院不予支持。

---

5. 免责声明

应声明保理商仅受让应收账款债权,转让方仍对基础合同项下的全部责任和义务履行承担完全的责任,保理商在任何情况下均无须对任何该等责任和义务承担任何责任或对转让方未履行其责任和义务承担任何责任。

6. 可分割性

在叙做保理的应收账款不止一笔时，应要求债务人同意“可分割性”条款，即：如果应收账款转让的任何部分或该部分对任何人或情形适用时被认定无效，其余部分或该部分对其他人或情形适用时的有效性并不受影响。

7. 无权利冲突声明

除包括特定化转让应收账款的内容外，通知的内容还应要求债务人明确声明其未收到与通知存在冲突或不一致的其他通知，包括但不限于将上述应收账款转让或质押于保理商以外的第三人的其他通知；还可进一步明确应收账款债务人在收到通知后的合理期间确认是否有既存的抗辩权、抵销权、撤销权或其他反请求等情形的，对于应收账款债务人确认无既存权利的，事后不应允许其再行主张转让前既存的相关权利。

案例 5-7　A 银行诉 B 燃油公司、C 贸易公司案

2012 年 4 月 2 日，长沙某法院审结了中国某银行股份有限公司某支行(以下简称 A 银行)与被告某再生燃油股份有限公司(以下简称 B 燃油公司)、泰和县某贸易有限公司(以下简称 C 贸易公司)等合同纠纷一案。

一、基本案情

2011 年 8 月 4 日，A 银行与 C 贸易公司签订《国内保理业务合同》一份，约定 C 贸易公司应收账款向 A 银行申请办理有追索权国内保理业务。8 月 9 日，C 贸易公司向 A 银行出具借款借据。8 月 10 日，A 银行向 C 贸易公司发放 180 万元保理融资款，到期日为 2012 年 1 月 20 日。

2011 年 8 月 23 日，C 贸易公司与 A 银行签订《应收账款债权转让通知书》。8 月 28 日，A 银行向 B 燃油公司邮寄《应收账款债权转让通知书》，8 月 31 日，B 燃油公司予以签收。

2011 年 8 月 30 日，C 贸易公司与 B 燃油公司就燃料油的结算及质量问题达成协议：经双方协商后，C 贸易公司应承担的燃料油质量损失赔偿 250 万元，B 燃油公司应付 C 贸易公司的剩余油款和 C 贸易公司应当承担的损失赔偿互相抵销，C 贸易公司与 B 燃油公司之间油款结算和损失赔偿事宜就此一次性解决，双方不得再向对方提出任何要求。

2011 年 9 月 11 日，A 银行向 B 燃油公司邮寄《中国某银行催收贷款通知书》，该通知书于 9 月 14 日送达。

2011年11月2日,B燃油公司向A银行邮寄送达《关于催收货款通知书的异议函》,A银行于2011年11月4日收到该函。

二、法院判决

本案的争议焦点是:被告B燃油公司与被告C贸易公司于2012年8月30日达成了"B燃油公司应付给被告C贸易公司的燃料油款与C贸易公司应承担的损失赔偿责任相抵"约定;A银行于8月28日发送的《应收账款债权转让通知书》是否对被告B燃油公司发生法律效力。

法院认为:(一)因原告A银行与被告C贸易公司之间签订的《应收账款债权转让通知书》是在2012年8月23日,且原告A银行提交的现有证据不能证明被告B燃油公司知道或者应当知道被告C贸易公司与原告A银行之间存在保理合同关系,被告B燃油公司收到原告A银行邮寄的债权转让通知书是2012年8月31日,债权转让通知书在某公司收到后,方能对被告B燃油公司发生法律效力,有效债权的存在是债权转让的根本前提,但被告C贸易公司与被告B燃油公司于2012年8月30日就燃料油的结算及质量问题签订的《协议》约定可知:被告B燃油公司所欠被告C贸易公司的油料款与被告C贸易公司应赔偿因油料不合格所造成被告B燃油公司的损失相抵销,故被告B燃油公司在2012年8月31日收到债权转让通知书时,被告B燃油公司对原告A银行不负债务。(二)本院已向原告A银行释明,告知原告A银行若认为《协议》无效,可向法院提起撤销权诉讼,但原告A银行并未提起撤销权诉讼。综上,本案保理合同项下的债权转让是被告C贸易公司与原告A银行的真实意思的表示,债权转让合同在合同当事人之间发生法律效力,让与人被告C贸易公司对其让与的债权负瑕疵担保责任,在债权转让通知到达被告B燃油公司前,被告B燃油公司并非是债权转让合同的当事人,对被告B燃油公司而言,其对被告C贸易公司的债务因抵销而消灭,原告A银行与被告C贸易公司之间的债权转让合同对被告B燃油公司不发生效力,原告A银行与被告C贸易公司之间及被告C贸易公司与被告B燃油公司之间的原有的合同权利与义务关系未发生改变。因此,原告A银行按约向被告C贸易公司发放了180万元保理融资款,在保理合同所约定的保理融资到期日到期后,原告A银行依据保理合同的约定要求被告B燃油公司在应收款到期时直接支付应收款本金及利息的诉讼请求,因缺乏相应的事实依据,法院不予支持。

8. 放弃终止/变更权

应尽力要求债务人承诺未经保理商事先批准，不得单方或与转让方共同终止、修订、变更与上述应收账款相关的基础合同项下的任何合同条款或条件。

9. 落款倒签/预签

落款的时间应如实、完整地填写，避免倒签、预签文书引发的争议。在上述“中国建设银行股份有限公司江阴临港新城支行与江阴市新暨阳石油有限公司撤销权”一案中，《应收账款转让通知书回执》被倒签，法院正是据此以存在故意误导为由，认定债务人的付款行为存在重大误解，判决撤销债务人付款行为并要求保理商返还款项。

(二) 通知行为的风险防范

保理商应充分识别债权转让通知中的不当行为所可能蕴含的风险，以防患于未然。

1. 通知主导权旁落

保理商应当主导应收账款转让通知的过程，并要求债权人通力配合，以防止债权人瞒天过海，偷梁换柱。从上述“中国建设银行股份有限公司江阴临港新城支行与江阴市新暨阳石油有限公司撤销权”一案可知，建行未自行通知新暨阳公司并直接取回《应收账款转让通知书回执》，而是交由润辉公司主导债权转让通知事务，并从润辉公司处间接取回《应收账款转让通知书回执》，从而为润辉公司将 2012 年 3 月签发的《应收账款转让通知书回执》用于 2012 年 9 月业务的行为打开了“方便之门”，由此埋下隐患并最终酿成争端。

即使在隐蔽型保理业务中，保理商也应当要求债权人按照与公开型保理同样的要求制作《应收账款转让通知书》一式两份以上的原件，事先存放在保理商处，并在应收账款到期后或保理合同约定的违约事件或潜在违约事件发生后，由保理商亲自将《应收账款转让通知书》送达债务人。

2. 以回执取代通知

我国的《合同法》对债权转让采取“通知对抗主义”，保理商仅需证明债权转让已由债权人有效通知债务人即可产生债权转让的法律效果。在上述“中国建设银行股份有限公司江阴临港新城支行与江阴市新暨阳石油有限公司撤销权”一案中，保理商取得了加盖新暨阳公司公章和法定代表人私章的《应收账款转让通知书回执》。表面来看，保理商在通知之上更进一步，取得了债务人同意债权转让的回执，安全性应更加无虞才是。但恰恰是这份回执成为上述案件争执的根源。保理商因过分依赖于回执，而省略了发出书面债权转让通知的程序，从而导致《回执》上债务人的盖章一旦出现纰漏，保理商就没有任何其他有效证据证明新暨阳公司已收到债权转让的通知。根据法律，债权人转让权利仅需通知债务人即可，债务人签发的回执倒非必需，保理商应防止主次颠倒，简单地以转让回执取代转让通知。

3. 未尽审慎核查义务

实践中，保理商对债务人在《回执》上签章的真实性通常难以有效核查，保理商可以《合同法》第四十九条"表见代理制度"进行抗辩，即当保理商有充分的理由相信《回执》上的签章是债务人真实意思表示时，即使该签章事后证实不真，也仍应保护善意且无过失的保理商。在上述"中国建设银行股份有限公司江阴临港新城支行与江阴市新暨阳石油有限公司撤销权"一案中，保理商也提出了"2013 年 9 月的保理业务中出现的 2013 年 3 月《回执》是债权人在 2013 年 9 月向保理商提交保理融资申请时一并提交的，保理商不存在欺诈债务人的主观恶意"的抗辩。但遗憾的是，保理商对应收账款转让通知采用的放任态度，很难令法院确信其已有效地履行了一个善意、专业、审慎的保理商所应尽的核查义务，法院对保理商的这一抗辩未予支持。

思考与讨论

1. 请比较各国就应收账款转让生效要件的不同立法模式，并讨论不同立法模式的历史成因。

2. 债务人收到应收账款转让通知后享有哪些权利？需承担哪些义务？

3. 请总结保理商进行应收账款转让通知时可能存在的法律风险及相应的风险防控措施。

第六章

应收账款转让权利竞合法律实务

本章概要

1. 本章分析了应收账款双重转让、转让与质押、转让及保全等权利竞合问题。
2. 本章对如何理解和建立应收账款转让公示公信制度进行了探讨。

第一节　保理商权利竞合的类型

为了形象化地说明保理商与其他权利的冲突问题，兹举如下案例模型予以说明，该模型按发生的时间顺序排列为：① 债权人与保理商 A 就其对债务人的应收账款申请叙做隐蔽保理，但在中国人民银行征信中心的应收账款转让登记公示系统办理了应收账款转让登记；② 该债权人又将同一笔应收账款向保理商 B 申请叙做公开保理，债权人将应收账款转让通知了债务人；③ 该债权人再次将同一笔应收账款权利质押给了质权人 C，并按照《应收账款质押登记办法》(中国人民银行令〔2007〕第 4 号)在中国人民银行征信中心的应收账款质押登记公示系统办理了应收账款质押登记；④ 最后，在债务人偿付应收账款之前，人民法院 D 因该债权人与第三人债权债务纠纷，经第三人申请，向债务人发出《协助执行通知书》，对该笔应收账款予以财产保全。

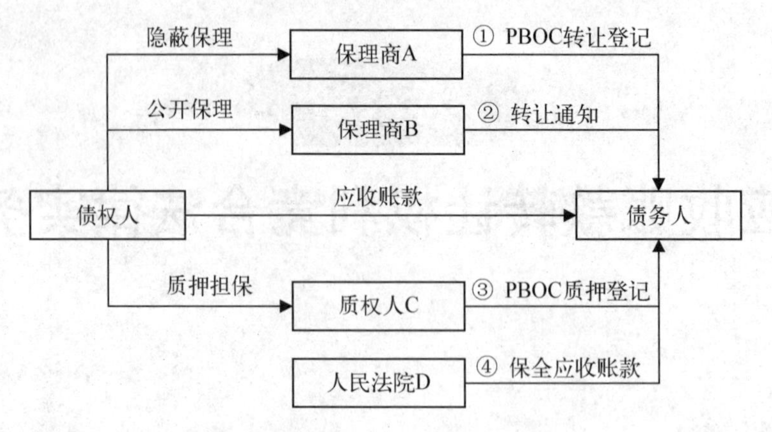

图 6-1 保理商权利竞合案例模型

一、双重转让之间的权利竞合

我国《合同法》未就应收账款双重转让情形下多个受让人权利竞合的先后次序作出规定。在这个问题上，学术界争议颇大，部分观点认为，应收账款转让有“对内效力”和“对外效力”之分，从我国《合同法》对通知的规定来看，通知并非债权转让生效的条件，债权转让通知的目的仅是让债务人明确履行债务的对象，以避免债务人的重复履行；在债权人与受让人之间，债权转让仅需符合民事行为的一般生效要件即对转让双方发生法律约束力，应收账款转让生效后，该合同的债权人即由转让人变成了受让人，如果发生重复转让的行为，一般认为应当按照以下原则处理：有偿让与的受让人优先于无偿让与的受让人；在先的受让人优先于在后的受让人。因此，在债权双重让与场合，谁能真正地取得债权，应当以债权转让时间的先后顺序为准，时间优先者取得债权。

另一种观点针锋相对地认为，根据《合同法》第八十条第一款，转让通知送达债务人的时间，才是应收账款转让对债务人的生效时间，重复转让时，受让人的优先顺位还是宜遵循“通知在先，权利在先”的标准，即应按债务人收到转让通知的先后来确定债权的归属，这是出于对善意债务人和交易安全的保护，也是表见让与法理的直接体现。

上述争议各执一词，应当说第一种观点更符合我国《合同法》的合同转让区分“对内效力”和“对外效力”的字面解释，但易对善意债务人准确确定债权人造成困扰，尤其在当下我国社会诚信尚不健全且缺乏债权转让公示制度的情况下，给债权人与第三人蓄意倒签合同、为对抗原受让人而虚构交易留下了法律漏洞，司法实践中采纳“通知在先，权利在先”的解释更为稳妥，也更符合公平原则。

二、与应收账款质权人的权利竞合

债权人为获得融资，可能在向保理商申请叙做保理的前后，将应收账款质押给银行、其他机构或自然人作为担保措施。在这种情况下，保理商与应收账款质权人之间会产生权利冲突。

(一) 质押在先、保理在后的竞合情形

我国《物权法》第二百二十八条规定：“以应收账款出质的，当事人应当订立书面合同。质权自信贷征信机构办理出质登记时设立。应收账款出质后，不得转让，但经出质人与质权人协商同意的除外。出质人转让应收账款所得的价款，应当向质权人提前清偿债务或者提存。”故我国的应收账款质押具有以下特点：

1. 应收账款可以质押

应收账款可否质押，可谓我国《物权法》制订中的重大争论问题。部分学者认为，若应收账款可以设立权利质权，在理论上是错误的，在实践上是有害的，因为可以设立权利质权的权利，必须具备两个条件：一是有权利凭证或者有登记制度；二是质权人可以通过占有权利凭证或者通过办理出质登记，达到控制该项权利的目的。如果某项权利既没有权利凭证，也没有登记制度，或者质权人不能通过占有权利凭证或者办理出质登记达到控制该项权利的目的，则该项权利不能用于设立权利质权。应收账款债权就属于这样的不能设立权利质权的权利，因为即使为应收账款债权创设某种权利凭证，或者为其创设出质登记制度，移转该权利凭证之占有或者办理出质登记也不能达到控制该应收账款债权的目的①。但在银行界的大力推动下，最终《物权法》第二百二十八条规定允许应收账款设定权利质权②。

2. 质押以登记生效

《物权法》第二百二十八条明文规定，应收账款质权自信贷征信机构办理出质登记时设立，可见我国《物权法》移植了美国《统一商法典》第九编的动产担保制度，在应收账款质权设立上采用的是“书面合同＋登记”的模式，即签订书面合

---

① 梁慧星，“物权法草案的若干问题”，《中国法学》2007 年第 1 期，第 8—18 页。
② 宋晓明，“物权法担保物权编实施中的几个重要问题”，见于最高人民法院民二庭庭长宋晓明在 2008 年 4 月 29 日“物权法担保物权国际研讨会”上的讲话。

同是应收账款质权设立的形式要件，在信贷征信机构办理出质登记是应收账款质权设立的实质要件，只有当两个要件同时满足时，应收账款质权得以设立，产生物权的对抗效力。中国人民银行随后颁布了《应收账款质押登记办法》(中国人民银行令〔2007〕第4号)，确定中国人民银行征信中心是应收账款质押的登记机构，质权人可以根据中国人民银行征信中心制定的《中国人民银行征信中心中征动产融资统一登记平台操作规则》等规则在“中征动产融资统一登记平台”(http://rs.zhongdengwang.com/)上进行应收账款质押的登记与查询。

3. 质押生效后禁止转让

在我国《物权法》《应收账款质押登记办法》规定的法定登记制度存在的情况下，应收账款质押具有公示效力，保理商就有途径确认是否存在在先质权，因此，保理商不能以不知道存在在先权利为由受让应收账款。依据《物权法》第二百二十八条“应收账款出质后，不得转让，但经出质人与质权人协商同意的除外”的规定，一旦存在在先出质的应收账款，保理商无权要求债务人清偿应收账款。

但《物权法》第二百二十八条的规定并未表明其是否属于效力性强制规定，对于质押生效后的应收账款转让，是否因违反强制性规定而无效，法律规定得不是十分清晰。《最高人民法院关于适用〈中华人民共和国合同法〉若干问题的解释(二)》第十四条规定：“合同法第五十二条第(五)项规定的‘强制性规定’，是指效力性强制性规定”。通说认为，“效力性规定”是指法律及行政法规明确规定违反该类规定将导致合同无效的规范，或者虽未明确规定违反之后将导致合同无效，但若使合同继续有效将损害国家利益和社会公共利益的规范，此类规范意在否定其在民商法上的效力，只有违反了效力性的强制规范的，才应当认定合同无效。与“效力性规定”相对应的是“管理性规范”，是指法律及行政法规未明确规定违反此类规范将导致合同无效的规范，此类规范旨在管理和处罚违反规定的行为，但并不否认该行为在民商法上的效力，例如，《上海市商业保理试点暂行管理办法》第十八条规定：“商业保理企业为股东及其关联实体提供担保或保理融资的总余额，不得超过该股东的出资金额”，即属于管理性规范。本书认为，《物权法》第二百二十八条第二款的规定，在于规范出质人的行为举止，要求先经质权人同意再转让；违反该规定时，也只会损害质权人的个人利益。因此，《物权法》第二百二十八条第二款的规定宜认定为管理性规定，应收账款出质后未经质权人同意的保理合同并不当然无效，保理商虽不能依据保理合同取得应收账款，但仍可依据保理合同要求债权人承担违约责任。

(二) 保理在先、质押在后的冲突情形

《物权法》明确了物权的善意取得制度，并且从其构成要件、适用范围等方面作出了规定。《物权法》第一百零六条规定："无处分权人将不动产或者动产转让给受让人的，所有权人有权追回；除法律另有规定外，符合下列情形的，受让人取得不动产或者动产的所有权：（一）受让人受让该不动产或者动产时是善意的；（二）以合理的价格转让；（三）转让的不动产或者动产依照法律规定应当登记的已经登记，不需要登记的已经交付给受让人。受让人依照前款规定取得不动产或动产的所有权的，原所有权人有权向无处分权人请求赔偿损失。当事人善意取得其他物权的，参照前两款规定。"

根据上述规定，债权人在应收账款转让后再次出质的，质权人构成善意取得，需具备三个条件，即质权人善意、具有合理交易对价和已经办理质押登记。

我国《合同法》第八十条规定："债权人转让权利的，应当通知债务人。未经通知，该转让对债务人不发生效力。"我国确立了"通知主义"的债权转让立法例，根据《物权法》第一百零六条的规定，质权人的善意取得对保理商主张取得应收账款债权构成重大法律风险，在实务中极易引发因债权人先保理、后出质而导致保理商和质权人之间的权利冲突。保理商对应收账款的所有权和质权人的质权相比较明显处于劣势，具体表现为如下两个方面。

1. 应收账款质押缺乏对债务人的通知规则

我国《物权法》未明确应收账款质押时对应收账款债务人的通知制度（包括对是否需要通知、由出质人通知还是由质权人通知、集合应收账款设质时是逐一通知还是广而告之、通知是否需要应收账款债务人签收确认等一系列问题均未作规定）。实践中的普遍观点认为，应收账款质押不同于应收账款转让，在目前采取登记公示的框架下，通知不应是应收账款质权设立和生效的条件，仅仅是应收账款质权实现的条件。

依据民法学原理，"善意"是指民商事主体不知道且不应当知道处分人没有处分权的主观心理状态。争议较大的多是"是否应当知道"的问题，在实践中经常转化为对民商事主体是否在"交易时"尽到必要的注意义务问题的法律评价。依上述观点，质权人设立质权并不以通知应收账款债务人为先决条件，换言之，法律并未将通知债务人作为质权人应尽的注意义务，即使保理商受让应收账款在先且已将转让事宜通知债务人，债务人也缺乏有效渠道知晓并对债权人的无权处分提出异议，此时，保理商将难以质权人未尽"通知债务人"的必要注意义务

为由，否认质权人的“善意”。

2. 应收账款转让没有法定的登记机关和公示程序

商业保理企业的行业主管部门在其颁布的规范性文件中，大都要求商业保理企业办理应收账款转让登记，将应收账款权属状态予以公示。例如，《上海市商业保理试点暂行管理办法》第十九条规定：“商业保理企业应当在人民银行征信中心的应收账款质押登记公示系统办理应收账款转让登记，将应收账款权属状态予以公示。”《天津市商业保理业试点管理办法》第十四条规定：“商业保理公司应当在中国人民银行征信中心的应收账款质押登记公示系统办理应收账款转让登记，将应收账款权属状态予以公示。”《重庆两江新区商业保理（试点）管理办法》《苏州工业园区设立商业保理企业试行办法》等地方规定中多有类似规定。

即使有上述行业规范，能否就以应收账款转让已在中国人民银行征信中心的应收账款质押登记公示系统登记为由，认定质权人知道或应当知道应收账款已转让给保理商，不构成善意取得，争议较大。反对者认为，“物权法定”是各国物权法的基本原则，商业保理企业与银行保理商的行业主管部门颁布的规定，立法层次较低，且仅对各自主管的保理商具有约束力，对其他民商事主体并无适用之余地。中国人民银行征信中心的应收账款质押登记公示系统是依据《物权法》的规定，为办理应收账款质押登记而建，不适用于应收账款转让，在我国现行法律、法规尚没有规定应收账款转让的登记机关和公示程序的情况下，不能仅仅因为应收账款转让在中国人民银行征信中心的应收账款质押登记公示系统进行了登记，就认定第三人知道或应当知道，否定其“善意第三人”的合法权利。

在我国融资租赁行业，租赁物为承租人所占用使用，故不乏承租人恶意对外转让、抵押租赁物的情形出现，由于现行法律未就融资租赁合同中的租赁物登记问题作出明确规定，给出租人的物权保障带来较大风险，最高人民法院于2014年2月24日在其颁布的《关于审理融资租赁合同纠纷案件适用法律问题的解释》（法释〔2014〕3号）中对融资租赁合同纠纷案件否定“善意第三人”的条件作出了专门规定：“承租人或者租赁物的实际使用人，未经出租人同意转让租赁物或者在租赁物上设立其他物权，第三人依据《物权法》第一百零六条的规定取得租赁物的所有权或者其他物权，出租人主张第三人物权权利不成立的，人民法院不予支持，但有下列情形之一的除外：（一）出租人已在租赁物的显著位置作出标识，第三人在与承租人交易时知道或者应当知道该物为租赁物的；（二）出租人授权承租人将租赁物抵押给出租人并在登记机关依法办理抵押权登记的；

(三) 第三人与承租人交易时,未按照法律、行政法规、行业或者地区主管部门的规定在相应机构进行融资租赁交易查询的;(四) 出租人有证据证明第三人知道或者应当知道交易标的物为租赁物的其他情形。"

拓展 6-1　最高人民法院融资租赁司法解释问答[①]

问:融资租赁行业普遍反映,由于租赁物为承租人所占用和使用,故经常出现承租人对外转让、抵押租赁物的情形。现行法律未就融资租赁合同中的租赁物登记问题作出明确规定,给出租人的物权保障带来较大风险。请问,司法解释就此问题是否作出了规定?

答:您所说的问题客观上确实存在。我们在司法解释的制定过程中,也注意到了这一点。但租赁物的登记机关及登记效力应当由法律作出规定,而不应由司法解释作出规定。在租赁期间,出租人享有租赁物的所有权,但租赁物实际为承租人所占用和使用,因此,承租人对外转让、抵押租赁物以再融资的风险始终客观存在。对有明确登记机关的飞机、轮船、企业厂房等租赁物,因租赁物的所有权以登记为公示方式,故承租人占有使用租赁物,并不影响租赁物所有权在法律上的归属。但对大量没有所有权登记机关的机械设备及其他无所有权登记机关的动产而言,占有为所有权的主要公示方式,在承租人对外转让租赁物时,受让人可以根据善意取得制度取得租赁物的所有权,但对出租人而言,其租金债权的物权保障消失殆尽。在立法未就租赁物的登记机关作出明确规定的前提下,实践中,出租人不得不采取各种各样的措施来保护其对租赁物的所有权。例如,有的出租人在租赁物的显著位置作出标识,显示租赁物的所有权归属及租赁属性;有的出租人在租赁物有明确的抵押登记机关的前提下,通过授权承租人将租赁物抵押给出租人并在登记机关办理抵押权登记,以避免租赁物被承租人对外转让、抵押的风险。但此类行为能否产生对抗善意第三人的法律后果,仍属不确定状态。有鉴于此,相关部门也对融资租赁登记查询工作开始了实践探索。

司法解释第九条对出租人的物权保护问题给予了积极的回应。根据该条规定,承租人或者租赁物的实际使用人未经出租人同意转让租赁物或者在

① 《人民法院报》,2014 年 2 月 28 日。

租赁物上设立其他物权,第三人依据《物权法》第一百零六条的规定取得租赁物的所有权或者其他物权,出租人主张第三人物权权利不成立的,人民法院不予支持,但有四种例外情形:一是出租人已在租赁物的显著位置作出标识,第三人与承租人交易时知道或者应当知道该物为租赁物的;二是出租人授权承租人将租赁物抵押给出租人并在登记机关办理抵押权登记的;三是第三人与承租人交易时未按照行业或地区主管部门的要求在相应机构进行融资租赁交易查询的;四是出租人有证据证明第三人知道或者应当知道交易标的物为租赁物的其他情形。该条规定从第三人取得租赁物的所有权或者他物权是否构成善意的事实认定角度,将实务中出租人广泛采用的并且符合现行法律规定的所有权保护措施予以认可。

根据我国最高司法机关的上述观点,租赁物的登记机关及登记效力应当由法律作出规定,而不应由司法解释作出规定。在立法未就租赁物的公示制度作出明确规定的前提下,最高人民法院仅从第三人取得租赁物的物权是否构成善意的事实认定角度,将实务中融资租赁公司广泛采用的并且符合现行法律规定的所有权保护措施予以认可。

该司法解释的起草者指出:本条采取列举式和概括式相结合的方式明确了不适用善意取得的情形:

出租人授权承租人将租赁物抵押给出租人并在登记机关依法办理抵押登记的。关于上述做法的合法性问题,有观点认为,所有权人不能接受自己的财产设定抵押;也有观点认为,《最高人民法院关于适用〈中华人民共和国担保法〉若干问题的解释》第七十七条规定:“同一财产向两个以上债权人抵押的,顺序在先的抵押权与该财产的所有权归属一人时,该财产的所有权人可以以其抵押权对抗顺序在后的抵押权。”该规定肯定了抵押权人和所有权人同一的情形,因此,上述做法应予肯定。司法解释采纳了肯定观点。基于普通动产作为融资租赁物没有登记这一公示制度的缺失,为保护出租人的权利,在起草司法解释过程中,倾向意见认为,这种做法虽与物权法的基本理论有所差别,但确实是在无法定租赁物登记机关的前提下,出租人保障其对租赁物的所有权的一种有效实现方式,因此,司法解释对此予以认可,以在立法未明的所有权下,满足现实之需。但应当认识到,建立一个统一规范的租赁物登记平台,解决融资租赁企业对租赁物进行物权登记和公示的各种困难，同时也能让善意第三人在交易时能快速便捷地查询租赁物件的真实状态，促进交易安全才是切实的解决之道。

第三人与承租人交易时未按照行业或地区主管部门的要求在相应机构进行融资租赁交易查询的。作此规定源于理论和现实所需。尽管法律规定了善意取得制度保护善意第三人的信赖利益，以维护交易安全，但应予强调的是，其仅是对“善意第三人”进行保护，而非对所有第三人进行保护，其法理基础在于：我们对“善意”的理解和认定，不能违背公平这一法律的首要价值。在商事交易中，作为具有一定识别能力、分析能力、判断能力的主体，买受人应尽一般的注意义务。在对融资租赁物进行交易的过程中，买受人应对租赁物的权属状况尽到具有普通智识能力的人的注意义务。在法律、行政法规、行业或地区主管部门的规定要求交易方应对交易物的相关信息进行查询，但买受人未按照前述要求进行融资租赁交易查询的，应认定其未尽到注意义务，不构成善意。该规定也是对现实做法的认可和指引①。

《融资租赁司法解释》第九条第（三）款的审判思路，目前已被天津市高级人民法院借鉴、运用到国内第一部专门适用于保理合同纠纷的地方司法指导意见——《天津市高级人民法院关于审理保理合同纠纷案件若干问题的审判委员会纪要（一）》（津高法〔2014〕251号）之中。

拓展6-2 天津高院保理审判会议纪要（一）

天津市高级人民法院关于印发《天津市高级人民法院关于审理保理合同纠纷案件若干问题的审判委员会纪要（一）》的通知

津高法〔2014〕251号

九、登记公示和查询的效力

天津市金融工作局、中国人民银行天津分行、天津市商务委员会联合发布的《关于做好应收账款质押及转让业务登记查询工作的通知》②（以下简称

---

① 奚晓明、最高人民法院民事审判第二庭，《最高人民法院关于融资租赁合同司法解释理解与适用》，人民法院出版社，2014年3月第1版。

② 《关于做好应收账款质押及转让业务登记查询工作的通知》（津金融局〔2014〕8号）所列的主体包括各银行、商业保理公司、金融资产管理公司、信托公司、财务公司、汽车金融公司、消费金融公司、金融租赁公司、外商投资融资租赁公司、内资融资租赁试点企业、典当行、小额贷款公司和融资性担保公司。

《通知》)中所列主体受让应收账款时,应当登陆中国人民银行征信中心动产融资统一登记平台,对应收账款的权属状况进行查询,未经查询的,不构成善意。

《通知》中所列主体在办理应收账款质押、转让业务时,应当对应收账款的权属状况在中国人民银行征信中心动产融资统一登记平台予以登记公示,未经登记的,不能对抗善意保理商。

应当看到,对于保理商受让应收账款在先、质权人受质应收账款在后的情形,目前尚无全国范围内可予适用的司法解释,保理商在实务中仍面临较大的法律风险。但最高人民法院在《关于审理融资租赁合同纠纷案件适用法律问题的解释》及《天津市高级人民法院关于审理保理合同纠纷案件若干问题的审判委员会纪要(一)》的司法创新,较好平衡了出租人、保理商与第三人的利益冲突,是对"诚实信用原则"司法理念的合理诠释,其司法价值取向应予肯定和推广。

三、与法院保全的权利竞合

法院保全是保障诉讼和执行顺利进行的最重要手段,尽管各国所使用的名称、保全的对象、方法、条件等有所不同,但各国的诉讼法均设立了保全程序。

(一) 法院保全的含义

在大陆法系语境中,保全是为避免债务人在债权人取得执行名义并强制执行前,处分或隐匿可供强制执行的财产或变更标的物现状,法律特设以国家权力限制债务人处分或变更其财产状况的程序和规范。1979年施行的日本《民事执行法》将《民事诉讼法》第六编中"假扣押与假处分的执行程序"作为《民事执行法》第三章专门设立,"假扣押与假处分的命令程序"依然保留在第六编中。1989年施行的日本《民事保全法》将前两部法律中"保全裁定程序"和"保全执行程序"整合规定在该法中。在英美法系,与大陆法保全制度类似的制度称为临时性救济措施。美国《联邦民事诉讼规则》第八章规定了扣押和中间禁令两种保全方式,中间禁令包括预备禁止令(preliminary injunction)和临时禁止令(temporary restraining order);英国的民事诉讼法律并没有对临时救济措施作明确的划分,而是规定了种类繁多的禁令和命令，如临时性禁令、中期裁判、扣押、保管命令、冻结令、搜查令和中间付款的命令等。英美法系下的临时性救济措施与民事保全的区别在于，前者包括证据保全，而在传统大陆法意义上，证据保全不包括在保全范围内[①]。

我国《民事诉讼法》以第一百条、第一百零一条两个条款分别规定了诉讼保全制度和诉前保全制度。

(1)《民事诉讼法》第一百条规定："人民法院对于可能因当事人一方的行为或者其他原因，使判决难以执行或者造成当事人其他损害的案件，根据对方当事人的申请，可以裁定对其财产进行保全、责令其作出一定行为或者禁止其作出一定行为；当事人没有提出申请的，人民法院在必要时也可以裁定采取保全措施。人民法院采取保全措施，可以责令申请人提供担保，申请人不提供担保的，裁定驳回申请。人民法院接受申请后，对情况紧急的，必须在四十八小时内作出裁定；裁定采取保全措施的，应当立即开始执行。"

(2)《民事诉讼法》第一百零一条规定："利害关系人因情况紧急，不立即申请保全将会使其合法权益受到难以弥补的损害的，可以在提起诉讼或者申请仲裁前向被保全财产所在地、被申请人住所地或者对案件有管辖权的人民法院申请采取保全措施。申请人应当提供担保，不提供担保的，裁定驳回申请。"

司法实践中，法院采用查封、扣押、冻结来分别适用于不动产、动产和其他权利。

(二) 法院保全与保理的竞合

案例 6-1　工行诉康虹公司、大润发卖场案

2012 年 11 月 29 日，上海市第二中级人民法院审结了中国工商银行股份有限公司上海市青浦支行(以下简称青浦支行)诉上海康虹纺织品有限公司(以下简称康虹公司)、上海大润发卖场有限公司(以下简称大润发卖场)等合同纠纷上诉一案。

一、案情概览

2011 年 11 月 4 日，康虹公司向大润发卖场公司发出《更改付款账户申

① 黄文艺，"比较法视域下我国民事保全制度的修改与完善"，《比较法研究》2012 年第 5 期，第 67—77 页。

请》,明确因康虹公司在青浦支行办理保理业务,按照银行的信贷审批要求将货款结算账户变更到康虹公司在工行徐泾支行的账户,大润发卖场同意按康虹公司的更改意见执行。2011 年 12 月 23 日,双方签订了《国内保理业务合同》,合同明确:康虹公司作为销货方以其应收账款向青浦支行申请办理有追索权的国内保理业务;同日,工行青浦支行与康虹公司签订了《应收账款转让清单》及明细,同日,青浦支行在中国人民银行征信中心应收账款质押登记公示系统(PBOC)中将与康虹公司因系争保理合同而发生的债权转让作了应收账款转让登记。2011 年 12 月 26 日,青浦支行向康虹公司发放了 265 万元保理融资款。

2012 年 1 月 11 日,因康虹公司另一笔保理融资款未得到清偿,青浦支行对未到期的 265 万元保理融资业务宣布提前到期。嗣后,康虹公司未履行相应的义务。青浦支行遂于 2012 年 1 月 29 日诉诸法院,请求:① 判令大润发卖场支付应收账款债权本金 3 045 773.74 元及相应的利息损失;② 判令康虹公司在融资本金 265 万元及利息的范围内对大润发卖场的债务承担回购责任(利息以 265 万元为本金,按照 9.607 5%的利率计,自 2012 年 1 月 12 日起至判决确定的履行期限届满之日止)。

法院另查明:2011 年 12 月 31 日,浦东新区人民法院向大润发卖场发出(2012)浦民二(商)初字第 75 号协助执行通知书,要求协助冻结康虹公司在大润发卖场公司处的应收账款 240 万元;2012 年 1 月 4 日,江苏省南通市通州区人民法院向第二被告发出(2012)通执字第 121 号协助执行通知书,要求协助冻结第一被告在第二被告处的应收账款 320 万元。至 2012 年 2 月 5 日,上海市闸北区人民法院、浙江省安吉县法院、上海市长宁区人民法院及上海市青浦区人民法院相继向大润发卖场公司发出协助执行通知书,要求大润发卖场协助冻结康虹公司在大润发卖场公司处的应收账款。

二、法院判决

1. 就《更改付款账户申请》的法律效力问题,法院认为,在《更改付款账户申请》中,康虹公司称“因我公司在工商银行青浦支行办理应收账款保理贷款业务”,要求变更结算账户及付款方式。虽然该申请提及工商银行青浦支行,也提及应收账款保理贷款业务,但该申请未就以下事项予以明确:① 未通知大润发卖场公司就哪一部分应收账款进行保理贷款,债权转让标的不明;② 未告知保理合同是否成立并生效;③ 未明确表明债权转让的意思,变更后的结算账户户名仍为康虹公司。因此，不能从该申请推定出康虹公司履行了系争保理合同项下债权转让的通知义务。

2. 就债权转让登记于央行登记系统是否可以免除债权转让通知义务的问题，法院认为，首先，央行登记系统根据《物权法》等规范性法律文件，为应收账款质押登记而设。《物权法》第二百二十八条规定："以应收账款出质的，当事人应当订立书面合同。质权自信贷征信机构办理出质登记时设立。"中国人民银行《应收账款质押登记办法》第二条规定："中国人民银行征信中心是应收账款质押的登记机构。征信中心建立应收账款质押登记公示系统，办理应收账款质押登记，并为社会公众提供查询服务。"上述规定明确了央行登记系统对应收账款质押登记的法律效力。其次，保理业务中债权转让登记无法律法规赋予其法律效力。唯一可参照的依据是《中国人民银行征信中心应收账款质押登记操作规则》附则的规定。该规则附则部分第二十五条规定："登记系统为保理业务中的应收账款转让提供权利公示服务。"从表述看，央行登记系统对债权转让登记的定位为"公示服务"，且央行登记系统对债权转让登记并不作实质性审查，故与应收账款质押登记不同，债权转让登记于央行登记系统不发生强制性排他对抗效力。第三，合同法明确规定债权转让对债务人发生法律效力的前提是通知，法律、司法解释或相关规范性法律文件未赋权任何形式的登记以债权转让通知的法律效力。因此，即便债权转让在系争登记系统中进行了登记，也不能免除合同法确定的债权转让通知义务。

在隐蔽保理的业务模式下（在保理商无法举证证明应收账款转让通知已有效送达债务人的情况下，也会面临同样问题），保理商受让的应收账款，可能因为债权人的外部纠纷而被法院予以保全，保全的形式通常为保全法院向该应收账款的债务人发出《协助执行通知书》，要求债务人协助冻结该应收账款而不得支付。在这种情况下，保理商与法院保全之间会产生权利冲突。

上述案例的判决体现了下述观点：

观点一：中国人民银行征信中心动产融资统一登记平台对应收账款质押登记具有法律效力，但保理业务中债权转让登记无法律法规赋予其法律效力，中国人民银行征信中心动产融资统一登记平台的登记不产生债权转让通知的法律效力，由于康虹公司未履行通知义务，保理商与康虹公司之间的应收账款债权转让对大润发卖场不发生效力，康虹公司与大润发卖场之间原有的合同权利与义务关系未发生改变。

观点二：受司法限制的应收账款无法转让。在本案诉讼前，诸多法院依法冻结了康虹公司在大润发卖场处的应收账款，上述应收账款因受司法限制而已无法转让。因此，保理商依据《国内保理业务合同》的约定要求大润发卖场在应收账款到期时直接支付保理商应收账款本金及利息的诉讼请求，缺乏相应的事实依据，法院不予支持。

在上述案件的审理过程中，法院广泛征求了各界观点，反复权衡并最终采纳了"通知在先原则"，有利于债务人明确债权归属和进行清偿，确有相当的合理性，但法理上仍并非完美无缺，仍有下述问题值得商榷。

首先，应收账款转让有对内效力和对外效力之分，我国《合同法》并未将通知规定为债权转让生效的条件，债权人转让债权是行使财产权的行为，虽然债权转让只有通知债务人才对债务人发生效力，但在债权人与保理商之间，债权转让仅需符合民事行为的一般生效要件即对转让双方发生法律约束力。而本案在应收账款转让生效之时，并未被法院保全，不存在"因受司法限制而已无法转让"之情形。

其次，保理商已于法院保全之前在中国人民银行征信中心动产融资统一登记平台办理了应收账款转让登记，在先登记的应收账款转让赋予了区分恶意保理商和善意保理商的外在表征，足以排除保理商与债务人恶意串通、纯粹为对抗法院保全而虚构交易的情形。

最后，法院保全仅属于民事诉讼中的程序性事项。根据《民事诉讼法》第一百五十四条的规定，法院保全属于裁定事项，而裁定是人民法院为处理民事诉讼中的各种程序性事项所作出的结论性判定。根据最高人民法院《关于人民法院执行工作若干问题的规定(试行)》的规定，案外人对执行标的主张权利的，可以向执行法院提出异议；对案外人提出的异议，一时难以确定是否成立，案外人已提供确实有效的担保的，法院可以解除查封、扣押措施；经审查认为案外人的异议成立的，报经院长批准，裁定对生效法律文书中该项内容中止执行。将上述执行保全的处理方式类比推理，法院保全仅是临时性并且可逆的程序性事项，法院可审查保理商的异议，在依法可以认定应收账款转让已生效、保理商已成为新的债权人的情况下，应当裁定解除冻结措施，而非仅以事后保全为由认定在先转让无效。

第二节　应收账款转让公示公信

应收账款转让存在的前述诸多权利竞合的原因是应收账款质押登记制度不完善，缺乏应收账款转让登记制度，以及应收账款质押和转让制度不统一。因此，有必要探索构建科学、合理的公示公信法律体系。

一、公示公信的含义

公示原则是物权法的基本原则之一。公示原则要求在物权变动过程中，必须将物权变动的事实通过一定的公示方法向社会公开，从而使特定当事人之外的第三人能够知悉物权变动的情况，以避免其遭受损害，并实现对交易安全的保护。

我国《物权法》第九条第一款规定："不动产物权的设立、变更、转让和消灭，经依法登记，发生效力；未经登记，不发生效力，但法律另有规定的除外。"该法第十四条规定："不动产物权的设立、变更、转让和消灭，依照法律规定应当登记的，自记载于不动产登记簿时发生效力。"该法第二十三条规定："动产物权的设立和转让，自交付时发生效力，但法律另有规定的除外。"该法第二十四条规定："船舶、航空器和机动车等物权的设立、变更、转让和消灭，未经登记，不得对抗善意第三人。"可见，物权法确立了动产物权的公示方法是交付，不动产物权的公示方法是登记。

依公示方法所表现之物权即使不存在或内容有异，但对于信赖此项公示所表示之物权，而为物权交易之人，法律承认其具有与真实物权存在相同的法律效果，这就引出了公信原则，善意取得就是物权公信原则的具体体现。

我国《物权法》第一百零六条规定："无处分权人将不动产或者动产转让给受让人的，所有权人有权追回，除法律另有规定外。符合下列情形的，受让人取得该不动产或者动产的所有权：（一）受让人受让该不动产或者动产时是善意的；（二）以合理的价格转让；（三）转让的不动产或者动产依照法律规定应当登记的已经登记，不需要登记的已经交付给受让人。受让人依照前款规定取得不动产或者动产的所有权的，原所有权人有权向无处分权人请求赔偿损失。当事人善意取得其他物权的，参照前两款规定。"该法第一百零七条规定："所有权人或者其他权利人有权追回遗失物。该遗失物通过转让被他人占有的，权利人有权向无处分权人请求损害赔偿，或者自知道或者应当知道受让人之日起二年内向受让人请求返还原物，但受让人通过拍卖或者向具有经营资格的经营者购得该遗失物的，权利人请求返还原物时，应当支付受让人所付的费用。权利人向受让人支付所付费用后，有权向无处分权人追偿。"该法第一百零八条规定："善意受让人取得动产后，该动产上的原有权利消灭，但善意受让人在受让时知道或者应当知道该权利的除外。"因此，我国的《合同法》规定了我国的物权善意取得制度。

二、应收账款转让公示公信立法比较

（一）各国立法模式

公示公信制度的核心功能是在权利竞合之时厘定应优先保护谁的权利。对于应收账款转让应该采取何种公示方法，各国在立法上大致有"设立在先、权利在先"、"通知在先、权利在先"及"登记在先、权利在先"三种模式。

1. 设立在先、权利在先

德国、瑞士《民法典》采用的是转让契约在先则权利优先的立法例。史尚宽先生指出："债权让与，对于债务人以外之第三人，因让与契约即生效力。法、意民法虽以对于债务人之通知或经债务人的承诺，为对抗第三人之要件，我民法则依德、瑞立法例，不以此为必。"[①]

2. 通知在先、权利在先

"通知在先、权利在先"规则要求将债权转让的事实及时通知债务人，在债务人接到债权转让的通知以后，债权转让才对债务人发生约束力。在英国，确定各个受让人权利优先顺序的规则最早是在 Dearle v. Hall(1823)案中确立的，根据该案规则，如果存在多位受让人，则第一个向债务人发出通知的受让人享有优先权，除非他在接受转让时已经得知在先转让[②]。采取这一原则的理由是：对债务人的通知是对同一债的多重让与的制约因素，未及时作出通知的受让人被认为是有某种程度上的疏忽，应该被后接受转让但最先作出转让通知的受让人所取代；由于对于债权这类无形资产的实际拥有是不可能的，通知被看作是相当于实际拥有的最近似的做法。大陆法系的法国、意大利的《民法典》都规定，对债务人

---

① 史尚宽，《债法总论》，中国政法大学出版社，2000 年，第 733 页。
② 何宝玉，《英国合同法》，中国政法大学出版社，1999 年，第 268 页。

作债权转让通知或经债务人承诺，是对抗第三人的要件(《意大利民法典》第一千二百六十五条，《法国民法典》第一千六百九十条)，这一点与英国判例法所确立的原则是一致的。

3. 登记在先、权利在先

"登记在先、权利在先"规则为美国所确定，《美国统一商法典》建立了统一的登记系统，并确立了登记优先规则。根据《美国统一商法典》第九—三百二十二条的规定，应收账款转让时的优先顺序是：① 两者都登记的，登记在先者优先；② 两者都通过登记以外的其他方式公示的，公示在先者优先；③ 如果一方登记，则其比登记在后的人和以其他方式公示的人优先。

(二) 国际公约立法模式

在《联合国国际贸易中应收账款转让公约》的各个重要部分中，有一个部分涉及转让对诸如竞合受让人、转让人的其他债权人和转让人破产中的管理人等第三方的影响，这一问题在该公约中被视为竞合求偿人中的优先权问题，即谁有权第一个收到支付款或其他履约成果。由于转让人的资产也许不足以偿付所有债权人，所以，该问题相当重要。

美国主张的方案是：应当以应收账款转让的登记为准，以登记的时间先后为准，登记在先的受让人享有应收账款债权。德国提出方案是：以债权转让合同成立的时间先后为准，成立在先的债权转让合同有效，后面的债权转让无效，成立在先的债权转让合同的受让人受让债权。德国的理论认为，一笔应收账款债权转让后，债权人就没有权利再进行重复转让，重复转让构成无权处分，当然无效。英国、日本、西班牙采取第三种方案，以债务人收到债权转让通知的时间为准，由第一份通知上的受让人取得债权。三套方案在公约制定的过程中达不成一致意见，《联合国国际贸易中应收账款转让公约》将"应收账款转让登记制度"作为优先倡导规则推荐给各缔约国。同时，《公约》在附件中也规定了这三个规则，规定参加国可以随时声明接受其中一个规则。

《公约》附件第一节规定了"以登记为准的优先权规则"。附件第一条规定："在同一转让人相同应收账款的若干受让人之间，一个受让人对所转让应收账款的权利的优先顺序，由根据本附件第二节登记有关转让数据的先后次序决定，不论应收账款的转移时间如何。未登记此种数据的，优先顺序以各方分别订立转让合同的先后次序决定。"

《公约》附件第三节规定了"以转让合同时间为准的优先权规则"。附件第六条规定:“在同一转让人相同应收款的若干受让人之间,一个受让人对所转让应收款的权利的优先顺序,以各方分别订立转让合同的先后次序决定。”

《公约》附件第四节规定了“以转让的通知时间为准的优先权规则”。附件第七条规定:“在同一转让人相同应收款的若干受让人之间,一个受让人对所转让应收款的权利的优先顺序,以债务人分别收到各方转让通知的先后次序决定。但是,受让人在订立向其进行转让的合同时已知悉先前的转让的,受让人不得通过通知债务人而获得相对于该先前转让的优先权。”

三、公示公信制度的相关要点

(一) 建立应收账款转让登记制度

商业保理是以应收账款转让为根基及主要风险控制手段的信用工具,能否有效地受让应收账款并对债务人、第三人产生公示约束力,对商业保理业务的安全性至关重要。应收账款的规模与发展趋势客观上也要求以公开的、外在的和易于查知的适当形式展示应收账款的权利状态,明确界定债权的归属,以达到保护交易安全和维护交易秩序的目的。在商业保理行业的蓬勃发展中,这种要求更为迫切。保理商受让应收账款后,若背信的债权人将应收账款再次转让或出质,权利竞合就不可避免,我国的《物权法》和《合同法》对应收账款质押和应收账款转让采用了不同的公示制度,应收账款转让因为缺少相应的公示机制和对抗第三人效力,非常不利于对商业保理交易安全的保护。

关于此种权利竞合的合理解决,本书认为可以参照《最高人民法院关于审理融资租赁合同纠纷案件适用法律问题的解释》(法释〔2014〕3号)第九条建立物权善意取得的适用除外情形的立法例,从实务角度在保理商与受让人、质权人之间建立一个利益平衡机制。

当然,为从根本上解决问题,还应通过立法方式完善和确认我国的应收账款转让登记制度,该制度应建立集合应收账款转让和未来应收账款转让的适用规则。应收账款转让登记制度是将应收账款转让在特定机构登记公示并赋予公信力的一项制度,其目的主要是通过公示债权转让交易,明确应收账款的权属状况和交易状况,以有效地保护保理商与债务人的利益,登记制度能较好地克服债权转让“通知主义”立法模式的不足。

2015年1月21日,中国人民银行对外公布了《应收账款质押登记办法(修订征求意见稿)》,该修订征求意见稿在附则中增加了一个条款:“权利人在登记平台办理保理业务当中的应收账款转让登记，参照本办法的有关规定”，引导更多的主体开展登记与查询，保护交易安全。该项部门规章修订后在应收账款质押登记公示系统上进行转让登记的法律效力如何，以及在司法实践中能够获得多大程度的认可等问题，尚待观察。

拓展6－3 中国人民银行就《应收账款质押登记办法》修订的说明

一、在《办法》附则中增加应收账款转让登记的规定

随着应收账款融资业务的发展，应收账款转让登记实践已经形成。截至2014年年底，应收账款质押登记公示系统(以下简称登记系统)记载了59.5万余笔应收账款转让登记，占应收账款登记总量的45%。目前，21家全国性商业银行和300多家保理公司都是登记系统的主要用户。

应收账款转让登记得到行业管理部门的支持，同时，登记效力获得地方司法部门的认可。在中国银行业协会发布的有关保理业务的文件以及深圳、广州、重庆、上海和天津等地的保理试点文件中，都有对各类交易主体在登记系统开展转让登记的规定。2014年11月19日，天津市高级人民法院印发了审理保理合同案件的审判委员会纪要，专门规定了应收账款转让登记公示和查询的效力，明确了在征信中心登记系统进行登记与查询可以产生对抗善意第三人的司法效力。此外，《国际担保交易示范法》和《国际保理公约》都有应收账款转让登记的规定。

本次修订保持《办法》名称和结构不变，在附则中增加若干条款，例如，《办法》第三十二条规定：“权利人在登记平台办理保理业务当中的应收账款转让登记，参照本办法有关规定”，以引导更多的主体开展登记与查询，保护交易安全。

二、修改完善应收账款的定义

随着应收账款融资业务的发展，实践中用来融资的应收账款类型丰富多样，银行、保理公司等机构对扩大《办法》列举应收账款的范围需求强烈。因此，本次修订对应收账款的定义予以完善，具体修订内容如下：① 将旅游景点收费权、学生公寓收费权、医疗收费权等因服务、劳务所产生的债权纳入《办法》第四条(三)的列举范围；将城市基础设施项目收益权、城市环保项目收益权、农村电网建设与改造工程电费收益权、水利开发项目收益权等城市农村基础设施项目收益权纳入了《办法》第四条(四)的列举范围;② 增加兜底条款,即其他以合同为基础的具有金钱给付内容的债权;③ 完善排除条款,排除因信用证而产生的付款请求权以及法律、行政法规禁止转让的付款请求权(第二条)。

三、取消登记协议上传要求

上传登记协议的目的是为了避免质权人不经出质人同意而进行恶意登记或者虚假登记。但登记协议作为附件上传,增加了登记用户的操作成本,登记机构也无法核实协议文件的真实性。因此,本次修订删除了《办法》第八条登记协议上传的规定,并对相关条款作出调整(第八条、第十条)。

四、若干登记事项的修改

为进一步完善公示的登记事项,修订了如下内容:

(1) 增加主债权金额及与主债权合同有关的登记内容。鉴于主债权合同与质押合同是主从关系。因此,本次修订在登记内容中增加主债权金额及与债权合同有关的其他信息,通过对该信息的适当公示,有助于更好地描述和公示质权。此外,还对登记内容的表述予以完善,将"注册地址"修改为"住所",将"金融机构代码"修改为"金融机构编码",将"工商注册码"修改为"工商注册号"(第十条)。

(2) 调整登记期限。由于我国有关收费公路的行政法规规定了部分地区的经营性公路收费期限为 30 年,此类登记往往需要多次展期,增加了登记当事人的操作风险。因此,本次修订将登记期限由 5 年增加至 30 年,并删除登记期限届满登记失效的规定(第十二条、第十三条)。

(3) 调整出质人信息变更的有关规定。出质人的法定注册名称或有效身份证件号码是登记系统的检索标准。为避免质权人掌握信息变更不及时,影响其他权利人查询登记信息的真实性问题,本次修订将质权人变更出质人身份信息的"四个月"调整为 30 日,变更时限从质权人知道或应当知道之日起算。此外,删除"未办理变更登记的,质押登记失效"的条款(第十五条)。

五、修改登记机构撤销异议登记的规定

异议登记的作用在于提醒第三人注意登记文件中所载的异议内容,不能直接否定原登记效力。由于法律未授予应收账款质押登记机构对登记事项真实性的审查权利,登记机构难以做到有效判断当事人是否提起诉讼而主动撤销异议登记。因此，本次修订删除《办法》第二十一条关于登记机构根据对当事人起诉情况的判断撤销异议登记的规定。

六、增加登记费用条款及其他表述性完善

目前，根据国家价格主管部门批准的收费标准，应收账款登记服务是一种有偿服务，本次修订增加了登记收费的条款（第三十一条）。

此外，本次修订还对以下条款内容及表述予以完善：增加应收账款质押的定义（第三条）；修改关于登记系统的表述（第四条）；修改异议登记通知时限（第二十条）；增加仲裁裁决作为登记机构撤销某笔登记的依据（第二十一条）；增加征信中心负有信息安全及保护义务的条款，并删除不可抗力条款（第二十八条）。

（二）应统一衔接质押与转让登记制度

《物权法》规定应收账款质权自信贷征信机构登记时设立，确认了应收账款质押登记的公示公信力，但在通知债务人、权利冲突上也需进一步完善。

（1）可考虑建立应收账款质押设质的通知制度。应收账款质押设立的债务人通知制度是登记公示的辅助性手段，本质上属于一种有针对性的权利宣告。关于通知的形式，对于以单一应收账款设质的，可考虑让质权人在设质后的合理时间内书面通知应收账款债务人；对于集合应收账款设质的，为提高效率和可操作性，质权人既可以选择逐个书面通知的方式，也可选择在应收账款债务人易于知悉的公共媒体上以发布质押公告的模式进行通知；对于以未来应收账款设质且债务人尚未确定的，不存在设质通知的可能，可考虑要求质权人在未来应收账款确定时，通知尚未清偿债务的应收账款债务人；对于未按规定履行设质通知义务的质权人，不得要求已向债权人或受让人善意清偿的债务人重复清偿。

（2）确立权利竞合的解决规则。应收账款是不以证券化形式为表征的付款请求权，也缺乏物的有形性和独占性，其与利害关系人产生权利冲突的可能性相当大。因此，要确定质权人与保理商、利害关系人之间发生权利冲突时的解决规则：一是权衡效率价值和安全价值，以一定的效率来换取交易的安全；二是建立应收账款转让的登记制度，增加应收账款质权人在交易前登录公示系统查询拟设质应收账款权利瑕疵的审慎义务，明确规定出质未作登记的由质权人承担不能对抗已登记的其他受让人的不利后果。

思考与讨论

1. 请分析债权转让在中国人民银行征信中心办理转让登记的法律效力。

2. 请探讨当前可能与保理业务形成权利竞合的业务形态,并分析发生权利竞合时的优先劣后排列。

第七章

商业保理商业纠纷处理法律实务

本章概要

1. 本章介绍了商业纠纷的含义。
2. 本章介绍了商业纠纷的种类。
3. 本章从国际和国内两个视角探讨了商业纠纷发生时的处理规则。

第一节　认识商业纠纷

案例 7-1　云纺公司诉中国银行案

2000 年 11 月 22 日，云南省高级人民法院审结了云南省纺织品进出口公司(以下简称云纺公司)诉中国银行北京市分行(以下简称北京中行)、中国银行云南省分行保理合同纠纷上诉一案。

一、案情概览

1994 年 1 月 3 日，云纺公司向北京中行申请叙作保理业务。1 月 7 日，美国国民银行致电北京中行，同意为进口商美国哥伦比亚公司提供 10 万美元的循环额度，有效期为 1 月 7 日至 4 月 7 日。同年 2 月 25 日，云纺公司与北京中行签订

《出口保理业务协议》。云纺公司实际向哥伦比亚公司分四批发货，分别为：①1994年2月12日第1批发运，发票号为94YCR001－2；②2月14日第2批发运，发票号为94YCR001；③3月12日第3批发运，发票号为94YCR006；④4月3日第4批发运，发票号为94YCR005。但云纺公司仅将上述①④两批货物的发票及出口单据提交北京中行。北京中行在收到云纺公司提交的单据后，按发票金额的80%合计提供了81 177.6美元的融资。

1994年8月5日，美国国民银行将争议通知传真至北京中行，内容为："我行已与进口商（美国哥伦比亚公司）联系，他们通知我行将拒付赊销（O/A）发票项下货款，进口商称其已对上述②、③两批货物即109把酒吧巾进行过付款，酒吧巾的含棉量应为45%，但实际到货的含棉量却高达84%，该货物已被美国海关扣留，等待新的配额许可证。我行也将把此信及进口商从美国海关得到的证明书传真给云纺公司；进口商声明将拒付云纺公司这些发票货款直到酒吧巾的问题解决。请通知你方出口商这些发票之货款已被视为存在争议。"

1994年8月18日，北京中行将《扣款委托书》传真至云南中行，称："根据中国银行北京市分行与云南省纺织品进出口公司1994年2月25日共同签署的《出口保理业务协议》第七条、第九条及《补充协议》，以及云纺公司出具的《扣款授权书》之规定，现因进口保理商提出质量争议及贸易纠纷，特委托贵行将我们融资给云纺公司之款项、利息及银行费用从该公司在贵行的账户中代扣冲回，归还我们。"8月11日，云南中行从云纺公司在该行账户上扣划83 337.9美元给北京中行。

1996年3月25日，云纺公司以北京中行、云南中行为被告，向昆明市中级人民法院提起诉讼，请求判令由二被告赔偿因违反合同扣款造成的损失折合人民币717 847.67元及利息，并支付余下货款。

二、法院判决

昆明中院认为：本案纠纷的原因系北京中行根据美方发来的客户争议通知，将已支付给云纺公司的融资扣回。云纺公司在保理业务项下发往美国的第①、④批货物并未发生质量争议，进口商哥伦比亚公司是以保理协议签订前第②、③两批的酒吧巾被扣而拒付货款，而在保理协议签订以前发生的业务不应受保理协议约束；美方提出反请求，拒付原告保理业务项下的货款时，作为出口保理商的北京中行应根据国际保理业务惯例及保理业务协议的规定，与美方进行交涉，但北京中行未进行交涉便单方扣回融资款，违反了保理协议的规定，是对云纺公司的一种侵权行为。据此,昆明市中级人民法院判令由北京中行返还云纺公司83 337.9美元及利息,并支付云纺公司余下的20%货款20 294.4美元。

经北京中行上诉,云南省高级人民法院审理后认为:(一)关于适用法律的问题。对于保理业务及保理业务各方当事人的权利义务,我国法律、行政法规尚无规定。国际保理商联合会于1990年6月制订了General Rules For International Factoring,该规则是各成员从事保理业务活动的规范性文件。根据最高人民法院《全国经济审判工作座谈会纪要》的规定:"我国法律、法规和我国参加的国际条约未作规定的,可以适用国际惯例",故本案在无国内法可适用的情况下,可以参照适用General Rules For International Factoring。(二)关于保理业务范围的问题。(1)如前所述,进口商已付款但遭海关扣留的货物有两批,一批是2月14日发运,在保理协议签订的2月25日前;一批是3月12日发运,在协议签订后;(2)一审认为属于保理业务范围的①、④两批货物,有一批也是在保理协议签订前的2月14日发运的;(3)根据General Rules For International Factoring第七条第三款B项的规定:"除非另有约定,该核准将适用于(在核准限额内)债务人所欠的下列应收账款:……(B)于核准申请日或以后由发货所产生的应收账款",也即保理业务中,保理业务范围起自进口保理商核准信用额度之日。具体到本案中,美国国民银行1月7日核准信用额度,则该日后云纺公司向美国哥伦比亚公司出口的货物均属于保理业务范围之内。因此,本案涉及的四批货物发运于核准之后,均属保理业务范围,应受保理业务协议约束,原审法院对此认定不当,应予纠正。(三)关于应收账款转让的问题。云纺公司所发运货物的含棉量超出合同规定,导致被美国海关扣留,进口商支付货款后未能收到货,即以此为由提出反请求,由于云纺公司责任引起的拒付,北京中行有权依协议追索融资。故此,云南省高级人民法院判决撤销一审判决,驳回的云纺公司诉讼请求。

按照在无商业纠纷的情况下债务人未偿付应收账款时,保理商是否可以向债权人反转让应收账款、要求债权人回购应收账款或归还融资,可以将保理分为有追索权保理和无追索权保理。《商业银行保理业务管理暂行办法》(中国银行业监督管理委员会令2014年第5号)第十条第(二)款规定:"无追索权保理是指应收账款在无商业纠纷等情况下无法得到清偿的,由保理商承担应收账款的坏账风险,无追索权保理又称买断型保理。"可见,商业纠纷的识别和处理对无追索

权保理业务的权利义务分配有着重大影响。

一、中国立法对商业纠纷的定义

无追索权保理项下，保理商承担坏账担保的对象是债务人的信用风险，一旦发生商业纠纷，应收账款无法及时和足额收回的风险不属于保理商承担的范围。

《商业银行保理业务管理暂行办法》《中国银行业保理业务规范》(2010年4月7日起实施)以及《国家开发银行国际结算业务基本规定》(国开行发〔1999〕302号)、《中国银行国际结算业务基本规定》(1997年3月6日起实施)等国内许多文件都使用了"商业纠纷"一词，但未尝试给其下定义。

国内立法普遍采用了Basel III项下"信用风险是指交易对象无力履约时发生的风险，也就是债务人可能由于某种原因不能对其债务如期偿还，造成违约，从而给债权人带来的潜在损失"的定义，例如，《保险公司风险管理指引(试行)》(保监发〔2007〕23号)规定："信用风险是指由于债务人或者交易对手不能履行合同义务，或者信用状况的不利变动而造成损失的可能性"。

二、GRIF规则对商业纠纷的定义

比较国内法，GRIF规则对商业纠纷的定义更为完整。GRIF规则以"dispute"表示商业纠纷。GRIF第十六条规定，信用风险(credit risk)是指买家出于商业纠纷以外的原因在应收账款到期后90天内未能全额付款的风险。可见，GRIF是用"商业纠纷"这一概念来解释信用风险的。GRIF在第二十七条对"dispute"下了一个定义："一旦债务人拒绝接受货物、发票或提出一项抗辩(defence)、反请求(counterclaim)或抵销(set-off)(包括但不限于由于第三方对应收账款的款项主张权利而引起)，则视为商业纠纷发生。"由此引出抗辩、反请求和抵销三个概念的具体含义：

(1) 抗辩。抗辩在法律上一般是指债权人行使债权时，债务人根据法定事由对抗债权人行使请求权的权利。

(2) 反请求。反请求是最容易引起不同理解的一个争议形式，云南省高级人民法院"(1997)云高经终字第39号"云南省纺织品进出口公司诉中国银行北京市分行保理合同纠纷一案中，当事人以及一审法院、二审法院就对反请求的含义以及反请求可否认定为保理业务中的商业纠纷产生了很大分歧。从法律上来说，抗辩与反请求的根本区别在于性质不同，抗辩是基于同一法律关系，例如，A

诉B还款10万元，B称已清偿，这就是一个抗辩；反请求实质上是独立的诉，例如，A诉B还款10万元，B反诉A也欠其5万元，反请求完全可以另案裁判。根据FCI所提供的解释，反请求是指债务人对债权人提出的索偿要求，也包括债务人就另外一笔交易导致的债务人向债权人提出的索赔而导致的争议。

（3）抵销。抵销是指当双方互负到期债务时，一方以其债权充当债务的清偿，而使其债务与对方的债务在对等的金额内互相消灭。我国《合同法》以抵销产生的根据不同，将抵销分为法定抵销和合意抵销。《合同法》第九十九条规定："当事人互负到期债务，该债务的标的物种类、品质相同的，任何一方可以将自己的债务与对方的债务抵销，但依照法律规定或者按照合同性质不得抵销的除外。当事人主张抵销的，应当通知对方。通知自到达对方时生效。"《合同法》第一百条规定："当事人互负债务，标的物种类、品质不相同的，经双方协商一致，也可以抵销。"

三、商业纠纷的分类

广义上，债务人提出的商业纠纷可分为三类：

（1）无异议的商业纠纷。即债务人所提出并获债权人承认的商业纠纷。

（2）有异议的商业纠纷。即债务人所提出但债权人不予认可的商业纠纷，此类商业纠纷发生时，基础合同的双方意见相左，甚至激烈对抗，保理商身处两方之间，最不易处理。

（3）虚假的商业纠纷。即债务人虚构的商业纠纷，此类商业纠纷的发生往往是债务人资金链面临压力，自身经营状况恶化，蓄意提出一些根本不存在的商业纠纷，以期拖延付款，甚至逃废债务。

当债务人向保理商主张存在商业纠纷且应收账款不应或应迟延、减少支付时，保理商都会面临难以识别的困难，为此，国际保理商联合会建议应在澄清商业纠纷的类别之前采用完全一致的处理规则。

第二节　商业纠纷的处理规则

一、商业纠纷的防范

一旦发生商业纠纷，保理商就不得不面对应收账款无法按期和足额收回的窘况，各项正常服务将陷入被迫暂停，处理不当甚至会卷入争议之中。GRIF规定，争议发生后，已核准的应收账款将被暂时视为未受核准，进口保理商担保付款的责任即刻解除，已经支付的保理融资款也很可能依约被进口保理商要求返还，债权人和出口保理商的资金安排将被打乱；债务人在保理商处的信誉度会受到贬损，债权人、债务人和保理商不得不抽出额外精力对争议进行后续处理。

商业纠纷对商业保理业务的正常开展危害极大，保理商有必要防患于未然，从源头上避免承做有商业纠纷风险的保理业务。根据国际保理业的经验，下列应收账款容易蕴含商业纠纷风险，谨慎的保理商应尽量避免受让下述应收账款：

(1) 关联交易产生的应收账款。关联方之间交易的公允性往往难以判断，而且比较容易被人为操作，甚至是恶意串通。

(2) 互为对手方的交易所产生的应收账款。互为对手方的交易很可能导致当事人之间互负债务，债务人提出反请求和抵销的风险将因此大幅度增加。

(3) 约定销售不成即可退货而形成的应收账款。约定销售不成即可退货的合同往往是寄售合同，此时，应收账款的真实存在是不确定或者说附条件的，一旦销售不畅，债务人可以选择退货的方式消灭应收账款。

(4) 难以特定化的应收账款。根据我国《合同法》的规定，标的物是合同的必备条款之一，应收账款难以特定化的保理合同将缺乏法律约束力，并且可能被认定为“明为保理、实为放贷”。

(5) 保证金类的应收账款。保证金与预付款不同，其仅是合同履行的一种担保手段，属于或有款项，保证金的收取一般不意味着收入，不适合作为保理标的物。

(6) 已经设定担保、被第三方主张代位权或其他存在法律限制措施的应收账款。虽然此类应收账款在到期时不是必然无法付款，但其给保理商带来的不确定性是显而易见的，也不宜作为保理的标的物。

(7) 可能存在其他权利瑕疵的应收账款。

除了对应收账款本身的关注，保理商还应在与客户签订保理合同前深入观察和全面分析发生商业纠纷的风险程度，首先把好准入关，关注点包括：

(1) 行业受经济周期的影响程度和目前所处的经济阶段。

(2) 债权人和债务人自身的财务状况、经营情况，内部管理的严谨程度，实际控制人的家庭变故、高管人员的决策力和稳定性。

(3) 债权人和债务人历史交易记录的年限、完整性、准确性及集中度。

(4) 债权人和债务人(包括实际控制人、主要高管人员)之间是否存在潜在的利益共谋可能(如是否存在联保互保、亲戚等隐瞒关系)。

二、商业纠纷的处理

案例 7-2　依芙乐公司诉信保公司案

上海市高级人民法院于2011年12月2日以“(2011)沪高民五(商)再提字第1号”审结了中国出口信用保险公司上海分公司(以下简称信保公司)与依芙乐国际贸易(上海)有限公司(以下简称依芙乐公司)保险合同纠纷再审案。

一、基本案情

2007年8月22日,依芙乐公司与信保公司签订保险合同,保险单号为SWT000670,约定由信保公司对依芙乐公司出口美国的纺织品给予出口信用保险,保单有效期为2007年7月30日至2008年7月29日,适保范围是以赊账为付款方式的出口,最高赔偿限额为500万美元,合同还对保险费率、赔偿比例等作了约定。该保险合同的保险条款第二条约定:在本保单有效期内,被保险人按销售合同规定的条件出口货物后,因下列风险引起的直接损失,在被保险人按照本保单规定足额缴纳保险费并符合本保单所规定的其他条件下,保险人按本保单规定承担保险责任:(一) 商业风险,包括……2. 买方拖欠还款,指买方收到货物后,违反销售合同的约定,超过应付款日仍未支付货款……;第三条约定:无论本保单其他条款如何规定,保险人对下列损失不承担赔偿责任……(七) 在货物出口前,被保险人知道或应当知道本保单条款第二章第二条项下任一风险已经发生,或者由于买方根本违反销售合同或者预期违反销售合同,被保险人仍继续发货而造成的损失……;保单第二十一条约定:对有付款担保或存在贸易纠纷的合同,保险人定损核赔的原则是……(二) 因贸易纠纷引起买方拒付货款或者拒绝接受货物,除非保险人书面同意,被保险人应先进行仲裁或者诉讼,在被保险人获得仲裁裁决或者法院判决并申请执行之前,保险人均不予定损核赔……

在2007年8月4日至同年11月2日期间,依芙乐公司与美国买方莎戈尼公司签订了买卖合同,约定由依芙乐公司向美国买方莎戈尼公司出售各类服装,在保险合同有效期内,依芙乐公司依约向信保公司进行每笔业务的出口申报并支付了保险费。但美国买方莎戈尼公司一直未能向依芙乐公司偿付前述货款。2008年4月9日,依芙乐公司以12笔业务因买方不付款出险向信保公司提出保险理赔,但是信保公司以本案中依芙乐公司和美国买方存在贸易纠纷等理由不予定损核赔,因而双方发生纠纷,诉至法院。

2008年9月19日,莎戈尼公司在美国证券交易委员会网站上公布季报(季报截止期限为2008年7月31日),该季报在“法律程序”部分载明:“2008年3月21日,我们收到了Weltman, Weinberg & Reis Co., LPA的来信,其在信中向我们告知,信保公司(Sinosure)委托其调查一起由依芙乐国际贸易(上海)有限公司(依芙乐)提起的债务催收。Evolve声称曾向我方出运一批货物,而针对这批货物,我方还有1 519 822美元的发票金额尚未清付。这封信和证明文件已经提交给Diversified Apparel。Diversified Apparel在审查这些文件后向我们告知,关于这笔款项我们不负有责任。因此,我们认为不必支付这笔款项,并且它也不会作为负债项而记录在财务报表中。”

2008年12月23日,莎戈尼公司在美国证券交易委员会网站上公布季报(季报截止期限为2008年10月31日),该季报在第一部分“业务及主要会计政策概要”中载明:“……因此,该公司目前几乎没有现金流以经营其企业,已不再购买新的库存并裁减至只有两名员工,即总裁兼首席执行官和财务总监以及司库兼秘书。公司目前没有足够的资金用以支付过去的累计负债,预计其现金流可能将不足以满足公司近期的现金需求,除非得到额外的财务支持。……因此,公司能否继续运作存在非常大的疑问。……如果公司无法及时获得适当数额和条款的融资,该公司可能将被迫停止业务”;第二部分“其他信息”中表述:“在2008年3月21日,我们收到了Weltman, Weinberg & Reis Co., LPA的一封信,通知我们,他们受信保公司(中信保)委托调查由依芙乐国际贸易(上海)有限公司(依芙乐)发出的收款索赔。依芙乐声称他们发了一批货物给我们,我方欠依芙乐货款的未付款发票金额为1 519 822美元。我们目前正在调查我方对于该索赔数是否有任何的付款责任,并最终可能要支付全部或部分金额。”

2010年3月11日,莎戈尼公司首席财务官向依芙乐公司寄送载有其亲笔签名的《协议书》原件,并通过电子邮件发送给依芙乐公司,上面有莎戈尼公司首席财务官的亲笔签名,在“事实陈述”部分中载明:“鉴于Evolve声称Cygne(或其关联方)根据上述协议总共欠Evolve钱款约USD1 519 822.12;鉴于Cygne确认在上述协议中拖欠Evolve钱款;鉴于Cygne目前的财务状况和为了避免正式诉讼,Cygne和Evolve希望通过遵照以下协议条款完全解决双方之前的争议”,在“协议”部分中表述:“目前,考虑到上述前提和本协议涵盖的契约和双方承诺,双方在此同意以下条款:① 前文中所提到的条款都作为本协议的参考,是本协议中具有约束力的一部分。② Cygne 同意支付 Evolve 共计 100 000.00 美元，支付时间不晚于 2011 年 3 月 9 日，作为全部最终解决 Cygne 拖欠 Evolve 的货款，款项支付方式通过支票或银行汇款到 Evolve 指定的账户”。

2010 年 6 月 4 日，美国买方莎戈尼公司总裁（首席执行官）作宣誓证词，并且依法经过公证、认证程序。在该宣誓证词中，莎戈尼公司总裁陈述：第一，就本案涉及的贸易，信保公司曾经于 2008 年委托美国法律顾问向莎戈尼公司进行调查，莎戈尼公司首席执行官进行了回复，确认莎戈尼公司只是应当向依芙乐公司支付货款 5 841.38 美元；……第三，莎戈尼公司认为对于依芙乐公司主张的货款应当扣除部分付款（即前述 1 156 589 美元）、装运迟延、空运费和货物缺陷等费用；第四，2010 年 3 月 9 日左右，在依芙乐公司的督促下，莎戈尼公司首席财务官签署了一份协议，在签署该协议时，莎戈尼公司的初衷并非是要承认莎戈尼公司欠依芙乐公司共计 1 519 822.12 美元，所以，并没有明确说明该到期款项的具体金额，莎戈尼公司的初衷只是承认尚欠依芙乐公司一些并未最终确定的款项，该款项数额只有 5 841.38 美元。

二、一审判决

上海市浦东新区人民法院一审认为，虽然依芙乐公司的保险金请求符合出口信用保险合同理赔范围，但是因为依芙乐公司与美国买方莎戈尼公司之间存在贸易纠纷，并且由于该贸易纠纷的存在导致无法确定依芙乐公司因此而产生的具体实际损失，所以，信保公司现作出暂不予理赔的行为符合出口信用保险合同约定。但依芙乐公司可以依法通过仲裁、诉讼或者其他方式确定与美国买方莎戈尼公司的货款债权金额后，依芙乐公司仍然享有向信保公司主张出口信用保险金的诉权。据此，一审判决驳回依芙乐公司的全部诉讼请求。

三、二审判决

依芙乐公司不服判决并向上海市第一中级人民法院提出上诉，并补充了美国买方莎戈尼公司财务总监诺曼约瑟夫于 2010 年 10 月出具的证言及相关的公证、认证文件和翻译件。二审法院认为，依芙乐公司已充分举证其已向美国买方莎戈尼公司交付了合同约定的货物，并出具了相关的发票，莎戈尼公司也已收妥了货物，但未在合同约定付款日支付货款，该行为已符合保险合同第二条第（二）项之约定，信保公司应承担保险责任。保险合同第二条和第二十一条第（二）项之间存在冲突，按照对“贸易纠纷”的一般性理解，如买方不付款，也可理解为是一种纠纷或争议，按照保单第二十一条第（二）项的规定，此种情况下保险人可暂不核赔;而依据保单第二条,只要买方不付款,保险应当核赔。因此,上述两个条款对于"贸易纠纷"的不同解释将导致不同的法律后果。如按照第二十一条第(二)项之约定,则明显与投保人投保出口信用保险的目的不相符,也对投保人不公平,从而也失去了出口信用保险的基本功能。根据保险条款的一般解释原则,在合同条款存在冲突或歧义时,应作有利于投保人的解释。此外,二审审理中,依芙乐公司提供了莎戈尼公司财务总监诺曼约瑟夫的证词,证明莎戈尼公司已经停止经营,无法支付到期债务并确认了其对上诉人的欠款。鉴于此,二审认为,本案同时也符合保险合同第二条第(一)项的约定,即买方丧失给付能力,故信保公司也应承担其保险责任。故判决撤销一审判决,判令信保公司按货款的80%先行赔付。

四、再审判决

经上海市人民检察院抗诉,上海市高级人民法院再审后认为,保险条款第二条规定了因买方破产、无力偿债、买方拖欠货款等具体商业风险以及政治风险引起的直接损失,保险人应承担保险责任,该条款属于保险责任的一般性规定,而保险条款第二十一条第(二)项规定的是特定情形下(即因贸易纠纷引起买方拒付货款或者拒绝接受货物)的定损理赔原则。由此可见,上述两个条款在内容上虽均涉及保险责任及理赔问题,有一定的关联性,但在内容和体例上分属不同层面的法律问题,两者并无冲突,也未构成对被保险人的不公平,原审认定上述两个条款存在冲突不当,应予纠正。因此,本案应区分不同情况,分别适用上述不同的条款,即如果不存在贸易纠纷,信保公司应当直接定损理赔;如存在贸易纠纷,则依芙乐公司应先行仲裁或者诉讼,再由信保公司定损理赔。综合一、二审已经查明的事实,本院认为,从证据优势的角度,依芙乐公司主张买方莎戈尼公司无力偿债以及拖欠货款的依据充分,而信保公司主张的依芙乐公司与买方莎戈尼公司存在贸易纠纷的依据不足。因此,本案应直接适用保险条款第二条的约定,由信保公司直接定损理赔,原审虽然对有关保险条款的解读存在不当,但实体处理正确,应予维持。

即使保理商已采取众多措施防范商业纠纷的发生,商业纠纷的发生也是不可完全避免的。商业纠纷发生后,保理商虽然可以按照保理合同的约定免除一定的责任,但这种责任豁免并非是绝对、不可逆转的。根据 GRIF 第二十七条的

规定，当因发生商业纠纷而导致进口保理商反转让应收账款时，如在规定的期间内，商业纠纷得到了有利于债权人的解决结果，进口保理商应当在不超过有利于债权人的范围内，重新将商业纠纷涉及的应收账款视为受核准应收账款，在这种情况下，进口保理商有义务重新承担对应收账款的坏账担保责任。因此，保理商的暂时免责并不意味着保理商可以置身事外，如何及时、有效地识别商业纠纷的真伪，处理商业纠纷，始终是对保理商专业能力及客户认同度的重大考验。

（一）GRIF确立的处理规则

GRIF确定的商业纠纷处理标准规则主要包括以下内容。

1. 商业纠纷的通知

商业纠纷通知是纠纷处理程序的起点。虽然GRIF列举了债务人提出商业纠纷的两种情况（一种是在应收账款到期日后90天内，另一种是进口保理商已担保付款但在应收账款到期日后180天内），但GRIF也未排除商业纠纷由债权人率先通知出口保理商的情况。无论是进口保理商还是出口保理商获悉商业纠纷发生的，都应当立即向另一方发送商业纠纷通知，商业纠纷通知应包含其所了解的有关应收账款及商业纠纷性质的所有细节和信息。特别地，出口保理商应在收到或发出商业纠纷通知后60天内向进口保理商提供有关商业纠纷的进一步信息。

2. 商业纠纷通知的效力

在收到商业纠纷通知后，债权人已核准的应收账款将被视为未受核准。GRIF第二十七条规定，如在商业纠纷所涉及的应收账款到期日后90天之内收到商业纠纷通知的，进口保理商不应被要求对债务人由于这种商业纠纷而拒付的款项进行担保付款；如在担保付款后但在应收账款到期日后180天之内收到商业纠纷通知的，进口保理商有权索回由于商业纠纷而被债务人拒付的金额。

3. 保理商的职责

GRIF要求出口保理商负责解决商业纠纷，并持续努力，确保商业纠纷尽快得到解决。在出口保理商请求下，进口保理商应配合并帮助出口保理商解决商业纠纷（包括采取法律行动）。当进口保理商拒绝采取法律行动时，出口保理商有权要求对商业纠纷涉及的应收账款进行反转让，以便以出口保理商或债权人自身的名义采取法律行动。

4. 商业纠纷解决期

GRIF第二十七条(v)规定了三个商业纠纷的解决期：一是对于诉诸法律解

决的，指通过有司法管辖权的法庭或其他裁判机构的裁决（包括仲裁）来解决商业纠纷，商业纠纷解决期是3年；二是对于协商解决商业纠纷的，指任何非诉诸法律解决商业纠纷的方式，商业纠纷解决期为180天；三是对于前述期限内，债务人正式破产或作出破产的一般声明或承认破产，进口保理商将一直承担风险，即商业纠纷解决期为无期限。以上期限均从收到商业纠纷通知书后开始起算。若在上述商业纠纷解决期内商业纠纷没有最终结果，则进口保理商将终局性地确定不再承担任何风险，即使之后商业纠纷又得到了解决，也是如此。

5. 商业纠纷解决与担保付款

若在商业纠纷解决期内商业纠纷有了最终结果，且结果完全不利于债权人，则进口保理商脱离风险，不再承担担保付款责任；若部分有利于债权人，则进口保理商以商业纠纷解决结果为限，承担部分风险；若完全有利于债权人，则进口保理商应将商业纠纷涉及的应收账款重新视为受核准应收账款。GRIF第二十七条(vi)款规定，以进口保理商立即受让解决结果的要求已由出口保理商有效完成为前提，进口保理商应在解决结果所规定的付款日后的14天内进行担保付款。

6. 诉讼费用负担

如果商业纠纷的解决完全有利于债权人，所有相关费用均由进口保理商承担。在任何其他情况下，费用均由出口保理商承担。

（二）商业纠纷处理规则的要点

GRIF规则为国际双保理模式下出口保理商和进口保理商如何识别和处理商业纠纷建立了一套成熟的处理规则，值得保理商在处理与“国内保理”或“国际单保理”模式项下的商业纠纷时充分借鉴。同时，保理商也应注意到GRIF规则与国内保理或国际单保理在制定初衷、适用范围、规制对象、交易流程、外部法律环境等诸多方面的差异，根据自身经营情况与中国及地区实际，对商业纠纷处理进程中可能产生的歧义和法律风险作出安排，例如以下五个方面。

1. 解决商业纠纷的责任方

按照GRIF第二十七条(iv)(a)的规定：“出口保理商负责解决商业纠纷，并持续努力，确保商业纠纷尽快得到解决；在出口保理商的请求下，进口保理商应配合并帮助出口保理商解决商业纠纷（包括采取法律行动）。”但GRIF并未涉及出口保理商与出口商之间的责任分配问题，而是交由国内法自行解决。因此，叙做国内保理或国际单保理时，保理商应当与债权人约定清楚具体由谁负责解决商业纠纷。

2. 解决商业纠纷的期限

GRIF 第二十七条(v)款规定了三个商业纠纷的解决期：一是对于通过法律解决的为 3 年；二是通过协商解决商业纠纷的为 180 天；三是对于前述期限内债务人正式破产或作出破产的一般声明或承认破产的，则不再受前述期限限制。但叙做国内保理或国际单保理时并无类似规则，通常而言，应结合国内争端解决的正常周期设定纠纷解决期较为合理。

3. 解决商业纠纷的费用承担

商业纠纷的解决包括三个阶段：① 在纠纷未决之前，需要投入诸多费用(如公证费、诉讼费、律师费、滞期费、滞仓费等)以解决纠纷；② 在纠纷通过协商或法律途径获得解决之后，也可能需要发生相应费用，如执行费、律师费、破产管理人费用等；③ 在纠纷通过协商或法律途径获得解决之后，也存在再起争议的可能，如协商解决后债务人仍不履行、判决后发生再审、仲裁后发生不予执行或撤销之诉等情形。上述各阶段产生的各种费用是由债权人或保理商先期支付在保理合同中应有相关约定。

4. 商业纠纷未决前的保理预付款是否退回

GRIF 规定商业纠纷未决前，进口保理商不再承担担保付款义务，但对出口保理商已预先支付给债权人的保理预付款如何处理同样未予涉及。保理商在从事国内保理或国际单保理时，也应在保理合同中结合保理预付款利息的计付期间对保理预付款的退回与否作出合理的一揽子安排。

5. 坏账担保如何承担

GRIF 第二十四条“坏账担保”条款规定如下：

(1) 因债务人未能按照有关基础合同全额支付已核准的应收账款所造成的风险，由进口保理商承担。

(2) 如果上述应收账款在到期日后 90 天内仍未被债务人或其代理人清偿时，进口保理商应于第 90 天对出口保理商付款。

(3) 就上述(i)和(ii)而言，债务人付款包括对进口保理商、出口保理商、供应商或供应商的破产管理人之任何一方的付款。

(4) 如果债务人是付款给供应商或供应商的破产管理人的，进口保理商应在债务人所在国配合和协助出口保理商降低潜在的或实际的损失。

(5) 如果核准的应收账款与授予信用额度的币种不同，为了确定核准金额，该应收账款将在担保付款到期日，根据当日在 XE. com 上发布的汇率(取中间价，即在 www. edifactoring. com 上使用的汇率)折算成以信用额度币种表示的金额。在任何情况下，进口保理商的风险均不超过其原先核准的金额。

与进口保理商一般不预付款项不同，从事国内保理或国际单保理业务时，保理商通常已经预先向债权人支付了保理预付款，相对而言更为复杂。保理商应当与债权人审慎约定坏账担保的具体规则，如应收账款到期日之后哪一天保理商承担坏账担保责任、承担坏账担保的具体形式(保理预付款是否返还、保理预付款利息是否停止计收、保理余款是否支付)、保理商坏账担保的明确范围和/或最高限额等。

思考与讨论

1. 请分析 GRIF 规则对商业纠纷的识别与处理规则。

2. 请探讨在本章“案例 7-1 云纺公司诉中国银行案”中昆明市中级人民法院和云南省高级人民法院对“商业纠纷”的认定有何不同。你认为昆明市中级人民法院和云南省高级人民法院的理解哪个更符合 GRIF 规则。

3. 请讨论在本章“案例 7-2 依芙乐公司诉信保公司案”中，保险公司对商业纠纷的识别和处理规则是什么。法院对保险公司制定的识别和处理商业纠纷的规则是否认可。

第八章

商业保理程序法律实务

本章概要

1. 本章分析了保理纠纷案件中当事人诉讼地位应如何确定。
2. 本章对保理纠纷案件中的合并审理、管辖权问题进行了探讨。
3. 本章探讨了保理纠纷案件可能涉及的电子证据固定和保全。

第一节　商业保理案件当事人法律实务

案例 8-1　建行诉金华立信、升平国际案

2010 年 10 月 12 日,杭州市中级人民法院审结了上诉人金华立信医药化工有限公司(以下简称金华立信)与被上诉人中国建设银行股份有限公司浙江省分行营业部(以下简称建行营业部)、浙江升平国际贸易有限公司(以下简称升平国际)合同纠纷一案。

一、案情概览

2008 年 8 月 8 日,建行营业部和升平国际签订了《信用保险国内保理合同》一份,约定: 建行营业部向升平国际提供包括应收账款管理、保理预付款服务内容的综合性金融服务,业务类型为公开型、有追索权的保理服务。2008 年 9 月

17日，金华立信向升平国际购买硫胺酸红霉素1万千克，总价款424万元。升平国际遂向建行营业部申请保理预付款3 171 520元，建行营业部与升平国际签订了《应收账款登记协议》，进行了应收账款质押登记，升平国际向金华立信发出《应收账款债权转让通知书》。2008年9月19日，金华立信向建行营业部签发应收账款转让的《回执》，确认该公司已收到升平国际发出的货物及发票，确认知悉建行营业部为该合同项下应收账款债权的合法受让人并保证在合同涉及的交易未发生争议的情况下，于2009年2月19日付至建行营业部的相关账户并出具相同内容的《承诺书》一份。但直至2009年2月19日，金华立信未向该指定账户汇款，升平国际也未回购贷款。另，升平国际的法定代表人平峰顺涉嫌非法吸收公众存款罪已于2009年3月20日被执行逮捕。

二、法院判决

一审法院经审理认为：建行营业部与升平国际签订的《信用保险国内保理合同》是双方当事人的真实意思表示，未违反法律、行政法规的相关规定，应确认有效，对双方当事人均具有约束力。建行营业部依约向升平国际支付了3 171 520元的保理预付款。建行营业部同时向金华立信发出《应收账款债权转让通知书》，金华立信向建行营业部出具了《回执》，确认了应收账款债权由建行营业部进行受让的事实，并承诺到期后将应付款项汇入建行营业部的指定账户，但到期后，金华立信未依约履行向建行营业部偿付应付账款的义务，理应对尚欠债务本金3 964 400元承担偿还责任并应赔偿相应的利息损失。依据《中华人民共和国合同法》第六十条、第七十九条、第一百零七条之规定，判决金华立信偿还建行营业部应收账款债权本金3 964 400元，利息2 735元(利息按年利率6.21%计算，暂计至2009年2月23日，此后至判决确定的支付日止的利息另计)；升平国际对金华立信上述给付事项不能偿还部分在本金3 171 520元及利息21 010.53元(暂计至2009年2月23日，2009年2月24日至2009年3月23日期间的利息按年利率7.227%另计，2009年3月24日起至判决确定的支付日止的逾期利息按年利率10.840 5%另计)的范围内承担赔偿责任；升平国际赔偿建行营业部律师费损失35 000元。

金华立信不服一审判决，提起上诉。金华立信认为本案涉及两个性质完全不同的民事法律关系，一个是金华立信与建行营业部之间的债权债务关系，一个是建行营业部与升平国际之间的债权转让法律关系，不符合《民事诉讼法》规定的共同诉讼条件，一审法院不能违法合并案件，也不能因金华立信参加了诉讼，就对金华立信和建行营业部之间的债权债务作出审理和判决。

杭州市中级人民法院二审认为：建行营业部、升平国际、金华立信三者之间存在债权转让的法律关系，建行营业部作为债权受让人，升平国际作为债权出让人，金华国际作为债务人，上述债权转让关系是基于建行营业部与升平国际之间签订的《信用保险国内保理合同》而产生的，该债权转让关系与《信用保险国内保理合同》具有不可割裂的关联性。而建行营业部要求升平国际承担的民事责任也与前述债权转让关系密切相关。建行营业部要求升平国际、金华立信承担的民事责任虽有所不同，但均系因同一合同、同一基础法律关系产生的纠纷，建行营业部同时向升平国际和金华立信主张权利，符合法律规定。因此，金华立信关于不应合并审理的上诉理由不成立。二审法院判决驳回上诉，维持原判。

保理业务中至少存在三方主体，因此，也存在多种诉讼模式：一是保理商单独起诉基础合同的债权人，一般是由于债务人已无偿债能力或下落不明，保理商为减少诉讼成本或加快诉讼进程而只起诉债权人；或者保理商的诉讼请求只是主张支付保理费等不涉及债务人的内容。二是保理商单独起诉基础合同债务人，实践中较为少见，一般在无追索权保理中才可能发生单独起诉债务人的情形。三是保理商同时起诉讼基础合同的债权人和债务人，在有追索权保理中较为常见。司法实践中存在以下两个争议问题。

一、债权人和债务人是否必须参加诉讼

根据我国《民事诉讼法》的规定，在两种情形下债权人和债务人才必须参加诉讼：一是债权人和债务人构成必要共同被告的；二是债权人或债务人是必须参加诉讼的第三人的。

(一) 债权人与债务人是否属于必要共同被告

1. 共同诉讼的含义

诉的合并包括诉的主体合并和诉的客体合并。共同诉讼属于诉的主体合并，即当事人合并，指当事人一方或双方为两人或两人以上的复数诉讼形式。诉的主体合并不同于诉的客体合并，诉的客体合并是指对原告多个诉讼请求的合并审理。

在某一法律关系中，如果所争议的权利属于多个主体，就可能有若干个人同

时处于原告的诉讼地位,称为积极的共同诉讼。同样,如果所争议的义务指向多个主体,就可能有若干人同时处于被告的诉讼地位,称为消极的共同诉讼。如果原告和被告都是两人或两人以上共同参与诉讼,则称为混合的共同诉讼。

2. 共同诉讼的类型

在我国《民事诉讼法》中,共同诉讼有必要共同诉讼和普通共同诉讼两种类型。其中,争议的诉讼标的是同一的共同诉讼,是必要共同诉讼;争议的诉讼标的是同种类的共同诉讼,是普通共同诉讼。

(1) 普通共同诉讼。根据《民事诉讼法》第五十二条规定,普通共同诉讼是指当事人一方或者双方为二人以上,其诉讼标的属于同一种类,人民法院认为可以合并审理并经当事人同意而共同进行的诉讼。普通共同诉讼是两个以上同类的诉讼标的合并而引起的诉讼主体的合并,共同诉讼人之间不存在共同的权利义务关系,因此,普通共同诉讼是可分之诉,予以合并审理除了人民法院的决定之外,还应征得双方当事人的同意。普通共同诉讼的主要意义在于简化诉讼程序,提高审判效率,节约司法成本,统一裁量标准等。对于诉讼利益,人民法院并无权强制当事人接受,如果当事人出于隐私保护、时间安排等因素的考虑,不愿意接受合并审理,人民法院就应当尊重当事人的意愿,予以分别审理。

(2) 必要共同诉讼。根据《民事诉讼法》第五十二条的规定,必要共同诉讼是指当事人一方或者双方为二人以上,其诉讼标的是共同的诉讼。根据《民事诉讼法》第一百三十二条的规定,必须共同进行诉讼的当事人没有参加诉讼的,人民法院应当通知其参加诉讼,即对于必要共同诉讼人确立了强制追加的制度。《最高人民法院关于适用〈中华人民共和国民事诉讼法〉若干问题的意见》第五十八条、一百八十三条、二百一十一条也对人民法院在不同审判程序中追加必要共同诉讼人的程序处理作出规定:在一审程序中发现,可直接予以追加;在二审程序或者审判监督程序中发现,为了保证当事人上诉权的行使,可以根据当事人的自愿原则进行调解,调解不成,则裁定撤销原判决,发回原审人民法院重审。除非人民法院在追加共同诉讼人时,应当追加的原告明确放弃实体权利的,可不予追加。

3. 保理业务项下的债权人与债务人是否构成必要共同被告

根据必要共同诉讼理论,基础合同债权人和债务人如果作为共同被告,应当具有共同的诉讼标的,即他们的权利和义务均是相同的。但事实上基础合同债权人和保理商之间、债务人和保理商之间的权利义务内容并不相同:债权人和保理商之间是以应收账款转让为核心内容的综合性信用服务合同，而债务人与保理商之间的权利义务内容则要单纯得多，保理商对债务人只享有受领应收账款的权利。

由此可见，基础合同的债权人和债务人与保理商并不具有共同的诉讼标的，不符合作为必要共同被告的条件。

(二) 债权人或债务人是否属于必须参加诉讼的第三人

1. 第三人的类型

根据第三人对争议的诉讼标的是否具有独立的请求权，我国《民事诉讼法》规定了两类第三人：一类是有独立请求权的第三人（简称“有独三”），另一类是无独立请求权的第三人（简称“无独三”）。

(1) 有独立请求权的第三人。有独立请求权的第三人是指对已经开始的诉讼，以该诉讼的原被告为被告提出独立的诉讼请求而参加诉讼的人。我国民事诉讼理论一般认为，有独立请求权的第三人在诉讼中的地位相当于原告，其既不同意本诉原告的主张，也不同意本诉被告的主张，是以独立的实体权利人的地位，向法院提起了一个新的诉讼。

(2) 无独立请求权的第三人。我国《民事诉讼法》第五十六条第 2 款规定：“对当事人双方的诉讼标的，第三人虽然没有独立请求权，但案件处理结果同他有法律上的利害关系的，可以申请参加诉讼，或者由人民法院通知他参加诉讼。”由此可见，无独立请求权的第三人是对当事人双方的诉讼标的虽然没有独立请求权，但是案件处理结果与其有法律上的利害关系的人。

2. 保理业务项下的债权人或债务人是否构成必须参加诉讼的第三人

在保理商单独向债权人或单独向债务人起诉的诉讼结构中，基础合同的另一方如果申请作为有独立请求权参加诉讼，应当有以下情况：一种是该方对本诉的诉讼标的（即保理合同的权利义务）有独立的请求权；另一种是该方主张由于本诉的诉讼结果使自己的权利受到损害。由于第三人之诉既可以与本诉分开单独提出，也可以在本诉审理终结后另行起诉，所以，有独立请求权的第三人并不是必须参加诉讼的当事人。

《最高人民法院关于适用〈中华人民共和国合同法〉若干问题的解释（一）》第二十七条规定：“债权人转让合同权利后，债务人与受让人之间因履行合同发生纠纷诉至人民法院，债务人对债权人的权利提出抗辩的，可以将债权人列为第三人。”在案件审理过程中，为查明案件事实，无论是债权人和保理商发生纠纷，还是保理商和债务人发生纠纷，为查清债权人与债务人之间是否存在真实合法的基础合同关系、基础合同的履约情况、债务人行使抗辩权、抵销权情况、债权转让是否已经通知债务人等事实，一般有必要将另外一方作为无独立请求权的第三人追加到诉讼中来，既能体现诉讼经济的原则，也符合保理业务的自身特性。

二、保理商能否同时起诉债权人和债务人

保理业务普遍涉及保理商、债权人、债务人等多方主体，为一次性解决争议避免讼累的实际需要，保理商将债权人和债务人作为共同被告起诉的诉求非常强烈。

有观点认为，在债权转让关系中，受让人缺乏向债权人和债务人同时主张权利的合理解释，保理商和债权人、债务人也不可能存在共同的权利和义务关系，因而在应收账款债权转让生效的情况下，保理商要么直接向债务人主张债权，要么向债权人行使追索权，保理商只能选择其一进行诉讼，两种主张不能合并审理，故保理商不能同时将债权人和债务人列为被告。

也有观点认为，虽然保理合同法律关系和因债权转让形成的债权债务关系并非同一诉讼标的，但是诉讼标的当属同一种类且存在牵连，可以合并审理。法院在合并审理时，应注意审查以下三个前提：

1. 保理商诉讼请求的内容

保理商诉讼请求的内容是审查是否需要合并审理的一个重要内容。如果保理商是因保理合同的签订、履行等起诉债权人，如要求支付保理预付款利息或保理手续费等，案件审理的重点是保理合同的履行，则没有必要与保理商和债务人的债权债务关系合并审理。如果保理商是因债务人未按约支付应收账款，从而依保理合同约定向债权人行使追索权，合并审理才有适用的空间。

2. 当事人是否同意合并审理

根据我国《民事诉讼法》第五十二条规定，普通共同诉讼是人民法院认为可以合并审理并经当事人同意而共同进行的诉讼。所以，普通共同诉讼是可分之诉，人民法院在作出决定之前应当征求当事人的意见。

3. 当事人是否提出管辖权异议

由于是可分之诉，每一个单独的诉讼都可能归属不同的法院管辖，当事人在每一个诉讼中都有提起管辖权异议的诉讼权利，这种诉讼权利不因案件合并审理而被剥夺。

拓展 8-1　天津高院保理审判委员会纪要(一)

天津市高级人民法院关于印发《天津市高级人民法院关于审理保理合同纠纷案件若干问题的审判委员会纪要(一)》的通知

津高法〔2014〕251 号

六、当事人的诉讼地位

保理商仅以债权人为被告提起诉讼的,如果案件审理需要查明债权人与债务人之间是否存在基础合同关系、基础合同履行情况以及债权转让是否通知债务人等事实的,应当根据当事人的举证情况进行审查,必要时,可以追加债务人作为第三人参加诉讼。如果保理商与债权人仅就保理合同的权利义务产生纠纷,与基础合同的签订和履行情况无关的,可不追加债务人参加诉讼。

保理商仅以债务人为被告提起诉讼的,如果债务人就基础合同的签订、履行以及享有抗辩权、抵销权等提出抗辩的,应当追加债权人作为第三人参加诉讼。如果债务人仅就是否收到债权转让通知提出异议的,可以不追加债权人参加诉讼,仅需通知债权人以证人身份就相关事实予以说明。

第二节　商业保理案件诉讼管辖法律实务

案例 8-2　进出口银行诉蓝粤公司、蓝海公司、开滦集团案

2014 年 1 月 21 日,北京市高级人民法院审结了开滦集团国际物流有限责任公司进出口分公司(以下简称开滦集团)诉中国进出口银行(以下简称进出口银行)、广东蓝粤能源发展有限公司(以下简称蓝粤公司)、广东蓝海海运有限公司(以下简称蓝海公司)等借款合同纠纷管辖权异议上诉一案。

一、案情概览

2012 年 11 月 22 日,蓝粤公司与进出口银行签订了《有追索权国内保理合同》,约定进出口银行向蓝粤公司提供额度最高为 5 亿元的保理融资,并约定相关争议由北京市有管辖权的法院管辖。同日,进出口银行与蓝粤公司签订《国内保理应收账款质押/转让登记协议》;又分别与蓝海公司等签订了《保证合同》。

嗣后,进出口银行向蓝粤公司发放保理融资款2.1亿元,同时,蓝粤公司将其对开滦集团共计270 551 450元的应收账款转让给进出口银行,开滦集团出具了《货物交接清单》和《确认函》,表明其已经接到蓝粤公司交付的货物,并承诺无条件、不可撤销地遵循进出口银行的付款相关要求。据此,进出口银行提起诉讼,请求判令蓝粤公司、开滦集团共同偿还应收账款本金2.1亿元及利息;蓝海公司等保证人对蓝粤公司的上述债务承担连带保证责任。

北京市第一中级人民法院向被告送达起诉状后,开滦集团在法定答辩期内提出了管辖权异议,其事实与理由为:(一)根据《有追索权国内保理合同》等合同,进出口银行与蓝粤公司之间形成借款合同关系,根据进出口银行提交的《确认函》显示,进出口银行与开滦集团之间不是借款合同关系,是基于不同事实所形成的相对独立的两个法律关系,根据《民事诉讼法》的原理,两个法律关系不应在同一案件中进行处理,本案案由为借款合同纠纷,不应对进出口银行主张的与开滦集团之间的纠纷一并作出处理,而应当通过另案解决,因此,开滦集团不是本案适格当事人,应当驳回进出口银行对开滦集团的起诉。(二)《有追索权国内保理合同》等合同是进出口银行与蓝粤公司签订的,开滦集团不是相关合同当事人,因此,上述合同中关于管辖权的约定对开滦集团不具有法律约束力。关于进出口银行主张的与开滦集团之间纠纷案件,应当遵循一般管辖原则,即应当由被告住所地法院管辖,因此,对开滦集团的起诉应当在河北省唐山市有管辖权的法院审理。综上,请求依法裁定将本案移送至河北省高级人民法院审理。

二、法院判决

一审法院认为,开滦集团提出的该项理由并非法院确定案件管辖权的依据,《民事诉讼法》第三十四条规定:“合同或者其他财产权益纠纷的当事人可以书面协议选择被告住所地、合同履行地、合同签订地、原告住所地、标的物所在地等与争议有实际联系的地点的人民法院管辖,但不得违反本法对级别管辖和专属管辖的规定”,就本案而言,《有追索权国内保理合同》关于解决纠纷的方式中约定若蓝粤公司与进出口银行在该合同执行过程中发生纠纷,应在北京市有管辖权的人民法院进行起诉,因进出口银行所在地为北京市西城区复兴门内大街30号,故应视为双方约定的管辖法院为进出口银行所在地人民法院,即约定原告住所地法院管辖。进出口银行所在地为北京市西城区复兴门内大街30号,属一审法院辖区;又依据《全国各省、自治区、直辖市高级人民法院和中级人民法院管辖第一审民商事案件标准》的规定，北京市的中级人民法院管辖诉讼标的额在5 000万元以上的第一审民商事案件，以及诉讼标的额在2 000万元以上且当事人一方住所地不在本辖区或者涉外、涉港澳台的第一审民商事案件。就本案而言，进出口银行的诉讼请求金额为本金2.1亿元及相应利息，属于标的额在2 000万元以上且当事人一方住所地不在本辖区的第一审民商事案件，故一审法院对本案具有管辖权。综上，裁定驳回被告开滦集团国际物流有限责任公司进出口公司对本案管辖权提出的异议。

开滦集团提出管辖权异议上诉，北京市高级人民法院审理后认定，进出口银行提起本诉要求蓝粤公司偿还借款2.1亿元，并基于不同的法律关系，分别要求开滦集团、蓝海公司等对同一诉讼标的承担给付义务或保证责任，符合法律规定。同时，依据《最高人民法院关于印发修改后的〈民事案件案由规定〉的通知》(法〔2011〕42号)的规定，同一诉讼中涉及两个以上的法律关系的，应当依当事人诉争的法律关系的性质确定案由，均为诉争法律关系的，则按诉争的两个以上法律关系确定并列的两个案由。一审法院依据进出口银行主张确定案由为借款合同纠纷并据此确定案件管辖，符合法律规定。开滦集团的上诉理由，没有法律依据，据此裁定驳回上诉，维持原审裁定。

保理业务是以债权人转让其应收账款为前提，集应收账款催收、管理、坏账担保及融资于一体的综合性服务。保理纠纷案件的当事人除了保理商、债权人之外，还可能涉及债务人，甚至担保人。在保理纠纷案件中，往往存在多个当事人和多重法律关系，容易导致诉讼管辖的争议。受诉法院对保理纠纷案件是否具有管辖权，是受诉法院能否受理立案并进行审理的前提。因此，诉讼管辖直接关系到民事诉讼程序能否顺利、合法地进行。

一、法院管辖的确定

(一) 级别管辖

级别管辖是指上下级法院之间审理第一审诉讼案件的分工和权限。目前，我国案件的级别管辖由最高人民法院颁布的司法解释的形式予以确定，确定的依据主要是案件标的额的大小以及案件的复杂程度。我国《民事诉讼法》第十七条规定："基层人民法院管辖第一审民事案件，但本法另有规定的除外。"第十八条规定："中级人民法院管辖下列第一审民事案件：（一）重大涉外案件；（二）在本辖区有重大影响的案件；（三）最高人民法院确定由中级人民法院管辖的案件。"第十九条规定："高级人民法院管辖在本辖区有重大影响的第一审民事案件。"第二十条规定："最高人民法院管辖下列第一审民事案件：（一）在全国有重大影响的案件；（二）认为应当由本院审理的案件。"

拓展 8-2　级别管辖

根据最高人民法院《调整高级人民法院和中级人民法院管辖第一审民商事案件标准的通知》(法发〔2008〕10号)的规定，北京、上海、广东、江苏、浙江高级人民法院，可管辖诉讼标的额在2亿元以上的第一审民商事案件，以及诉讼标的额在1亿元以上且当事人一方住所地不在本辖区或者涉外、涉港澳台的第一审民商事案件。天津、重庆、山东、福建、湖北、湖南、河南、辽宁、吉林、黑龙江、广西、安徽、江西、四川、陕西、河北、山西、海南高级人民法院，可管辖诉讼标的额在1亿元以上的第一审民商事案件，以及诉讼标的额在5 000万元以上且当事人一方住所地不在本辖区或者涉外、涉港澳台的第一审民商事案件。甘肃、贵州、新疆、内蒙古、云南高级人民法院和新疆生产建设兵团分院，可管辖诉讼标的额在5 000万元以上的第一审民商事案件，以及诉讼标的额在2 000万元以上且当事人一方住所地不在本辖区或者涉外、涉港澳台的第一审民商事案件。青海、宁夏、西藏高级人民法院可管辖诉讼标的额在2 000万元以上的第一审民商事案件，以及诉讼标的额在1 000万元以上且当事人一方住所地不在本辖区或者涉外、涉港澳台的第一审民商事案件。

根据上海市高级人民法院2011年12月29日颁布的《关于试行上海各级法院第一审民商事案件管辖标准的通知》，自2012年1月1日起，上海市高级人民法院管辖决定提级管辖或者同意移送的案件以及最高人民法院指定管辖的案件。中级人民法院管辖诉讼标的额1亿元以上且当事人一方住所地不在本市的第一审民商事案件。其他第一审民商事案件由基层人民法院管辖。婚姻、继承、家庭、物业服务、人身损害赔偿、交通事故、劳动争议等案件以及群体性纠纷案件，一般由基层人民法院管辖。涉外、涉港澳台、海事海商、知识产权案件的管辖标准按原有规定执行。

为适应我国加入WTO形势的需要，依法、及时、公正地审理涉外民商事案件，切实保护中外当事人的合法权益，最高人民法院审判委员会于2001年12月25日通过了《关于涉外民商事案件诉讼管辖若干问题的规定》，并于2002年3月1日施行。该规定改变了我国《民事诉讼法》的管辖规定，对部分涉外（包括香港、澳门特别行政区和台湾地区）的民商事案件实行集中管辖改革。

拓展8-3 集中管辖

根据《关于涉外民商事案件诉讼管辖若干问题的规定》的规定，对下述五大类涉外案件实行集中管辖：（一）涉外合同和侵权纠纷案件；（二）信用证纠纷案件；（三）申请撤销、承认与强制执行国际仲裁裁决的案件；（四）审查有关涉外民商事仲裁条款效力的案件；（五）申请承认和强制执行外国法院民商事判决。

但不包括下述三大类：（一）发生在与外国接壤的边境省份的边境贸易纠纷案件；（二）涉外房地产案件；（三）涉外知识产权案件。

有第一审涉外民商事案件集中管辖权的法院包括：（一）国务院批准设立的经济技术开发区人民法院；（二）省会、自治区首府、直辖市所在地的中级人民法院；（三）经济特区、计划单列市的中级人民法院；（四）最高人民法院指定的其他中级人民法院；（五）高级人民法院。

最高人民法院还会对一些特定领域的案件作出特殊的级别管辖规定。例如，对知识产权纠纷（包括网络域名纠纷），《最高人民法院关于调整地方各级人民法院管辖第一审知识产权民事案件标准的通知》（法发〔2010〕5号）要求对于高级人民法院管辖标准以下的第一审知识产权民事案件，除应当由经最高人民法院指定具有一般知识产权民事案件管辖权的基层人民法院管辖的以外，均由中级人民法院管辖。

（二）地域管辖

地域管辖是指同一级人民法院之间审理第一审诉讼案件的分工和权限。我国《民事诉讼法》第二十三条规定："因合同纠纷提起的诉讼，由被告住所地或者合同履行地人民法院管辖。"《民事诉讼法》还对保险合同纠纷、票据纠纷、因公司设立、确认股东资格、分配利润、解散等纠纷、因铁路、公路、水上、航空运输和联合运输合同纠纷等提起的诉讼规定了特殊的地域管辖规则。

二、保理商起诉债权人纠纷案件的诉讼管辖

我国《民事诉讼法》对地域管辖规定了法定管辖和协议管辖制度。

(1) 法定管辖是指法律有明文规定的管辖,级别管辖和地域管辖都属于法定管辖。与之相对应的概念是裁定管辖,是指法院通过裁定方式作出的管辖,是对法定管辖的补充,包括移送管辖、指定管辖等。根据民事诉讼法的规定,因合同纠纷提起的诉讼,由被告住所地或者合同履行地人民法院管辖。

(2) 协议管辖又称约定管辖或合意管辖,是当事人在法律允许的范围内通过协议方式确定的管辖。与之相对应的概念是专属管辖,是指法律明确规定某类案件专属于特定的法律管辖,当事人协议管辖的内容不得违反专属管辖的规定。按照我国《民事诉讼法》的规定,协议管辖应当符合下列条件:① 当事人必须以书面的形式进行约定;② 只能就合同或者其他财产权益纠纷的管辖进行约定;③ 约定只能针对第一审法院的管辖,第二审法院不能由当事人以协议进行约定;④ 协议管辖法院的范围只限于被告住所地、合同履行地、合同签订地、原告住所地、合同标的物所在地等与争议有实际联系的地点的人民法院;⑤ 协议管辖不得变更专属管辖和级别管辖。

虽然《民事案件案由规定》中未将保理合同纠纷规定为一类案由,但是保理商与债权人之间是因缔约而产生合同法律关系毋庸置疑,保理合同作为一种无名合同,应当适用我国《民事诉讼法》关于合同纠纷诉讼管辖的相关规定。

(一) 保理合同中存在协议管辖条款

根据《民事诉讼法》关于合同纠纷案件的诉讼管辖规定,保理商与债权人之间的保理合同纠纷案件应当遵循协议管辖优先的原则,如果保理合同中对纠纷产生的管辖法院作出了明确约定,只要该约定不违反级别管辖和专属管辖的规定,该约定就应认定为合法有效。保理商和债权人可以选择被告住所地、合同履行地、合同签订地、原告住所地、标的物所在地等与争议有实际联系的地点的法院管辖。

(二) 保理合同中未约定协议管辖条款

当保理商和债权人未在保理合同中约定协议管辖条款时,应当依据我国《民事诉讼法》第二十三条关于合同纠纷法定管辖的规定,由被告住所地或合同履行地人民法院管辖,即保理商应当向债权人住所地或者保理合同的履行地法院提起诉讼。

对于合同履行地的确定，应根据《最高人民法院关于适用〈中华人民共和国民事诉讼法〉的解释》(法释〔2015〕5号)第十八条的规则确定。

(1) 合同约定履行地点的，以约定的履行地点为合同履行地。

(2) 合同对履行地点没有约定或者约定不明确，争议标的为给付货币的，接收货币一方所在地为合同履行地；交付不动产的，不动产所在地为合同履行地；其他标的，履行义务一方所在地为合同履行地。即时结清的合同，交易行为地为合同履行地。

(3) 合同没有实际履行，当事人双方住所地都不在合同约定的履行地的，由被告住所地人民法院管辖。

三、保理商仅起诉债务人纠纷案件的诉讼管辖

保理商通过与债权人签订保理合同受让应收账款，经通知债务人债权转让即对债务人发生法律效力，当债务人不履行账款支付义务时，保理商作为基础合同新的债权人有权对债务人提起诉讼。出于诉讼便利的考虑，保理商往往选择保理合同中约定的管辖地法院起诉，债务人则会援引基础合同中的管辖权条款予以抗辩，或者辩称保理合同中的协议管辖条款对债务人无约束力，此种争议在司法实践中经常发生。

(一) 保理商与债务人存在协议管辖条款的效力认定

保理商与债权人、债务人三方约定协议管辖，或者保理商与债务人就管辖事项作出特别约定的，只要不违反专属管辖和级别管辖的规定，就应当认定有效。但此种情形一般仅可能存在于公开保理业务中，在隐蔽保理业务中，由于应收账款转让之时并不立即通知债务人，所以，没有协议约定管辖的空间，当然并不排除在纠纷产生后再达成协议管辖条款的可能。

(二) 基础合同中协议管辖的效力认定

1. 债权转让的效力

债权转让是指不改变债的同一性，债权人将合法有效的债权转让给第三人所有的法律制度。大陆法系国家的民法典中有关债的更新的规定基本上是源于罗马法的规定，古代罗马法不承认债权是可以让与的，债的关系仅存在于特定人之间的关系，不能与主体分离。因此，合同也仅在缔约当事人之间有约束力，合同当事人不得对第三人主张权利，第三人也不得主张合同权利，第三人更不因他人签订的合同而负担义务。为了顺应经济发展的需求，各国立法普遍突破了债

权债务关系相对性的限制，规定债权可以依法予以转让。

(1) 债权转让的对内效力。债权转让在受让人和转让人之间的效力，称为债权转让的对内效力。在保理业务中，保理商与债权人保理合同一旦签订，应收账款债权转让即按双方之约定发生效力，债权人脱离债权人的地位，保理商承继其地位，成为新的债权人，有权要求债务人向自己履行义务。转让的权利范围既包括主权利，也包括从权利。我国《合同法》第八十一条规定："债权转让权利的，受让人取得与债权有关的从权利，但该从权利专属于债权人自身的除外。"从权利的转让适用"从随主"原则，当主债权发生转让时，从权利原则上随之移转于受让人，当事人也可以在保理合同中对不欲转让的从权利作出特别约定。

(2) 债权转让的对外效力。债权转让在转让人和债务人之间的效力以及在受让人和债务人之间的效力，都称为债权转让的对外效力。债权人与受让人之间的债权转让，应使债务人知晓，以避免债务人不知真正债权人为何人而发生履行对象错误的问题，未经通知债务人的债权转让不得对债务人产生效力。在债权转让后，受让人作为新的债权人承继了债权人的地位，但对债务人而言，其在债的关系中的地位和权利义务内容均未发生变更，只是履行的对象发生了变化。因此，债权转让在实质上只是债权人发生变更，债务人和债权债务内容未发生变更，即债的同一性保持不变。债权转让对债务人的效力主要表现为债务人的抗辩权和抵销权。

2. 基础合同协议管辖条款在债权转让后的效力

我国《合同法》第八十一条规定："债权人转让权利的，受让人取得与债权有关的从权利，但该从权利专属于债权人自身的除外。"这里所指的"从权利"是否只包括实体权利而不包括程序上的权利，以及何种从权利是专属于债权人自身的，法律没有明确规定。但依据法理，程序权利是实体权利存续之保障，实体权利为程序权利存在之基础，两者相互依存，不可分割，故民事权利受让之标的应当包括实体权利和程序权利。而受让人在受让债权之时，只要没有明确排除原合同中的协议管辖条款，即应当认定其同意接受。从双方利益平衡的角度考量，对受让人适用管辖条款也未对债务人增加新的负担。反之，如果因发生债权转让就否定基础合同中协议管辖条款的适用，则可能导致债权人通过债权转让达到规避基础合同中协议管辖条款适用，从而加重债务人的诉讼负担。结合《合同法》第八十二条"债务人接到债权转让通知后，债务人对让与人的抗辩，可以向受让人主张"的规定，债务人依据原合同享有的抗辩权继续有效，应当包括诉讼利益的抗辩权。因此，保理商在受让债权后对债务人提起诉讼，债务人仍得以依据基础合同中约定的协议管辖条款提出管辖权异议。最高人民法院在关于审理不良贷款纠纷的地域管辖司法解释中，也体现了相同的立法精神：《最高人民法院关于审理涉及金融资产管理公司收购、管理、处置国有银行不良贷款形成的资产的案件适用法律若干问题的规定》第三条第二款规定，“原债权银行与债务人有协议管辖约定的，如不违反法律规定，该约定继续有效”。

（三）保理合同协议管辖条款的效力认定

保理商与债权人双方签订的保理合同中约定的协议管辖条款，根据合同相对性原则，只能约束保理商和债权人，对债务人没有约束力，理由如下：

（1）债权转让合同约定的内容不能超出债权人享有的权利范围。基础合同的管辖权是依据债权人与债务人的债务关系产生，债权人只能对其享有的债权作出处置，而不能对基础合同的管辖权作出改变。

（2）债权转让合同中，新旧债权人关于协议管辖的约定只适用于履行该债权转让合同所产生的争议，即保理商和债权人之间的保理合同纠纷，不适用于保理商与债务人发生的争议。

（3）通过债权转让合同约定管辖强加于债务人，债权人可以通过债权转让的方式摆脱基础合同协议管辖条款对其的约束，也将对基础合同当事人诉讼权利造成损害，剥夺了债务人在基础合同中享有的诉讼利益。

因此，保理商与债权人签订的保理合同中的协议管辖对债务人没有约束力。但应注意，如果债务人认为受理案件的人民法院没有管辖权，应当在一审答辩期内提出管辖权异议，未在此期间提出异议的，因案件已经进入实体审理阶段，管辖权已经确定，即使受理案件的人民法院辖区内的被告不是案件的适格被告，也并不影响案件的实体审理，无需再移送管辖。

案例8-3　工行诉仁新公司案

江西省高级人民法院于2014年6月16日审结了“(2014)赣立终字第44号”上诉人上海江铜营销有限公司(以下简称江铜公司)与被上诉人中国工商银行股份有限公司南昌青山湖支行(以下简称工行青山湖支行)，原审被告江西仁新铜业有限公司(以下简称仁新公司)、杜志仁、甘淑英合同纠纷管辖权异议上诉一案。

一、基本事实

上诉人江铜公司上诉提出，一审法院对案件的案由未予明确，故在错误的基础上对管辖权异议作出的裁定违反法律规定。如本案系是因债权转让引起的债权纠纷,应根据其与仁新公司签订的买卖合同管辖条款约定,移送江铜公司所在地上海市浦东新区人民法院管辖;如本案是融资贷款纠纷,则应根据《国内保理业务合同》确定管辖,鉴于江铜公司并非保理合同的当事人,法院应当驳回工行青山湖支行对江铜公司的起诉。

被上诉人工行青山湖支行辩称:本案纠纷是因江铜公司和三原审被告不能归还到期借款及代偿债务而起,并非因履行买卖合同而产生,故江铜公司诉称应以买卖合同纠纷为由确定管辖异议的理由不能成立。

二、法院判决

江西省高级人民法院经审理后认为:工行青山湖支行的诉讼请求涉及债权转让引起的买卖合同关系、保理合同关系以及以保理合同为主合同的保证合同关系。因在债权转让关系中,新债权人未与债务人重新达成管辖约定且原合同管辖约定不违反法律规定,原合同管辖约定仍然有效,仁新公司和江铜公司之间签订的买卖合同中约定了管辖法院为买方(江铜公司)所在地法院,故南昌市中级人民法院对该债权转让引起的买卖合同关系纠纷没有管辖权。此外,江铜公司并非《国内保理合同》和《保证合同》的主体,工行青山湖支行对江铜公司的起诉应予驳回。依照《中华人民共和国民事诉讼法》第一百七十一条、第一百七十五条的规定,裁定撤销一审民事裁定,驳回工行青山湖支行对江铜公司的起诉。

(四)基础合同中未约定管辖条款

债权人和债务人未在基础合同中约定管辖条款,保理商和债务人也未对诉讼管辖进行约定的,理论界有多种观点:

第一种观点认为只能由被告(即债务人)所在地法院管辖。如果保理商与债务人对案件管辖未作特别约定,应在符合级别管辖有关规定的前提下,由被告(即债务人)所在地法院管辖。因为债权人只是将应收账款形成的债权转让给保理商,并非将基础合同的权利义务同时转让,债权人仍对债务人负有交货的义务,保理商与债务人之间并未形成买卖合同关系。故保理商起诉债务人时,不宜根据债权人与债务人之间所订立的基础合同采用合同履行地确定管辖。

第二种观点认为,除根据被告住所地法院确定管辖外,也可以根据基础合同采用合同履行地确定管辖。这是因为保理商受让的债权是基于债权人的债权而产生的，且需依附于基础合同实现，所以，管辖法院也可以根据基础合同来确定。保理商因受让债权与债务人之间形成的仍然是合同之债，被告住所地与基础合同履行地的人民法院具有管辖权。

第三种观点认为，即使基础合同已经履行，但如果基础合同的履行地与保理商住所地、债务人住所地都不一致，仍确定由基础合同履行地法院管辖，对保理商和债务人而言都增加了诉讼成本，对案件的审理和执行也造成不便，违背了诉讼经济原则，因此，也应当由被告住所地法院管辖。

根据《最高人民法院关于适用〈中华人民共和国民事诉讼法〉的解释》（法释〔2015〕5号）第十八条第三款“合同没有实际履行，当事人双方住所地都不在合同约定的履行地的，由被告住所地人民法院管辖”的特别规定，如果保理商与债权人签订了保理合同，而债权人与债务人已实际履行基础合同的，被告住所地与基础合同履行地的人民法院均应具管辖权；但若债权人与债务人未实际履行基础合同，则只能由被告住所地法院管辖。

四、保理商同时起诉债权人和债务人案件的诉讼管辖

案例 8-4　民生银行诉长三角煤炭公司、中煤公司案

最高人民法院于2014年7月25日审结了“(2014)民一终字第187号”上诉人江苏长三角煤炭有限公司（以下简称长三角煤炭公司）等与被上诉人中国民生银行股份有限公司南京分行（以下简称民生银行南京分行）借款纠纷管辖权异议上诉一案。

一、基本案情

2013年6月7日、8日，民生银行南京分行与长三角煤炭公司签订《综合授信合同》《贸易融资主协议》和《保理服务合同》，约定民生银行南京分行为长三角煤炭公司提供保理服务。嗣后，长三角煤炭公司将其对中煤科技集团有限公司（以下简称中煤公司）的应收账款12 571.803 1万元转让给民生银行南京分行，民生银行南京分行依约发放1亿元融资。同年6月19日，长三角煤炭公司将其对中煤公司的应收款8 813.798 0万元转让给民生银行南京分行，民生银行南京分行依约发放7 000万元融资。

上述应收账款经中煤集团确认。江苏长三角能源发展限公司（以下简称长三角能源公司）、江苏中江能源有限公司（以下简称中江能源公司）、张荣祥、田超、秦怡为《综合授信合同》《贸易融资主协议》项下主债务提供连带责任保证。

2013年12月6日，因长三角公司未履行还款义务，民生银行南京分行遂向江苏省高级人民法院提起诉讼，请求判令长三角煤炭公司偿还本金17 000万元及相应的利息、罚息，中煤集团、长三角能源公司、中江能源公司 、张荣祥、田超、秦怡对上述债务承担连带清偿责任。

长三角煤炭公司、长三角能源公司、中江能源公司、张荣祥、田超、秦怡在一审答辩期间提出管辖权异议，认为本案履行的主要被告中煤集团住所地在北京市，请求将本案移送至北京市高级人民法院审理。中煤集团提出管辖权异议称：中煤集团不是《综合授信合同》《贸易融资主协议》和《保理服务合同》的签约当事人，故中煤集团不应受上述合同管辖条款的约束。民生银行南京分行基于受让债权向有管辖权的人民法院起诉中煤集团，由于债权转让文件中未约定在原告住所地法院起诉，且债权转让行为发生在北京市，故江苏省高级人民法院对本案没有管辖权。民生银行南京分行与本案其他被告之间是借款合同关系，民生银行南京分行与中煤集团之间是债权转让关系，不是同一法律关系，也不具有相同的当事人，即便可以合并，受理法院也应对上述合同所涉案件均有管辖权，请求将本案或者对中煤集团的起诉移送到北京市高级人民法院管辖。

二、江苏高院裁决

江苏省高级人民法院认为：涉案《综合授信合同》《贸易融资主协议》《保理服务合同》以及《最高额担保合同》中均约定，履行中产生争议，由民生银行南京分行住所地人民法院管辖。根据《中华人民共和国民事诉讼法》第二十一条、第二十三条的规定，因合同纠纷提起的诉讼，由被告住所地或者合同履行地人民法院管辖。同一诉讼的几个被告住所地、经常居住地在两个以上人民法院辖区的，各法院均有管辖权。由于主债务人长三角煤炭公司以及担保人的住所地均在江苏省，故江苏省高级人民法院无论作为当事人约定的民生银行南京分行住所地法院还是上述被告住所地法院对本案均有管辖权。此外，长三角煤炭公司与民生银行南京分行订立了《保理服务合同》，中煤集团在《应收账款转让通知书》盖章予以确认，故民生银行南京分行受让长三角煤炭公司对中煤集团的债权与涉案的借款合同相关联，且从属于借款合同关系，应受借款合同管辖约定的约束。民生银行南京分行有权在本案中一并起诉中煤集团。江苏省高级人民法院一审裁定驳回七名被告的管辖权异议。

三、最高法院裁决

七名被告不服一审裁定，以相同理由向最高人民法院提起上诉。最高人民法院经审理认为：民生银行南京分行与长三角煤炭公司等基于借款合同、担保合同产生的借款担保合同纠纷，与民生银行南京分行基于《应收账款通知书》《煤炭买卖合同》与中煤集团产生的合同债权转让纠纷一案，并非基于同一法律事实，也不是同一法律关系，不应合并审理。民生银行南京分行基于债权转让取得了与债权人长三角煤炭公司一样的诉讼地位和诉讼权利。但中煤集团不是《保理服务合同》的当事人，且没有在上述合同上签字，故不受《保理服务合同》的约束。中煤集团在《应收账款转让通知书》上签字，只能证明其与民生银行南京分行之间产生债权转让关系，而不意味着其加入民生银行南京分行与长三角煤炭公司之间的借款担保合同关系。因此，原审认为民生银行南京分行受让长三角煤炭公司对中煤集团的债权与涉案的借款合同关系相关联，且从属于借款合同关系，应受借款合同管辖约定的约束无事实和法律依据。民生银行南京分行与中煤集团之间的债权转让纠纷，可根据《中华人民共和国民事诉讼法》第二十三条关于法定管辖的规定，另行向依法享有法定管辖权的人民法院起诉。

最高人民法院二审裁定：撤销一审裁定；驳回民生银行南京分行对中煤集团的起诉；驳回长三角煤炭公司、长三角能源公司、中江能源公司、张荣祥、田超、秦怡的上诉请求；由江苏省高级人民法院对民生银行南京分行诉长三角煤炭公司、长三角能源公司、中江能源公司、张荣祥、田超、秦怡借款担保合同一案进行审理。

在上述案例中，最高人民法院明确指出，保理商因债权转让形成的法律关系与原借款合同关系不具有主从性。主从债务关系应具有以下几个特点：

(1) 从债务的依附性，从债务依附于主债务的存在而存在，随着主债务的消灭而消灭；

(2) 从债务对主债务具有补充性；

(3) 从债务的独立性，从债务也是一个独立的债务，并非主债务的一部分。

保理商基于债权转让与债务人形成的债务和保理商基于保理合同与债权人形成的债务，并不完全具备主从债务的特点，虽然也是两个独立之债，但两个债务之间不具有依附性，保理商基于债权转让和债务人形成的法律关系内容，以通知债务人为生效条件，而并非以保理合同之债为生效和存在作为前提。而且，保理商既可基于保理合同向债权人主张履行，也可基于债权转让向债务人主张权利,故两个债务之间也不互为补充。正如最高人民法院"(2014)民一终字第187号"二审裁定书认定,保理商基于《应收账款通知书》《煤炭买卖合同》与债务人(买方)产生的合同关系与保理商与债权人(卖方)、担保人基于借款合同、担保合同产生的借款担保合同关系之间不存在从属关系,两个债权纠纷并非基于同一法律事实,也非同一法律关系,不能合并审理。

但也有观点认为,对此类纠纷一概分别审理过于机械执法,不利于同一裁判尺度和便利当事人,审判机关应从诉讼经济原则和查明事实、便利当事人的实际需求出发确定管辖权。保理商起诉债务人的诉讼请求是支付应收账款,保理商对债权人行使追索权的诉讼标的也是金钱之债,根据普通共同诉讼的理论,对于诉讼标的为同一种类的诉,人民法院可以在当事人不反对的前提下予以合并审理,故在此类保理案件中仍有共同审理的空间。

第三节 商业保理案件电子证据法律实务

随着电子商务系、第三方支付系与IT系企业快速进入商业保理行业以及保理商与P2P、P2B、O2O等互联网技术和互联网金融的跨领域合作,部分保理业务呈现电子化形态。越来越多的商业保理企业开始将其交易电子化,即通过网络完成交易。交易电子化在带来便捷的同时,也带来了日后如果发生纠纷举证困难的问题。所以,学习和研究电子证据的法律规范对新型保理业务具有现实意义。

案例8-5 微信证据案

最高人民法院颁布并于2015年2月4日起正式实施的《关于适用〈中华人民共和国民事诉讼法〉的解释》(法释〔2015〕5号)被称为史上最长的司法解释,解释条文共552条,正文58 611字,其中,"短信、微博、网聊等可作为证据"被公众视为一大亮点。按照该解释第一百一十六条第二款、第三款的规定:"电子数据是指通过电子邮件、电子数据交换、网上聊天记录、博客、微博客、手机短信、电子签名、域名等形成或者存储在电子介质中的信息。存储在电子介质中的录音资料和影像资料,适用电子数据的规定。"

随着《最高人民法院关于适用〈中华人民共和国民事诉讼法〉的解释》的出

台，媒体广泛报道了解释出台之后上海、北京各自审结的首例微信证据案件。

案例一、“微信借条”难言真，法院不认账[①]

2015年2月5日，上海市浦东新区人民法院一审宣判了一起“微信借条”案，对微信证据效力作出了判定，这也是民事诉讼法司法解释实施后首起微信证据案。

张某是原告深圳牛樟芝制药有限公司的法定代表人，被告李某是被告樟芝(上海)投资中心的法定代表人。2014年7月10日，原告向被告樟芝(上海)投资中心汇款人民币5万元，并在客户回单用途摘要一栏写上“借款”字样。“借款”后，两被告于7月11日写了一张借条，然后通过微信拍照的方式发给了原告公司法定代表人张某。庭审中，原告方律师当庭出示手机微信照片，证明被告向原告借款的事实。“因为原告身在深圳，所以无法当面拿到借条，因而采用微信的形式。”原告律师告诉记者。原告所称的“微信借条照片”，载有“樟芝(上海)投资中心有限合伙向深圳牛樟芝制药有限公司借款人民币5万元”字样，借款人处有两被告印章。“借条”除日期外其余内容均为打印。

两被告则坚持认为，原告和被告樟芝(上海)投资中心不存在借款关系，原告是被告投资中心的合伙人，因各合伙人出资款均未到位，故原告出资5万以保证被告樟芝投资中心正常运营。5万元不是借款，不应当返还。对于客户回单，被告反驳道：“用途摘要是原告自行填写，是原告自己的意思表示。”至于微信照片，被告则对其真实性有异议。

原告则主张，“原告已经认缴了资本，只是没有出资。双方并没有就垫付费用进行过约定，原告也没有介入日常运营管理。被告将借款和公司设立资本混为一谈，没有事实依据。”原告律师告诉记者，为证明“微信借条”的真实性，原告方曾前往深圳、珠海等多个公证处，欲对微信进行公证。“但他们都说目前只有对电子邮件的公证，暂时无法对微信进行公证。”原告律师说，后因公证机关无法对真实性进行证明，故未能提供公证材料。

针对原、被告对5万元“微信借条”真实性的争议，主审法官冯静审理后认为，原告未能充分证明微信照片中的借条真实存在，也未能证明系争微信照片为被告方所发，故对“微信借条”的真实性，法院无法采信。但是，被告在庭审中明确，5万元款项为原告的垫付款，待今后各出资人出资到位后再归还原告或者双

---

① 陈颖婷、李鹏飞，“‘微信借条’难言真，法院不认账”，《上海法治报》，2015年2月6日A07版。

方协议转为出资。同时，结合原告向被告樟芝投资中心汇款用途明确记为“借款”等情况，法院依法认定涉案5万元是原、被告之间的借款。而鉴于原、被告未约定还款时间，故原告可依法随时向被告方主张还款。此外，被告李某虽然是被告樟芝(上海)投资中心的法定代表人，但5万元并非其个人借款，故被告李某不是适格被告。综上，法院依法判定被告樟芝(上海)投资中心归还原告借款人民币5万元。

“电子证据以前在司法实践中就时有出现。”冯静法官介绍，“这次司法解释主要以列举的方式区分电子数据证据和视听资料证据的不同，同时也对电子证据的形式作了进一步明确。”冯法官指出，司法实践中，电子证据被采信的比较少。一来法律没有具体的规定，二来法官无法确认电子证据是不是经过了处理、是否原始证据，在没有相关证据佐证的情况下，一般不予采纳。证据是诉讼之王，作为证据，必须具备合法性、真实性和关联性。其中，真实性往往是电子证据的软肋。

案例二、微信聊天为证　官司反败为胜[①]

北京市第一中级人民法院审结了一起因夫妻一方出具借条所引发的民间借贷纠纷案件。郭先生夫妇与黄先生夫妇为多年好友，黄先生夫妇办理离婚时，郭先生夫妇依据黄先生所写借条，起诉要求黄先生、黄太太偿还借款，并支付相应利息。借条上写明，黄先生夫妻向郭先生夫妻借款45万余元，约定月息2分，借款期限一年。一审开庭时，黄先生认可借款的存在，同意偿还借款。而黄太太则不同意，她认为这笔钱是郭先生与她夫妻二人合伙经营宠物店的投资款。她还向法院提交了一份微信聊天记录，显示双方就合作事宜进行过协商。对于这份微信聊天记录，法院认为其能够显示双方就合作事宜进行过协商，但并未达成一致。故一审法院对黄太太关于款项为投资款的抗辩意见不予采纳。法院判决黄先生、黄太太返还郭先生、郭太太借款45万余元，支付利息10万余元。

黄太太不服一审判决，向北京市第一中级人民法院提起上诉。北京第一中级人民法院认为，综合黄太太在一审中提交的微信聊天记录、录音以及黄太太在二审中提交的证言，可以说明郭先生出资与黄先生、黄太太合作经营宠物店的事实，涉案45万余元是郭先生的投资款，一审法院对此认定有误。裁定撤销一审判决，驳回郭先生、郭太太的起诉。

---

① 米兰，“微信聊天为证　官司反败为胜”，载于《北京晚报》，2015年2月6日第11版。

此案的承办法官黄丽告诉记者，二审最终采纳了微信证据，理由是在黄太太提供的微信记录中，郭先生多次表述宠物店为三个人的店，多次谈及三人之间关于店铺利润的分配问题。结合本案其他证据，可以认定款项性质为投资款。

主审法官黄丽表示，2012年《中华人民共和国民事诉讼法》修正时加入了电子数据这一证据形式。2015年2月6日实施的民诉法司法解释，更对电子数据进行了明确阐述，本案中作为定案依据的微信即属于电子数据的一种类型。近年来，电子数据越来越多地出现在审判过程中。因此，当事人应当注重搜集电子证据，以保障自身权益。

一、认知电子证据

(一) 电子证据的含义

学术界对电子证据存在广义与狭义两类定义。广义的定义认为："电子证据就是被作为证据研究的、能够证明案件相关事实的电子文件。"[①]"电子证据是指以电子形式存在的、能够作为证据使用的一切材料及其派生物。"[②]"电子证据是指以储存的电子化信息资料来证明案件真实情况的电子物品或者电子记录。"[③]狭义的定义认为："电子证据又称计算机证据，是指以其储存的文字、数据、图像、声音、程序等电子化信息资料来证明案件真实情况的电子物品或电子记录。"[④]

我国2012年3月修改的《刑事诉讼法》正式将电子数据规定为法定证据的种类之一，电子证据在刑事诉讼中取得了合法地位。我国2012年8月修改的《民事诉讼法》也将电子证据作为独立的一类证据材料写入了法律。

(二) 电子证据的种类

电子证据的本质都是数字文件，只不过储存的介质不同而已。所以，电子证据需根据其形成来源以及由此而生的不同表现形式进行分类。电子证据大致可分为以下几种形式：

(1) 现代通信技术应用中出现的电子证据，常见的有电报(Telegram)、电话

---

① 蔡武，"'电子证据'相关问题研究"，载于 http://www.fzwgov.cn/Article/showPrint.asp?InfoID=394931。

② 孙铁成，"计算机与法律"，法律出版社，1998年，第13页。

③ 文伯聪，"计算机证据与计算机审计技术"，《政法学刊》，1999年第3期，第93—94页。

④ 刘满达，"论数据电文的证据价值"，《法学》，1998年第8期，第18—22页。

(Telephone)、传真(FAX)、短信等。

(2) 电子计算机技术应用中出现的电子证据,常见的有未联网的计算机文件、计算机数据库、计算机日志等。

(3) 网络技术应用中出现的电子证据,常见的有电子邮件(E-mail)、电子聊天记录(E-chat)外,还包括表现为电子数据交换(EDI)、电子资金划拨(EFT)、电子公告牌记录(BBS)和电子签章(E-signature)、黑匣子记录、智能交通信息卡资料等。

(4) 影视技术等应用而产生的电子证据、如影视 VCD、DVD 光盘资料、视频文件、流媒体等。

(三) 电子证据认定的难点

实务中,电子证据的真实性往往是认定的难点。其主要表现在三个方面:

(1) 主体认定难。电子邮件、微信、QQ 等网络通讯工具以及网页超链接点击指令,其本身只是指令的载体,在没有确认绑定的情况下,相关指令的发出主体往往难以确认。

(2) 内容认定难。电子证据具有可复制性与易修改性,这往往导致电子证据的内容难以确定。

(3) 甄别手段少。相对于固化的实体证据,对电子证据形成时间、内容真伪性等方面的鉴定机构与鉴定办法都相对较少。

二、电子证据的收集、保全和认定实务

(一) 电子证据的收集

手机短信、电子邮件和网络聊天形式等常见的电子证据收集有以下方法:

(1) 手机短信形式电子证据的收集。在收集该类证据时,可以采取以下方法:一是在接收信息者未将短信删除的情况下,直接将手机封存,作为最终审判的证据材料。二是在与案件有关的短信被删除的情况下,可以通过手机短信运营商来调取短信内容。

(2) 电子邮件形式电子证据的收集。在收集电子邮件时,可在公证员现场公证的情况下,登录网页版电子邮箱,直接从服务器上下载邮件,并保存、打印。

(3) 网络聊天形式电子证据材料的收集。网络聊天是随着网络技术的发展出现的一种及时双向沟通的通信方式,主要有第三方服务器保存聊天记录(如QQ、微信等)与第三方服务器不保存聊天记录(如聊天室)两种类型。前者可通

过向第三方调取记录的方式进行证据收集；后者虽然可通过复制粘帖的方式予以保存，但如果缺乏第三方见证聊天过程等补强证据，则证据的证明力相对较弱。

(二) 电子证据的保全

由于电子证据普遍存在的认定难点，以及自行收集时易发生不当行为导致证据证明力弱的问题，所以，电子证据相较于其他证据更强调证据的保全。

1. 主动电子证据保全

主动电子证据保全是指在网络信息交换行为发生的同时，即电子证据形成的过程中，就采取相应的保全措施。

最为典型的就是电子交易证据的在线保全。当事人在进行电子交易的同时，通过专门的电子数据证据保全机构的第三方保全专用客户端，自动地将当事人交易的相关信息上传到保全机构的服务器，或者通过专用客户端对收集到的事实信息及审计信息进行加密处理，生成并上传独有的哈希值，通过这种特殊的信息固定方式来实现对交易内容客观真实的保存与固定。

在事前的电子数据证据第三方保全方法中，有三种核心技术来保障事前的保全的电子数据证据的客观真实性。这三种技术分别是数字签名技术、数字时间戳技术以及将前两种综合形成的 TSA(Time Stamp Authority)可信时间戳技术。

(1) 数字签名技术。根据《中华人民共和国电子签名法》第二条的规定："电子签名，是指数据电文中以电子形式所含、所附用于识别签名人身份并表示签名人认可其中内容的数据。"数字证书是由权威且公正的第三方机构中心签发的企业或个人在互联网上使用的身份标识。数字签名起到了识别和确定网上交易对象的作用。交易前可以要求交易对象提供数字证书，以免日后产生主体方面的争议。下表是获得电子认证服务行政许可的认证机构名单。

表 8－1　获得电子认证服务行政许可的认证机构名单

序号	名　　称	所在省份(市、区)	许可证号	批准日期
1	山东省数字证书认证管理有限公司	山东	ECP37010210001	2005－8－19
2	中金金融认证中心有限公司	北京	ECP11010410002	2005－8－19
3	北京天威诚信电子商务服务有限公司	北京	ECP11010810003	2005－8－19

续 表

序号	名　　称	所在省份(市、区)	许可证号	批准日期
4	陕西省数字证书认证中心有限责任公司	陕西	ECP61011310004	2005-8-19
5	国投安信数字证书认证有限公司	吉林	ECP22010410005	2005-8-19
6	广东省电子商务认证有限公司	广东	ECP44010610006	2005-9-6
7	广东数字证书认证中心有限公司	广东	ECP44010210007	2005-9-6
8	上海市数字证书认证中心有限公司	上海	ECP31011510008	2005-9-23
9	北京数字认证股份有限公司	北京	ECP11010810009	2005-10-19
10	辽宁数字证书认证管理有限公司	辽宁	ECP21010210010	2005-11-15
11	湖北省数字证书认证管理中心有限公司	湖北	ECP42010610011	2005-11-15
12	颐信科技有限公司	北京	ECP11010510012	2005-11-15
13	江苏省电子商务服务中心有限责任公司	江苏	ECP32011110013	2005-12-26
14	东方中讯数字证书认证有限公司	重庆	ECP50010710014	2005-12-26
15	浙江省数字安全证书管理有限公司	浙江	ECP33010310015	2005-12-26
16	福建省数字安全证书管理有限公司	福建	ECP35010511016	2006-1-23
17	新疆数字证书认证中心有限公司	新疆	ECP65010111017	2006-1-23
18	河南省数字证书有限责任公司	河南	ECP41010211018	2006-5-24
19	北京国富安电子商务安全认证有限公司	北京	ECP11011511019	2006-5-24
20	安徽省电子认证管理中心有限责任公司	安徽	ECP34011111020	2006-10-16
21	河北省电子认证有限公司	河北	ECP13010111021	2006-11-17
22	西部安全认证中心有限责任公司	宁夏	ECP64010112022	2007-2-12
23	山西省数字证书认证中心有限公司	山西	ECP14010012024	2007-8-27
24	深圳市电子商务安全证书管理有限公司	广东	ECP44030112025	2007-10-8
25	江西省数字证书有限公司	江西	ECP36000013027	2008-3-11
26	中网威信电子安全服务有限公司	北京	ECP11030213028	2008-3-11
27	北京中认环宇信息安全技术有限公司	北京	ECP11010514029	2009-1-23
28	湖南省数字认证服务中心有限公司	湖南	ECP43000014030	2009-1-23
29	中铁信弘远(北京)软件科技责任有限公司	北京	ECP11010810031	2010-12-23

续　表

序号	名　　称	所在省份（市、区）	许可证号	批准日期
30	卓望数码技术(深圳)有限公司	广东	ECP44030111032	2011-10-10
31	河南省信息化发展有限公司	河南	ECP41010512033	2012-3-7
32	东方新诚信数字认证中心有限公司	湖南	ECP43010412034	2012-10-19
33	广西壮族自治区数字证书认证中心有限公司	广西	ECP45010313035	2013-9-3
34	深圳市沃通电子认证服务有限公司	广东	ECP44030514036	2014-3-14
35	贵州省电子证书有限公司	贵州	ECP52010314037	2014-7-30
36	云南省数字证书认证中心有限公司	云南	ECP53010214038	2014-7-30

资料来源：中华人民共和国工业和信息化部网站(http://www.miit.gov.cn/)。

(2) 数字时间戳技术。数字时间戳技术是将数字签名技术与权威时间源相结合的一种应用，是一类特殊的数据类型，它可以表示电子文档在某个特定时间之前的完整性、存在性和可验证性。通过数字时间戳服务，可以确认某份加有数字时间戳的电子文档产生的时间，其本质就是将电子文档的内容数据和该文档所产生的准确时间进行绑定，从而为该电子文档产生的准确时间提供证明。数字时间戳通常是由权威的第三方时间戳服务机构为电子文件签发的证明该电子文件完整性及签发时间的电子凭证，可被达到标准的程序公开验证。

(3) TSA(Time Stamp Authority)可信时间戳技术。可信时间戳服务是国家法定时间服务的延伸，是信息化社会的重要基础。能可靠地保证数据电文自最终形成时起内容保持完整，且未被更改，是解决各种电子数据符合法律要求的原件形式的有效电子凭证，也是现代社会实现无纸化的基础设施。

表8-2　可信时间戳与普通时间戳类比项

类 比 项	可 信 时 间 戳	普 通 时 间 戳
提供机构	北京联合信任技术服务有限公司	其他机构(电子认证、电子签章、信息安全类)
时间戳中心建设机构	中科院国家授时中心	购买时间戳应用软件或无运营环境
时间戳服务认证说明	有中科院国家授时中心可信时间戳服务说明	无

续 表

类 比 项	可 信 时 间 戳	普 通 时 间 戳
时间戳中心运营环境	高标准的时间戳服务机房，具有严格的物理访问控制，配备了先进的指纹门禁系统、24小时全天候监控系统、消防系统、备电系统等，并具有一支专业可靠的运营管理团队，系统管理参照ISO27001信息安全管理体系进行管理	无
是否符合相关法律法规要求，能解决数据电文法律效力问题	符合《电子签名法》《国标GB/T25064—2010》	非第三方可信时间戳机构，时间不可靠，技术不规范，不具备法律效力
时间源权威性和准确性	由中国法定时间机构——国家授时中心负责授时和守时，保障了时间的权威和准确	网络时间、内网服务器时间，无守时保障
时间戳的签发位置	时间戳服务中心	应用机构内网
时间戳签发机构证书	国家授时中心(CHINA TSA ROOT)	不属于可信时间戳体系
时间戳的实现方式	通过标准中间件连接时间戳服务中心，由中心可信时间戳服务系统进行签发	应用机构内部署(应用软件＋NTP时间服务器)产生
时间戳证据的提取	可由时间戳服务中心或其他第三方鉴定机构按照时间戳技术标准出具验证报告	不具备
在医疗机构中应用的作用	医疗纠纷证据、内部责任认定	仅可作为内部的责任认定证据
时间戳相关法律案例	有，得到司法认可	无
是否符合电子病历系统功能规范	符合	不符合
时间戳签发机构性质	权威可信第三方时间戳机构(Time Stamp Authority)	提供时间设备硬件商，应用软件服务商

如果要将数字时间戳技术引入到司法保全领域，则可借助数字时间戳的技术特性明确两个客观权威，即电子数据证据采集时间的精确性及其采集状态的固定性；如果要将数字证书技术引入司法保全领域，则可借助数字证书的技术特性实施对采集主体身份进行权威的认定。据此，可以复合形成“可信时间戳”的

技术方案：权威可信的第三方时间戳服务机构对持有数字证书的法院提交的电子文件(数据电文)采用特定的密码技术进行数字签名后生成特定格式的文件凭证(包括签名、时间及文件摘要等)，该数字时间戳与电子文件唯一对应，表示该电子文件在加盖数字时间戳时的时间及状态，对该文件提供了完整性的保护及不可否认性的证明。

① TSA 的固化程序的处理过程。

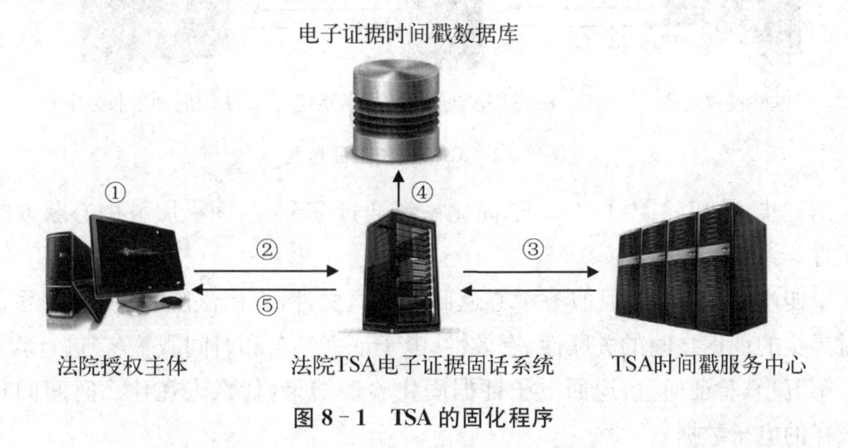

图 8-1 TSA 的固化程序

第一步，司法取证人员登陆人民法院 TSA 电子固化系统后，指定电子证据源(可以是电子文件、磁盘目录等)，客户端程序对证据提取证据指纹(HASH值)，并使用司法人员证书进行数字签名；

第二步，提交证据数字签名到人民法院 TSA 电子固化系统，请求加盖时间戳；

第三步，人民法院 TSA 电子固化系统通过接口访问时间戳服务中心，获取时间戳签名；

第四步，保存数字签名文件和时间戳文件到数据库；

第五步，返回时间戳文件和时间戳文件。

② TSA 在线验证的处理过程。

第一步，司法取证人员登陆人民法院 TSA 电子固化系统后，指定电子证据源(可以是电子文件等数据文件)、数字签名文件和时间戳文件，缺一不可，客户端程序对证据提取证据指纹(HASH 值)；

第二步，提交证据指纹、数字签名文件和时间戳文件到人民法院 TSA 电子固化系统，请求验证证据有效性；

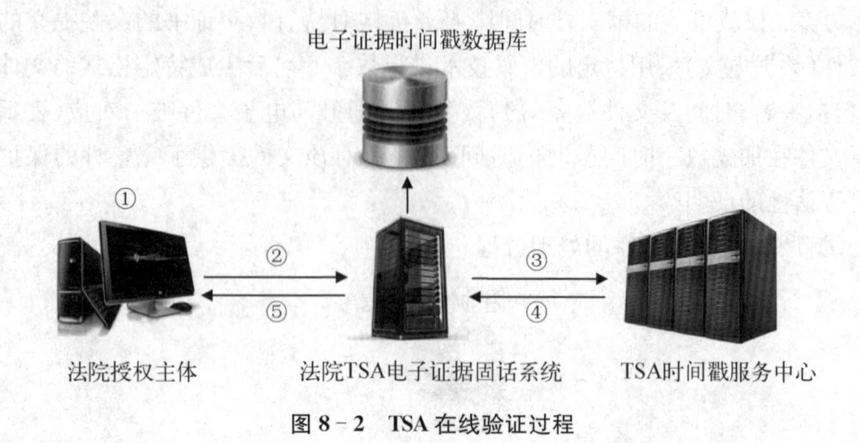

图 8-2 TSA 在线验证过程

第三步，人民法院 TSA 电子固化系统通过 TSA 时间戳服务中心获取时间戳文件；

第四步，TSA 时间戳服务中心返回时间戳文件，人民法院 TSA 电子固化系统对提交的证据之间的关联性、有效性(电子证据签名和时间戳签名)进行验证；

第五步，验证通过，返回电子证据固化验证结果(什么人在什么时间固化了什么样的电子数据)。

拓展 8-4 TSA 电子证据固化业务平台

广东省新闻出版局政务服务中心作为独立且具有权威公信力的第三方主体，依据权利人提交的电子证据固化申请和相关证据材料，对相关网站的网页进行截图、录像或复制保存，并指派专业技术人员在 TSA 电子证据固化系统中进行电子证据固化。

1. TSA 电子证据固化业务平台的具体操作流程

在固化过程中证据的关联性问题由权利人在取证过程予以积极配合和提出要求，固化完成后出具《电子证据固化报告》及附带证据光盘，固化报告对取证过程、证据要素、时间信息、取证机构、取证人员、证据的验证等固化事项具有详尽的描述。

在诉讼和维权活动中，可以将附带光盘内的证据原始文件包和固化后生成的时间戳文件(扩展名为 tsa)、证明固化主体身份信息的电子签名文件(扩展名为 p7s)的三个文件在《TSA 电子证据固化系统》中进行验证，如果验证成功，就可以采信固化主体的身份信息、固化时间的准确性与内容的完整性，也就可以确认光盘内的文件是符合我国《电子签名法》要求的可靠的电子文件的要求，具有原件和书面形式的法律效力，作为有效的诉讼和维权证据来使用。

2. 申请办理TSA电子证据固化业务提交材料

(1) TSA电子证据固化申请书原件；

(2) 申请主体资格材料，如企业法人营业执照、自然人身份证复印件并核对原件；

(3) 授权委托书原件，授权范围内应包括受托人办理电子证据固化的授权内容；

(4) 申请人相关权属凭证和相关证据：如作品著作权证书、商标证书、专利证书、授权合同、设计图纸原稿、TSA时间戳证书及原始文件、其他证据等。

2. 事后电子证据保全

相对于主动电子证据保全而言，事后电子证据保全往往是在纠纷发生后，对已有的电子证据进行保全，实际操作中往往就是指通过公证的形式对电子证据进行固定。

拓展8-5 上海东方公证处"公证证据宝"

一些公证处推出了在线自助的电子证据公证平台，这对电子证据的保全将会产生较为深远的影响。

以2012年8月6日上海东方公证处推出的"公证证据宝"为例，该平台是全国首家由公证处自主开发、自主管理的证据保全平台。申请人可通过任何一台计算机远程登录到"公证证据宝"平台，由该平台对申请人正在使用的计算机所登录的网页、网络聊天、电子邮件发送等完成电子数据的证据固定。

"公证证据宝"的核心是申请人的电脑通过公证处的服务器发布的应用程序登录到网络，而不是由申请人的电脑直接登录到网络。所有产生的电子数据都由用户操作公证证据宝，进行电子数据的证据固定的具体步骤如下：

一、注册并安装插件

(1) 在电脑上输入 http://zhengjubao.sh-notary.com/EPEV2/index.jsp,进入公证证据宝的首页。

(2) 新用户初次使用公证证据宝时,需先完成注册程序,并安装插件。插件完成后直接登录证据宝。

二、开始取证

(1) 进行取证时,点击"开始取证"按钮,弹出"OpenMe.ica"文件下载框,直接点击打开,开启取证浏览器。

(2) 点击弹出对话框中的"确定"按钮,开始取证。

(3) 取证完成后,请先关闭浏览器,并在"证据备注"中填写用户想要添加的备注内容。

(4) 点击"确认保存",以保存用户取得的证据,也可点击"放弃保存",重新进行操作。

(5) 保存成功后,用户的"我的证据宝"中将新增一条证据记录。

三、付款

(1) 经公证员确认处理的证据可以免费保存七天,如果用户欲保存更长时间,请在"我的证据宝"中进行付款。

(2) 点击"付款"按钮,进入"付款确认"页面。

(3) 请用户确认欲进行支付的"证据编号"及"证据备注",点击"立即支付"按钮,转至银联在线支付进行付款。

保理商委托公证机关进行电子证据的公证后,取证中需要注意的细节有:

(1) 应当使用公证机构或其他非申请人可控制的计算机进行。

(2) 不得在申请人可控制的网络环境内进行操作。

(3) 如果想要保全某个网页页面,最好不要直接访问该页面网址,而是通过该页面所在的网站首页分步进入,这将使证据更为可信。

(4) 用户可以事先在自己的电脑上简单地规划一下浏览的顺序,以便在取证中节约更多的时间。

(5) 打开某个网页时,请等待网页上的所有项目加载完毕后拖动浏览条进行浏览,用户就不会错过网页上的任何一个细节。

(6) 用户应缓慢拖动浏览条,将获得良好的保存效果。

(7) 公证员应当按照顺序记录登录网络、进入网址、下载、打印(或刻录)等整个证据保全过程和所使用的操作软件名称和版本。

(8) 在公证申请人主动提出或者保全的电子数据具有复杂性、重要性时,公证员应当对保全的过程进行录像,并将录像资料与电子证据保全资料一并封存。

思考与讨论

1. 请讨论我国法律规定的共同诉讼的种类和适用情形。

2. 请讨论我国法律规定的管辖的种类及确定各类管辖的具体规则。

3. 保理商有权以债务人和债权人作为共同诉讼的被告由同一个法院管辖?给出你的理由。

第四篇

商业保理外部规制法律实务

第九章

商业保理外部规制法律实务

本章概要

1. 本章介绍了商业保理的征信法律实务。
2. 本章分析比较了商业保理的各项股权及债权融资方式。
3. 本章介绍了商业保理的经常项目和资本项目的外汇法律实务。

第一节　商业保理征信法律实务

征信(credit checking 或 credit investigation)是指征信机构对企业或个人的信用信息进行调查、收集、分析、发布的一系列行为和过程。

一、我国的征信法律体系

我国的征信业起步较晚,发展缓慢,业务开展长期不够规范,法律体系还很不健全。国务院先后颁布了《政府信息公开条例》《企业信息公示暂行条例》和《征信业管理条例》,分别规范政府部门行政履职中的信息公开和征信机构的业务行为,初步形成了社会信用体系建设的法规体系,其中,国务院于 2013 年 1 月 21 日颁布的《征信业管理条例》是我国征信的主体法,中国人民银行配套制定了《征信机构管理办法》(中国人民银行令〔2013〕第 1 号)并自 2013 年 12 月 20 日起施行。下一步,在法律层面,要研究制定全国性法律,如社会信用促进法、信用信息保护法等,在国家立法层面指导信用促进行为;在部门规章层面,要制定规范各部门信用信息归集、公开与应用的有关制度、办法[①]。

(一) 我国征信市场的总体格局

上海市是我国最早开始征信业建设试点的城市,经中国人民银行批准并颁发许可证,上海市于20世纪90年代开始成立了一批资信评估公司,从事债券、股票和借款企业的资信评估工作。2000年7月1日,上海市个人信用联合征信系统开通;其后,深圳市也于2002年8月开通了个人信用征信系统,2002年11月4日,深圳市企业信用信息系统开始投入试运行;此后,浙江省、广东省、北京市、南京市、武汉市等也纷纷建立了区域性的征信系统。

在《征信业管理条例》出台以前,由于我国征信市场没有统一的征信机构准入条件和标准,存在多种多样从事征信业务的机构:① 政府部门直接从事信息的收集、归类和查询服务;② 由政府主管部门派生或隶属的类中介机构或事业单位(如最初的上海资信有限公司和深圳市鹏元资信评估公司),其征信业务主要依赖于政府部门的行业指令;③ 地方发改委从工商、税务、法院等相关职能部门收集信息而建立的公共信息平台;④ 独立的专业从事征信业务的市场化征信机构等。

借鉴欧、美、日等发达经济体大部分以社会征信机构为主(美国共有各类征信机构200多家,欧洲共有40多家,日韩共有30多家),依靠市场化征信机构的发展,提供多样化的征信服务的经验,我国于2013年1月21日颁布的《征信业管理条例》确定了让市场化的征信机构起主导作用的总体思路,以满足社会对征信产品多层次、多元化的需求。

1. 金融信用信息基础数据库(人行征信系统)

1997年,中国人民银行开始筹建银行信贷登记咨询系统(企业征信系统的前身)。2003年,国务院"三定方案"确定中国人民银行管理信贷征信业,由中国人民银行征信管理局具体承担征信管理工作。2006年,中国人民银行组织金融机构建成全国集中统一的企业和个人征信系统;2006年3月,经中编办批准,中国人民银行设立中国人民银行征信中心,作为直属事业单位专门负责人行征信系统的建设、运行和维护,目前,征信中心在全国31个省和5个计划单列市设有征

---

① 潘功胜,"建设发达的中国征信业市场",《征信》,2014年第11期,第1—4页。

信分中心。人行征信系统以银行信贷信息为核心，还包括社保、公积金、环保、欠税、民事裁决与执行等公共信息，该征信系统的信息查询端口遍布全国各地的金融机构网点，信用信息服务网络覆盖全国，形成了以企业和个人信用报告为核心的征信产品体系。

截至 2014 年 6 月底，人行征信系统共收录法人 1 940 多万户，上半年日均查询 27 万次；收录自然人 8.5 亿，上半年日均查询 106 万次。

2013 年国务院颁布的《征信业管理条例》第五章专章对"金融信用信息基础数据库"作出规定，明确"国家设立金融信用信息基础数据库，为防范金融风险、促进金融业发展提供相关信息服务。金融信用信息基础数据库由专业运行机构建设、运行和维护。该运行机构不以营利为目的，由国务院征信业监督管理部门监督管理。"以行政法规的形式肯定了人行征信系统是由国家设立的不以营利为目的的金融信用信息基础数据库的定位。

2. 市场化征信机构

长期以来，我国提供征信服务的"正规军"只有人行征信中心及其下属的上海资信有限公司。直至 2013 年公布的《征信业管理条例》对市场化征信机构的设立条件、业务规范、退出进行了规定，才为市场化征信机构取得合法牌照铺平了道路。

根据《征信机构管理办法》，明确了个人征信机构从严、企业征信机构从宽的原则。2014 年 8 月，首批企业征信机构通过中国人民银行的征信机构备案，标志着中国征信体系建设迎来关键一步，之后，中国人民银行又发布了多批完成备案的企业征信机构名单，但备案工作也存在一些难点，主要表现在：① 纷繁复杂的信息种类导致征信业务边界识别模糊；② 交叉性混业经营模式造成主营征信标准难以判定；③ 标准不一的作业流程使得征信业务规则对其难以适用等方面[①]。

2015 年 1 月，中国人民银行印发了《关于做好个人征信业务准备工作的通知》，要求芝麻信用管理有限公司、腾讯征信有限公司、深圳前海征信中心股份有限公司、鹏元征信有限公司、中诚信征信有限公司、中智诚征信有限公司、拉卡拉信用管理有限公司、北京华道征信有限公司 8 家机构做好个人征信业务的准备工作，准备时间为六个月。此次《通知》的发布，意味着个人征信牌照的发放有了较为明晰的时间表。

---

① 赵强、蔡义博、雷海香，"当前企业征信机构备案工作中的难点与对策"，《征信》2014 年第 10 期，第 41—43 页。

拓展 9-1 上海地区完成备案办理的企业征信机构名单

根据中国人民银行上海总部 2014 年 12 月 31 日发布的《关于公布上海地区完成备案办理的企业征信机构名单的公告》，截至 2014 年 12 月 31 日，上海地区完成备案办理的企业征信机构具体如下：① 上海建科企业信用征信有限公司；② 上海华予信企业信用征信有限公司；③ 上海东方企业信用征信有限公司；④ 上海杰胜商务咨询有限公司；⑤ 上海永成企业信用征信有限公司；⑥ 上海远东执信企业信用征信有限公司；⑦ 上海维氏盾企业征信有限公司；⑧ 上海新维企业信用征信有限公司。

3. 互联网征信活动与问题

所谓的互联网征信活动，主要是指通过采集个人或企业在互联网交易或使用互联网各类服务中留下的信息数据，利用大数据、云计算等技术进行信用评估的活动。

我国互联网征信活动日益频繁：① 以阿里巴巴为代表的电商对用户在网上交易的行为数据进行采集、整理、保存、加工，提供给电商系的保理公司、小额贷款公司或与其合作的商业银行，再经过深度挖掘和评估，形成对客户的风险定价，并用于金融审批决策；② 以陆金所、宜信为代表的较大型的 P2P 网贷平台自建客户信用系统，并用于自身平台业务中；③ 以网络金融信息共享系统(NFCS)、小额信贷行业信用信息共享服务平台(MSP)为代表的同业信息数据库通过采集 P2P 平台借贷两端客户的个人信息、贷款申请、贷款开立、贷款还款和特殊交易等信息，向加入该数据库的 P2P 等机构提供查询服务。

目前，我国互联网征信平台已初具规模，如(1) 中国人民银行征信中心控股的上海资信有限公司开发的网络金融信息共享系统，截至 2014 年 12 月末，上海资信有限公司旗下的网络金融征信系统(NFCS)共接入网贷机构 370 家，收录客户 52.4 万人；(2) 北京安融惠众征信有限公司创建的小额信贷行业信用信息共享服务平台(MSP)于 2013 年 3 月正式上线，为 P2P、小贷公司、担保公司提供行业信息共享服务。截至 2014 年 9 月 15 日，MSP 征信平台会员机构已经达到 405 家，会员间信用信息共享查询量已达日均 9 000 余件，有信用交易信息记录的自然人信息主体数量突破 100 万人。此外，阿里巴巴、腾讯、平安集团等正在积极申请征信牌照。

表 9-1 互联网征信和传统征信的区别[①]

比较项目	互联网征信	传统征信
数据来源	主要是线上行为数据	线下借贷和履约行为数据
数据类型	主要是交易数据、社交数据等网络数据	信贷数据、公共事业缴费、罚款等数据
数据内涵	体现人的性格和心理，由此推断履约可能性	体现借贷领域的履约可能性
数据格式	主要是大量非结构化数据	结构化数据
信用评价思路	用实时行为反应人相对稳定的性格	用昨天的信用记录来判断今天的信用
覆盖人群	在互联网上留下足够痕迹的人	有信用记录的人（银行借贷、信用卡、公用事业缴费等）
应用场景	生活中各种履约场景	借贷
	碎片化、生活化	金融属性强

目前，互联网征信活动发展得如火如荼，但也体现出与现有法律不相容性。例如，网络社交平台或电商企业在客户不知情的情况下采集和使用客户数据或提供给第三方征信机构，违背了《征信业管理条例》第十三条“采集个人信息应当经信息主体本人同意”的规定。又如，互联网征信活动可能采集并使用用户的敏感数据，甚至存在采集法律规定不能采集的信息数据的情况，如宗教信仰、血型、病史等，从而违背了《征信业管理条例》第十四条的规定。再如，一些互联网金融平台自建“不良信息数据库”，但忽视履行告知信息主体本人的义务，违反了《征信业管理条例》第十五条“信息提供者向征信机构提供个人不良信息，应当事先告知信息主体本人”的规定。因此，如何将互联网征信活动纳入法制轨道，探索建立符合互联网征信特点的法治环境和管理手段，将是今后一段时期征信行业的热点问题。

（二）《征信业管理条例》的立法模式

欧洲、美国在征信立法方面的做法有所不同。

（1）欧洲大多数国家以个人数据保护为主要目标，立的是综合法，没有为信用征集活动或机构单独立法，信用征集只作为个人数据保护法的规范对象之一，国际上大部分国家的征信法律也是如此。美国则为征信业立单独法，其主体法是《公平信用报告法》，还有《平等信用机会法》《信用卡发行法》《公平债务催收

① 张健华，《我国互联网征信发展与监管》，《中国金融》，2015 年第 1 期，第 40—42 页。

法》等关联法。美国征信业发展领先于欧洲，很大程度上得益于美国为征信业立单独法并且立法倾向于促进征信行业发展。同时，美国也先后制定了多部专业法律来保护个人权利，这使得它可以做到在为征信行业制定专门法律时，将重心放在促进征信行业发展方面，而把保护个人隐私权放在第二位。为促进征信业发展，美国在信息采集方面的限制比较少，在信息使用方面则秉持正当理由原则，并在历次相关法律修订中逐渐扩大了正当理由的范围。

(2) 欧洲国家征信的政府主导型模式是以中央银行建立的中央信贷登记系统为主体，兼有私营征信机构的社会信用体系。中央信贷登记系统是由政府出资建立的全国数据库网络系统，直接隶属于中央银行。中央信贷登记系统收集的信息数据主要是企业信贷信息和个人信贷信息，该系统不以营利为目标，系统信息主要供银行内部使用，服务于商业银行防范贷款风险和央行进行金融监管及执行货币政策，英国的CRA(消费者信用报告机构)就是这种重要的金融基础设施之一。民营征信机构主要是为商业银行、保险公司、贸易和邮购公司等信息使用者服务，其采集的信息覆盖人群广、总量大、信息来源渠道多、信用记录更全面。目前，英国和意大利的消费者征信市场基本上被两家机构所垄断，德国的Schufa公司也占据了该国市场的大部分份额[①]。美国的征信机构是私人所有、在民间自愿的基础上产生的，而且提供个人资信信息和企业资信信息的征信局是分别建立的。每一家征信机构都以一种核心业务(如资信报告，资信评级、商账追收等)为主，同时提供信用咨询、信用管理等增值[②]。

我国制定的《征信业管理条例》借鉴的是美国征信业单独立法的立法模式，但发展路径与欧洲以中央信贷登记系统为主体、兼有市场化征信机构的体制相类似。

拓展9-2 国务院法制办、中国人民银行负责人就《征信业管理条例》答记者问

2013年1月21日，国务院公布《征信业管理条例》并自2013年3月15日起施行。日前，国务院法制办、中国人民银行负责人就条例的有关问题回答了记者的提问。

---

① 顾颖，《信用消费者权益保护之探析——从信用征信和信用合同的视角出发》，华东政法大学硕士学位论文，2007年4月20日，第26—27页。

② 叶世清，"利益平衡征信的法律困境与出路"，《经济法论坛》，2007年第1期，第512—513页。

问：什么是征信业？为什么要制定《征信业管理条例》？

答：征信业是市场经济中提供信用信息服务的行业。征信机构作为提供信用信息服务的企业，按一定规则合法采集企业、个人的信用信息，加工整理形成企业、个人的信用报告等征信产品，有偿提供给经济活动中的贷款方、赊销方、招标方、出租方、保险方等有合法需求的信息使用者，为其了解交易对方的信用状况提供便利。征信服务既可为防范信用风险、保障交易安全创造条件，又可使具有良好信用记录的企业和个人得以较低的交易成本获得较多的交易机会，而缺乏良好信用记录的企业或个人则相反，从而促进形成"诚信受益，失信惩戒"的社会环境。征信业在促进信用经济发展和社会信用体系建设中发挥着重要的基础性作用。

我国的征信业从无到有，逐步发展，作用日益显现，征信市场初具规模。但与信用经济发展和加快社会信用体系建设的要求还不相适应；征信经营活动缺乏统一遵循的制度规范和监管依据，难以获取市场主体信用信息的现象与不当采集和滥用公民、法人信息，侵犯其合法权益的现象并存，影响征信业的健康发展。

党中央、国务院高度重视征信业发展，对征信法制建设提出了明确要求。为规范征信活动，保护当事人合法权益，引导、促进征信业健康发展，推进社会信用体系建设，有必要出台《征信业管理条例》（以下简称《条例》）。

《条例》的出台，解决了征信业发展中无法可依的问题。有利于加强对征信市场的管理，规范征信机构、信息提供者和信息使用者的行为，保护信息主体权益；有利于发挥市场机制的作用，推进社会信用体系建设。

问：《条例》适用于什么范围？

答：《条例》适用于在我国境内从事个人或企业信用信息的采集、整理、保存、加工，并向信息使用者提供的征信业务及相关活动。规范的对象主要是征信机构的业务活动及对征信机构的监督管理。

国家机关以及法律、法规授权的具有管理公共事务职能的组织，依照法律、行政法规和国务院的规定，为履行职责而进行的企业和个人信息的采集、整理、保存、加工和公布，如税务机关依照《税收征收管理法》公布纳税人的欠税信息，有关政府部门依法公布对违法行为人给予行政处罚的信息，人民法院依照《民事诉讼法》公布被执行人不执行生效法律文书的信息等，不适用《条例》。

问：设立征信机构需要审批吗？

答：《条例》对从事个人征信业务的征信机构和从事企业征信业务的征信机构规定了不同的设立条件。

考虑到个人信用信息的高度敏感性，为了既适应信用经济发展和社会信用体系建设对了解个人信用信息的合理需求，又切实加强对个人信息的保护，防止侵犯个人隐私，《条例》对设立从事个人征信业务的征信机构的管理相对严格，除符合公司法规定的条件外，还需具备主要股东信誉良好，最近3年无重大违法违规记录，注册资本不少于5 000万元，有符合规定的保障信息安全的设施、设备和制度、措施，董事、监事和高级管理人员取得任职资格等条件，并经国务院征信业监督管理部门批准，取得个人征信业务经营许可证后方可办理登记。

《条例》对设立从事企业征信业务的征信机构的管理相对宽松。只需依照公司设立登记的法律法规向工商行政管理部门办理登记，自登记之日起30日内向所在地的国务院征信业监督管理部门的派出机构备案即可，不需另行审批。

征信机构设立后，国务院征信业监督管理部门将定期向社会公告征信机构的名单。

问：《条例》对保护个人信用信息主体的权益作了哪些规定？

答：为了在征信业务活动中切实保护个人信息安全，《条例》主要作了以下规定。

一是严格规范个人征信业务规则，包括：除依法公开的个人信息外，采集个人信息应当经信息主体本人同意，未经同意，不得采集；向征信机构提供个人不良信息的，应当事先告知信息主体本人；征信机构对个人不良信息的保存期限不得超过5年，超过的应予删除；除法律另有规定外，他人向征信机构查询个人信息的，应当取得信息主体本人的书面同意并约定用途，征信机构不得违反规定提供个人信息。

二是明确规定禁止和限制征信机构采集的个人信息，包括：禁止采集个人的宗教信仰、基因、指纹、血型、疾病和病史信息以及法律、行政法规规定禁止采集的其他个人信息；征信机构不得采集个人的收入、存款、有价证券、不动产的信息和纳税数额信息，但征信机构明确告知信息主体提供该信息可能产生的不利后果，并取得其书面同意采集的除外。

三是明确规定个人对本人信息享有查询、异议和投诉等权利，包括：个人可以每年免费两次向征信机构查询自己的信用报告；个人认为信息错误、遗漏的，可以向征信机构或信息提供者提出异议，异议受理部门应当在规定时限内处理；个人认为合法权益受到侵害的，可以向征信业监督管理部门投诉，征信业监督管理部门应当及时核查处理并限期答复。个人对违反《条例》规定，侵犯自己合法权利的行为，还可以依法直接向人民法院提起诉讼。

四是严格法律责任，对征信机构或信息提供者、信息使用者违反《条例》规定，侵犯个人权益的，由监管部门依照《条例》的规定给予行政处罚；造成损失的，依法承担民事责任；构成犯罪的，依法追究刑事责任。

问：《条例》对个人不良信用信息的保存期限设定为5年是怎么考虑的？

答：规定不良信用信息保存期限的目的，在于促使个人改正并保持良好的信用记录。期限过长，信息主体信用重建的成本过高；期限太短，对信息主体的约束力不够。

国际上一般都对个人的不良信息设定了保存时限，但期限并不相同。例如，英国规定保留6年；韩国规定保留5年；美国规定个人破产信息保留10年，其他负面信息保留7年，15万美元以上的负面信息不受保存期限限制。我国香港地区的规定个人破产信息保留8年，败诉信息保留7年。

在《条例》草案公开征求意见时，有不少公众意见和专家提出，应当对不良信息设定一定的保存期限，且期限不宜太长。在充分听取各方面意见的基础上，根据我国的实际情况并借鉴国际惯例，《条例》将不良信息的保存时限设定为5年，超过5年的应当删除。

问：《条例》对企业信用信息的采集和使用是如何规定的？

答：《条例》鼓励企业信用信息公开透明，为企业征信业务的发展提供较为宽松的制度环境。征信机构可以通过信息主体、企业交易对方、行业协会提供信息，政府有关部门依法已公开的信息，人民法院依法公布的判决、裁定等多个渠道采集企业信用信息，采集和对外提供时都不需要取得企业的同意；企业的董事、监事、高级管理人员与其履行职务相关的信息，视为企业信息，采集和使用时也不需要取得信息主体的同意。

征信机构不得采集法律、行政法规禁止采集的企业信息，不得侵犯企业的商业秘密。

问：金融信用信息基础数据库作为我国重要的金融基础设施,《条例》对其有什么规定?

答：由中国人民银行组建、中国征信中心运行维护的我国金融信用信息基础数据库运行8年来,已收录1 800多万户企业、8亿多个人的有关信息。为明确金融信用信息基础数据库的运行和监管依据,发挥好金融信用信息基础数据库的重要作用,保障信息主体的合法权益,《条例》对其作了专门规定。

《条例》规定,金融信用信息基础数据库由国家设立,为防范金融风险,促进金融业发展提供相关信息服务。金融信用信息基础数据库由不以营利为目的的专业机构建设、运行和维护;该专业机构由国务院征信业监督管理部门监督管理。

金融信用信息基础数据库的运行应遵守《条例》中征信业务规则的有关规定。从事信贷业务的机构有义务向金融信用信息基础数据库提供个人和企业的信贷信息,提供时需要取得信息主体的书面同意,提供个人不良信息应提前通知信息主体。金融信用信息基础数据库为信息主体和取得信息主体书面同意的金融机构和其他使用者提供查询服务。国家机关可以依照有关法律、行政法规的规定查询金融信用信息基础数据库的信息。

二、接入人行征信系统的必要性和可行性

总体上看,中国市场化的征信机构规模小,服务与产品种类少,信息获取难度大,难以满足保理商对征信产品和服务的需求,居于主体地位的金融信用信息基础数据库(即人行征信系统)是商业保理企业首选接入的征信系统。

(一) 接入人行征信系统的必要性

1. 有利于加快保理审批流程

商业保理企业的比较优势之一是操作灵活、便捷高效、客户体检好。目前,企业或个人信用报告是诸多商业保理企业进行保理业务审批的必备资料之一,原有的查询方法是工作人员带客户到人行征信中心查询其信用报告,或者通过合作商业银行代查,但前者对债务人的配合程度要求过高,后者受《征信业管理条例》第四十条禁止信息提供者“违法提供或者出售信息”或“未经同意查询个人

信息或者企业的信贷信息”的限制，很多商业银行已不再提供代查业务。如果商业保理企业能接入人行征信系统，就能合法、便捷地获取征信报告，提高审批效率。

2. 有利于提高事中和事后管理水平

保理商发放保理预付款后，虽然会建立一套事中和事后管理制度，但总体而言，仍以电话回访、现场走访、特定信息监测为主，要求客户动态地配合到人行征信中心查询其信用状况较难实现。如果接入人行征信系统，商业保理企业将可以及时地掌握客户的动态金融信息变化情况，极大地提高事中和事后跟踪管理的水平。

3. 提高违约成本

人行征信系统是金融信用信息的基础数据库，接入了商业银行、农村信用社、信托公司、财务公司、汽车金融公司、小额贷款公司等各类放贷机构，如果商业保理公司的信用数据与人行征信系统数据对接，无形中增大了商业保理企业客户的失信成本，对降低保理业务风险将起到积极的正面作用。

4. 有利于商业保理企业拓宽融资渠道

商业保理有利于加速应收账款资产的周转和回收，是对正规金融的有益补充，但商业保理行业作为一个新兴行业，银行等外部融资较为困难，接入人行征信系统，有利于人行征信系统内的企业掌握商业保理企业的业务质量和投向，消减信息不对称，为商业保理获得银行等外部融资提供基础数据支撑。

5. 有利于进一步提高人行征信系统的完整性

商业保理企业的客户群量大面广，不少属于中小微企业和个人，或者是特定产业链的企业，掌握第一手的供应链交易真实数据。商业保理企业的业务数据与人行征信系统对接，既可以进一步丰富征信系统自身的数据资料，特别是补充与银行未建立信贷关系主体的信用信息以及真实的上下游交易信息；也可帮助其他信息使用者全面了解和评估信息主体的真实交易信用状况，解决目前正规金融与小微企业、真实交易信息之间的不对称、不透明问题，引导社会重视诚信的无形价值。

(二) 接入人行征信系统的可行性

中国人民银行办公厅已于2013年颁布了《关于小额贷款公司和融资性担保公司接入金融信用信息基础数据库有关事宜的通知》(银办发〔2013〕45号)，允许具备接入条件的小额贷款公司、融资性担保公司、村镇银行等小微金融机构接入人行征信系统。

在接入方式方面,小微金融机构可以根据自身的业务规模和信息化程度,自行选择开发接口程序方式或手工录入报送方式(非接口方式)。接口方式是指小微金融机构自行开发数据报送接口程序,从滋生业务系统中抽取数据,生成符合征信系统要求格式的报文,该方式适用于业务数据量较大的小微金融机构;非接口方式是指使用手工录入方式向固定录入软件中录入数据生成报文的方式,该方式适用于业务数据量较小的小微金融机构。

在网络选择方面,人行征信系统有三种方式可供选择:一是通过人民银行征信中心的互联网接入平台接入,二是小微金融机构自行通过当地的金融城域网接入,三是参加当地的小微金融机构接入征信系统省级平台建设,通过平台专线接入。其中,互联网接入平台接入是指通过互联网连接征信系统互联网接入平台方式接入征信系统;金融城域网直接接入是指单家小微金融机构通过数据专线或虚拟专用网络(VPN)连接人民银行金融城域网的方式直接接入征信系统;而省级平台接入是指通过连接机构所在省(自治区、直辖市)征信分中心组织建立的省级征信平台方式接入征信系统。

中国人民银行明确征信查询服务收费标准为查询企业信用报告每份30元、查询个人信用报告每份2元,费用由征信中心收取。

上述小微金融机构接入人行征信系统的规定及路径为包括保理商在内的相关企业提供了可资借鉴的先例,中国人民银行天津分行、天津市金融工作局、天津市商务委员会在2015年3月17日联合颁布了《关于做好融资租赁公司和商业保理公司接入人民银行企业征信系统有关工作的通知》(津银发〔2015〕94号),进一步为商业保理企业接入人行征信系统提供了政策可行性。

(三) 接入人行征信系统面临的问题

1. 法律法规方面

《征信业管理条例》第二十八条第一款规定:“金融信用信息基础数据库接收从事信贷业务的机构按照规定提供的信贷信息。”商业保理企业虽然具有提供贸易融资的功能,但从事的并非信贷业务,商业保理企业采集和提供的信息不符合人行征信系统的信息接收条件。《征信业管理条例》第三十条规定:“不从事信贷业务的金融机构向金融信用信息基础数据库提供、查询信用信息以及金融信用信息基础数据库接收其提供的信用信息的具体办法,由国务院征信业监督管理部门会同国务院有关金融监督管理机构依法制定。”适用于商业保理行业的该等具体办法尚属空白。

在信息查询方面,《征信业管理条例》第二十八条第二款规定:“金融信用信息基础数据库为信息主体和取得信息主体本人书面同意的信息使用者提供查询服务。”人行征信系统向商业保理企业提供企业和个人信用信息没有法律障碍,但我国《个人信息保护法》(关于个人信息保护的呼吁和讨论已持续多年,2004年“两会”期间,上海代表郑成思等向全国人大常委会提交议案,要求制订《中华人民共和国个人信息保护法》;2005年,由中国社科院法学研究所起草的《中华人民共和国个人信息保护法》的专家建议稿已经完成,但由于在个人信息的概念、范围以及侵害个人信息的主要行为界定等方面存在着诸多争议,《个人信息保护法》一直没有问世)等信用基础立法尚未完成,商业保理企业通过人行征信系统收集获得的大量个人信用信息如何进行有效保护还存在法律空白。

2. 商业保理企业方面

抑制商业保理企业接入人行征信系统的因素之一是成本问题。一是服务器等设备费、信贷系统和报数系统软件费、网络使用费、报数系统维护费等,接口程序开发费用又较高,如果采用“分布式”接入模式,商业保理公司接入征信系统的成本较大,且客户在征信中心可以免费查询信用报告,一定程度上抵消了商业保理公司接入征信系统的积极性。二是大部分商业保理企业的成立时间仅为1—2年,正式开展业务时间的更短,积累的客户较少,业务数据量有限,如果通过专线接入征信系统,在相当长的一段时间内网络资源会大量闲置,短期内的正面效应不明显。

商业保理企业普遍成立时间较短,处于快速发展阶段,多数企业缺乏专业化的金融管理人才和科技人才负责征信系统的接入、数据上报和安全管理工作,不了解征信系统数据产生的流程、制度建设、安全管理等方面的内容。面对人行征信系统比较复杂的接口规范及大量的技术性文档,需要投入专职人员从事系统、设备的日常维护和业务数据的录入、报送工作;由于人行征信系统要求的数据比较多,且对准确性要求极高,业务人员开展业务调查时也必须搜集更多、更详尽的客户资料;同时,新业务系统的导入可能会导致企业原有业务流程的调整。

部分商业保理企业对接入人行征信系统可能心存顾虑。一是担心会产生客户流失的风险,商业保理企业还处于发展初期,部分银行业金融机构或强势下游客户对从事商业保理业务持怀疑态度,如果银行业金融机构或强势下游客户发现自身借款人或供应商通过商业保理企业进行融资,可能采取压缩授信或采购措施,因此,不排除部分客户因为担心从商业保理企业融资会影响其与银行或强势下游客户的合作而选择停做保理。二是部分商业保理企业可能担心与银行保理商共享客户信息后,部分优质客户群体会流向银行保理商或其他竞争对手。

3. 人民银行方面

(1) 信息泄露的风险。信用记录报告是非常重要的个人和企业隐私,信息泄露对个人和企业来说都会带来严重后果,我国信息泄露事件频频曝光,已经引起国家和民众的高度重视,2009年2月28日,全国人大常委会颁布了《刑法修正案(七)》,其中,第七条新增了出售、非法提供个人信息罪和非法获取个人信息罪。由于商业保理企业缺乏征信业务、法律法规、征信技能的业务培训,加之工作人员的素质参差不齐,若管理不当,容易出现泄露、非法提供甚至倒卖个人或企业信用信息的问题,有可能加大侵害信息主体合法权益的风险。

(2) 网络安全的风险。目前,接入人行征信系统的机构都是通过网间互联平台与征信系统对接,从而实现报数和查询功能。人行征信系统的网络安全性非常重要,商业保理企业接入后,来自企业内部或外部的黑客或计算机病毒可能对金融信用信息基础数据库进行破坏或攻击,导致金融信用信息数据被泄露或破坏,如何确保网络运行安全,也是设计接入方案的重要考虑目标。

(3) 数据质量的风险。一方面是商业保理企业普遍缺少既懂业务又懂技术的征信管理人员,在数据报送过程中,可能出现数据报送不及时、不准确、不完整等问题;在出现错误数据报送、需要对征信数据异议予以处理时,由于缺乏异议信息处理岗位和专业人员,如商业保理企业不能按照《企业信用报告异议处理流程》和《个人信用信息基础数据异议规程》等有关规定及时处理异议信息或操作方法不得当,将会对人行征信系统的整体声誉产生不良影响。

拓展9-3 上海小额贷款公司接入人行征信系统解决方案①

上海小额贷款公司接入人行征信系统解决方案的总体模式是——“集中管理、一点接入、间接查询、扫描授权”的上海模式。

一、接入模式的选择

中国人民银行总行规定小额贷款公司接入征信系统的模式有以下4种,各地可根据实际情况自行选择其中的一种或几种。

① 上海市金融发展服务中心、上海小额贷款公司协会,《上海小贷行业征信与授信问题研究——上海小额贷款行业接入人民银行征信系统全面解决方案》,2014年4月。

1. 集中组织、一口接入

由人民银行省级分支机构征信管理部门组织辖区内小额贷款公司建立数据统一报送平台，将小额贷款公司的数据集中统一报送至人民银行征信系统。数据统一报送平台设在人民银行征信中心各省(自治区、直辖市)分中心。

2. 直接接入

在人民银行网络条件允许的情况下，小额贷款公司可通过网间互联平台直接接入征信系统上报数据。

3. 依托商业银行接入

小额贷款公司可以与其有合作关系的商业银行协商，通过商业银行网络接入征信系统。在本次调研中，有82家受访对象中有51家采用此种接入方式获得部分客户信息，占受访对象的62.2%。

4. “介质报数-上门查询”的非网络间接接入

在网络接入条件不具备的情况下，小额贷款公司可以通过人民银行征信中心分中心报送和查询信息。

对比以上4种模式我们发现：

模式1可以避免重复建设，高效快捷；统一监控与间接查询功能，收放自如，但需要强有力的部门组织实施，优秀的技术公司搭建网络和平台，提供软件和服务。

模式2的优点是方便、快捷，但对小贷公司来说，技术要求高，设备投资大，不适合大多数小贷公司。

模式3的优点是接入方便，投资少，但对于商业银行来说存在较大的管理难度和安全风险，很少有商业银行同意小贷公司接入其征信系统。

模式4的优点是无需系统和设备投资，但对于小贷公司和信贷客户来说都极不方便。

综合4种接入模式和上海本地征信管理、技术条件，上海更适合采用“集中管理、一点接入、间接查询、扫描授权”的上海模式。

二、数据报送模式

数据报送采用平台一口接入模式。所谓平台一口接入模式，即小贷公司通过东方有线汇聚接入金融城域网；用于数据报送的省级服务平台架设在中国人民银行上海分行机房，由中国人民银行上海分行负责运行、维护；小贷公司通过上海金融机构城域网访问省级服务平台。

三、征信报告查询模式

征信报告查询通过人民银行间接查询，具体方式有两种：一是小贷公司到人民银行柜台查询；二是小贷公司通过专线以电子方式向人民银行提交查询请求，由人民银行负责查询并反馈查询结果，两种查询方法可以并行。由于第二种方法简便、高效、安全，拟采用此类方法。

小贷公司征信报告查询采用间接查询的技术管理方案，可实施单个查询或按时间段批量查询确认。小贷公司以电子方式向中国人民银行上海分行提交查询请求，由中国人民银行上海分行审核后先向征信中心提出查询并反馈查询结果。查询授权采用客户书面授权、机构扫描上传、人行二次确认，再向征信中心发送间接查询申请的方式，确保其真实性、有效性与可控性。

具体的业务流程与实现方式如图 9-1 所示。

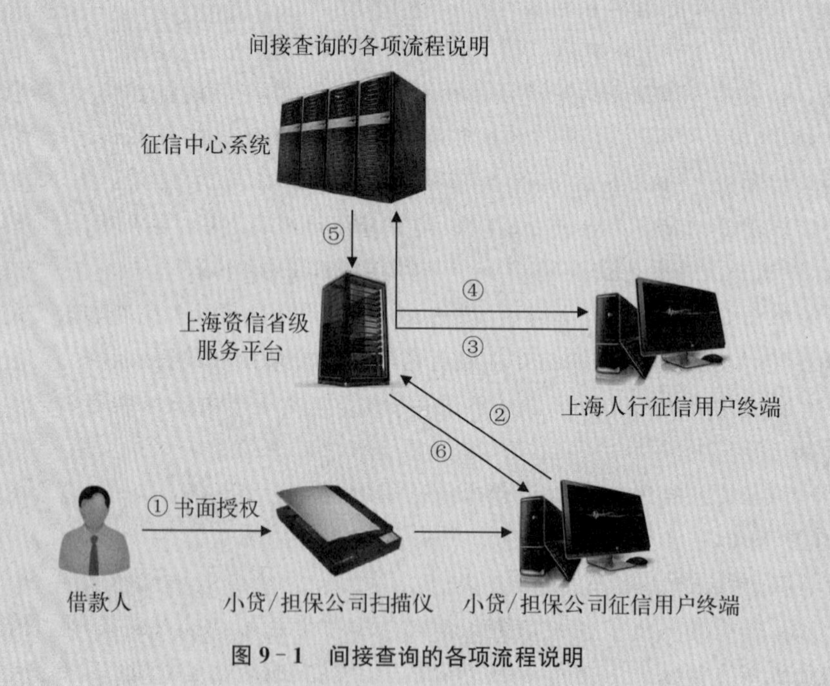

图 9-1 间接查询的各项流程说明

① 客户填写书面授权交予小贷公司；

② 小贷公司向平台发起征信报告查询申请，同时将客户授权书扫描上传至平台；

③ 人民银行通过平台查看小贷公司提交的查询申请；

④ 人民银行通过平台发送间接查询申请至征信中心；

⑤ 征信中心系统返回查询网页，平台对该网页解析后，下载对应的征信报告；

⑥ 小贷公司接到平台通知后，到平台上通过网页下载的方法下载该征信报告；

⑦ 平台将该征信报告删除，并对查询下载情况进行查询登记。

三、商业保理企业防范信息侵权法律实务

从发达国家的征信体系来看，征信数据库基本上涵盖了社会信用总量。我国的信用体系建设起步较晚，已采集的企业、个人、社会信用数据目前还远远不够覆盖整个社会的信用总量。商业保理企业作为信用服务业的一个部分，其采集的真实交易信用资料也是征信信息的重要内容，将商业保理企业接入人行征信系统是国家征信体系建设的有机组成部分，长远来看势在必行。中国服务贸易协会商业保理专业委员会就商业保理企业接入人行征信系统已多次听取相关方面的意见并积极调研，上海浦东新区商务委员会也与中国人民银行上海总部合作选定评级机构对在浦东新区设立的商业保理企业进行企业评级，为接入人行征信系统夯实基础。商业保理企业也应当结合自身的机构特点、业务特点、系统特点和人员特点，未雨绸缪，全面了解征信业务的各项法律规定和要求，以适应接入征信系统后的合法合规运行需要。

(一) 征信活动涉及的法律关系

在企业或个人信用征集的过程中，涉及四方当事人，分别是企业或个人信息主体、信息提供者、征信机构及信息使用者。首先，企业或个人信息主体的信用信息通过各种经济活动汇集到社会各个部门，为信息提供者(包括政府机关、事业、企业等)所记录，此为信用信息的第一次流动；当信息提供者将所管理或者经营活动中收集到的信息提供给征信机构时，就形成信用信息的第二次流动；征信

机构将从信息提供者那里得到的信用信息进行加工、整理，筛选出其中的信用信息，然后按照用户的要求制作成不同的信用报告提交给信息使用者，到此完成信用信息的第三次流动；当信息使用者以企业或个人信用报告为据，与该企业或个人发生信用交易时，又得到新的信用信息，这就意味着新的一轮信息流动又被启动。因此，征信实质上就是以信用信息数据为核心，在信息主体、信息提供者、征信机构及信息使用者之间形成的多重法律关系。

保理商在征信的多重法律关系中，主要是充当信息提供者和信息使用者的角色。

（二）征信与个人信息、国家秘密和商业秘密

保理商在向人行征信系统报送数据或查询、使用企业或个人征信报告的过程中，可能对个人隐私、商业秘密乃至国家秘密产生一定的冲击和侵扰，有必要处理好信息共享和信息保护之间的关系。

1. 我国对个人信息的法律保护

我国的现行法律没有对个人信息和个人隐私作出准确的定义。与个人隐私的相关法律规范散见于一些法律法规之中。《宪法》第三十七条、三十八条、三十九条分别规定了公民的人身自由权、人格尊严权、住宅安全权，条文中虽没有明确规定隐私权，但隐含着对隐私权的认可与保护。《民法通则》没有将隐私权规定为具体的人格权，最高人民法院《关于贯彻执行〈中华人民共和国民法通则〉若干问题的意见（试行）》第一百四十条规定：“以书面、口头等形式宣扬他人的隐私，或捏造事实公然丑化他人人格，以及用侮辱、诽谤等方式损害他人名誉，造成一定影响的，应当认定为侵害公民名誉权的行为”，对隐私权采用了列入名誉权的间接保护方式。2001年3月10日施行的《最高人民法院关于确定民事侵权精神损害赔偿责任若干问题的解释》第一条首次直接使用“侵害他人隐私”这一提法。《律师法》《消费者权益保护法》《贷款通则》《未成年人保护法》等均涉及隐私权的条款。

2009年2月28日出台的《刑法修正案（七）》第七条新增了出售、非法提供个人信息罪和非法获取个人信息罪，即在《刑法》第二百五十三条后增加一条，作为第二百五十三条之一：“国家机关或者金融、电信、交通、教育、医疗等单位的工作人员，违反国家规定，将本单位在履行职责或者提供服务过程中获得的公民个人信息，出售或者非法提供给他人，情节严重的，处三年以下有期徒刑或者拘役，并处或者单处罚金。窃取或者以其他方法非法获取上述信息，情节严重的，依照前

款的规定处罚。单位犯前两款罪的，对单位判处罚金，并对其直接负责的主管人员和其他直接责任人员，依照各该款的规定处罚。”两项罪名的出台改变了我国《刑法》以往对个人信息仅有间接保护的立法状况。

案例 9-1　出售、非法提供公民个人信息罪全国第一案

被告人周建平因涉嫌犯非法提供公民个人信息罪于 2009 年 4 月 14 日被逮捕。广东省珠海市香洲区人民检察院以被告人周建平犯非法提供公民个人信息罪，向香洲区人民法院提起公诉。

被告人周建平对公诉机关指控的事实和罪名无异议，但辩称不知道同案被告人林桂余等人向其购买电话通话清单是用于诈骗，请求从轻处罚。

香洲区人民法院经公开审理查明：2008 年 11 月，被告人周建平在广东省广州市注册成立了广州华探商务调查有限公司。此后，周建平以该公司网页为平台，多次搜集、购买他人电话通话清单、身份资料等信息转卖牟利，直至 2009 年 3 月 11 日被抓获。2008 年 12 月，同案被告人林桂余提出向周建平购买 14 个电话号码的通话清单。周建平遂向林海棠和网友“皇家大 Ts”(具体身份不详，均未归案)购得上述电话的通话清单，而后以每份人民币（以下均为人民币）1 200 元或 1 500 元不等的价格转卖给林桂余，共收取 1.6 万元。林桂余等人利用周建平提供的其中一人的电话通话清单，冒充机主进行电话诈骗，骗取机主亲友 5 万元。

香洲区人民法院认为，被告人周建平违反国家法律规定，非法获取公民个人信息，情节严重，其行为已构成非法获取公民个人信息罪。公诉机关指控周建平犯罪的事实清楚，证据确实、充分，但适用法律不当，予以纠正。依照《中华人民共和国刑法》第二百五十三条第二款之规定，于 2009 年 11 月 20 日作出判决：被告人周建平犯非法获取公民个人信息罪，判处有期徒刑一年零六个月，并处罚金人民币二千元。

宣判后，被告人周建平及同案被告人均没有上诉，检察机关也未抗诉，判决已发生法律效力。

---

2. 我国对商业秘密的法律保护

我国只在《反不正当竞争法》中规定了商业秘密的概念，该法第十条规定：“商业秘密是指不为公众所知悉的，能为权利人带来经济利益、具有实用性并经权利人采取保密措施的技术信息和经营信息”。此定义采用的是概括性的叙述，较为原则。我国征信制度相关的法律法规规范中也没有对商业秘密保护的相关规定。

3. 我国对国家秘密的法律保护

我国1982年《宪法》正式提出国家秘密的概念。1988年全国人大常委会通过了《保守国家秘密法》,以后又相继通过了《中华人民共和国保守国家秘密法实施条例》。根据2010年10月1日经修订的《保守国家秘密法(2010修订)》第九条的规定:“下列涉及国家安全和利益的事项,泄露后可能损害国家在政治、经济、国防、外交等领域的安全和利益的,应当确定为国家秘密:(一)国家事务重大决策中的秘密事项;(二)国防建设和武装力量活动中的秘密事项;(三)外交和外事活动中的秘密事项以及对外承担保密义务的秘密事项;(四)国民经济和社会发展中的秘密事项;(五)科学技术中的秘密事项;(六)维护国家安全活动和追查刑事犯罪中的秘密事项;(七)经国家保密行政管理部门确定的其他秘密事项。政党的秘密事项中符合前款规定的,属于国家秘密。”

值得注意的是,国家秘密并不仅限于国防、外交、军事等主要领域,还包括国民经济、科学技术领域,接受保理商服务的国有企业和科研机构皆有可能掌握或者知悉此类国家秘密。

(三)商业保理企业信息侵权风险的防范

案例9-2　周雅芳诉中国银行案

上海市第一中级人民法院于2011年12月5日审结了周雅芳诉中国银行股份有限公司上海市分行名誉权纠纷案。

一、基本案情

2009年5月31日,中国银行上海分行收到一份申请人署名为周雅芳的信用卡开卡申请表,同年6月18日,中国银行上海分行审核批准开通了以周雅芳为用户的涉案信用卡,申请资料中的中银信用卡标准审批表上记载“电话与地址匹配”、“已对本人电话核实”,信用卡受理登记表上记载“柜面进件”、“亲见申请人递交并签名”、“亲见申请材料原件并当场复印”。2009年9月,周雅芳收到涉案信用卡催款通知,获悉该卡已透支,且逾期未还款,周雅芳因未办理过涉案信用卡,疑为他人盗用其信息所办,故向公安机关报案。后中国银行上海分行多次向周雅芳电话催收涉案信用卡欠款。因涉案信用卡欠款逾期未还,该卡在周雅芳的个人信用报告中记载为冻结。2010 年 7 月，为涉案信用卡欠款一事，中国银行上海分行与周雅芳发生纠纷至上海市浦东新区人民法院寻求救济，次月，该院组织双方进行诉前调解。同年 11 月，中国银行上海分行向该院提起（2010）浦民六（商）初字第 7068 号一案，要求周雅芳偿还信用卡欠款，后于同年 12 月撤回起诉。2011 年 3 月，周雅芳的个人信用报告中关于涉案信用卡的不良信用记录已经消除。

周雅芳以涉案信用卡开卡申请资料上“周雅芳”的签名并非其本人所签，内容也并非其填写，信用卡受理登记表显示的其“电话与地址匹配”“已对本人电话核实”“亲见申请人递交并签名”“亲见申请材料原件并当场复印”均不真实；银行征信系统中的不良信用记录对原告从事商业活动及其他社会、经济活动造成重大不良影响；被告在涉案信用卡申办、发放环节中没有尽到合理的审查义务，存在重大过错，严重侵犯原告名誉权为由，要求法院判令中国银行上海分行赔偿其交通费人民币 500 元（以下币种相同）、律师费 3 800 元、精神损害抚慰金 1 万元，并向其书面赔礼道歉。

二、法院判决

法院认为，中国银行上海分行在审核信用卡申请资料中确实存在一定的过错，导致周雅芳的信用报告在 2009 年至 2011 年期间存在不真实的记载。但是，确定中国银行上海分行是否侵害周雅芳的名誉权还应当结合损害后果及因果关系进行判断。首先，关于侵权行为的认定。周雅芳认为中国银行上海分行将其未还款的记录上传至征信系统就构成了侵权。但是，法院认为，中国银行上海分行按照国家的相关法律法规及监管要求报送相关信息，其报送的信息也都是源于周雅芳名下信用卡的真实欠款记录，并非捏造，不存在虚构事实或侮辱的行为，故不构成侵害周雅芳名誉权的行为。其次，关于损害后果的认定。名誉权受损害的损害后果应当是周雅芳的社会评价降低，但是，中国人民银行的征信系统是一个相对封闭的系统。只有本人或者相关政府部门、金融机构因法定事由才能对该系统内的记录进行查询，这些记录并未在不特定的人群中进行传播，并未造成周雅芳的社会评价降低，故不能认定存在周雅芳名誉受损的后果。鉴于本案中侵权行为与损害后果均不存在，故无需对侵权人的主观过错以及侵权行为与损害后果间的因果关系进行考察。周雅芳认为，中国银行上海分行在审核信用卡申请资料中存在重大过错，致使周雅芳的信用报告在 2009 年至 2011 年期间存在不真实的记载。但是，由于银行审核信用卡申请材料的行为并非本案中的侵权行为，故该行为中是否存在过错不属于本案中需要审查的内容。

综上，法院最终驳回了周雅芳的诉求请求。

保理商在叙做保理业务中，尤其是在接入人行征信系统后，不可避免地要从事收集、保管、报送、查询、分析信用信息和异议处理的活动。纵览我国现行法律规范，缺乏对个人信息和隐私、商业秘密和国家秘密范围的准确界定，保理商所使用的个人或企业信用信息哪些属于隐私权或商业（国家）秘密范畴还缺乏判断标准，保理商应充分认识到其中蕴含的风险，建立健全对个人信息、商业秘密和国家秘密的保护机制，防止信息侵权。

（1）严格个人信用信息的范围，不应收集和报送与个人信用无关的信息。我国《征信业管理条例》禁止征信机构采集“个人的宗教信仰、基因、指纹、血型、疾病和病史信息以及法律、行政法规规定禁止采集的其他个人信息”；对于“个人的收入、存款、有价证券、商业保险、不动产的信息和纳税数额信息”，《征信业管理条例》要求明确告知信息主体提供该信息可能产生的不利后果并取得其书面同意后才可采集。保理商宜自觉按照《征信业管理条例》的上述要求，采集并向人行征信系统报送个人客户信用信息。

（2）审慎确定企业信用信息的范围，不应收集和报送与企业信用无关的信息。我国立法对商业秘密的规定过于原则，保理商可结合国外征信制度发达国家的征信立法及我国已有的一些法律规范和司法实践，审慎地确定搜集和报送企业信用信息的范围。综合分析欧美征信公司关于企业信用报告的样本，可以发现报告中一般包括企业的如下信息：一是公司概况，包括公司名称、编码、地址、电话、注册资金、经营范围、经营方式、历史沿革等；二是人员情况，包括高级管理人员的姓名、学历、本行业从业经历、财产状况等，以及雇员人数、管理人员和技术人员所占比重等；三是关联公司情况；四是无形资产情况；五是认证情况；六是业务往来情况；七是财务状况；八是银行往来状况；九是法院记录，包括原被告名称、受理法院、纠纷事由、标的价值等；十是资产抵押情况；十一是其他纠纷记录，如仲裁、消费者投诉等；十二是现场调查记录，即征信公司的信用调查人员通过实地访谈相关人员、问卷回答情况（包括拒绝回答情况）所作的记录和评述等①。

① 叶世清，“利益平衡征信的法律困境与出路”，《经济法论坛》，2007年第1期，第503页。

(3) 规范收集企业和个人信用信息的程序：一是收集信用信息的手段要合法和公正，保理商可以通过信息主体、企业交易对方、行业协会、政府、法院等有关部门依法公开的信息采集企业信息，但不得采集法律、行政法规禁止采集的企业信息。二是收集个人信息时应当经过个人同意，《征信业管理条例》规定："采集个人信息应当经信息主体本人同意，未经本人同意不得采集。但是，依照法律、行政法规规定公开的信息除外。"三是在采用格式合同条款取得个人信息主体同意采集信息时，应当在合同中作出足以引起信息主体注意的提示，并按照信息主体的要求作出明确说明。

(4) 对保理商内部可接触、使用信用信息的主体进行限制，完善相关员工的内部培训和信息风险防控机制，防止保理商合法获得的企业或个人信用信息因内控不严而被用作保理业务以外的用途，防止客户信用信息未经信息主体同意就提供甚至倒卖给第三方。

(5) 根据《征信业管理条例》的规定，保理商向征信机构提供个人不良信息前，应当事先告知信息主体本人。《征信业管理条例》第十六条进一步规定："征信机构对个人不良信息的保存期限，自不良行为或者事件终止之日起为5年；超过5年的，应当予以删除。"该条例第二十五条规定："信息主体认为征信机构采集、保存、提供的信息存在错误、遗漏的，有权向征信机构或者信息提供者提出异议，要求更正。征信机构或者信息提供者收到异议，应当按照国务院征信业监督管理部门的规定对相关信息作出存在异议的标注，自收到异议之日起20日内进行核查和处理，并将结果书面答复异议人。经核查，确认相关信息确有错误、遗漏的，信息提供者、征信机构应当予以更正；确认不存在错误、遗漏的，应当取消异议标注；经核查仍不能确认的，对核查情况和异议内容应当予以记载。"保理商接入人行征信系统后，应建立符合法律和中国人民银行要求的不良信息的报送、保存、异议和投诉处理流程并严格执行。

第二节　商业保理融资法律实务

商业保理公司作为保理业务中贸易融资的资金提供方，其对资金有着极大的需求，要拓展其融资渠道，拓宽资金来源，首先需要了解目前常见的融资渠道。

一、融资渠道的分类

融资途径按来源来分可以分为内部融资和外部融资。内部融资包括投资人缴纳的注册资本、股东增资扩股、留存收益等;外部融资则包括银行业金融机构借款、捐赠资金、同业拆借、股东定向借款、信贷资产转让、信托、上市融资、私募债、资产支持证券等。

外部融资主要可以分为股权融资和债务融资两大类别。股权融资主要是指企业通过公开发行股票或者私募的方式增加资本,借以融资,无需还本付息,但需要分配红利,主要包括境内外公开发行股票并上市、私募。债务融资主要是指企业从外部借款,按期承担还本付息的义务,主要包括银行贷款、中小企业私募债、银行间市场债务融资工具、资产支持证券、信托计划、企业债券、可转换公司债券等。

(一) 股权融资方式

股权融资是公司通过增资方式引进新的资本,增资主体可以是原股东,也可以是新股东。按融资渠道可以分为公开市场融资和私募股权融资。前者通过公开途径面向公众等不特定多数投资者募集资金,后者是企业与特定的投资人协商一致,吸收其增资入股。

1. 公开市场融资

(1) 场内市场融资。公开市场包括场内交易市场和场外交易市场。目前,我国场内市场由主板、中小板和创业板等组成,企业通过证券交易所发行股票募集资金是主要的场内融资方式,该方式具有募集资金额大、估值相对容易、便于后续融资等特点。中国证监会对组织机构、盈利能力、财务状况以及合规性等都有非常严格细致的规定,并对公司发行股票采取前置核准制。

① 国内主板、中小板、创业板上市。

我国一直在致力于建设分层次的资本市场,即场内市场和场外市场。场内即指上海证券交易所和深圳证券交易所。在沪深交易所内部,分设有上海主板、深圳主板、深圳中小板、深圳创业板。其中,沪深主板和深圳中小板适用于相同的监管法规,可视为同一层次。

根据《首次公开发行股票并上市管理办法》的规定,在沪深主板和深圳中小板发行上市的条件主要有:持续经营 3 年以上,每年均盈利且累计超过人民币 3 000 万元;最近 3 个会计年度经营活动产生的现金流量净额累计超过人民币

5 000 万元;或者最近 3 个会计年度营业收入累计超过人民币 3 亿元。

我国目前仅在深交所设有创业板,上市条件比主板、中小板略宽松。

目前的上市工作流程为:企业聘请中介机构制定上市方案,符合公开发行股票上市条件后向中国证监会申请,经中国证监会核准后公开发行股票并向证券交易所申请上市。

按照目前的 IPO 市场总体状况,企业从启动上市到挂牌成功,一般需要 3 年左右,包括 1 年的规范、筹备期以及接近两年的审核周期。随着注册制的实施,审核环节将更为公开透明,同时缩短审核周期。

② 海外上市。

根据 1997 年《国务院关于进一步加强在境外发行股票和上市管理的通知》,真正意义上的红筹方式是指在境外注册、中资控股(包括中资为第一大股东)的境外公司,以其拥有的境外资产和由其境外资产在境内投资形成的境内资产,在境外申请发行股票并上市。真正意义上的红筹方式主要适用于含有国有股成份的境内企业,2011 年,央企中化集团旗下的融资租赁公司——远东宏信有限公司(03360. HK)在香港挂牌上市,即采取该种模式,业内俗称“大红筹”,但该种模式审批难度很大,目前在业内很少采用。

由于实践中中国证监会批准境内企业直接或间接到境外上市的审批难度比较大,因此,许多民营企业往往放弃直接以境内企业到境外上市的方式,而是采取间接上市的方式,即国内企业在境外注册公司(通常以个人名义注册),境外公司以收购、股权置换等方式取得国内资产的控股权,然后将境外公司拿到境外交易所上市,该等红筹上市的过程比较复杂,通常分为境内企业重组及规范、境外企业重组、境外上市三个阶段进行。

境内企业重组及规范阶段是红筹方式上市过程中非常重要的一个阶段,在这个阶段里,需要对拟进入上市集团的境内企业进行全面调查,并按照境外上市地监管规则的要求,依据《公司法》及其他相关法律法规,对境内企业的股权结构或资产结构进行规范和调整。该阶段的重点是确定拟到境外上市的资产范围和上市的重组方案。

境内企业的重组方案确定后,境内自然人需到境外设立一家或若干家特殊目的公司(“SPV”),用于收购境内企业。根据 2006 年 8 月 8 日《关于外国投资者并购境内企业的规定》(“10 号文”)和 2014 年 7 月 14 日《国家外汇管理局关于境内居民通过特殊目的公司境外投融资及返程投资外汇管理有关问题的通知》

("37 号文"),境内自然人在境外进行投资主要涉及中国发展改革部门及外汇管理部门的核准、登记等手续。

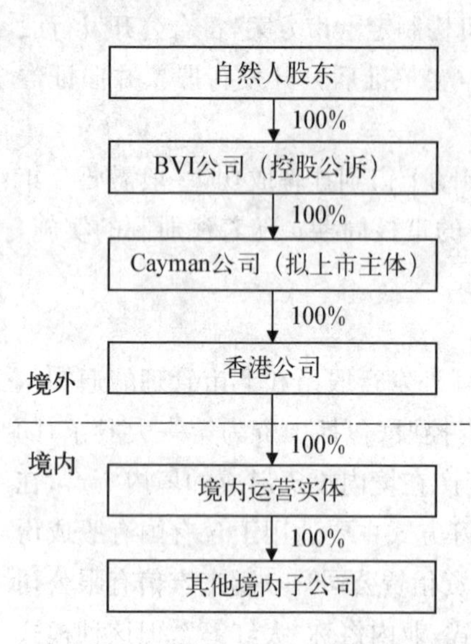

图 9-2 海外上市红筹架构图

之后是该 SPV 返程投资,这一环节是红筹上市方式中涉及中国政府审批最多、最为复杂的一个环节。根据 10 号文和 37 号文等规定,境外 SPV 返程收购境内企业需办理发展改革部门、商务部门、工商登记管理部门、外汇管理部门、税收、海关等部门的批准、登记、备案手续。红筹架构搭建完成后,其基本架构图可简化图 9-2。

(2) 场外市场融资。场外交易市场又称柜台交易市场,是指在证券交易所以外的场所进行的股权交易,目前主要有全国统一监管的全国中小企业股份转让系统(即新三板)以及各省政府为支持本地或本区域企业的融资需求而成立的区域性股权交易场所。

① 新三板上市。

新三板的前身为证券公司代办股份转让系统中中关村科技园区非上市股份有限公司的股份报价转让系统。2013 年 12 月,国务院发布《国务院关于全国中小企业股份转让系统有关问题的决定》,全国中小企业股份转让系统面向全国的企业开放,重点服务对象为高成长、高科技型企业。挂牌申请标准参照沪深交易所,但更为强调充分信息披露,对投资者也有准入门槛。目前已经实现挂牌近 2 000 家,业态丰富,挂牌企业规模也有明显提升。截至 2015 年 12 月底,商业保理企业申请在新三板挂牌的成功案例仅有三例,分别为: ① 2015 年 10 月 29 日在新三板挂牌的鑫银国际商业保理股份有限公司; ② 2015 年 12 月 7 日在新三板挂牌的渤海国际商业保理股份有限公司;以及③ 2015 年 12 月 14 日在新三板挂牌的上海成也商业保理股份有限公司。

② 区域性股权交易。

较有代表性的市场有天津股权交易所、重庆股份转让中心、上海股权托管交易中心以及浙江股权交易中心。

由于商业保理公司实行属地化监管,对于支持本地或本区域企业融资需求的股权交易中心，本地政府对其监管上具有自主性，有调整政策对接商业保理公司挂牌的可能性。

股交中心对挂牌企业的要求相对较低，只要符合《公司法》关于股份公司的规定即可挂牌，其对股票转让也没有过多的限制性规定，但其对交易股数的过高要求，对于自然人投资者进入市场有着一定的资金压力。

2. 私募股权融资

私募主要是指投资机构对企业的发展前景看好而进行股权投资，并通过公开发行并上市、股权转让（企业回购、兼并和收购、二级市场出售）或清算的方式在资本市场退出。

近年来，随着全球的私募基金蜂拥进入中国，私募股权融资已成为非上市公司利用股权直接融资的有效方式之一，私募股权融资具有一定的自身优势。

第一，私募股权融资的手续较为简便，企业能快速地获得所需资金，且一般不需要抵押和担保。

第二，私募股权投资者在所投资企业的经营管理上非常积极主动，为企业提供经营、融资、人事等方面的咨询与支持，营造一种良好的内部投资者机制，为企业提供前瞻性的战略指导，帮助企业更快地成长和成熟起来。

第三，企业通过有效运作所融资金，扩大生产规模，降低生产成本，使企业资产增加，融资渠道多样化，从而获得更多的外部支持，提升品牌形象，提高内在价值。

选择私募股权融资的企业需要有高速的发展前景和较规范的治理结构，最好中短期内有上市计划，公司在所在领域和市场内处于产业发展曲线的高速发展期。

(二) 债务融资方式

债权融资是有偿使用企业外部资金的一种融资方式。商业保理企业可选择银行借款、中小企业私募债、银行间债券市场债务融资工具、同业拆借、资产支持证券和信贷资产转让等方式。

1. 银行贷款（流动资金贷款、再保理、票据贴现等）

银行贷款是企业最经常使用的融资方式，一般要求企业有比较好的商业信誉、稳定的现金流、足够的资产抵押或者可靠的担保。银行贷款期限比较灵活，贷款手续比较简单。

2. 中小企业私募债

根据《深圳证券交易所中小企业私募债券业务试点办法》和《上海证券交易

所中小企业私募债券业务试点办法》,中小企业私募债是中小微型企业在中国境内以非公开方式发行和转让,并约定在一定期限还本付息的公司债券。是为解决中小企业融资难问题而设计的新型融资产品。

2012 年 8 月 23 日,中国证监会发布《关于规范证券公司参与区域性股权交易市场的指导意见(试行)》,为地方股权交易中心发行私募债提供了可行性,开辟了新的融资渠道。

私募债的优势包括:

(1) 发行门槛低。发行人只要是中国境内注册的有限公司或股份公司,发行利率不超过同期银行贷款基准利率的 3 倍,发行期限在 1 年或以上即可,相对于其他融资方式,没有净资产、净利润等财务条件,没有发行额不超过净资产 40% 的限制,发债期限和募集资金用途不作限制,对信息披露的要求也较少;

(2) 程序简单、时间短。采用备案制,由沪深证券交易所负责备案,而非核准制。证交所接到备案材料后,备案材料完备的,在 10 个工作日内出具《接受备案通知书》;取得《接受备案通知书》后,在 6 个月内完成发行;

(3) 具有流通性。合格投资者可通过证交所固定收益平台或证券公司进行私募债券转让,在二级的流通环节比信托产品具有优势;

(4) 可作为企业 IPO 的预热。当作一次模拟上市,也是一种提升企业市场影响力的途径。

3. 银行间债券市场债务融资工具

银行间债券市场债务融资工具是指具有法人资格的非金融机构在银行间债券市场发行的,约定一定期限内还本付息的有价证券。目前,我国银行间债券市场的产品库主要包括短期融资券(CP)、超短期融资券(SCP)、中期票据(MNT)、非公开定向债务融资工具(PPN)、中小企业集合票据等,都是债券技术和政策导向相结合的创新型产品。

银行间债券市场债务融资工具由中国银行间市场交易商协会(NAFMII)根据《银行间债券市场非金融企业债务融资工具管理办法》负责注册发行,对银行间债券市场的机构投资人发行,不对社会公众发行,只在银行间债券市场交易。

短期融资券与中期票据作为其中最主要的两个品种,主要区别在于发行期限的不同:短期融资券为 1 年以内;中期票据为 1 年以上,不超过 5 年,通常为 3—5 年居多。

发行债务融资工具主要有如下好处:

(1) 融资成本低,利率随行就市,全面实现利率自由化,可在贷款利率调整前优先获得较低的融资成本,节约企业财务成本;

(2) 注册周期短,发行灵活,材料报送至获得注册通过1—2个月,两年注册有效期,首期两个月内发行,后可分期滚动循环发行,择机发行;

(3) 募集资金用途广泛,不要求企业提供详细的资金用途,只要求应用于企业的生产经营活动,一般用于补充流动资金和偿还银行贷款;

(4) 发行债务融资工具通常不需要设定任何抵押物。

4. 资产支持证券(asset-backed securities,ABS)

资产支持证券是在资本市场上进行直接融资的一种方式。与发行其他金融产品(如债券和股票)类似,资产支持证券发起人在资本市场交易中通过向投资者发行资产支持证券进行融资。差异在于资产支持证券产品的还款来源并不依赖于发起人或融资主体的信用和偿债能力,而取决于相关资产未来可回收的现金流,资产支持证券的实质是出售未来可回收的现金流,从而获得融资。

该融资方式的概念和实践兴起于20世纪70年代初期的美国,最早的资产支持证券产品以银行发放的住房抵押贷款所产生的本金和利息作为基础资产,打包后用于发行住房抵押贷款支持证券。经过30多年的发展,证券化产品的基础资产已发展到任何金融资产均可以作为资产支持证券的基础资产,只要该资产具有可预测和可回收的未来现金流。

鉴于资产支持证券是通过出售资产来获得融资,故此种融资方式的显著特点在于,对发起人来说,它是一种非常有效的资产负债管理方式。此种融资方式能够使发起人在不增加负债的前提下将未来现金流提前变现。

(1) 资产支持证券的交易要素。

由于资产支持证券产品是通过组合基础资产现金流的方式来发行证券,其又被称为资产证券化。从会计和法律的角度考量,资产支持证券产品和债券在交易要素上存在明显的特点和区别。

要素一:特殊目的实体(special purpose vehicle)。特殊目的实体是具有信托性质的法律实体,在中国法律框架下,特殊目的实体通常由信托公司或证券公司、基金管理公司子公司以信托计划或资产支持专项计划的方式设立,此类特殊目的实体取得的财产具有独立性。设立特殊目的实体的目的,是为了向发起人购买基础资产,购买所用资金来自投资者认购受益权证的资金。特殊目的实体的重要意义在于其具有破产隔离性质,《信贷资产证券化试点管理办法》和《证券公司及基金管理公司子公司资产证券化业务管理规定》对“资产独立性”均作了明确规定，即当发起人(基础资产的原始权益人)因解散、被撤销或者宣告破产等原因进行清算的，特殊目的实体的财产不能用于清偿其债务。

要素二：基础资产(backed asset)。基础资产的范围很广泛，可以是单项财产权利或者财产，也可以是多项财产权利或者财产构成的资产组合。实践操作中，包括贸易应收款、租赁债权、信贷资产、信托受益权等财产权利，基础设施、商业物业等不动产财产或不动产收益权等可特定化的财产或财产权利均可作为基础资产。

要素三：基础资产的真实出售(truesale)。资产支持证券的过程中，基础资产的“真实出售”是重要步骤之一，即由发起人将拟证券化资产转让给特殊目的实体。通过“真实出售”，将基础资产从发起人固有财产中予以剥离，实现破产隔离。“真实出售”不仅要求基础资产的转让在形式上办理相关批准、登记手续，还要求基础资产所有权上所有的风险和报酬均发生转移。

(2) 应收账款资产支持证券的发展现状。

我国资产支持证券主要分为信贷资产支持证券和企业资产支持证券。

2005年4月，中国人民银行、银监会发布《信贷资产证券化试点管理办法》，这是信贷资产证券化领域第一部全面的规章制度；2005年6月13日和15日，中国人民银行分别发布《资产支持证券信息披露规则》和《关于资产支持证券在银行间债券市场的登记、托管、交易和结算等有关事项的公告》；2005年11月7日，银监会发布《金融机构信贷资产证券化试点监督管理办法》。上述法规政策的颁布，为我国资产证券化业务构建了必要的法律构架。“2005年第1期开元信贷资产支持证券”和“建元2005-1个人住房抵押贷款支持证券”在全国银行间债券市场发行。根据《金融租赁公司管理办法》以及相关实践操作，金融租赁公司的融资租赁债权也可以参照信贷资产支持证券相关规定进行结构化融资。

企业资产支持证券是在证券交易所市场发行和交易的证券化产品，基础资产涵盖任何可以产生独立、可预测的现金流且可特定化的财产权利或者财产。2014年11月，证监会颁布最新的《证券公司及基金管理公司子公司资产证券化业务管理规定》及配套的《证券公司及基金管理公司子公司资产证券化业务信息披露指引》《证券公司及基金管理公司子公司资产证券化业务尽职调查工作指引》，既将证券化业务管理人的范围由证券公司扩大至基金管理公司子公司，又取消了事前行政审批，实行基金业协会事后备案和基础资产负面清单管理，为企业资产支持证券的发展转型提速。以应收账款为基础资产的证券化融资已经有多个成功案例,如以租赁应收账款为基础资产发起设立的"交融 2014 年第一期租赁资产支持证券"以及以小额贷款公司的应收账款为基础资产发起设立的"东证资管-阿里巴巴金融专项资产管理计划"。以收益权为基础资产、发起人提供资产服务的操作模式也已得到认可,以远东租赁资产支持收益专项资产管理计划为例,基础资产为租金请求权及其相关附属担保权益,发起人同时作为服务机构代专项资产管理计划开设银行账户接受应收账款。

截至 2015 年 12 月底,以保理资产(保理应收账款)为基础资产成功发行的资产支持证券案例较少,如下表所示:

表 9-2　保理资产支持证券发行产品列表

<table>
<tr><th>序号</th><th>证券代码</th><th>证券简称</th><th>到期日</th><th>原始权益人</th><th>计划管理人</th><th>发行额</th><th>利率</th></tr>
<tr><td rowspan="2">1</td><td>123669</td><td>摩山 1A</td><td>2018-05-20</td><td rowspan="2">上海摩山商业保理有限公司</td><td rowspan="2">恒泰证券股份有限公司</td><td>1.31 亿</td><td>6.2%</td></tr>
<tr><td>123670</td><td>摩山 1B</td><td>2018-05-20</td><td>2.63 亿</td><td>7.9%</td></tr>
<tr><td rowspan="3">2</td><td>131008</td><td>摩山 2A</td><td>2018-10-29</td><td rowspan="3">上海摩山商业保理有限公司</td><td rowspan="3">恒泰证券股份有限公司</td><td>2.42 亿</td><td>6%</td></tr>
<tr><td>131009</td><td>摩山 2B</td><td>2018-10-29</td><td>0.69 亿</td><td>6.9%</td></tr>
<tr><td>131010</td><td>摩山 2C</td><td>2018-10-29</td><td>0.34 亿</td><td>—</td></tr>
<tr><td rowspan="2">3</td><td>131082</td><td>方正 1 优</td><td>2018-11-19</td><td rowspan="2">北京方正国际商业保理有限公司</td><td rowspan="2">恒泰证券股份有限公司</td><td>5.29 亿</td><td>5.3%</td></tr>
<tr><td>131083</td><td>方正 1 次</td><td>2018-11-19</td><td>0.28 亿</td><td>—</td></tr>
</table>

5. 信托计划

信托计划是指委托人基于对信托公司的信任,将自己合法拥有的资金委托给信托公司,由信托公司按委托人的意愿以自己的名义,为受益人的利益或者特定目的进行管理、运用和处分的行为。

信托计划的一般期限在 1—3 年,融资额为 5 000 万元到数亿元。由于信托计划仅限于私募,且份额有限制,因此,募集资金额不会过大,成本也较高,而且信托计划的投资流动性目前仍显不足,与其他融资方式相比,信托计划较难吸引融资。

6. 企业债券

企业债券是指在中华人民共和国境内具有法人资格的企业在境内依照法定程序发行、约定在一定期限内还本付息的有价证券,不包括金融证券。

在我国,发行企业债券的融资成本较低,期限最长可达 15 年。企业债券一般有大型银行担保,可以上市交易,流通性较好,所以,比较容易吸引融资。但是,由于企业债券的发行须经国家发改委批准,每年额度有限,且对发行企业的要求很高,通常只有一些大型企业才能够获准发行。

7. 可转换公司债券

可转换公司债券是指发行人依照法定程序发行,在一定期限内依据约定的条件可以转换成股份的公司债券。可转换公司债兼有债权和股权的双重性质。可转换公司债券应当记载公司债券转换为公司股份的条件及方法。持有人有权在规定的条件下将公司债券转换为公司股份,由债权人变为公司的股东。

目前,可转换公司债券由中国证监会审批,属于公募债券,可以上市流通。融资成本较低,期限一般为 3—5 年。发行企业一般将转换条件设置得较为宽泛,鼓励债券持有人将债券转为股权。

目前,公募的可转换公司债券只适用于上市公司或者有上市计划并基本符合上市条件的企业。

二、股权融资与债务融资的区别

(一) 风险不同

对企业而言,股权融资的风险通常小于债权融资的风险,股票投资者对股息的收益通常是由企业的盈利水平和发展的需要而定。与债权融资相比,公司没有固定的付息压力,且普通股也没有固定的到期日,因而也不存在还本付息的融资风险。企业通过债权融资,必须承担按期付息和到期还本的义务,此种义务是公司必须承担的,与公司的经营状况和盈利水平无关,当公司经营不善时,有可能面临巨大的付息和还债压力,有可能导致资金链破裂而破产,因此,企业债权融资面临的财务风险较高。

(二) 融资成本不同

从理论上讲,股权融资的成本高于债务融资,这是因为:一方面,从投资者的角度讲,投资于普通股的风险较高,要求的投资报酬率也会较高;另一方面,对于筹资公司来讲,股利从税后利润中支付,不具备抵税作用,而且股权的募集费用一般也高于债券,而债务性资金的利息费用在税前列支,具有抵税的作用。因此,股权融资的成本一般要高于债务融资的成本。

（三）对控制权的影响不同

债务融资虽然会增加企业的财务风险能力，但它不会削减股东对企业的控制权力，如果选择增募股本的方式进行融资，现有的股东对企业的控制权就会被稀释，随着新股的发行，流通在外的普通股数目必将增加，从而导致每股收益和股价下跌，进而对现有股东产生不利的影响。

（四）对企业的作用不同

发行普通股是公司的永久性资本，是公司正常经营和抵御风险的基础，注册资本增多有利于增加公司的信用价值，增强公司的信誉，可以为企业发行更多的债务融资提供强有力的支持，企业债务融资可以获得资金的杠杆收益，无论企业盈利多少，企业只需要支付给债权人事先约好的利息和到期还本的义务，而且利息可以作为成本费用在税前列支，具有抵税作用。当企业盈利增加时，企业债权融资可以获得更大的资本杠杆收益，而且企业还可以发行可转换债券和可赎回债券，以便更加灵活、主动地调整公司的资本结构，使其资本结构趋向合理。

就上述股权类融资方式和债权类融资方式，从以下几个角度进行汇总比较。

表 9-3　各类融资方式对比

项目内容		准入门槛	融资效率	融资期限	融资成本	融资规模
股权融资	场内市场发行	在组织机构、盈利能力、财务状况以及合规性等方面设置非常严格、细致的标准	经历股改、辅导、立项、内核、审核、反馈等多个环节，发行上市过程漫长	无限制	承销费、保荐费、律师费、审计费等发行上市费用较高	募集资金额大，估值相对容易，便于后续融资
	股交中心挂牌	股交中心由地方监管部门监管，调整政策对接商业保理企业挂牌的可能性大	推荐机构会员推荐挂牌，由股交中心核准或备案，挂牌等待期较短	无限制	地方政府对在本地股权交易中心挂牌的企业有补贴，额度基本能够涵盖挂牌费用	单纯挂牌无融资功能，但有利于提升在区域市场的知名度，具备价格发现功能
	私募股权融资	需满足对商业保理企业股东的资质要求	监管部门核准后即可投资	无限制	手续简便，成本低，但投资者数量相对有限	PE 投资规模受商业保理企业股权稀释边界及增长能力的限制

续 表

项目内容		准入门槛	融资效率	融资期限	融资成本	融资规模
债券融资	银行借款	与银行协商一致可获得融资	银行机构审批放款	多为一年左右	需依靠股东支持或提供其他担保方式	由银行内部风险控制体系和评价指标有差异决定
	中小企业私募债	可在证交所或股交中心挂牌，地方监管部门调整政策对接商业保理企业挂牌的可能性大	推荐机构会员推荐挂牌，由股交中心核准或备案，发行等待期较短	不低于一年	主要包括支付承销费、律师费、审计费、担保机构等的费用	融资规模与商业保理企业的净资产挂钩
	银行间债券市场融资工具	中国银行间市场交易商协会对企业发债实行自律管理	商业保理企业单体注册资本和融资规模均不大，较适合采取集合发债模式，提高发债效率	不低于一年	数家商业保理企业采用“统一冠名、分别负债、分别担保、捆绑发行”的方式发债，能相应地降低融资成本	融资规模与商业保理企业净资产挂钩，如40%以内
	同业拆借	商业保理企业间实行自律管理	拆借调剂双方协商一致后即可获得融资	半年以下的短期拆借	参考同期银行贷款基准利率	受商业保理企业剩余闲置可放贷资金限制
	资产转让	在内部控制、资产总额、注册资本、盈利能力等方面设置一定的准入标准	转让双方协商一致后可获得融资，可能需要向监管部门报备或核准	受转让的资产剩余存续期限限制	获得的收益主要为转出资产的利息差	与转让的资产规模相挂钩
	资产支持证券	在内部控制、资产总额、注册资本、盈利能力等方面设置一定的准入标准	从专项计划形成、担保物转让、信用增级、信用评级，到基金业协会完成备案，过程较长	受基础资产剩余存续期限限制	主要包括管理费、信用增级费用、银行融资费用、发行费用等，成本较高	基础资产规模需与资产支持证券规模相匹配

商业保理企业在选择融资方式时，要综合考虑发展阶段、成本承受能力、还款、控制权问题和分红能力等，再结合不同融资方式的特点，审慎地来选择适合

本企业发展的融资方式。

(1) 大型企业可以进行低成本债券融资和股权融资相结合的方式。

(2) 具备雄厚的经济实力和盈利能力、规范运作的企业,可考虑在主板市场发行股票融资。

(3) 属于高科技行业、有较好发展前景的中型企业,可考虑到创业板市场发行股票融资。

(4) 具备较好的资产规模和风控能力的企业,可通过资产转让和资产支持证券方式实现出表融资。

(5) 对初创期高科技型的小企业,可考虑风险投资基金融资。

(6) 其他企业可以寻找供抵押的资产和可靠的担保,努力增加自身的银行信用,以争取贷款融资。

第三节 商业保理外汇法律实务

外汇是指以外国货币表示的,为各国普遍接受的,可用于国际间债权债务结算的各种支付手段。外汇必须具备三个特点,即可支付性(必须以外国货币表示的资产)、可获得性(必须是在国外能够得到补偿的债权)和可换性(必须是可以自由兑换为其他支付手段的外币资产)。

根据1996年1月29日国务院颁布的《外汇管理条例》,外汇是指以外币表示的可以用作国际清偿的支付手段和资产,包括:(1) 外币现钞,包括纸币、铸币;(2) 外币支付凭证或者支付工具,包括票据、银行存款凭证、银行卡等;(3) 外币有价证券,包括债券、股票等;(4) 特别提款权;(5) 其他外汇资产。

境内机构、境内个人的外汇收支或者外汇经营活动,以及境外机构、境外个人在境内的外汇收支或者外汇经营活动,均可称作外汇活动。

一、外汇账户管理制度发展演变

外汇账户管理和结售付汇管理是外汇管理的基本内容,市场主体从事外汇业务的前提是在金融机构开立外汇账户,而外汇账户的运用自然涉及结汇、售汇和付汇;反之,结汇、售汇和付汇行为的发生,也需以外汇账户为媒介。了解外汇账户法律制度是认识外汇管理制度的前提和基础。

1980年12月18日国务院颁布的《外汇管理暂行条例》规定:"境内机构的留成外汇,非贸易和补偿贸易项下先收后付的备付外汇,贷入的自由外汇,以及经国家外汇管理总局或者分局批准持有的其他外汇,都必须在中国银行开立外汇存款账户或者外汇额度账户,按照规定的范围使用,并受中国银行监督"。"侨资企业、外资企业、中外合资经营企业的一切外汇收入,都必须存入中国银行;一切外汇支出,从其外汇存款账户中支付"。

1996年1月29日国务院颁布的《外汇管理条例》规定:"境内机构的经常项目外汇收入,应当按照国务院关于结汇、售汇及付汇管理的规定卖给外汇指定银行,或者经批准在外汇指定银行开立外汇账户"。"境内机构的资本项目外汇收入,应当按照国家有关规定在外汇指定银行开立外汇账户;卖给外汇指定银行的,须经外汇管理机关批准"。

由此可见,1996年《外汇管理条例》的重大转变是废止了1980年《外汇管理暂行条例》必须在中国银行开立外汇账户的强制要求,并区别经常项目和资本项目作了不同规定。

(一) 境内经常项目外汇账户

经常项目通常是指一个国家或地区对外交往中经常发生的交易项目,包括贸易及服务、收益、经常转移,其中,贸易及服务是最主要的内容。

1. 审批管理

国家外汇管理局及其分、支局是外汇账户的审批管理机关。

2006年之前,国家外汇管理局总体上对境内经常项目外汇账户开户实行事前审批制。2006年4月13日,国家外汇管理局颁布了《关于调整经常项目外汇管理政策的通知》,取消了对境内机构经常项目外汇账户开立、变更、关闭进行的事先核准。境内机构凡已经开立过经常项目外汇账户的,如需开立新的经常项目外汇账户,可持开户申请书、营业执照(或社团登记证)和组织机构代码证直接到外汇指定银行办理开户手续;凡未开立过经常项目外汇账户的,应持营业执照(或社团登记证)和组织机构代码证先到外汇管理局进行机构基本信息登记。

2. 账户类型

在1994年初的外汇管理体制改革中,我国对中资企业实行强制结售汇,中资企业的经常项目外汇收入原则上不能开立经常项目外汇账户保留;但对外商投资企业未实行强制结售汇管理,允许外商投资企业开立外汇账户,保留经常项目外汇收入。

1997年9月，我国将经常项目外汇账户从功能上区分为外汇结算账户和外汇专用账户，并对不同性质的外汇账户实行不同的管理方式。

2002年10月15日实施的《国家外汇管理局关于进一步调整经常项目外汇账户管理政策有关问题的通知》推出了中、外资统一的经常项目外汇账户管理政策，将经常项目外汇结算账户和外汇专用账户合并为经常项目外汇账户。同时，对已使用外汇账户管理信息系统并能通过该系统对经常项目外汇账户进行监管的地区，允许中外资企业根据其实际经营需要，向外汇管理局申请开立多个经常项目外汇账户，在开户个数、开户金融机构方面不受限制。

3. 账户限额

1997年9月29日颁布的《中资企业保留限额外汇收入操作规程》允许中资企业开立外汇结算账户，保留一定限额的外汇收入，其最高限额为本企业上年进出口总额的15%，超出限额部分必须结汇。外商投资企业外汇结算账户的限额根据其实收资本和经常项目周转情况核定。

2002年10月15日实施的《国家外汇管理局关于进一步调整经常项目外汇账户管理政策有关问题的通知》统一了中、外资经常项目外汇账户限额管理政策，统一按该境内机构上年度经常项目外汇收入的20%核定账户限额，同时按上年度经常项目外汇收入的25%核定地区总限额，对有特殊情况的境内机构，允许外汇分局在地区总限额内对其账户限额予以调整。

此后，国家外汇管理局陆续、多次提高境内机构经常项目外汇账户限额。直至2007年8月12日，国家外汇管理局进一步改革经常项目外汇管理，取消限额管理，《关于境内机构自行保留经常项目外汇收入的通知》规定，境内机构可根据经营需要自行保留其经常项目外汇收入。

(二) 境内资本项目外汇账户

通常所说的资本项目(或称资本账户)是对国际收支平衡表中资本和金融账户的总称。其中，资本账户包括涉及资本转移的收取或支付，以及非生产、非金融资产的收买或放弃的所有交易。金融账户包括涉及一国经济体对外资产和负债所有权变更的所有交易。在国际收支平衡表中，金融账户按照投资类型或功能，划分为直接投资、证券投资、其他投资三个部分。在实际业务办理中，可划分为直接投资、证券投资、信贷业务和其他投资四个部分。

1. 审批管理

国家外汇管理局及其分、支局是外汇账户的审批管理机关。

我国对境内资本项目外汇账户的开立、变更和撤销长期实行事前审批制。根据中国人民银行 1997 年 10 月 7 日颁布、10 月 15 日实施且现行有效的《境内外汇账户管理规定》的规定，除境外法人或者自然人开立 B 股账户外，开立资本项目外汇账户应当持开立外汇账户的申请报告和下列相关文件及资料向外汇管理局申请，经批准后持外汇局核发的《开户通知书》到开户金融机构办理开户手续。

2003 年，国家外汇管理局颁布《关于取消部分资本项目外汇管理行政审批后过渡政策措施的通知》，取消了部分资本项目外汇审批，此次审批取消后，中资机构对外借用中长期外债、发行中长期外币债券、进行飞机融资租赁和项目融资，只需在签订借款合同后办理外债逐笔登记手续。

2011 年，国家外汇管理局颁布《关于取消和调整部分资本项目外汇业务审核权限及管理措施的通知》"汇发〔2011〕20 号"文，取消贸易信贷登记管理中的延期付款超期限登记核准和预付货款退汇核准。

2015 年，国家外汇管理局颁布《关于进一步简化和改进直接投资外汇管理政策的通知》(汇发〔2015〕13 号)，取消境内直接投资项下外汇登记核准和境外直接投资项下外汇登记核准两项行政审批事项，改由银行直接审核办理。

2. 账户类型

在改革开放后的资本账户发展过程中，《对公单位现汇账户管理暂行办法》《外商投资企业境内外汇账户管理办法》《外汇账户管理暂行办法》《关于外商投资企业申报和区分外汇账户的通知》等法律文件对资本账户的简单、零星的规定被 1997 年 10 月 7 日颁布的《境内外汇账户管理规定》所统一，中资、外资企业外汇账户管理规定全部融合在该部文件中。

根据《境内外汇账户管理规定》，现行资本项下的外汇账户主要有：贷款账户、还本付息账户、外币股票账户、外商投资企业外汇资本金账户、外商投资企业临时账户、资产存量变现账户、外币股票交易账户、B 股交易结算资金账户等。

3. 账户限额

与经常项目外汇账户统一按经常项目外汇收入核定限额不同，境内资本项目外汇账户主要是根据不同资本账户的类型来核定限额。如外债资本账户余额以"投注差"的金额进行限制。

(三) 境内机构境外外汇账户

境外开立外汇账户的规定，最早见于 1994 年 3 月 31 日中国人民银行发布的

《外汇账户管理暂行办法》。1997年12月21日，国家外汇管理局发布《境外外汇账户管理规定》并于1998年1月1日正式实施，该《办法》目前仍然有效。该办法的主要规定为：

(1) 经外汇管理局批准后，境内机构方可在境外开立外汇账户；

(2) 境内机构应当在开立境外外汇账户后30个工作日内，持境外外汇账户开户银行名称、账号、开户人名称等资料到外汇管理局备案；

(3) 境内机构应当按照外汇管理局批准的账户收支范围、账户最高金额和使用期限使用境外外汇账户；

(4) 境内机构应当在境外外汇账户使用期限到期后30个工作日内，将境外外汇账户的银行销户通知书报外汇管理局备案，余款调回境内，并提供账户清单；需要延期使用的，应当在到期前30个工作日内向外汇管理局提出书面申请，经外汇管理局批准后，方可继续使用。

二、商业保理经常项目外汇法律实务

(一) 货物贸易外汇操作规程

拓展9-4　国家外汇管理局就货物贸易外汇管理制度改革相关问题答问

2012年6月，国家外汇管理局、海关总署、国家税务总局联合发布公告，决定自2012年8月1日起在全国范围内实施货物贸易外汇管理制度改革。日前，国家外汇管理局有关负责人就相关问题接受了记者采访。

一、据了解，2011年12月1日起，国家外汇管理局等三部门在江苏、山东等七省(市)进行货物贸易外汇管理制度改革试点。此次将改革向全国推广，请问是何考虑?

答：建立于20世纪90年代的货物贸易进出口核销制度，适应我国当时的经济发展状况，发挥了积极的作用，但随着我国社会主义市场经济的不断发展，以“逐笔核销、事前备案、现场审核、行为监管”为主要特征的核销制度已经不能适应我国对外贸易的快速发展，迫切需要进行改革和优化。鉴于此，2011年12月，国家外汇管理局、海关总署与国家税务总局在江苏、山东等七省(市)联合推出了货物贸易外汇管理制度改革试点，改革货物贸易外汇管理方式，优化升级管理部门间信息共享机制，进一步加大联合监管的力度。试点以来，外汇管理、海关、税务等部门多次进行实地调研，及时完善改革试点措施。目前，试点地区贸易外汇管理制度和与之相配套的管理信息系统运行良好，试点成效明显，得到了贸易企业、地方政府和社会各界的广泛欢迎和支持，已具备了全国推广的基础和条件。为此，国家外汇管理局、海关总署、国家税务总局联合发布公告，决定自2012年8月1日起将货物贸易外汇管理制度改革在全国范围内实施。这是顺应我国对外贸易规模、方式、主体发展变化和应对当前及未来一段时期内国际收支形势的重要举措，也是转变外汇管理理念与方式的重要内容，有利于进一步改进货物贸易外汇服务和管理，有利于增强企业诚信意识，降低社会成本，促进对外贸易的可持续发展。

二、货物贸易外汇管理制度改革的总体目标和基本做法是什么？

答：货物贸易外汇管理制度改革的总体目标是：通过改革货物贸易外汇管理方式，进一步推动贸易便利化，增强企业对外贸易竞争力，促进我国对外贸易的稳定增长。通过优化升级监管部门间信息共享机制，进一步加大联合监管力度，提高监管的针对性、有效性和威慑力，切实防范经济金融风险。

改革后的货物贸易外汇管理制度的核心内容是总量核查、动态监测和分类管理，基本做法是依托全国集中的货物贸易外汇监测系统，全面采集企业进出口收付汇及进出口货物流的完整信息，以企业主体为单位，对其资金流和货物流进行非现场总量核查，对非现场总量核查中发现的可疑企业实施现场核查，进而对企业实行动态监测和分类管理。同时，提高监管部门间数据与信息交流的力度，强化协同机制，加强联合监管。

三、新的货物贸易外汇管理制度有哪些主要特点？

答：一是企业办理货物贸易外汇收支更加便利，贸易收付汇效率明显提高。新制度下，企业贸易收付汇无需办理核销手续，出口收汇无需联网核查，企业无需频繁地往返于外汇管理局、银行之间。从试点地区经验看，企业对外贸易收付汇时间缩短，资金周转速度加快。银行为企业办理收付汇的单证和流程均大幅简化，银行柜台办理收结汇业务时间缩短，银行外汇业务服务效率和水平得到提高。

二是货物贸易外汇收支风险监管能力得到切实加强。依托货物贸易外汇监测系统,通过对数据的汇总和分析,实现宏观监测与微观管理的有效结合,风险监测能力得到切实加强,外汇管理政策的针对性和有效性得到有效提高。

三是通过制度创新提高外汇管理依法行政水平。以货物贸易外汇管理制度改革为契机,国家外汇管理局大幅清理法规,共废止120多个现行法规。新的货物贸易外汇管理法规层次更加简明清晰,便利企业和金融机构理解和执行。同时,国家外汇管理局等监管部门通过动态分类、持续监管、到期评估的机制加强正向引导,以精准打击实施失信惩戒,与市场主体一起,共同营造诚信守法的市场环境,维护正常的经济秩序。

四、您刚才提到,货物贸易外汇管理制度改革在提升监管效率的同时降低了社会成本。请问,这主要表现在哪些方面?

答:对企业而言,主要体现在以下几个方面:一是企业贸易收付汇后,无需办理核销手续。二是调整出口报关流程,取消出口收汇核销单,企业办理出口报关时不再提供核销单。三是简化出口退税凭证。自2012年8月1日起报关出口的货物,企业申报出口退税时不再提供核销单。税务部门参考外汇管理局提供的企业出口收汇信息和分类情况,依据相关规定,审核企业出口退税。四是绝大多数企业的贸易收付汇手续得到简化,A类企业可凭进口货物报关单、合同或发票等任一能够证明交易真实性的单证在银行办理付汇,出口收汇无需联网核查。

对金融机构而言,银行贸易收付汇审核所需单证及程序都大幅简化,有利于提高贸易收付汇效率,改善银行外汇业务服务水平。

对监管部门而言,通过动态监测和分类管理,能够对可疑、违规交易有针对性地进行核查,对违规违法行为实施精准打击,实现了监管资源的优化配置,节约了管理成本。

五、国家外汇管理局与海关总署、国家税务总局加强部门联合,形成监管合力的主要措施有哪些?

答:一是国家外汇管理局与海关总署、国家税务总局之间建立数据信息交换机制。国家外汇管理局定期向海关总署、国家税务总局提供贸易收付汇核查数据及分类监管等信息,海关总署定期向国家外汇管理局传输企业报关数据,国家税务总局定期向国家外汇管理局传输出口退税审核关注商品目录及骗税企业名单等监管信息，作为国家外汇管理局加强管理的参考。

二是建立部门间个案协查机制。国家外汇管理局与海关总署、国家税务总局之间及时通报日常监测及核查中发现的异常信息，共同打击各类违规跨境资金流动和走私、骗税等违法行为。

六、在新的货物贸易外汇管理制度中，国家外汇管理局货物贸易外汇收支监管主要包括哪些内容？

答：一是主体管理。对企业实施“贸易外汇收支企业名录”管理，明确企业主体管理范畴。

二是企业报告。要求企业一定期限以上的贸易信贷业务、贸易融资等业务应按规定报告国家外汇管理局。

三是非现场监测。通过总量核查、重点监测和专项监测等方式，对所有贸易企业实施多维度、全口径监测，有效排查异常交易行为和异常交易主体，确定需要现场核查的企业。

四是现场核查。采用企业自查、约见谈话或现场调查等多种方式实施现场核查，核实异常或可疑情况，并按规定向外汇检查部门移交。

五是分类管理。根据非现场和现场核查的结果，国家外汇管理局将企业分为A、B、C三类并动态调整。对A类企业，给予贸易收支便利，对B、C类企业，在贸易外汇收支单证审核、适用业务类型、结算方式等方面实施严格监管。

为进一步深化外汇管理体制改革，促进贸易便利化，国家外汇管理局、海关总署、国家税务总局决定自2012年8月1日起在全国范围内实施货物贸易外汇管理制度改革。货物贸易外汇管理制度改革的基本原理是企业进出口报关和退税环节不再使用进出口收汇核销单，国家外汇管理局全面采集企业进出口收付汇、货物流的信息，依托全国上线运行的货物贸易外汇监测系统进行总量核查，筛选异常主体，识别异常行为，锁定现场核查对象，对企业实施A、B、C分类动态管理。目前，企业办理货物贸易外汇业务的流程如图9-3所示。

以下仅以出口（延期收款）为例，企业办理货物贸易收汇的操作规程为：

(1) 企业持《货物贸易外汇收支企业名录登记申请书》《货物贸易外汇收支业务办理确认书》《中国电子口岸入网用户资格审查登记表》等资料，到所在地外汇

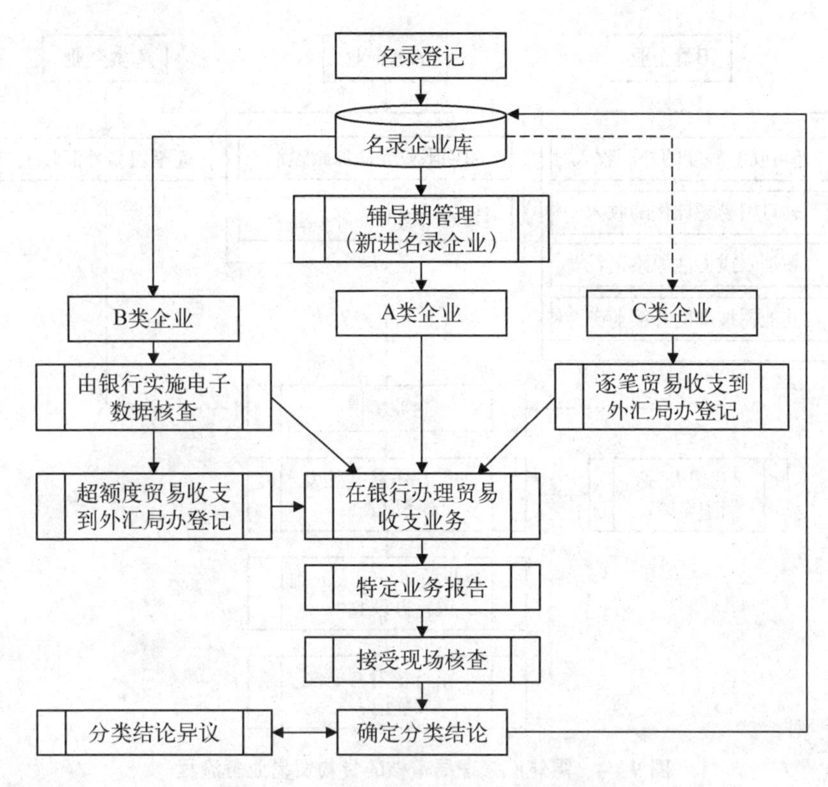

图 9-3　货物贸易分类外汇业务流程

管理局办理"贸易外汇收支企业名录"登记手续与电子口岸 IC 卡认证手续。

（2）企业至海关办理货物出口报关业务，至银行提交相应材料办理货物贸易收汇。对于部分业务，企业需经外汇管理局审核，凭外汇管理局加盖"货物贸易外汇业务监管章"的纸质《货物贸易外汇业务登记表》至银行办理货物贸易收汇业务，如图 9-4 所示。

（3）申请特殊标识企业管理。外汇管理局根据企业行业特性、经营特点及贸易外汇收支规律，对特定企业设置特殊标识，并在此基础上实施专项监测。企业可提交相应证明材料至外汇管理局申请以下特殊标识企业管理：① 辅导期企业标识；② 特殊监管区域企业标识；③ 特种商品经营企业标识；④ 来料加工企业标识；⑤ 对外承包工程企业标识；⑥ 专营保税仓库企业标识；⑦ 大型运输工具维修企业标识；⑧ 对台小额贸易企业标识；⑨ 差异化管理企业标识。

（4）待核查账户管理。包括待核查账户开立管理和待核查账户收支管理。

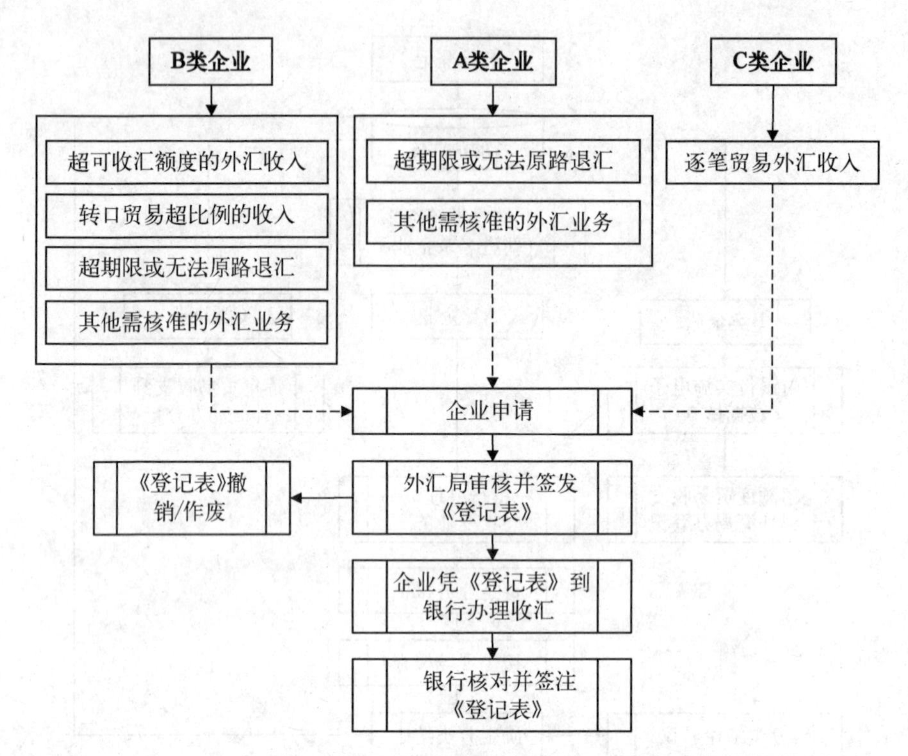

图 9-4 需外汇管理局审核的货物贸易业务流程

表 9-4 货物贸易待核查账户管理内容表

项目名称	管理内容
待核查账户开立管理	(1) 金融机构为企业开立出口收入待核查账户时,应通过外汇账户信息交互平台,查询该企业是否已在开户地的外汇管理局进行基本信息登记;基本信息已登记的,金融机构可直接为其开立待核查账户。 (2) 金融机构为企业开户后,应于次日按照外汇账户管理信息系统报送数据的要求将相关数据及时报送外汇管理局。
待核查账户收支管理	(1) 金融机构在为企业办理外汇资金入账前,应查询企业名录状态,确定收汇资金性质,无法确定的要及时与企业联系,要求企业说明,并将企业贸易外汇收入划入待核查账户。 (2) 企业一笔收汇既有货物贸易也有服务贸易的,其中的货物贸易部分应当进入待核查账户,服务贸易部分金融机构在审核相应合同、发票后,可根据企业要求直接结汇或进入经常项目外汇账户。企业暂无法区分资金性质和相应金额或无法提供服务贸易相应单证的,整笔资金应一并进入待核查账户。

续 表

项目名称	管 理 内 容
待核查账户收支管理	(3) 代理出口业务应当由代理方收汇。代理方收汇后可凭委托代理协议将外汇划转给委托方，也可结汇将人民币划转给委托方；委托方收取代理方外汇划出款项时，无需进入其待核查账户。 (4) 转让信用证项下贸易收汇时，金融机构应当根据转让信用证相关约定判断款项归属，并按照“谁出口，谁收汇”的原则进行解付，其中，属于第二受益人的出口收汇应直接划入第二受益人的待核查账户。 (5) 货物贸易项下人民币收入不进入待核查账户，可直接划入企业的人民币账户。 (6) 出口贸易融资业务项下的资金，在金融机构放款及企业实际收回出口货款时，均无需进入企业待核查账户，可直接划入企业经常项目外汇账户。 (7) 金融机构为企业办理待核查账户资金结汇或划出手续时，应查询企业名录状态与分类状态，并按规定对交易单证的真实性及其与贸易外汇收支的一致性进行合理审查。

(5) 企业进行贸易信贷及其他报告。

图 9-5 货物贸易延期收款与主体不一致管理内容表

项目名称	管 理 内 容
贸易信贷业务报告	(1) A类企业90天以上(不含)的延期收款、B类或C类企业在监管期内发生的30天以上(不含)的延期收款，企业应当在出口之日起30天内，通过监测系统企业端向外汇管理局报告相应的预计收款日期、延期收款对应的报关金额、关联关系类型等信息。 (2) 对于按上述1规定应当报告的贸易信贷业务，企业未在货物出口或收付款业务实际发生之日起30天内通过监测系统企业端向外汇管理局报告的，应到外汇管理局现场报告。 (3) 对于上述1规定范围以外的贸易信贷业务，企业可根据相关业务对其贸易外汇收支与出口匹配情况的影响程度，自主决定是否向外汇管理局报告相关信息。对于需报告的，企业可在货物出口或收款之日起30天内通过监测系统企业端向外汇管理局报告，或在出口或收款之日起30天后(不含)到外汇管理局现场报告。
贸易主体不一致业务报告	(1) 对于下列业务，收汇企业可向所在地的外汇管理局报告，并办理收汇数据的主体变更手续： ① 因企业分立、合并等原因导致出口与收汇主体不一致； ② 经外汇管理局认定的其他出口与收汇主体不一致的情况。 (2) 对于上述贸易主体不一致的业务，企业可根据相关业务对其贸易外汇收入与出口匹配情况的影响程度，自主决定是否向外汇管理局报告相关信息。对于需报告的，企业应在收汇业务实际发生之日起30天内，到外汇管理局现场报告：

续 表

项目名称	管　理　内　容
贸易主体不一致业务报告	① 情况说明(说明贸易主体不一致的原因、需报告的收汇申报号、相应的收汇金额及其变更后的企业代码和名称、企业所属的外汇管理局); ② 出口合同; ③ 收入申报单; ④ 相关部门出具的分立、合并证明文件(仅企业分立、合并的提供); ⑤ 外汇管理局要求的其他材料。 企业超过规定期限报告的,还应说明未能及时报告的原因。 (3) 外汇管理局审核相关材料无误后,通过监测系统为企业办理数据主体变更或变更撤销操作。

(6) 企业接受外汇管理局非现场核查,指标异常企业接受外汇管理局现场核查。

(7) 外汇管理局结合非现场核查和现场核查结果将企业分为A、B、C三类,并向企业发出《分类结论告知书》,企业需在告知书发放3个工作日内,通过监测系统或至外汇管理局现场签收。对分类结果有异议的,可自收到《分类结论告知书》之日起7个工作日内向所在地外汇管理局提出异议,外汇管理局进行复核。

(二) 商业保理经常项目的外汇问题

国家外汇管理局在2012年8月1日颁布的《货物贸易外汇管理指引》中强调,企业的贸易外汇收支应当具有真实、合法的交易背景,与货物进出口一致;企业应当按照"谁出口谁收汇、谁进口谁付汇"的原则办理贸易外汇收支业务。《货物贸易外汇管理指引》还要求经营结汇、售汇业务的金融机构应当对企业提交的贸易进出口交易单证的真实性及其与贸易外汇收支的一致性进行合理审查;国家外汇管理局建立进出口货物流与收付汇资金流匹配的核查机制。

国际保理业务的安全开展在很大程度上有赖于对货物贸易回笼资金的监督和掌控,商业保理企业通常会取代原进出口企业成为收付汇的主体,但2012年8月1日我国货物贸易外汇管理制度改革之中,仅就因企业分立、合并等原因导致进出口与收付汇主体不一致以及捐赠进口项下进口与付汇主体不一致的两种例外情况作出了明确的规定,虽然依据《货物贸易外汇管理指引》《货物贸易外汇管理指引实施细则》及《货物贸易外汇管理指引操作规程》(银行企业版)规定,对于经国家外汇管理局认定的其他进出口与收付汇主体不一致的情况,企业可向所在地外汇管理局报告并办理主体变更手续,但因缺乏直接、清晰的外汇法律依据，商业保理企业在向各地外汇管理部门申请办理主体变更手续的过程中困难重重，外汇政策的缺失使得商业保理企业在开展国际保理业务时掣肘较多。

拓展 9-5　中国服贸协会商业保理专业委员会外汇工作组工作总结(节选)[①]

外汇小组成立之初，便召开了第一次工作会议，邀请了国家外汇管理局资本项目管理司外债处胡军伟副调研员和多家开办国际保理业务的会议单位进行深入座谈，全面了解各保理公司目前开展国际业务的现状及在外汇业务中遇到的问题。在此次会议上了解到，目前，商业保理公司主要以与银行合作办理出口再保理的模式开展业务，即保理公司通过将出口商转让给其的应收账款二次转让给银行，获得银行的资金支持，并借助其丰富的实操经验和成熟的风控体系实现对业务风险的把控，是当下商业保理公司与银行合作开办出口保理业务的最佳方式。然而，该模式在实际操作过程中却遇到了外汇管理上的政策制约，总体可概括为以下几个问题：

第一，按照现行国家货物贸易外汇管理政策，向保理公司叙做出口保理业务，境内出口商在完成货物出口后，将造成在外汇监测系统中只有物流数据，没有资金流数据的问题，而保理公司在给付其融资款后也无相匹配的物流数据的问题。

第二，对于银行按照保理公司受让出口商的应收账款而给予的一定比例融资款，并经由保理公司再原币划转给出口商这两个环节目前还没有相关政策依据。

第三，保理公司为非注册所在地的出口商办理划款时，还存在异地原币划转的问题，也尚无政策依据。

第四，对于经由保理公司划转给出口商的保理融资款是否进入其待核查账户，还没有明确的规定。

第五，在整个出口再保理业务操作环节中，在哪个环节进行国际收支统计申报的问题，即由谁来进行国际收支统计申报没有相关政策依据。

---

① 载于中国服务贸易协会商业保理专业委员会于 2013 年 2 月 27 日在北京召开的第二次工作会议上发布的《中国服务贸易协会商业保理专业委员会第二次工作会议会刊》。

2009年11月2日，国家外汇管理局天津市分局根据国家外汇管理局综合司“汇综复〔2009〕99号”的精神，出台了《保理公司办理保付代理业务有关外汇划转及进出口收付汇核销的操作规程》，天津市成为全国首个获批保理外汇划转及进出口收付汇核销的城市。该规程对辖内保理公司经常项目外汇账户的开立、经常项目外汇账户的收支范围、国际收支统计间接申报、保理公司与境内进出口企业间的外汇划转、保理公司对境外收付汇、保理项下的进出口收付汇核销等外汇操作规程作出了有益尝试。但该规程只在天津市实行，在非天津辖区注册的保理公司与进出口企业之间或在天津辖区注册的保理公司与非天津辖区开户进出口企业之间涉及外币划转的操作还没有相应规定出台，因此，异地国际保理业务在全国范围内的开展受到限制。

三、商业保理资本项目法律实务

商业保理资本项目下的外汇法律问题，主要涉及外资商业保理企业的设立、变更、清算、减资以及中外资商业保理企业跨境融资等。

(一) 直接投资外汇业务

中国境内主体及外国公司、企业、其他经济组织或个人(以下称外国投资者)可以独资、合资、合作的形式在试点区域设立外资商业保理企业，开展商业保理业务和经营活动。外国投资者以可自由兑换的货币、合法获得的境外人民币及其在中国境内获得的人民币利润或因转股、清算等活动获得的人民币合法收益出资，中国投资者以人民币出资。外资商业保理公司设立以后的增减资、股权转让、合并、分立等重大事项仍需原审批机关核准。

为进一步深化资本项目外汇管理改革，促进和便利企业跨境投资资金运作，规范直接投资外汇管理业务，国家外汇管理局于2015年2月13日颁布了《关于进一步简化和改进直接投资外汇管理政策的通知》(汇发〔2015〕13号)，取消境内直接投资(FDI)项下外汇登记核准的审批事项，改由银行直接审核办理境内直接投资项下的外汇登记，国家外汇管理局通过银行对直接投资外汇登记实施间接监管。自2015年6月1日起，直接投资外资商业保理企业即可按简化后的直接投资外汇管理政策办理外汇手续：

(1) 直接投资外汇(含现汇与人民币，下同)登记是新设外资商业保理企业(即申请人)办理后续直接投资外汇业务的前提。申请人应先到注册地银行办理相关直接投资外汇登记手续，并领取业务登记凭证(加盖银行业务专用章)，作为办理直接投资项下账户开立和资金汇兑等后续业务的依据。

（2）银行应通过外汇管理局资本项目信息系统办理直接投资外汇登记，凭外汇管理局资本项目信息系统中的登记信息和额度控制等信息为申请人办理后续直接投资外汇业务，并制定与《直接投资外汇业务操作指引》和外汇管理局资本项目信息系统相适应的、完备的内控制度，用于保证《直接投资外汇业务操作指引》和外汇管理局资本项目信息系统操作的准确性、完整性、及时性，并完整保留相关业务办理资料（相关市场主体直接投资外汇登记注销两年后可销毁），以备外汇管理局实施事后核查和检查。

（3）申请人办理业务时仍须按照其他管理部门规定和银行展业三原则（了解客户、了解业务、尽职审查）及自身制度要求提交其他相关材料。除申请书、登记表等要求留存原件外，银行收取或审核相关材料时，应查验原件并留存加盖申请人公章（申请人为个人的应亲笔签名）的复印件。

（4）银行为相关市场主体办理直接投资项下的外汇业务，应首先确认申请人已及时、准确、完整地报送以前年度直接投资存量权益数据。如未按规定报送的，应要求申请人按要求向外汇管理局办理报送手续后，方可为其办理直接投资项下的外汇业务。

（5）直接投资项下同名同类型账户间（资本项目-结汇待支付账户除外）外汇资金划转，银行可在审核交易真实性证明文件后直接办理。开户主体因发放外币委托贷款、参与外币资金池、境外放款、购买保本型理财产品及经登记或核准的其他资本项目业务需办理境内外汇划转手续的，银行可在审核交易真实性证明文件后直接办理。银行为企业办理境内划转时，划出资金尚需原路划回的，银行不得将划出账户关户。

（6）直接投资相关外汇账户所产生的利息或收益，申请人可在本直接投资相关外汇账户中保留，然后可凭利息、收益清单划入经常项目结算账户保留或直接在银行办理结汇。

（二）举借外债外汇业务

《商务部关于商业保理试点实施方案的复函》（商资函〔2012〕919号）规定："商业保理公司开展业务时风险资产不得超过公司净资产的10倍"，如何用足和用好这一较高的杠杆率，商业保理公司外债业务是其中重要一环。外债管理是资本项目管理的重要组成部分，而外债管理法律制度以行政法规和中国人民银行、国家外汇管理局发布的部门规章及规范性文件为主体，主要包括国际商业贷款、境内机构境外发债、跨境担保等几方面内容。

1. 国际商业贷款的法律规定

关于国际商业贷款的管理规定，最主要体现在1997年国家外汇管理局修订的《境内机构借用国际商业贷款管理办法》(〔97〕汇政发字第06号)以及2003年国家发展和改革委员会、财政部、国家外汇管理局2003年颁布的《外债管理暂行办法》，并按照《国家外汇管理局关于取消部分资本项目外汇管理行政审批后过渡政策措施的通知》(汇发〔2003〕50号)和《外债登记管理办法》(汇发〔2013〕19号)办理外债登记手续。

根据《外债管理暂行办法》的规定，国际商业贷款是指境内机构向非居民举借的商业性信贷。包括：向境外银行和其他金融机构借款；向境外企业、其他机构和自然人借款；境外发行中长期债券(含可转换债券)和短期债券(含商业票据、大额可转让存单等)；买方信贷、延期付款和其他形式的贸易融资；国际融资租赁；非居民外币存款；补偿贸易中用现汇偿还的债务；其他种类的国际商业贷款。

我国一直以来对中资企业和外资企业举借国际商业贷款实行不同的管理办法，具体表现为：

(1) 中资企业举借短期国际商业贷款实行余额管理，中资企业的短期国际商业贷款余额控制指标(“短贷指标”)由外汇管理局按年度进行核定；不实行短贷指标余额管理的中资企业借用短期国际商业贷款，应当逐笔报外汇管理局批准，并占用所在地的短贷指标。

(2) 中资企业举借中长期国际商业贷款，须经国家发改委批准；其中，对位于国家发改委确定进行改革试点城市(截至2015年2月，试点城市为上海市、天津市、厦门市、深圳市)的中资企业举借中长期国际商业贷款的，国家发改委向试点省(市)下达国际商业贷款总规模，在总规模内，试点省(市)内的企业借用国际商业贷款的申请，由试点省(市)发展改革委负责审批。

拓展9-6　上海市借用中长期国际商业贷款管理试点暂行办法

2014年12月31日，为了更好地利用中长期国际商业贷款，上海市发改委颁布了其制定的《上海市借用中长期国际商业贷款管理试点暂行办法》，自2015年1月1日起实施。该《暂行办法》共四章10条，是全国首个出台的“松绑”借用中长期国际商业贷款的政策，开辟了合格境内机构的年度“额度试点政策”，其基本思路是年度额度申请、事后备案。《暂行办法》的要点包括：

一、重申了审批权下放到市发改委

重申了国家发改委国外贷款简政放权方案，《暂行办法》第四条明确：“上海市发展改革委自2015年起在国家发展改革委年度授权额度范围内审批本市境内机构借用中长期国际商业贷款的申请，并报国家发展改革委备案。”

二、增加了借款资金的用途

《暂行办法》第三条规定：“本市境内机构借用中长期国际商业贷款，应主要用于生产经营性项目引进先进设备、技术，以及国家鼓励的境外投资项目，除国家特批之外，不得结汇使用。”除继续支持引进先进设备、技术外，还增加了对上海市企业“走出去”项目的支持。

三、明确了境外借款境内转贷款的路径

《暂行办法》为内资银行开辟了一个新的业务取得，即在限定资金用途范围内(包括：用于本市境内融资租赁公司或航空公司的具体融资租赁项目；用于本市各类法人实施的国家鼓励的境外投资项目；用于本市各类法人生产经营性项目引进先进设备、技术)从境外借款境内转贷。《暂行办法》第五条规定：“以境外借款境内转贷款方式为本市境内机构提供融资服务的内资银行凭上海市发展改革委的批复，向外汇管理部门申请办理外债登记、外债转贷款登记等手续。”

四、创立了合格境内机构的年度额度试点

根据《暂行办法》的规定，符合条件的境内机构(即办法第六条规定的年中长期境外融资额稳定在1亿美元以上、信用信誉好的境内机构，包括但不限于融资租赁公司、金融租赁公司或其设立的项目公司、航空公司等)可向上海市发改委申报年度中长期外债发生额总额度，在上海市发改委批复的额度范围内，境内机构不用每次申请事前审批，而可自行或通过全资子公司筹借中长期国际商业贷款，于当年向外汇管理部门申请办理外债登记等手续，并向上海市发改委备案即可。

(3) 外商投资企业举借短期国际商业贷款，不受“短贷指标”限制。外商投资企业举借的中长期外债累计发生额和短期外债余额之和应当控制在审批部门批准的项目总投资和注册资本之间的差额（“投注差”）以内。在“投注差”的范围内，外商投资企业可自行举借外债；超出“投注差”的，须经原审批部门重新核定项目总投资。

2. 境外发债的法律规定

1997 年颁布并实施的《境内机构发行外币债券管理办法》于 2001 年 12 月 27 日被国家外汇管理局废止后，境内机构发行外币债券主要按照《外债管理暂行办法》进行审批，并按照《国家外汇管理局关于取消部分资本项目外汇管理行政审批后过渡政策措施的通知》（汇发〔2003〕50 号）和《外债登记管理办法》（汇发〔2013〕19 号）办理外债登记手续。

境内机构发行人民币债券的法律法规，则主要体现在 2007 年中国人民银行、国家发改委共同制定的《境内金融机构赴香港特别行政区发行人民币债券管理暂行办法》和 2012 年国家发改委制定的《关于境内非金融机构赴香港特别行政区发行人民币债券有关事项的通知》。

3. 跨境担保的法律规定

我国跨境担保的专门立法始于 1987 年 2 月 5 日中国人民银行发布的《关于境内机构提供外汇担保的暂行管理办法》；此后，1991 年国家外汇管理局发布了《境内机构对外提供外汇担保管理办法》，1996 年中国人民银行发布了《境内机构对外担保管理办法》。2014 年 5 月，国家外汇管理局颁布了现行有效的《跨境担保外汇管理规定》，按内保外贷、外保内贷、其他形式跨境担保作出分类规定。此外，《外汇管理条例》《担保法》《最高人民法院关于适用〈中华人民共和国担保法〉若干问题的解释》《外债管理暂行办法》《外债登记管理办法》等法律法规也就跨境担保问题有着不同程度的规定。

4. 商业保理企业举借外债的探索和政策瓶颈

随着跨境人民币贷款的试点创新，2012 年 12 月 27 日，《前海跨境人民币贷款管理暂行办法》颁布。2013 年 1 月 5 日，《前海跨境人民币贷款管理暂行办法实施细则》颁布，允许境内企业向香港银行申请人民币贷款，开创了跨境人民币贷款的先河。2014 年 2 月 20 日，中国人民银行上海总部颁布了《关于支持中国（上海）自由贸易试验区扩大人民币跨境使用的通知》。2014 年 6 月，中国人民银行南京分行发布了《苏州工业园区跨境人民币创新业务试点管理暂行办法》。2014 年 7 月，中国人民银行天津分行发布了《天津生态城跨境人民币创新业务试点管理暂行办法》，批准苏州工业园区和天津生态城与新加坡银行机构开展跨境人民币贷款业务。2015年2月12日，被称为“自贸区金改3.0版本”的《中国(上海)自由贸易试验区分账核算业务境外融资与跨境资金流动宏观审慎管理实施细则》颁布。

部分商业保理公司正在探索利用上述前海深港现代服务业合作区、中国(上海)自由贸易试验区、苏州工业园区、天津生态城的跨境人民币贷款创新试点从境外举借人民币外债。例如，2014年6月，香江汇发(上海)商业保理公司通过交通银行从其香港关联公司举借了自贸区内首笔人民币外债，开创了自贸区商业保理公司举借外债的先河；2014年9月，苏州城投商业保理有限公司成功争取到中国银行新加坡分行1亿元跨境人民币贷款，这也是苏州市首家获得跨境人民币贷款的国有独资公司。

上述探索来之不易。总体而言，虽然政策允许商业保理公司的风险资产达到净资产的10倍，但外资商业保理公司的批复文件及批准证书中并无“投资总额”项，无法享受在“投注差”的范围内举借外债的政策，而内资商业保理公司获得外债事实上举步维艰。比较而言，融资租赁公司借入外债的形式和渠道众多[①]：

(1) 融资租赁公司直接向境外关联公司或母公司举借外债。此类公司通常在境外有实体经济背景，且境外境内均有从事制造业的实体公司。为促进本集团产品的销售，母公司专门在境内成立租赁公司办理直租业务，即根据承租人的要求，由租赁公司向厂商购买设备后租给承租人使用。为支持境内租赁公司的业务发展，母公司或关联公司将富余资金借给境内投资的融资租赁公司。

(2) 境内公司在境外设立经营平台公司，境外公司在境外上市或通过发债筹集资金后再贷给境内公司。这类公司的实际控制人通常为大型国有企业或民营企业，其在境外设立壳公司后，再返程设立外资融资租赁公司，充分利用外资租赁公司举借外债的政策便利，利用境外低成本资金为中资企业办理售后回租等业务。

(3) 利用境内银行对中资企业的授信为外资融资租赁公司举借外债提供人民币或外币的对外担保。根据中国人民银行的规定，此类人民币对外担保不纳入担保余额指标控制，加上存在对境内企业的授信，境内银行开出此类保函并无顾忌。此外，有些银行还办理交叉货币的对外担保，即境内银行出具人民币对外

---

① 胥良，“完善外资融资租赁公司外债管理”，《中国外汇》，2014年第7期，第72—73页。

担保,境外机构提供外币外债,银行也未将此类担保纳入对外担保余额指标管理。利用上述担保加外债的结构取得外债资金后,外资租赁公司使用人民币外债或外币外债结汇支付给境内中资机构,购买其已使用的资产。实际上资产根本不移动,仍保留在中资机构使用,中资机构再定期支付租赁公司租赁本息。此类模式即是租赁公司为中资企业、医疗机构、学校等无外债指标的内资机构办理的售后回租业务。在此类业务模式下,租赁公司与承租人共同瓜分境外低利率资金的收益:通常租赁公司的外债利率为4%左右,而其租赁利率可达到5%左右,中间的差价即为租赁公司的收益;内资机构从国内银行贷款的利率为6%左右,因此,内资机构也乐意与租赁公司合作开展售后回租业务。

(4) 以购买境内其他租赁公司的租赁资产方式再次借入外债。有些外资融资租赁公司的经营范围中具有购买租赁资产的业务,其据此可以购买另一家租赁公司的租赁资产为名,申请外债登记。实际上这是两家租赁公司之间开展的合作。其具体做法是,一家具有国内租赁资源,但融资条件或渠道受限的公司,通过出售租赁资产的方式获得另一家具有较好的融资渠道公司的融资资金,再去开展新的租赁业务。

(5) 以办理试点保理业务的名义举借外债。已在上海试点的外资融资租赁公司开展的保理业务,允许租赁公司通过购买应收账款,为生产制造类企业提供贸易融资,即可借办理保理业务的名义借入外债。

商业保理公司与融资租赁公司外债政策的不一致,形成了不公平竞争,有待外债外汇政策的进一步支持。

思考与讨论

1. 请分析我国征信市场的发展历史和现状,并讨论你认为征信与个人隐私、商业秘密之间的合理边界。

2. 请搜集我国融资租赁行业的融资渠道和融资案例,并在此基础上试分析你认为最适合目前商业保理企业的融资路径。

3. 试分析我国商业保理企业所面临的征信、外汇和融资等方面的瓶颈。

附件

附件一　国际统一私法协会《国际保理公约》

UNIDROIT Convention on International Factoring
(Ottawa, 28 May 1988)

THE STATES PARTIES TO THIS CONVENTION,

CONSCIOUS of the fact that international factoring has a significant role to play in the development of international trade,

RECOGNISING therefore the importance of adopting uniform rules to provide a legal framework that will facilitate international factoring, while maintaining a fair balance of interests between the different parties involved in factoring transactions,

HAVE AGREED as follows:

CHAPTER I — SPHERE OF APPLICATION AND GENERAL PROVISIONS

Article 1

1. — This Convention governs factoring contracts and assignments of receivables as described in this Chapter.

2. — For the purposes of this Convention, "factoring contract" means a contract concluded between one party (the supplier) and another party (the factor) pursuant to which:

(a) the supplier may or will assign to the factor receivables arising from contracts of sale of goods made between the supplier and its customers (debtors) other than those for the sale of goods bought primarily for their personal, family or household use;

(b) the factor is to perform at least two of the following functions:

— finance for the supplier, including loans and advance payments;

— maintenance of accounts (ledgering) relating to the receivables;

— collection of receivables;

— protection against default in payment by debtors;

(c) notice of the assignment of the receivables is to be given to debtors.

3. — In this Convention references to "goods" and "sale of goods" shall include services and the supply of services.

4. — For the purposes of this Convention:

(a) a notice in writing need not be signed but must identify the person by whom or in whose name it is given;

(b) "notice in writing" includes, but is not limited to, telegrams, telex and any other telecommunication capable of being reproduced in tangible form;

(c) a notice in writing is given when it is received by the addressee.

Article 2

1. — This Convention applies whenever the receivables assigned pursuant to a factoring contract arise from a contract of sale of goods between a supplier and a debtor whose places of business are in different States and:

(a) those States and the State in which the factor has its place of business are Contracting States; or

(b) both the contract of sale of goods and the factoring contract are governed by the law of a Contracting State.

2. — A reference in this Convention to a party's place of business shall, if it has more than one place of business, mean the place of business which has the closest relationship to the relevant contract and its performance, having regard to the circumstances known to or contemplated by the parties at any time before or at the conclusion of that contract.

Article 3

1. — The application of this Convention may be excluded:

(a) by the parties to the factoring contract; or

(b) by the parties to the contract of sale of goods, as regards receivables arising at or after the time when the factor has been given notice in writing of such exclusion.

2. — Where the application of this Convention is excluded in accordance with the previous paragraph, such exclusion may be made only as regards the Convention as a whole.

Article 4

1. — In the interpretation of this Convention, regard is to be had to its object and purpose as set forth in the preamble, to its international character and to the need to promote uniformity in its application and the observance of good faith in international trade.

2. — Questions concerning matters governed by this Convention which are not expressly settled in it are to be settled in conformity with the general principles on which it is based or, in the absence of such principles, in conformity with the law applicable by virtue of the rules of private international law.

CHAPTER II — RIGHTS AND DUTIES OF THE PARTIES

Article 5

As between the parties to the factoring contract:

(a) a provision in the factoring contract for the assignment of existing or future receivables shall not be rendered invalid by the fact that the contract does not specify them individually, if at the time of conclusion of the contract or when they come into existence they can be identified to the contract;

(b) a provision in the factoring contract by which future receivables are assigned operates to transfer the receivables to the factor when they come into existence without the need for any new act of transfer.

Article 6

1. — The assignment of a receivable by the supplier to the factor shall be effective notwithstanding any agreement between the supplier and the debtor

prohibiting such assignment.

2. — However, such assignment shall not be effective against the debtor when, at the time of conclusion of the contract of sale of goods, it has its place of business in a Contracting State which has made a declaration under Article 18 of this Convention.

3. — Nothing in paragraph 1 shall affect any obligation of good faith owed by the supplier to the debtor or any liability of the supplier to the debtor in respect of an assignment made in breach of the terms of the contract of sale of goods.

Article 7

A factoring contract may validly provide as between the parties thereto for the transfer, with or without a new act of transfer, of all or any of the supplier's rights deriving from the contract of sale of goods, including the benefit of any provision in the contract of sale of goods reserving to the supplier title to the goods or creating any security interest.

Article 8

1. — The debtor is under a duty to pay the factor if, and only if, the debtor does not have knowledge of any other person's superior right to payment and notice in writing of the assignment:

(a) is given to the debtor by the supplier or by the factor with the supplier's authority;

(b) reasonably identifies the receivables which have been assigned and the factor to whom or for whose account the debtor is required to make payment; and

(c) relates to receivables arising under a contract of sale of goods made at or before the time the notice is given.

2. — Irrespective of any other ground on which payment by the debtor to the factor discharges the debtor from liability, payment shall be effective for this purpose if made in accordance with the previous paragraph.

Article 9

1. — In a claim by the factor against the debtor for payment of a receivable arising under a contract of sale of goods the debtor may set up against the factor

all defences arising under that contract of which the debtor could have availed itself if such claim had been made by the supplier.

2. — The debtor may also assert against the factor any right of set-off in respect of claims existing against the supplier in whose favour the receivable arose and available to the debtor at the time a notice in writing of assignment conforming to Article 8(1) was given to the debtor.

Article 10

1. — Without prejudice to the debtor's rights under Article 9, non-performance or defective or late performance of the contract of sale of goods shall not by itself entitle the debtor to recover a sum paid by the debtor to the factor if the debtor has a right to recover that sum from the supplier.

2. — The debtor who has such a right to recover from the supplier a sum paid to the factor in respect of a receivable shall nevertheless be entitled to recover that sum from the factor to the extent that:

(a) the factor has not discharged an obligation to make payment to the supplier in respect of that receivable; or

(b) the factor made such payment at a time when it knew of the supplier's non-performance or defective or late performance as regards the goods to which the debtor's payment relates.

CHAPTER III — SUBSEQUENT ASSIGNMENTS

Article 11

1. — Where a receivable is assigned by a supplier to a factor pursuant to a factoring contract governed by this Convention:

(a) the rules set out in Articles 5 to 10 shall, subject to sub-paragraph (b) of this paragraph, apply to any subsequent assignment of the receivable by the factor or by a subsequent assignee;

(b) the provisions of Articles 8 to 10 shall apply as if the subsequent assignee were the factor.

2. — For the purposes of this Convention, notice to the debtor of the subsequent assignment also constitutes notice of the assignment to the factor.

Article 12

This Convention shall not apply to a subsequent assignment which is prohibited by the terms of the factoring contract.

CHAPTER IV — FINAL PROVISIONS

Article 13

1. — This Convention is open for signature at the concluding meeting of the Diplomatic Conference for the Adoption of the Draft Unidroit Conventions on International Factoring and International Financial Leasing and will remain open for signature by all States at Ottawa until 31 December 1990.

2. — This Convention is subject to ratification, acceptance or approval by States which have signed it.

3. — This Convention is open for accession by all States which are not signatory States as from the date it is open for signature.

4. — Ratification, acceptance, approval or accession is effected by the deposit of a formal instrument to that effect with the depositary.

Article 14

1. — This Convention enters into force on the first day of the month following the expiration of six months after the date of deposit of the third instrument of ratification, acceptance, approval or accession.

2. — For each State that ratifies, accepts, approves, or accedes to this Convention after the deposit of the third instrument of ratification, acceptance, approval or accession, this Convention enters into force in respect of that State on the first day of the month following the expiration of six months after the date of the deposit of its instrument of ratification, acceptance, approval or accession.

Article 15

This Convention does not prevail over any treaty which has already been or may be entered into.

Article 16

1. — If a Contracting State has two or more territorial units in which

different systems of law are applicable in relation to the matters dealt with in this convention, it may, at the time of signature, ratification, acceptance, approval or accession, declare that this Convention is to extend to all its territorial units or only to one or more of them, and may substitute its declaration by another declaration at any time.

2. — These declarations are to be notified to the depositary and are to state expressly the territorial units to which the Convention extends.

3. — If, by virtue of a declaration under this article, this Convention extends to one or more but not all of the territorial units of a Contracting State, and if the place of business of a party is located in that State, this place of business, for the purposes of this Convention, is considered not to be in a Contracting State, unless it is in a territorial unit to which the Convention extends.

4. — If a Contracting State makes no declaration under paragraph 1, the Convention is to extend to all territorial units of that State.

Article 17

1. — Two or more Contracting States which have the same or closely related legal rules on matters governed by this Convention may at any time declare that the Convention is not to apply where the supplier, the factor and the debtor have their places of business in those States. Such declarations may be made jointly or by reciprocal unilateral declarations.

2. — A Contracting State which has the same or closely related legal rules on matters governed by this Convention as one or more non-Contracting States may at any time declare that the Convention is not to apply where the supplier, the factor and the debtor have their places of business in those States.

3. — If a State which is the object of a declaration under the previous paragraph subsequently becomes a Contracting State, the declaration made will, as from the date on which the Convention enters into force in respect of the new Contracting State, have the effect of a declaration made under paragraph 1, provided that the new Contracting State joins in such declaration or makes a reciprocal unilateral declaration.

Article 18

A Contracting State may at any time make a declaration in accordance with Article 6(2) that an assignment under Article 6(1) shall not be effective against the debtor when, at the time of conclusion of the contract of sale of goods, it has its place of business in that State.

Article 19

1. — Declarations made under this Convention at the time of signature are subject to confirmation upon ratification, acceptance or approval.

2. — Declarations and confirmations of declarations are to be in writing and to be formally notified to the depositary.

3. — A declaration takes effect simultaneously with the entry into force of this Convention in respect of the State concerned. However, a declaration of which the depositary receives formal notification after such entry into force takes effect on the first day of the month following the expiration of six months after the date of its receipt by the depositary. Reciprocal unilateral declarations under Article 17 take effect on the first day of the month following the expiration of six months after the receipt of the latest declaration by the depositary.

4. — Any State which makes a declaration under this Convention may withdraw it at any time by a formal notification in writing addressed to the depositary. Such withdrawal is to take effect on the first day of the month following the expiration of six months after the date of the receipt of the notification by the depositary.

5. — A withdrawal of a declaration made under Article 17 renders inoperative in relation to the withdrawing State, as from the date on which the withdrawal takes effect, any joint or reciprocal unilateral declaration made by another State under that article.

Article 20

No reservations are permitted except those expressly authorised in this Convention.

Article 21

This Convention applies when receivables assigned pursuant to a factoring contract arise from a contract of sale of goods concluded on or after the date on which the Convention enters into force in respect of the Contracting States referred to in Article 2(1)(a), or the Contracting State or States referred to in paragraph 1(b) of that article, provided that:

(a) the factoring contract is concluded on or after that date; or

(b) the parties to the factoring contract have agreed that the Convention shall apply.

Article 22

1. — This Convention may be denounced by any Contracting State at any time after the date on which it enters into force for that State.

2. — Denunciation is effected by the deposit of an instrument to that effect with the depositary.

3. — A denunciation takes effect on the first day of the month following the expiration of six months after the deposit of the instrument of denunciation with the depositary. Where a longer period for the denunciation to take effect is specified in the instrument of denunciation it takes effect upon the expiration of such longer period after its deposit with the depositary.

Article 23

1. — This Convention shall be deposited with the Government of Canada.

2. — The Government of Canada shall:

(a) inform all States which have signed or acceded to this Convention and the President of the International Institute for the Unification of Private Law (Unidroit) of:

(i) each new signature or deposit of an instrument of ratification, acceptance, approval or accession, together with the date thereof;

(ii) each declaration made under Articles 16, 17 and 18;

(iii) the withdrawal of any declaration made under Article 19(4);

(iv) the date of entry into force of this Convention;

(v) the deposit of an instrument of denunciation of this Convention together with the date of its deposit and the date on which it takes effect;

(b) transmit certified true copies of this Convention to all signatory States, to all States acceding to the Convention and to the President of the International Institute for the Unification of Private Law (Unidroit).

IN WITNESS WHEREOF the undersigned plenipotentiaries, being duly authorised by their respective Governments, have signed this Convention.

DONE at Ottawa, this twenty-eighth day of May, one thousand nine hundred and eighty-eight, in a single original, of which the English and French texts are equally authentic.

附件二　联合国《国际贸易应收账款转让公约》

United Nations Convention on the Assignment of Receivables in International Trade

PREAMBLE

The Contracting States,

Reaffirming their conviction that international trade on the basis of equality and mutual benefit is an important element in the promotion of friendly relations among States,

Considering that problems created by uncertainties as to the content and the choice of legal regime applicable to the assignment of receivables constitute an obstacle to international trade,

Desiring to establish principles and to adopt rules relating to the assignment of receivables that would create certainty and transparency and promote the modernization of the law relating to assignments of receivables, while protecting existing assignment practices and facilitating the development of new practices,

Desiring also to ensure adequate protection of the interests of debtors in assignments of receivables,

Being of the opinion that the adoption of uniform rules governing the assignment of receivables would promote the availability of capital and credit at more affordable rates and thus facilitate the development of international trade,

Have agreed as follows:

CHAPTER I. SCOPE OF APPLICATION

Article 1. Scope of application

1. This Convention applies to:

(*a*) Assignments of international receivables and to international assignments of receivables as defined in this chapter, if, at the time of conclusion of the contract of assignment, the assignor is located in a Contracting State; and

(*b*) Subsequent assignments, provided that any prior assignment is governed by this Convention.

2. This Convention applies to subsequent assignments that satisfy the criteria set forth in paragraph 1 (*a*) of this article, even if it did not apply to any prior assignment of the same receivable.

3. This Convention does not affect the rights and obligations of the debtor unless, at the time of conclusion of the original contract, the debtor is located in a Contracting State or the law governing the original contract is the law of a Contracting State.

4. The provisions of chapter V apply to assignments of international receivables and to international assignments of receivables as defined in this chapter independently of paragraphs 1 to 3 of this article. However, those provisions do not apply if a State makes a declaration under article 39.

5. The provisions of the annex to this Convention apply as provided in article 42.

Article 2. Assignment of receivables

For the purposes of this Convention:

(*a*) "Assignment" means the transfer by agreement from one person ("assignor") to another person ("assignee") of all or part of or an undivided interest in the assignor's contractual right to payment of a monetary sum ("receivable") from a third person ("the debtor"). The creation of rights in receivables as security for indebtedness or other obligation is deemed to be a transfer;

(*b*) In the case of an assignment by the initial or any other assignee ("subsequent assignment"), the person who makes that assignment is the assignor and the person to whom that assignment is made is the assignee.

Article 3. Internationality

A receivable is international if, at the time of conclusion of the original contract, the assignor and the debtor are located in different States. An assignment is international if, at the time of conclusion of the contract of assignment, the assignor and the assignee are located in different States.

Article 4. Exclusions and other limitations

1. This Convention does not apply to assignments made:

(*a*) To an individual for his or her personal, family or household purposes;

(*b*) As part of the sale or change in the ownership or legal status of the business out of which the assigned receivables arose.

2. This Convention does not apply to assignments of receivables arising under or from:

(*a*) Transactions on a regulated exchange;

(*b*) Financial contracts governed by netting agreements, except a receivable owed on the termination of all outstanding transactions;

(*c*) Foreign exchange transactions;

(*d*) Inter-bank payment systems, inter-bank payment agreements or clearance and settlement systems relating to securities or other financial assets or instruments;

(*e*) The transfer of security rights in, sale, loan or holding of or agreement to repurchase securities or other financial assets or instruments held with an intermediary;

(*f*) Bank deposits;

(*g*) A letter of credit or independent guarantee.

3. Nothing in this Convention affects the rights and obligations of any person under the law governing negotiable instruments.

4. Nothing in this Convention affects the rights and obligations of the assignor and the debtor under special laws governing the protection of parties to transactions made for personal, family or household purposes.

5. Nothing in this Convention:

(*a*) Affects the application of the law of a State in which real property is situated to either:

(i) An interest in that real property to the extent that under that law the assignment of a receivable confers such an interest; or

(ii) The priority of a right in a receivable to the extent that under that law an interest in the real property confers such a right; or

(*b*) Makes lawful the acquisition of an interest in real property not permitted under the law of the State in which the real property is situated.

CHAPTER II. GENERAL PROVISIONS

Article 5. Definitions and rules of interpretation

For the purposes of this Convention:

(*a*) "Original contract" means the contract between the assignor and the debtor from which the assigned receivable arises;

(*b*) "Existing receivable" means a receivable that arises upon or before conclusion of the contract of assignment and "future receivable" means a receivable that arises after conclusion of the contract of assignment;

(*c*) "Writing" means any form of information that is accessible so as to be usable for subsequent reference. Where this Convention requires a writing to be signed, that requirement is met if, by generally accepted means or a procedure agreed to by the person whose signature is required, the writing identifies that person and indicates that person's approval of the information contained in the writing;

(*d*) "Notification of the assignment" means a communication in writing that reasonably identifies the assigned receivables and the assignee;

(*e*) "Insolvency administrator" means a person or body, including one appointed on an interim basis, authorized in an insolvency proceeding to administer the reorganization or liquidation of the assignor's assets or affairs;

(*f*) "Insolvency proceeding" means a collective judicial or administrative proceeding, including an interim proceeding, in which the assets and affairs of the assignor are subject to control or supervision by a court or other competent authority for the purpose of reorganization or liquidation;

(*g*) "Priority" means the right of a person in preference to the right of another person and, to the extent relevant for such purpose, includes the determination whether the right is a personal or a property right, whether or not it is a security right for indebtedness or other obligation and whether any requirements necessary to render the right effective against a competing claimant have been satisfied;

(*h*) A person is located in the State in which it has its place of business. If the assignor or the assignee has a place of business in more than one State, the place of business is that place where the central administration of the assignor or the assignee is exercised. If the debtor has a place of business in more than one State, the place of business is that which has the closest relationship to the original contract. If a person does not have a place of business, reference is to be made to the habitual residence of that person;

(*i*) "Law" means the law in force in a State other than its rules of private international law;

(*j*) "Proceeds" means whatever is received in respect of an assigned receivable, whether in total or partial payment or other satisfaction of the receivable. The term includes whatever is received in respect of proceeds. The term does not include returned goods;

(*k*) "Financial contract" means any spot, forward, future, option or swap transaction involving interest rates, commodities, currencies, equities, bonds, indices or any other financial instrument, any repurchase or securities lending transaction, and any other transaction similar to any transaction referred to above entered into in financial markets and any combination of the transactions mentioned above;

(*l*) "Netting agreement" means an agreement between two or more parties that provides for one or more of the following:

(i) The net settlement of payments due in the same currency on the same date whether by novation or otherwise;

(ii) Upon the insolvency or other default by a party, the termination of all outstanding transactions at their replacement or fair market values, conversion of such sums into a single currency and netting into a single payment by one party to the other; or

(iii) The set-off of amounts calculated as set forth in subparagraph (*l*) (ii) of this article under two or more netting agreements;

(*m*) "Competing claimant" means:

(i) Another assignee of the same receivable from the same assignor, including a person who, by operation of law, claims a right in the assigned receivable as a result of its right in other property of the assignor, even if that receivable is not an international receivable and the assignment to that assignee is not an international assignment;

(ii) A creditor of the assignor; or

(iii) The insolvency administrator.

Article 6. Party autonomy

Subject to article 19, the assignor, the assignee and the debtor may derogate from or vary by agreement provisions of this Convention relating to their respective rights and obligations. Such an agreement does not affect the rights of any person who is not a party to the agreement.

Article 7. Principles of interpretation

1. In the interpretation of this Convention, regard is to be had to its object and purpose as set forth in the preamble, to its international character and to the need to promote uniformity in its application and the observance of good faith in international trade.

2. Questions concerning matters governed by this Convention that are not expressly settled in it are to be settled in conformity with the general principles on which it is based or, in the absence of such principles, in conformity with the law applicable by virtue of the rules of private international law.

CHAPTER III. EFFECTS OF ASSIGNMENT

Article 8. Effectiveness of assignments

1. An assignment is not ineffective as between the assignor and the assignee or as against the debtor or as against a competing claimant, and the right of an assignee may not be denied priority, on the ground that it is an assignment of more than one receivable, future receivables or parts of or undivided interests in receivables, provided that the receivables are described:

(*a*) Individually as receivables to which the assignment relates; or

(*b*) In any other manner, provided that they can, at the time of the assignment or, in the case of future receivables, at the time of conclusion of the original contract, be identified as receivables to which the assignment relates.

2. Unless otherwise agreed, an assignment of one or more future receivables is effective without a new act of transfer being required to assign each receivable.

3. Except as provided in paragraph 1 of this article, article 9 and article 10, paragraphs 2 and 3, this Convention does not affect any limitations on assignments arising from law.

Article 9. Contractual limitations on assignments

1. An assignment of a receivable is effective notwithstanding any agreement between the initial or any subsequent assignor and the debtor or any subsequent assignee limiting in any way the assignor's right to assign its receivables.

2. Nothing in this article affects any obligation or liability of the assignor for breach of such an agreement, but the other party to such agreement may not avoid the original contract or the assignment contract on the sole ground of that breach. A person who is not party to such an agreement is not liable on the sole ground that it had knowledge of the agreement.

3. This article applies only to assignments of receivables:

(*a*) Arising from an original contract that is a contract for the supply or lease of goods or services other than financial services, a construction contract or a contract for the sale or lease of real property;

(*b*) Arising from an original contract for the sale, lease or licence of industrial or other intellectual property or of proprietary information;

(*c*) Representing the payment obligation for a credit card transaction; or

(*d*) Owed to the assignor upon net settlement of payments due pursuant to a netting agreement involving more than two parties.

Article 10. Transfer of security rights

1. A personal or property right securing payment of the assigned receivable

is transferred to the assignee without a new act of transfer. If such a right, under the law governing it, is transferable only with a new act of transfer, the assignor is obliged to transfer such right and any proceeds to the assignee.

2. A right securing payment of the assigned receivable is transferred under paragraph 1 of this article notwithstanding any agreement between the assignor and the debtor or other person granting that right, limiting in any way the assignor's right to assign the receivable or the right securing payment of the assigned receivable.

3. Nothing in this article affects any obligation or liability of the assignor for breach of any agreement under paragraph 2 of this article, but the other party to that agreement may not avoid the original contract or the assignment contract on the sole ground of that breach. A person who is not a party to such an agreement is not liable on the sole ground that it had knowledge of the agreement.

4. Paragraphs 2 and 3 of this article apply only to assignments of receivables:

(*a*) Arising from an original contract that is a contract for the supply or lease of goods or services other than financial services, a construction contract or a contract for the sale or lease of real property;

(*b*) Arising from an original contract for the sale, lease or licence of industrial or other intellectual property or of proprietary information;

(*c*) Representing the payment obligation for a credit card transaction; or

(*d*) Owed to the assignor upon net settlement of payments due pursuant to a netting agreement involving more than two parties.

5. The transfer of a possessory property right under paragraph 1 of this article does not affect any obligations of the assignor to the debtor or the person granting the property right with respect to the property transferred existing under the law governing that property right.

6. Paragraph 1 of this article does not affect any requirement under rules of law other than this Convention relating to the form or registration of the transfer of any rights securing payment of the assigned receivable.

CHAPTER IV. RIGHTS, OBLIGATIONS AND DEFENCES

Section I. Assignor and assignee

Article 11. Rights and obligations of the assignor and the assignee

1. The mutual rights and obligations of the assignor and the assignee arising from their agreement are determined by the terms and conditions set forth in that agreement, including any rules or general conditions referred to therein.

2. The assignor and the assignee are bound by any usage to which they have agreed and, unless otherwise agreed, by any practices they have established between themselves.

3. In an international assignment, the assignor and the assignee are considered, unless otherwise agreed, implicitly to have made applicable to the assignment a usage that in international trade is widely known to, and regularly observed by, parties to the particular type of assignment or to the assignment of the particular category of receivables.

Article 12. Representations of the assignor

1. Unless otherwise agreed between the assignor and the assignee, the assignor represents at the time of conclusion of the contract of assignment that:

(*a*) The assignor has the right to assign the receivable;

(*b*) The assignor has not previously assigned the receivable to another assignee; and

(*c*) The debtor does not and will not have any defences or rights of set-off.

2. Unless otherwise agreed between the assignor and the assignee, the assignor does not represent that the debtor has, or will have, the ability to pay.

Article 13. Right to notify the debtor

1. Unless otherwise agreed between the assignor and the assignee, the assignor or the assignee or both may send the debtor notification of the assignment and a payment instruction, but after notification has been sent only the assignee may send such an instruction.

2. Notification of the assignment or a payment instruction sent in breach of

any agreement referred to in paragraph 1 of this article is not ineffective for the purposes of article 17 by reason of such breach. However, nothing in this article affects any obligation or liability of the party in breach of such an agreement for any damages arising as a result of the breach.

Article 14. Right to payment

1. As between the assignor and the assignee, unless otherwise agreed and whether or not notification of the assignment has been sent:

(*a*) If payment in respect of the assigned receivable is made to the assignee, the assignee is entitled to retain the proceeds and goods returned in respect of the assigned receivable;

(*b*) If payment in respect of the assigned receivable is made to the assignor, the assignee is entitled to payment of the proceeds and also to goods returned to the assignor in respect of the assigned receivable; and

(*c*) If payment in respect of the assigned receivable is made to another person over whom the assignee has priority, the assignee is entitled to payment of the proceeds and also to goods returned to such person in respect of the assigned receivable.

2. The assignee may not retain more than the value of its right in the receivable.

Section II. Debtor

Article 15. Principle of debtor protection

1. Except as otherwise provided in this Convention, an assignment does not, without the consent of the debtor, affect the rights and obligations of the debtor, including the payment terms contained in the original contract.

2. A payment instruction may change the person, address or account to which the debtor is required to make payment, but may not change:

(*a*) The currency of payment specified in the original contract; or

(*b*) The State specified in the original contract in which payment is to be made to a State other than that in which the debtor is located.

Article 16. Notification of the debtor

1. Notification of the assignment or a payment instruction is effective when

received by the debtor if it is in a language that is reasonably expected to inform the debtor about its contents. It is sufficient if notification of the assignment or a payment instruction is in the language of the original contract.

2. Notification of the assignment or a payment instruction may relate to receivables arising after notification.

3. Notification of a subsequent assignment constitutes notification of all prior assignments.

Article 17. Debtor's discharge by payment

1. Until the debtor receives notification of the assignment, the debtor is entitled to be discharged by paying in accordance with the original contract.

2. After the debtor receives notification of the assignment, subject to paragraphs 3 to 8 of this article, the debtor is discharged only by paying the assignee or, if otherwise instructed in the notification of the assignment or subsequently by the assignee in a writing received by the debtor, in accordance with such payment instruction.

3. If the debtor receives more than one payment instruction relating to a single assignment of the same receivable by the same assignor, the debtor is discharged by paying in accordance with the last payment instruction received from the assignee before payment.

4. If the debtor receives notification of more than one assignment of the same receivable made by the same assignor, the debtor is discharged by paying in accordance with the first notification received.

5. If the debtor receives notification of one or more subsequent assignments, the debtor is discharged by paying in accordance with the notification of the last of such subsequent assignments.

6. If the debtor receives notification of the assignment of a part of or an undivided interest in one or more receivables, the debtor is discharged by paying in accordance with the notification or in accordance with this article as if the debtor had not received the notification. If the debtor pays in accordance with the notification, the debtor is discharged only to the extent of the part or undivided interest paid.

7. If the debtor receives notification of the assignment from the assignee, the debtor is entitled to request the assignee to provide within a reasonable period of time adequate proof that the assignment from the initial assignor to the initial assignee and any intermediate assignment have been made and, unless the assignee does so, the debtor is discharged by paying in accordance with this article as if the notification from the assignee had not been received. Adequate proof of an assignment includes but is not limited to any writing emanating from the assignor and indicating that the assignment has taken place.

8. This article does not affect any other ground on which payment by the debtor to the person entitled to payment, to a competent judicial or other authority, or to a public deposit fund discharges the debtor.

Article 18. Defences and rights of set-off of the debtor

1. In a claim by the assignee against the debtor for payment of the assigned receivable, the debtor may raise against the assignee all defences and rights of set-off arising from the original contract, or any other contract that was part of the same transaction, of which the debtor could avail itself as if the assignment had not been made and such claim were made by the assignor.

2. The debtor may raise against the assignee any other right of set-off, provided that it was available to the debtor at the time notification of the assignment was received by the debtor.

3. Notwithstanding paragraphs 1 and 2 of this article, defences and rights of set-off that the debtor may raise pursuant to article 9 or 10 against the assignor for breach of an agreement limiting in any way the assignor's right to make the assignment are not available to the debtor against the assignee.

Article 19. Agreement not to raise defences or rights of set-off

1. The debtor may agree with the assignor in a writing signed by the debtor not to raise against the assignee the defences and rights of set-off that it could raise pursuant to article 18. Such an agreement precludes the debtor from raising against the assignee those defences and rights of set-off.

2. The debtor may not waive defences:

(*a*) Arising from fraudulent acts on the part of the assignee; or (*b*) Based on the debtor's incapacity.

3. Such an agreement may be modified only by an agreement in a writing signed by the debtor. The effect of such a modification as against the assignee is determined by article 20, paragraph 2.

Article 20. Modification of the original contract

1. An agreement concluded before notification of the assignment between the assignor and the debtor that affects the assignee's rights is effective as against the assignee, and the assignee acquires corresponding rights.

2. An agreement concluded after notification of the assignment between the assignor and the debtor that affects the assignee's rights is ineffective as against the assignee unless:

(*a*) The assignee consents to it; or

(*b*) The receivable is not fully earned by performance and either the modification is provided for in the original contract or, in the context of the original contract, a reasonable assignee would consent to the modification.

3. Paragraphs 1 and 2 of this article do not affect any right of the assignor or the assignee arising from breach of an agreement between them.

Article 21. Recovery of payments

Failure of the assignor to perform the original contract does not entitle the debtor to recover from the assignee a sum paid by the debtor to the assignor or the assignee.

Section III. Third parties

Article 22. Law applicable to competing rights

With the exception of matters that are settled elsewhere in this Convention and subject to articles 23 and 24, the law of the State in which the assignor is located governs the priority of the right of an assignee in the assigned receivable over the right of a competing claimant.

Article 23. Public policy and mandatory rules

1. The application of a provision of the law of the State in which the assignor is located may be refused only if the application of that provision is manifestly contrary to the public policy of the forum State.

2. The rules of the law of either the forum State or any other State that are mandatory irrespective of the law otherwise applicable may not prevent the application of a provision of the law of the State in which the assignor is located.

3. Notwithstanding paragraph 2 of this article, in an insolvency proceeding commenced in a State other than the State in which the assignor is located, any preferential right that arises, by operation of law, under the law of the forum State and is given priority over the rights of an assignee in insolvency proceedings under the law of that State may be given priority notwithstanding article 22. A State may deposit at any time a declaration identifying any such preferential right.

Article 24. Special rules on proceeds

1. If proceeds are received by the assignee, the assignee is entitled to retain those proceeds to the extent that the assignee's right in the assigned receivable had priority over the right of a competing claimant in the assigned receivable.

2. If proceeds are received by the assignor, the right of the assignee in those proceeds has priority over the right of a competing claimant in those proceeds to the same extent as the assignee's right had priority over the right in the assigned receivable of that claimant if:

(*a*) The assignor has received the proceeds under instructions from the assignee to hold the proceeds for the benefit of the assignee; and

(*b*) The proceeds are held by the assignor for the benefit of the assignee separately and are reasonably identifiable from the assets of the assignor, such as in the case of a separate deposit or securities account containing only proceeds consisting of cash or securities.

3. Nothing in paragraph 2 of this article affects the priority of a person having against the proceeds a right of set-off or a right created by agreement and not derived from a right in the receivable.

Article 25. Subordination

An assignee entitled to priority may at any time subordinate its priority unilaterally or by agreement in favour of any existing or future assignees.

CHAPTER V. AUTONOMOUS CONFLICT-OF-LAWS RULES

Article 26. Application of chapter V

The provisions of this chapter apply to matters that are:

(*a*) Within the scope of this Convention as provided in article 1, paragraph 4; and

(*b*) Otherwise within the scope of this Convention but not settled elsewhere in it.

Article 27. Form of a contract of assignment

1. A contract of assignment concluded between persons who are located in the same State is formally valid as between them if it satisfies the requirements of either the law which governs it or the law of the State in which it is concluded.

2. A contract of assignment concluded between persons who are located in different States is formally valid as between them if it satisfies the requirements of either the law which governs it or the law of one of those States.

Article 28. Law applicable to the mutual rights and obligations of the assignor and the assignee

1. The mutual rights and obligations of the assignor and the assignee arising from their agreement are governed by the law chosen by them.

2. In the absence of a choice of law by the assignor and the assignee, their mutual rights and obligations arising from their agreement are governed by the law of the State with which the contract of assignment is most closely connected.

Article 29. Law applicable to the rights and obligations of the assignee and the debtor

The law governing the original contract determines the effectiveness of contractual limitations on assignment as between the assignee and the debtor, the relationship between the assignee and the debtor, the conditions under which the assignment can be invoked against the debtor and whether the debtor's obligations have been discharged.

Article 30. Law applicable to priority

1. The law of the State in which the assignor is located governs the priority of the right of an assignee in the assigned receivable over the right of a competing claimant.

2. The rules of the law of either the forum State or any other State that are mandatory irrespective of the law otherwise applicable may not prevent the application of a provision of the law of the State in which the assignor is located.

3. Notwithstanding paragraph 2 of this article, in an insolvency proceeding commenced in a State other than the State in which the assignor is located, any preferential right that arises, by operation of law, under the law of the forum State and is given priority over the rights of an assignee in insolvency proceedings under the law of that State may be given priority notwithstanding paragraph 1 of this article.

Article 31. Mandatory rules

1. Nothing in articles 27 to 29 restricts the application of the rules of the law of the forum State in a situation where they are mandatory irrespective of the law otherwise applicable.

2. Nothing in articles 27 to 29 restricts the application of the mandatory rules of the law of another State with which the matters settled in those articles have a close connection if and insofar as, under the law of that other State, those rules must be applied irrespective of the law otherwise applicable.

Article 32. Public policy

With regard to matters settled in this chapter, the application of a provision of the law specified in this chapter may be refused only if the application of that provision is manifestly contrary to the public policy of the forum State.

CHAPTER VI. FINAL PROVISIONS

Article 33. Depositary

The Secretary-General of the United Nations is the depositary of this

Convention.

Article 34. Signature, ratification, acceptance, approval, accession

1. This Convention is open for signature by all States at the Headquarters of the United Nations in New York until 31 December 2003.

2. This Convention is subject to ratification, acceptance or approval by the signatory States.

3. This Convention is open to accession by all States that are not signatory States as from the date it is open for signature.

4. Instruments of ratification, acceptance, approval and accession are to be deposited with the Secretary-General of the United Nations.

Article 35. Application to territorial units

1. If a State has two or more territorial units in which different systems of law are applicable in relation to the matters dealt with in this Convention, it may at any time declare that this Convention is to extend to all its territorial units or only one or more of them, and may at any time substitute another declaration for its earlier declaration.

2. Such declarations are to state expressly the territorial units to which this Convention extends.

3. If, by virtue of a declaration under this article, this Convention does not extend to all territorial units of a State and the assignor or the debtor is located in a territorial unit to which this Convention does not extend, this location is considered not to be in a Contracting State.

4. If, by virtue of a declaration under this article, this Convention does not extend to all territorial units of a State and the law governing the original contract is the law in force in a territorial unit to which this Convention does not extend, the law governing the original contract is considered not to be the law of a Contracting State.

5. If a State makes no declaration under paragraph 1 of this article, the Convention is to extend to all territorial units of that State.

Article 36. Location in a territorial unit

If a person is located in a State which has two or more territorial units, that person is located in the territorial unit in which it has its place of business. If the assignor or the assignee has a place of business in more than one territorial unit, the place of business is that place where the central administration of the assignor or the assignee is exercised. If the debtor has a place of business in more than one territorial unit, the place of business is that which has the closest relationship to the original contract. If a person does not have a place of business, reference is to be made to the habitual residence of that person. A State with two or more territorial units may specify by declaration at any time other rules for determining the location of a person within that State.

Article 37. Applicable law in territorial units

Any reference in this Convention to the law of a State means, in the case of a State which has two or more territorial units, the law in force in the territorial unit. Such a State may specify by declaration at any time other rules for determining the applicable law, including rules that render applicable the law of another territorial unit of that State.

Article 38. Conflicts with other international agreements

1. This Convention does not prevail over any international agreement that has already been or may be entered into and that specifically governs a transaction otherwise governed by this Convention.

2. Notwithstanding paragraph 1 of this article, this Convention prevails over the Unidroit Convention on International Factoring (" the Ottawa Convention"). To the extent that this Convention does not apply to the rights and obligations of a debtor, it does not preclude the application of the Ottawa Convention with respect to the rights and obligations of that debtor.

Article 39. Declaration on application of chapter V

A State may declare at any time that it will not be bound by chapter V.

Article 40. Limitations relating to Governments and other public entities

A State may declare at any time that it will not be bound or the extent to which it will not be bound by articles 9 and 10 if the debtor or any person granting a personal or property right securing payment of the assigned receivable is located in that State at the time of conclusion of the original contract and is a Government, central or local, any subdivision thereof, or an entity constituted for a public purpose. If a State has made such a declaration, articles 9 and 10 do not affect the rights and obligations of that debtor or person. A State may list in a declaration the types of entity that are the subject of a declaration.

Article 41. Other exclusions

1. A State may declare at any time that it will not apply this Convention to specific types of assignment or to the assignment of specific categories of receivables clearly described in a declaration.

2. After a declaration under paragraph 1 of this article takes effect:

(*a*) This Convention does not apply to such types of assignment or to the assignment of such categories of receivables if the assignor is located at the time of conclusion of the contract of assignment in such a State; and

(*b*) The provisions of this Convention that affect the rights and obligations of the debtor do not apply if, at the time of conclusion of the original contract, the debtor is located in such a State or the law governing the original contract is the law of such a State.

3. This article does not apply to assignments of receivables listed in article 9, paragraph 3.

Article 42. Application of the annex

1. A State may at any time declare that it will be bound by:

(*a*) The priority rules set forth in section I of the annex and will participatein the international registration system established pursuant to section II of the annex;

(*b*) The priority rules set forth in section I of the annex and will effectuate such rules by use of a registration system that fulfils the purposes of such rules, in which case, for the purposes of section I of the annex, registration pursuant to such a system has the same effect as registration pursuant to section II of the annex;

(*c*) The priority rules set forth in section III of the annex;

(*d*) The priority rules set forth in section IV of the annex; or

(*e*) The priority rules set forth in articles 7 and 9 of the annex.

2. For the purposes of article 22:

(*a*) The law of a State that has made a declaration pursuant to paragraph 1 (*a*) or (*b*) of this article is the set of rules set forth in section I of the annex, as affected by any declaration made pursuant to paragraph 5 of this article;

(*b*) The law of a State that has made a declaration pursuant to paragraph 1 (*c*) of this article is the set of rules set forth in section III of the annex, as affected by any declaration made pursuant to paragraph 5 of this article;

(*c*) The law of a State that has made a declaration pursuant to paragraph 1 (*d*) of this article is the set of rules set forth in section IV of the annex, as affected by any declaration made pursuant to paragraph 5 of this article; and

(*d*) The law of a State that has made a declaration pursuant to paragraph 1 (*e*) of this article is the set of rules set forth in articles 7 and 9 of the annex, as affected by any declaration made pursuant to paragraph 5 of this article.

3. A State that has made a declaration pursuant to paragraph 1 of this article may establish rules pursuant to which contracts of assignment concluded before the declaration takes effect become subject to those rules within a reasonable time.

4. A State that has not made a declaration pursuant to paragraph 1 of this article may, in accordance with priority rules in force in that State, utilize the registration system established pursuant to section II of the annex.

5. At the time a State makes a declaration pursuant to paragraph 1 of this article or thereafter, it may declare that:

(*a*) It will not apply the priority rules chosen under paragraph 1 of this article to certain types of assignment or to the assignment of certain categories of receivables; or

(*b*) It will apply those priority rules with modifications specified in that declaration.

6. At the request of Contracting or Signatory States to this Convention comprising not less than one third of the Contracting and Signatory States, the

depositary shall convene a conference of the Contracting and Signatory States to designate the supervising authority and the first registrar and to prepare or revise the regulations referred to in section II of the annex.

Article 43. Effect of declaration

1. Declarations made under articles 35, paragraph 1, 36, 37 or 39 to 42 at the time of signature are subject to confirmation upon ratification, acceptance or approval.

2. Declarations and confirmations of declarations are to be in writing and to be formally notified to the depositary.

3. A declaration takes effect simultaneously with the entry into force of this Convention in respect of the State concerned. However, a declaration of which the depositary receives formal notification after such entry into force takes effect on the first day of the month following the expiration of six months after the date of its receipt by the depositary.

4. A State that makes a declaration under articles 35, paragraph 1, 36, 37 or 39 to 42 may withdraw it at any time by a formal notification in writing addressed to the depositary. Such withdrawal takes effect on the first day of the month following the expiration of six months after the date of the receipt of the notification by the depositary.

5. In the case of a declaration under articles 35, paragraph 1, 36, 37 or 39 to 42 that takes effect after the entry into force of this Convention in respect of the State concerned or in the case of a withdrawal of any such declaration, the effect of which in either case is to cause a rule in this Convention, including any annex, to become applicable:

(*a*) Except as provided in paragraph 5 (*b*) of this article, that rule is applicable only to assignments for which the contract of assignment is concluded on or after the date when the declaration or withdrawal takes effect in respect of the Contracting State referred to in article 1, paragraph 1 (*a*);

(*b*) A rule that deals with the rights and obligations of the debtor applies only in respect of original contracts concluded on or after the date when the declaration or withdrawal takes effect in respect of the Contracting State referred to in article 1，paragraph 3.

6. In the case of a declaration under articles 35，paragraph 1，36，37 or 39 to 42 that takes effect after the entry into force of this Convention in respect of the State concerned or in the case of a withdrawal of any such declaration，the effect of which in either case is to cause a rule in this Convention，including any annex，to become inapplicable：

(*a*) Except as provided in paragraph 6 (*b*) of this article，that rule is inapplicable to assignments for which the contract of assignment is concluded on or after the date when the declaration or withdrawal takes effect in respect of the Contracting State referred to in article 1，paragraph 1 (*a*)；

(*b*) A rule that deals with the rights and obligations of the debtor is inapplicable in respect of original contracts concluded on or after the date when the declaration or withdrawal takes effect in respect of the Contracting State referred to in article 1，paragraph 3.

7. If a rule rendered applicable or inapplicable as a result of a declaration or withdrawal referred to in paragraph 5 or 6 of this article is relevant to the determination of priority with respect to a receivable for which the contract of assignment is concluded before such declaration or withdrawal takes effect or with respect to its proceeds，the right of the assignee has priority over the right of a competing claimant to the extent that，under the law that would determine priority before such declaration or withdrawal takes effect，the right of the assignee would have priority.

Article 44．Reservations

No reservations are permitted except those expressly authorized in this Convention.

Article 45．Entry into force

1. This Convention enters into force on the first day of the month following the expiration of six months from the date of deposit of the fifth instrument of ratification，acceptance，approval or accession with the depositary.

2. For each State that becomes a Contracting State to this Convention after

the date of deposit of the fifth instrument of ratification, acceptance, approval or accession, this Convention enters into force on the first day of the month following the expiration of six months after the date of deposit of the appropriate instrument on behalf of that State.

3. This Convention applies only to assignments if the contract of assignment is concluded on or after the date when this Convention enters into force in respect of the Contracting State referred to in article 1, paragraph 1 (*a*), provided that the provisions of this Convention that deal with the rights and obligations of the debtor apply only to assignments of receivables arising from original contracts concluded on or after the date when this Convention enters into force in respect of the Contracting State referred to in article 1, paragraph 3.

4. If a receivable is assigned pursuant to a contract of assignment concluded before the date when this Convention enters into force in respect of the Contracting State referred to in article 1, paragraph 1 (*a*), the right of the assignee has priority over the right of a competing claimant with respect to the receivable to the extent that, under the law that would determine priority in the absence of this Convention, the right of the assignee would have priority.

Article 46. Denunciation

1. A Contracting State may denounce this Convention at any time by written notification addressed to the depositary.

2. The denunciation takes effect on the first day of the month following the expiration of one year after the notification is received by the depositary. Where a longer period is specified in the notification, the denunciation takes effect upon the expiration of such longer period after the notification is received by the depositary.

3. This Convention remains applicable to assignments if the contract of assignment is concluded before the date when the denunciation takes effect in respect of the Contracting State referred to in article 1, paragraph 1 (*a*), provided that the provisions of this Convention that deal with the rights and

obligations of the debtor remain applicable only to assignments of receivables arising from original contracts concluded before the date when the denunciation takes effect in respect of the Contracting State referred to in article 1, paragraph 3.

4. If a receivable is assigned pursuant to a contract of assignment concluded before the date when the denunciation takes effect in respect of the Contracting State referred to in article 1, paragraph 1 (*a*), the right of the assignee has priority over the right of a competing claimant with respect to the receivable to the extent that, under the law that would determine priority under this Convention, the right of the assignee would have priority.

Article 47. Revision and amendment

1. At the request of not less than one third of the Contracting States to this Convention, the depositary shall convene a conference of the Contracting States to revise or amend it.

2. Any instrument of ratification, acceptance, approval or accession deposited after the entry into force of an amendment to this Convention is deemed to apply to the Convention as amended.

ANNEX TO THE CONVENTION

Section I. Priority rules based on registration

Article 1. Priority among several assignees

As between assignees of the same receivable from the same assignor, the priority of the right of an assignee in the assigned receivable is determined by the order in which data about the assignment are registered under section II of this annex, regardless of the time of transfer of the receivable. If no such data are registered, riority is determined by the order of conclusion of the respective contracts of assignment.

Article 2. Priority between the assignee and the insolvency administrator or creditors of the assignor

The right of an assignee in an assigned receivable has priority over the right of an insolvency administrator and creditors who obtain a right in the assigned receivable by attachment, judicial act or similar act of a competent authority that gives rise to such right, if the receivable was assigned, and data about the assignment were registered under section II of this annex, before the commencement of such insolvency proceeding, attachment, judicial act or similar act.

Section II. Registration

Article 3. Establishment of a registration system

A registration system will be established for the registration of data about assignments, even if the relevant assignment or receivable is not international, pursuant to the regulations to be promulgated by the registrar and the supervising authority. Regulations promulgated by the registrar and the supervising authority under this annex shall be consistent with this annex. The regulations will prescribe in detail the manner in which the registration system will operate, as well as the procedure for resolving disputes relating to that operation.

Article 4. Registration

1. Any person may register data with regard to an assignment at the registry in accordance with this annex and the regulations. As provided in the regulations, the data registered shall be the identification of the assignor and the assignee and a brief description of the assigned receivables.

2. A single registration may cover one or more assignments by the assignor to the assignee of one or more existing or future receivables, irrespective of whether the receivables exist at the time of registration.

3. A registration may be made in advance of the assignment to which it relates. The regulations will establish the procedure for the cancellation of a registration in the event that the assignment is not made.

4. Registration or its amendment is effective from the time when the data set forth in paragraph 1 of this article are available to searchers. The registering party may specify, from options set forth in the regulations, a period of effectiveness for the registration. In the absence of such a specification, a registration is effective for a period of five years.

5. Regulations will specify the manner in which registration may be renewed, amended or cancelled and regulate such other matters as are necessary for the operation of the registration system.

6. Any defect, irregularity, omission or error with regard to the identification of the assignor that would result in data registered not being found upon a search based on a proper identification of the assignor renders the registration ineffective.

Article 5. Registry searches

1. Any person may search the records of the registry according to identification of the assignor, as set forth in the regulations, and obtain a search result in writing.

2. A search result in writing that purports to be issued by the registry is admissible as evidence and is, in the absence of evidence to the contrary, proof of the registration of the data to which the search relates, including the date and hour of registration.

Section III. Priority rules based on the time of the contract of assignment

Article 6. Priority among several assignees

As between assignees of the same receivable from the same assignor, the priority of the right of an assignee in the assigned receivable is determined by the order of conclusion of the respective contracts of assignment.

Article 7. Priority between the assignee and the insolvency administrator or creditors of the assignor

The right of an assignee in an assigned receivable has priority over the right of an insolvency administrator and creditors who obtain a right in the assigned receivable by attachment, judicial act or similar act of a competent authority that gives rise to such right, if the receivable was assigned before the commencement of such insolvency proceeding, attachment, judicial act or similar act.

Article 8. Proof of time of contract of assignment

The time of conclusion of a contract of assignment in respect of articles 6 and 7 of this annex may be proved by any means, including witnesses.

Section IV. Priority rules based on the time of notification of assignment

Article 9. Priority among several assignees

As between assignees of the same receivable from the same assignor, the priority of the right of an assignee in the assigned receivable is determined by the order in which notification of the respective assignments is received by the debtor. However, an assignee may not obtain priority over a prior assignment of which the assignee had knowledge at the time of conclusion of the contract of assignment to that assignee by notifying the debtor.

Article 10. Priority between the assignee and the insolvency administrator or creditors of the assignor

The right of an assignee in an assigned receivable has priority over the right of an insolvency administrator and creditors who obtain a right in the assigned receivable by attachment, judicial act or similar act of a competent authority that gives rise to such right, if the receivable was assigned and notification was received by the debtor before the commencement of such insolvency proceeding, attachment, judicial act or similar act.

DONE at New York, this 12th day of December two thousand one, in a single original, of which the Arabic, Chinese, English, French, Russian and Spanish texts are equally authentic.

IN WITNESS WHEREOF the undersigned plenipotentiaries, being duly authorized by their respective Governments, have signed the present Convention.

Explanatory note by the UNCITRAL secretariat on the United Nations Convention on the Assignment of Receivables in International Trade *

I. Introduction

1. The United Nations Convention on the Assignment of Receivables in International Trade was adopted and opened for signature by the General Assembly by its resolution 56/81 of 12 December 2001. The Convention was

prepared by the United Nations Commission on International Trade Law.

2. The main objective of the Convention is to promote the availability of capital and credit at more affordable rates across national borders, thus facilitating the cross-border movement of goods and services. The Convention achieves this objective by reducing legal uncertainty with respect to a number of issues arising in the context of important receivables financing transactions, including asset-based lending, factoring, invoice discounting, forfaiting and securitization, as well as transactions in which no financing is provided.

3. The Convention establishes principles and adopts rules relating to the assignment of receivables. In particular, it removes statutory prohibitions to the assignment of future receivables and of receivables that are not specifically identified (bulk assignments). It also removes contractual limitations to the assignment of trade receivables, agreed between the parties to the contract from which the assigned receivables arise, and clarifies the effect of an assignment on rights securing payment of the assigned receivables. In addition, the Convention recognizes party autonomy and provides a set of nonmandatory rules applicable in the absence of an agreement between the parties to the assignment. Moreover, it addresses legal barriers to the collection of receivables from foreign debtors by providing a uniform set of rules on debtor-related issues, such as notification of the debtor, discharge of the debtor by payment and defences and rights of set-off of the debtor.

4. Most importantly, the Convention removes the existing uncertainty with respect to the law applicable to conflicts as to who is entitled to receive payment as between an assignee and a competing claimant, such as another assignee, creditors of the assignor or the administrator in the insolvency of the assignor. This is achieved by subjecting priority conflicts to a single law, one that is easy to determine and is most likely to be the place in which the main insolvency proceeding with respect to the assignor will be opened (i. e. the place of the assignor's place of business and, in the case of places of business in more than one State, the law of the State in which the assignor has its central administration). The Convention also addresses the non-recognition of rights in

proceeds in many countries by providing a uniform limited priority rule with respect to proceeds, which aims to facilitate practices, such as securitization and undisclosed invoice discounting. In addition, it provides guidance to States wishing to modernize their substantive law priority rules by providing model substantive law priority rules.

5. Furthermore, the Convention enhances uniformity of the law applicable to assignment by including a set of conflict-of-laws rules. These rules are designed to fill gaps left in the Convention on issues governed but not explicitly settled in it. They may apply if the State in which a dispute arises has adopted the Convention.

6. A summary of the main features and provisions of the Convention is given below.

II. Scope of application

A. Assignment/assignor-assignee-debtor/receivable

7. "Assignment" is defined in the Convention as a transfer of property in receivables by agreement (art. 2). The definition covers both the creation of security rights in receivables and the transfer of full property in receivables, whether or not for security purposes. The Convention, however, does not specify what constitutes either an outright or a security transfer, leaving this issue to law applicable outside the Convention. An "assignment" may be a contractual subrogation or a pledge-type transaction. On the other hand, it may not be a transfer by operation of law (e. g. statutory subrogation) or other non-contractual assignment.

8. The "assignor" is the creditor in the original contract giving rise to the assigned receivable. The assignor is either a borrower (or a third party) assigning receivables as security or a seller of receivables. The "assignee" is the new creditor, a lender or a buyer of receivables. The "debtor" is the obligor in the contract from which the assigned receivables arise ("original contract").

9. The Convention defines a "receivable" as a "contractual right to payment of a monetary sum". The definition includes parts of and undivided interests in receivables. Receivables from any type of contract are included.

While the exact meaning of the term "contractual right" is left to national law, claims from contracts for the supply of goods, construction and services are clearly covered, whether the contracts are commercial or consumer contracts. Also included are loan receivables, intellectual property licence royalties, toll road receipts and monetary damage claims for breach of contract, as well as interest and non-monetary claims convertible to money. The term does not include a right to payment arising other than by contract, such as a tort claim or a tax refund claim.

B. Practices covered

10. In view of the broad definition of the terms "assignment" and "receivable", the Convention applies to a wide array of transactions. In particular, it covers the assignment of trade receivables (arising from the supply of goods, construction or services between businesses), loan receivables (arising from the extension of credit), consumer receivables (arising from consumer transactions) and sovereign receivables (arising from transactions with a governmental authority or a public entity). As a result, asset-based financing (e. g. revolving credit facilities and purchase-money financing) is covered. Factoring and forfaiting are also covered in all their variants (e. g. invoice discounting, maturity factoring and international factoring). The Convention also covers financing techniques, such as securitization of contractual receivables, as well as project financing on the basis of the future income flow of a project.

C. Exclusions and other limitations

11. The scope of assignments covered is restricted by way of outright or limited exclusions of some types of receivable or assignment. The Convention excludes some assignments because no market exists for them (art. 4, para. 1). For example, assignments to a consumer are excluded; however, assignments of consumer receivables are covered. The Convention also excludes the assignment of those types of receivable which are already sufficiently regulated, or for which some of the provisions of the Convention may not be suitable, such as assignments of receivables arising from securities (whether directly or

indirectly held), letters of credit, independent guarantees, bank deposits, derivative and foreign exchange transactions, payment systems and so forth (art. 4, para. 2).

12. Beyond the outright exclusion of certain types of assignment or receivable, the Convention provides two further types of limitation. One type is the "hold harmless" clause, which applies to assignments of receivables in the form of negotiable instruments, consumer receivables and real estate receivables (art. 4. paras. 3 - 5). The Convention applies to the assignment of such receivables. However, it does not change the legal position of certain parties to such assignments. For example, the priority of a holder in due course under the law governing negotiable instruments is preserved.

13. The Convention places another type of limitation upon the scope of the provision granting effectiveness to assignments notwithstanding antiassignment and similar clauses (arts. 9 and 10). Articles 9 and 10 apply only to trade receivables, broadly defined to include receivables from the supply or lease of goods or the provision of services other than financial services (arts. 9, para. 3, and 10, para. 4). They do not apply to assignments of other receivables, such as loan or insurance receivables. The result of this limitation to the scope of articles 9 and 10 is that the effectiveness of an antiassignment clause in an assignment outside the scope of articles 9 and 10 is subject to law outside the Convention (which, under article 29, is the law governing the original contract).

D. Definition of "internationality"

14. As it focuses on international trade, the Convention applies in principle only to assignments of international receivables and to international assignments of receivables (art. 3). An assignment is international if the assignor and the assignee are located in different States. A receivable is international if the assignor and the debtor are located in different States. The international character of an assignment or a receivable is determined by the location of the assignor and the assignee, or the debtor, at the time of the conclusion of the assignment contract (a subsequent change does not affect the application of the

Convention).

15. The Convention generally does not apply to domestic assignments of domestic receivables. Two exceptions exist, however. The first relates to subsequent assignments where, for example, A assigns to B, B to C, and so on. In order to ensure consistent results, the Convention applies to such subsequent assignments irrespective of whether the subsequent assignments are international or relate to international receivables, provided that any prior assignment in the chain of subsequent assignments is governed by the Convention (art. 1, para. 1 (*b*)). The second exception speaks to conflicts of priority between a domestic and a foreign assignee of domestic receivables (i. e. assignee A in country X and assignee B in country Y; the receivables are owed by a debtor in country Y). To ensure certainty as to the priority rights of assignees, the Convention covers the priority conflict between assignee A and assignee B even though the assignment to B is a domestic assignment of domestic receivables (arts. 5 (*m*) and 22).

E. Connecting factors for the application of the Convention

16. With the exception of the debtor-related provisions (e. g. arts. 15 - 21), the Convention applies to international assignments and to assignments of international receivables if the assignor is located in a State that is a party to the Convention (art. 1, para. 1 (*a*)). The Convention may apply to subsequent assignments that may be wholly domestic even if the assignor is not located in a contracting State as long as a prior assignment is governed by the Convention (art. 1, para. 1 (*b*)).

17. For the debtor-related provisions to apply, the debtor too should be located in a State party to the Convention or the law governing the assigned receivables should be the law of a State party to the Convention (art. 1, para. 3). This approach protects the debtor from being subject to a text of which it could not be aware. It does not, however, exclude the application of the Convention's rules that have no effect on the debtor, such as the rules dealing with the relationship between the assignor and the assignee or those dealing with priority among competing claimants. Accordingly, even if the

debtor-related provisions do not apply to a particular assignment, the balance of the Convention may still apply to the relationship between the assignor and the assignee or the assignee and a competing claimant.

18. The autonomous conflict-of-laws rules of the Convention may apply even if the assignor or the assignee is not located in a contracting State as long as a dispute is brought before a court in a contracting State (art. 1, para. 4).

F. Definition of "location"

19. The meaning of the term "location" has an impact on the application of the Convention (i. e. on the international character of an assignment or a receivable and on the territorial scope of the Convention). It also has an impact on the law governing priority (art. 22). The Convention defines "location" by reference to the place of business of a person, or the person's habitual residence, if there is no place of business. Departing from the traditional "location rule", referring in the case of multiple places of business to the place with the closest relationship to the relevant transaction, the Convention provides that, when an assignor or an assignee has places of business in more than one State, reference shall be made to the place of central administration (in other terms, the principal place of business or the main centre of interests). The reason for this approach is to provide certainty with respect to the application of the Convention as well as to the law governing priority. In contrast, when a debtor has places of business in more than one State, reference is to be made to the place most closely connected to the original contract. This different approach was taken with regard to the location of the debtor so as to ensure that the debtor is not surprised by the application of legal rules to which the original contract between the debtor and the assignor has no apparent relationship.

20. In the case of transactions made through branch offices, the central administration location rule will result in the application of the Convention rather than the law of the State in which the relevant branch is located, if the assignor has its central administration in a State party to the Convention. In addition, a transaction may become international and fall under the Convention

if the assignee has its central administration in a State other than the State in which the assignor is located, even though the assignee acted through a branch located in the same State as the assignor. Moreover, the central administration location rule will result in the application of the law of the assignor's central administration (rather than the place with the closest relationship to the assignment) to priority disputes. Certainty in the application of the Convention and in the determination of the law governing priority justify such a result. This rule will not affect a financing institution as a debtor of the original receivable because, in such a case, the close connection test determines the institution's location.

III. General provisions

A. Definitions and rules of interpretation

21. Important terms such as "future receivable", "writing", "notification", "location", "priority", "competing claimant" and "financial contract" are defined in article 5.

B. Party autonomy

22. The Convention recognizes the right of the assignor, the assignee and the debtor to derogate from or vary by agreement provisions of the Convention (art. 6). There are two limitations: firstly, such an agreement cannot affect the rights of third parties; and, secondly, the debtor may not waive certain defences (art. 19, para. 2).

C. Interpretation

23. The Convention contains a general rule that its interpretation should be with a view to its object and purpose as set forth in the preamble, its international character and the need to promote uniformity in its application and the observance of good faith in international trade. Gaps left with respect to matters covered but not expressly settled in the Convention are to be filled in accordance with its general principles and, in the absence of a relevant principle, in accordance with the law applicable by virtue of the rules of private international law, including those of the Convention if they are applicable (art. 7).

IV. Effects of assignment

A. Formal and material validity

24. Owing to the lack of consensus in the Commission, the Convention does not contain a uniform substantive law rule as to the formal validity of the assignment. However, it does contain conflict-of-laws rules. The form of an assignment as a condition of priority is referred to the law of the assignor's location (arts. 5 (*g*) and 22). Moreover, a conflict-of-laws rule for formal validity of the contract of assignment as between the parties thereto is contained in the autonomous conflict-of-laws rules of the Convention (art. 27).

25. An assignment made by agreement between the assignor and the assignee is effective if it is otherwise effective as a matter of contract (arts. 2 and 11). No notification is required for the assignment to be effective (art. 14, para. 1). The Convention focuses on statutory and contractual limitations, as well as on the impact of assignment on security and other supporting rights. Other issues related to material validity or effectiveness are addressed in the context of the relationship in which they may arise (assignor-assignee or debtor-assignee or assignee-third party).

B. Statutory limitations

26. In order to facilitate receivables financing, the Convention sets aside statutory and other legal limitations with respect to the assignability of certain types of receivable (e. g. future receivables) or the effectiveness of certain types of assignment (e. g. bulk assignments) that are typical in receivables financing transactions. It is sufficient if receivables are identifiable as receivables to which the assignment relates at the time of assignment or, in the case of future receivables, at the time of conclusion of the original contract. One act is sufficient to assign several receivables, including future receivables (art. 8). Apart from the statutory limitations mentioned, other statutory limitations, such as those relating to personal or sovereign receivables, are not affected by the Convention.

C. Contractual limitations

27. The Convention validates an assignment of trade receivables (broadly

defined in art. 9, para. 3) made in violation of an anti-assignment clause without eliminating the liability that the assignor may have for breach of contract under law applicable outside the Convention and without extending that liability to the assignee (art. 9, para. 1). However, if such liability exists, the Convention narrows its scope by providing that mere knowledge of the anti-assignment agreement, on the part of the assignee that is not a party to the agreement, does not constitute sufficient ground for liability of the assignee for the breach of the agreement. In addition, the Convention protects the assignee further by ensuring that the violation of an anti-assignment clause by the assignor is not in itself sufficient ground for the avoidance of the original contract by the debtor (art. 9, para. 2). Furthermore, the Convention does not allow a claim for breach of an anti-assignment clause to be made by the debtor against the assignee by way of set-off so as to defeat the assignee's demand for payment (art. 18, para. 3).

28. With respect to consumers, the approach of the Convention is based on the assumption that this provision does not affect them, since antiassignment clauses are very rare in consumer contracts. In any case, if there is a conflict between the Convention and applicable consumer-protection law, consumer-protection law will prevail (art. 4, para. 4). With respect to the assignment of sovereign receivables, States may enter a reservation with regard to article 9 (art. 40). This exception is intended to protect a limited number of States that do not have a policy of protecting themselves by statute, but instead rely on contractual limitations.

D. Transfer of rights securing payment of the assigned receivables

29. An accessory right, whether personal or property, securing payment of the assigned receivable is transferred with the receivable without a new act of transfer. The assignor is obliged to transfer to the assignee an independent security or other supporting right (art. 10, para. 1). With respect to contractual limitations on assignment, such rights are treated in the same way as a receivable (art. 10, paras. 2 and 3). This provision likewise applies to "trade receivables" defined broadly (art. 10, para. 4) and does not affect any

obligations of the assignor towards the debtor under the law governing the security or other supporting right (art. 10, para. 5). Similarly, this provision does not affect any form or registration requirement necessary for the transfer of the security right (art. 10, para. 6).

V. Rights, obligations and defences

A. Assignor and assignee

1. Party autonomy and rules of practice

30. The Convention recognizes the right of the assignor and the assignee to structure their contract in any way they wish to meet their particular needs, as long as they do not affect the rights of third parties (arts. 6 and 11). The Convention also gives legislative strength to trade usages agreed upon by the assignor and the assignee and trade practices established between such parties. Moreover, the Convention includes certain non-mandatory rules that are applicable to the relationship between the assignor and the assignee. Those rules are meant to provide a list of issues to be addressed in the contract and, at the same time, to fill gaps left in the contract with respect to matters, such as representations of the assignor, notification and payment instructions, as well as rights in proceeds. They are suppletive rules only. The parties may always agree to modify the rules as they operate between them.

2. Representations

31. With respect to representations, the Convention follows generally accepted principles and attempts to establish a balance between fairness and practicality (art. 12). For example, unless otherwise agreed, the risk of hidden defences on the part of the debtor is placed on the assignor. The Convention follows this approach, in view of the fact that the assignor is the contractual partner of the debtor and thus is in a better position to know whether there will be problems with the contract's performance that may give the debtor rights of defence.

3. Notification and payment instructions

32. Unless otherwise agreed, the assignor, the assignee or both may send the debtor a notification and a payment instruction. The assignee is given an

independent right to notify the debtor and request payment. This independent right is essential where the assignee's relationship with the assignor becomes problematic and the assignor is unlikely to cooperate with the assignee in notifying the debtor. After notification, only the assignee may request payment (art. 13). Notification of the debtor in violation of an agreement between the assignor and the assignee would still permit the debtor to obtain a discharge if it pays in accordance with such a notification, but the claim for breach of contract between the assignor and the assignee is preserved.

33. Payment instructions do not fall within the definition of notification of the assignment (art. 5 (*d*)). This means that a notification need not provide a change in payment instructions to the debtor, but may be given mainly to freeze the debtor's defences and rights of set-off (art. 18, para. 2).

4. *Rights in proceeds*

34. The Convention introduces a contractual right to proceeds of receivables and proceeds of proceeds ("whatever is received in respect of an assigned receivable", art. 5 (*j*)). As between the assignor and the assignee, the assignee may claim proceeds if payment is made to the assignee, to the assignor or to another person over whom the assignee has priority (art. 14). Whether the assignee may retain or claim a proprietary right in such proceeds is generally an issue left to law applicable outside the Convention. However, if the proceeds are themselves receivables, this issue is left to the law of the assignor's location (arts. 5 (*j*) and 22). In addition, in certain circumstances, the Convention's limited substantive proceeds rule may apply (art. 24).

B. Debtor

1. *Debtor protection*

35. An assignment does not affect the debtor's legal position without the debtor's consent, unless a provision of the Convention clearly states otherwise. Furthermore, the assignment cannot change the currency or the State in which payment is to be made without the debtor's consent (arts. 6 and 15).

36. Beyond generally codifying the principle of debtor protection, the Convention contains a number of specific expressions of this principle. These

provisions deal with the debtor's discharge by payment, defences, rights of set-off, waivers of such defences or rights of set-off, modification of the original contract and recovery of payments by the debtor.

2. Debtor's discharge by payment

37. The debtor may be discharged by paying in accordance with the original contract, unless the debtor receives notification of the assignment. After receiving such notification, the debtor is discharged by paying in accordance with the written payment instructions and, in the absence of such instructions, by paying the assignee (art. 17, paras. 1 and 2). The notification of the assignment thereby determines the method by which the debtor shall be discharged. The notification must be written in a language that is reasonably expected to be understood by the debtor and must reasonably identify the assigned receivables and the assignee (art. 16).

38. Whether the debtor knew or ought to have known of a previous assignment of which it did not receive a notification is irrelevant. The Convention adopts this approach so as to ensure an acceptable level of certainty as to debtor discharge, which is an important element in pricing a transaction by the assignee. This approach encourages neither bad faith nor fraud. It is always difficult to prove what the debtor knew or ought to have known and, in any case, the Convention does not override national law provisions on fraud.

39. The Convention also provides a series of rules concerning multiple notifications or payment instructions. When the debtor receives several payment instructions that relate to a single assignment of the same receivable by the same assignor, the debtor is discharged by paying in accordance with the last payment instruction received (art. 17, para. 3). Where several notifications relate to more than one assignment of the same receivables by the same assignor, the debtor is discharged by paying in accordance with the first notification received (art. 17, para. 4). In the case of several notifications relating to subsequent assignments, the debtor is discharged by paying in accordance with the notification of the last of such subsequent assignments (art. 17, para. 5).

40. When the debtor receives several notifications relating to parts of，or undivided interests in，one or more receivables，it has a choice. The debtor may obtain a discharge by paying either in accordance with the notifications received or in accordance with the Convention as if no notification had been received (art. 17，para. 6). By giving the debtor，in effect，the right to determine whether or not the notification of a partial assignment is effective with respect to debtor discharge，the Convention avoids overburdening the debtor with the obligation of dividing its payment. This approach does not invalidate partial assignments. Rather，it merely suggests that assignors or assignees need to structure payments taking into account that the debtors need not agree to partial payments (e. g. according to the provisions of art. 24，para. 2). The assignor and the assignee may also divide payments with the debtor's consent obtained at the time of the conclusion of the original contract or the assignment or at a subsequent point of time.

41. One of the key debtor-protection provisions allows the debtor to request adequate proof of the assignment when the assignee gives notification without the cooperation or apparent authorization of the assignor (art. 17，39 para. 7). This right is intended to safeguard the debtor from the risk of having to pay an unknown third party. "Adequate proof" includes any writing with the assignor's signature indicating that the assignment occurred，such as the assignment contract or an authorization for the assignee to notify. If the assignee does not provide such proof within a reasonable period of time，the debtor may obtain a discharge by paying the assignor.

42. The Convention does not affect any rights the debtor may have under law outside the Convention to discharge its obligation by payment to the person entitled to payment，to a competent judicial or other authority，or to a public deposit fund (art. 17，para. 8). For example，if the debtor is discharged under law outside the Convention by complying with a notification that does not meet the Convention's requirements，the Convention recognizes this result. Similarly，payment to a public deposit fund under law outside the Convention is recognized in the Convention as a valid discharge where payment to such a fund

is recognized under law outside the Convention.

3. Debtor defences and rights of set-off

43. With respect to the debtor's defences and rights of set-off, the Convention codifies generally accepted rules. The debtor may raise against the assignee any defences or rights of set-off that the debtor could have raised in a claim against the assignor. Rights of set-off arising from the original contract or a related transaction may be raised against the assignee even if they become available to the debtor after notification (art. 18, para. 1). However, rights of set-off that do not arise from the original contract or a related transaction, and become available to the debtor after notification, may not be raised against the assignee (art. 18, para. 2). The Convention leaves the meaning of "become available" (i. e. whether the right has to be quantified, has matured or has become payable) to be determined by the applicable law outside the Convention (for rights of set-off arising from the original contract, that law is, under article 29, the law governing the original contract).

4. Waiver of defences

44. The debtor may waive its defences and rights of set-off by agreement with the assignor. To warn the debtor of the important consequences of the waiver, the Convention requires a writing signed by the debtor for a waiver or its modification (art. 19, para. 1). In order to protect the debtor from undue pressure by the assignor, the Convention also prohibits waiver of defences or rights of set-off arising from fraudulent acts of the assignee or based on the debtor's incapacity (art. 19, para. 2).

5. Modification of the original contract

45. Often, the original contract needs to be modified to meet the changing needs of the parties. The agreement itself determines the *inter partes* effects of such modifications. The Convention addresses the third-party effects, such as whether the debtor can pay to the assignee the receivable as modified to be discharged, and whether the assignee can claim payment of the receivable as modified. The basic rule provides that, up until notification of the debtor, any contract modification is effective as against the assignee and the assignee

acquires the receivable as modified (art. 20, para. 1). After notification, without the assignee's consent, such a modification is ineffective as against the assignee of a receivable earned by performance but is effective against the assignee of an unearned receivable if the modification was provided for in the original contract or a reasonable assignee would have consented to the modification (art. 20, para. 2). The Convention does not affect any liability of the assignor towards the assignee under applicable law for breach of an agreement not to modify the original contract (art. 20, para. 3).

6. Recovery of payments by the debtor

46. The debtor may recover only from the assignor payments made to the assignor or the assignee (art. 21). This, in effect, means that the debtor bears the risk of insolvency of its contractual partner, which would be the case even in the absence of an assignment.

C. Third parties

1. Law applicable to priority in receivables

47. One of the most important parts of the Convention deals with the impact of assignment on third parties, such as competing assignees, other creditors of the assignor and the administrator in the insolvency of the assignor. This issue is addressed in the Convention as an issue of priority among competing claimants, that is, of who is entitled to receive payment or other performance first. As the assignor's assets may not be sufficient to satisfy all creditors, this issue is of considerable importance.

48. As there was no consensus in the Commission on a substantive law priority rule, the Convention addresses this issue through conflict-of-laws rules (arts. 22 - 24). The value of these rules lies in the fact that, deviating from traditional approaches, they centralize all priority conflicts to the law of the assignor's location. Because "location" means the place of central administration, if the assignor has a place of business in more than one State, the Convention thereby refers priority conflicts to the law of a single, and easily determinable, jurisdiction. In addition, the main insolvency proceeding with regard to the assignor will most often be opened in this jurisdiction, a result

that makes conflicts between secured transactions and insolvency laws easier to address.

49. In order to cover all possible priority conflicts, the term "competing claimant" is defined so as to include other assignees, even if both the assignment and the receivable are domestic and thus otherwise outside the Convention's scope, other creditors of the assignor, including creditors with rights in other property extended by law to the assigned receivable, such as creditors with a proprietary right in the receivable created by court decision or a retention of title in goods extended by law to the receivables from the sale of the goods, and the administrator in the insolvency of the assignor (art. 5 (*m*)). The definition of the term "priority" covers not only the preference in payment or other satisfaction but also related matters, such as the determination of whether that right is a personal or a property right, whether or not it is a security right and whether any required steps to render the right effective against a competing claimant have been satisfied (art. 5 (*g*)). Priority does not generally cover the effectiveness of an assignment as between the assignor and the assignee or the debtor (arts. 5 (*g*), 8 and 22, "with the exception of matters that are settled elsewhere in this Convention").

2. Mandatory law and public policy exceptions

50. A mandatory law priority rule of the forum State may result in setting aside the applicable priority rule of the assignor's law if the latter's application is "manifestly contrary to the public policy of the forum State" (art. 23, para. 1). Mandatory law rules of the forum State or another State may not prevent in and of themselves the application of a priority provision of the assignor's law (art. 23, para. 2). However, in the case of insolvency proceedings in a State other than the State of the assignor's location, the forum State may apply its own mandatory priority rule giving priority to certain types of preferential creditor, such as tax or wage claimants (art. 23, para. 3). Moreover, the Convention is not intended to interfere with substantive and procedural insolvency rules of the forum State that do not affect priority as such (e. g. avoidance actions, stays on collection of receivables assigned and the like).

3. Law applicable to priority in proceeds

51. The Convention does not contain a general rule on the law applicable to priority in proceeds. The reason lies in the differences between legal systems with respect to the nature and the treatment of rights in proceeds. However, the Convention contains two limited proceeds rules. Under the first one, if the assignee has priority over other claimants with respect to receivables and proceeds are paid directly to the assignee, the assignee may retain the proceeds (art. 24, para. 1). The second rule is intended to facilitate practices such as securitization and undisclosed invoice discounting. In such practices, payments are channelled to a special account held by the assignor, separately from its other assets, on behalf of the assignee. The Convention provides that, if the assignee has priority over other claimants with respect to the receivables and the proceeds are kept by the assignor on behalf of the assignee and are reasonably identifiable from the other assets of the assignor, the assignee has the same priority with respect to proceeds (art. 24, para. 2). The Convention does not address, however, a priority conflict between an assignee claiming an interest in proceeds held in a deposit or securities account and the depositary bank or the securities broker or other intermediary with a security or set-off right in the account (art. 24, para. 3).

4. Substantive law priority rules

52. In order to obtain the benefit of the Convention's priority rules, parties have the opportunity to structure their transactions in a way that refers priority questions to the appropriate law (e. g. by creating special entities in appropriate locations). The question remains as to what should happen if this is impossible, or is only possible at a considerable cost, and the applicable law has insufficient priority rules. In order to address this question, the Convention offers model substantive priority provisions (annex). States have a choice between three substantive priority systems if they wish to change their existing rules. One is based on filing of a notice about the assignment, another is based on notification of the debtor and the third is based on the time of assignment. States that wish to adjust their legislation may, by declaration, select one of these priority

regimes, or simply enact new priority rules or revise their existing priority rule by way of domestic legislation. The assumption is that, in an environment of free competition between legal regimes, the regime with the most economic benefits will prevail.

5. *Subordination agreements*

53. Parties involved in a priority conflict may negotiate and relinquish priority in favour of a subordinate claimant where commercial considerations so warrant. In order to afford maximum flexibility and to reflect prevailing business practices, the Convention makes it clear that a valid subordination need not take the form of a direct subordination agreement between the assignee with priority and the beneficiary of the subordination agreement (art. 25). It can also be effected unilaterally, for instance, by means of an undertaking of the first ranking assignee to the assignor, empowering the assignor to make a second assignment ranking first in priority.

VI. Autonomous conflict-of-laws rules

A. Scope and purpose

54. The Convention contains a set of conflict-of-laws rules that may apply independently of any territorial link with a State party to the Convention. In cases where the assignor, or the debtor, is located in a State party to the Convention, or the law governing the original contract is the law of a State party to the Convention, the independent conflict-of-laws rules may apply to fill gaps in the Convention, unless an answer may be derived from the principles underlying the Convention. If the assignor, or the debtor, is not located in a State party to the Convention, or the law governing the receivable is not the law of a State party, the independent conflict-of-laws rules may apply to transactions to which the other provisions of the Convention would not apply (art. 26). Such transactions need to be international, as defined in the Convention, and should not be excluded from the scope of the Convention.

55. The autonomous conflict-of-laws rules of the Convention in chapter V are subject to a reservation. States that enter a reservation with respect to chapter V are not bound by it (art. 39). Such a reservation was allowed to

ensure that States that wished to adopt the Convention would not be prevented from doing so merely because the autonomous conflict-of-laws rules were inconsistent with their own conflict-of-laws rules.

B. Law applicable to the form of the contract of assignment

56. In the case of a contract of assignment concluded between persons located in the same State, formal validity of the contract of assignment is subject to the law of the State, which governs the contract, or of the State in which the contract is concluded. When a contract of assignment is concluded between persons located in different States, it is valid if it satisfies the formal requirements of either the law that governs the contract or the law of one of those States (art. 27).

C. Law applicable to the mutual rights and obligations of the assignor and the assignee

57. The mutual rights and obligations of the assignor and the assignee are subject to the law of their choice. The parties' freedom of choice is subject to the public policy of the forum and the mandatory rules of the forum or a closely connected third country. In the absence of a choice by the parties, the law of the State with which the contract of assignment is most closely connected governs. The "close connection" test was adopted in this case despite the uncertainty it might cause as it is unlikely to have much impact in view of the fact that in the vast majority of cases parties choose the applicable law (art. 28).

D. Law applicable to the rights and obligations of the assignee and the debtor

58. The relationship between the assignee and the debtor, the conditions under which the assignment can be invoked as against the debtor and contractual limitations on assignment are subject to the law governing the original contract. The fact that most of these issues are covered by the substantive law rules of the Convention limits the impact of this provision. However, certain issues were deliberately not covered in the substantive law rules of the Convention, such as the question as to when a right of set-off is

available to the debtor under article 18. Article 29 governs that particular issue, at least with respect to transaction set-off (i. e. set-off arising from the original contract or another contract that was part of the same transaction). Another question falling within the scope of article 29 is the effect of anti-assignment clauses on assignments of receivables to which article 9 or 10 does not apply either because they relate to assignments of non-trade receivables or because the debtor is not located in a State party to the Convention. Statutory limitations, however, are not covered by article 29. While some statutory limitations aim to protect the debtor, many are intended to protect the assignor. In the absence of a way to draw a clear distinction between the various types of statutory limitation, it would be inappropriate to subject them to the law governing the original contract. In any case, with a few exceptions, the Convention does not affect statutory limitations.

E. Law applicable to priority

59. The Convention refers issues of priority to the law of the assignor's location. The value of this rule is that it may apply to transactions to which article 22, which it repeats, does not apply because of the absence of a territorial connection between an assignment and a State party to the Convention.

VII. Final provisions

60. The Convention will enter into force upon ratification by five States (art. 45). States may exclude further practices by declaration, but may not exclude practices relating to "trade receivables" broadly defined in articles 9, paragraph 3, and 10, paragraph 4 (art. 41). The Convention will not apply to such practices if the assignor is located in a State that has made such a declaration. The Convention prevails over the Unidroit Convention on International Factoring (the Ottawa Convention). However, this does not affect the application of the Ottawa Convention to the rights and obligations of a debtor if the Convention does not apply to that debtor (art. 38).

附件三　国际保理商联合会《国际保理业务通用规则》

FCI General Rules for International Factoring

(Printed July 2013)

TABLE OF CONTENTS

SECTION I　General provisions

Article 1　Factoring contracts and receivables

A factoring contract means a contract pursuant to which a supplier may or will assign accounts receivable (referred to in these Rules as "receivables" which expression，where the context allows，also includes parts of receivables) to a factor，whether or not for the purpose of finance，for at least one of the following functions：

— Receivables ledgering

— Collection of receivables

— Protection against bad debts

Article 2　Parties taking part in two-factor international factoring

The parties taking part in two-factor international factoring transactions are：

(i) the supplier (also commonly referred to as client or seller), the party who invoices for the supply of goods or the rendering of services;

(ii) the debtor (also commonly referred to as buyer or customer), the party who is liable for payment of the receivables from the supply of goods or rendering of services;

(iii) The Export Factor, the party to which the supplier assigns his receivables in accordance with the factoring contract;

(iv) the Import Factor, the party to which the receivables are assigned by the Export Factor in accordance with these Rules.

Article 3 Receivables included

These Rules shall cover only receivables arising from sales on credit terms of goods and/or services provided by any supplier who has an agreement with an Export Factor to or for debtors located in any country in which an Import Factor provides factoring services. Excluded are sales based on letters of credit (other than standby letters of credit), or cash against documents or any kind of sales for cash.

Article 4 Common language

The language for communication between Import Factor and Export Factor is English. When information in another language is provided an English translation must be attached.

Article 5 Time limits

Except as otherwise specified the time limits set forth in these Rules shall be understood as calendar days. Where a time limit expires on a non-working day or any declared public holiday of the Export Factor or the Import Factor, the period of time in question is extended until the first following working day of the factor concerned.

Article 6 Writing

"Writing" means any method by which a communication may be recorded in a permanent form so that it may be re-produced and used at any time after its creation. Where a writing is to be signed, that requirement is met if, by agreement between the parties to the writing, the writing identifies the originator of the writing and indicates his approval of the communication contained in the writing.

(N.B.: Article 6 amended June 2006.)

Article 7 Deviating agreements

An agreement in writing made between an Export Factor and an Import Factor (and signed by both of them), which conflicts with, differs from or extends beyond the terms of these Rules, shall take precedence over and supersede any other or contrary condition, stipulation or provision in these Rules relating to the subject matter of that agreement but in all other respects shall be subject to and dealt with as part of these Rules.

(N.B.: Article 7 amended June 2004.)

Article 8 Numbering system

In order to identify exactly all suppliers, debtors, Import Factors and Export Factors, an appropriate numbering system must be agreed upon between Export Factor and Import Factor.

Article 9 Commission/Remuneration

(i) The Import Factor shall be entitled to commissions and/or charges for his services on the basis of the structure and terms of payment as promulgated by the FCI Council from time to time.

(ii) The agreed commissions and/or charges must be paid in accordance with those terms of payment in the agreed currencies. A party delaying payment shall incur interest and the equivalent of any exchange losses resulting from the delay in accordance with Article 26.

(iii) In case of a reassignment of a receivable the Import Factor has nevertheless the right to the commission or charges.

Article 10 Settlement of disagreements between Export Factor and Import Factor

(i) All disagreements arising between an Export Factor and an Import Factor in connection with any international factoring transactions shall be settled under the Rules of Arbitration provided that both are members of FCI at the time of the inception of the transaction.

(ii) Furthermore any such disagreement may be so settled if only one of the parties is a member of FCI at the time of request for arbitration provided that the other party accepts or has accepted such arbitration.

(iii) The award shall be final and binding.

Article 11 Good faith and mutual assistance

Under these Rules all duties shall be performed and all rights exercised in good faith. Each of the Export Factor and Import Factor shall act in every way to help the other's interest and each of them undertakes to the best of his ability to assist the other at all times in obtaining any document that may assist the other to carry out his duties and/or to protect his interests. Each of the Import Factor and the Export Factor undertakes that each will inform the other immediately of any fact or matter which comes to his attention and which may adversely affect the collection of any receivable or the creditworthiness of any debtor.

SECTION II Assignment of receivables

Article 12 Assignment

(i) The assignment of a receivable implies and constitutes the transfer of all rights and interest in and title to such receivable by any means. For the purpose of this definition the granting of a security right over a receivable is deemed to be its transfer.

(ii) By reason of the assignment to the Import Factor of full ownership of each receivable, the Import Factor shall have the right of bringing suit and otherwise enforcing collection either in his own name or jointly with that of the Export Factor and/or that of the supplier and the right to endorse debtor's remittances for the collection in the Export Factor's name or in the name of such supplier and the Import Factor shall have the benefit of all rights of lien, stoppage in transit and all other rights of the unpaid supplier to goods which may be rejected or returned by debtors.

(iii) All assignments of receivables must be in writing.

(N. B.: New Paragraph (ii) added, previous (ii) becomes (iii) June 2009.)

Article 13 Validity of assignment

(i) The Import Factor is obliged, as regards the law of the debtor's country, to inform the Export Factor of:

(a) the wording and formalities of the notice of assignment; and

(b) any elements in an assignment that are necessary to safeguard the Export Factor against claims of third parties.

The Import Factor warrants the effectiveness of his advice.

(ii) The Export Factor, whilst relying on the Import Factor's advice under paragraph (i) of this Article as regards the law of the debtor's country, shall be responsible for the effectiveness of the assignment to him by the supplier and of his assignment to the Import Factor including their effectiveness against the claims of third parties and in the insolvency of the supplier.

(iii) If the Export Factor requests a particular assignment, enforceable against third parties, the Import Factor is obliged to act accordingly as far as he is able to do so in accordance with the applicable law, at the expense of the Export Factor.

(iv) Whenever the assignment of a receivable needs special documentation or a confirmation in writing in order to be valid and enforceable, at the request of the Import Factor the Export Factor must provide such documentation and/or confirmation in the prescribed way.

(v) If the Export Factor shall fail to provide such documentation or confirmation in relation to that receivable within 30 days of the receipt of the Import Factor's request, then the Import Factor may reassign such receivable.

(N. B. : Paragraphs (i) and (ii) amended June 2004.)

Article 14 Documentation relating to receivables

(i) The Import Factor must receive details of invoices and credit notes relating to any receivable assigned to him without undue delay and in the case of invoices in any event before the due date of the receivable. For the purpose of the GRIF, the "due date" of any receivable shall mean the date specified for payment of the receivable as stated in the contract of sale, provided, however, that if such contract specifies payments in instalments then, unless otherwise dictated by the contract, each instalment shall be treated as having a separate due date.

(ii) The Import Factor may require that the original documents evidencing title, including the negotiable shipping documents and/or insurance certificate, are forwarded through him.

(iii) At the request of the Import Factor and if then needed for the collection of a receivable the Export Factor must promptly provide any or all of the following as proof and in any event within the following time periods:

(a) 10 days from the receipt of the request, an exact copy of the invoice issued to the debtor;

(b) 30 days from the receipt of that request:

(1) evidence of shipment;

(2) evidence of fulfilment of the contract of sale and/or services where applicable;

(3) any other documents which have been requested before shipment.

(iv) If the Export Factor:

(a) does not provide the documents referred to in Article 14 (iii); or

(b) fails to provide a reason for that delay and a request for further time, both acceptable to the Import Factor;

within the prescribed time limits, then the Import Factor shall be entitled to reassign the relevant receivable.

(v) The time limit for the Import Factor to be entitled to request these documents from the Export Factor shall be 270 days after due date of the receivable.

(N. B.: Paragraph (iv) added June 2004 — previous (iv) moved to Paragraph (v); Paragraph (i) amended June 2005, June 2006 and June 2010.)

Article 15 Reassignment of receivables

(i) Any reassignment of a receivable under Article 13 (v) or Article 14 (iv) must be made by the Import Factor no later than the 60th day after his first request for the relevant documents, or, if later, the 30th day after the end of any extended time granted by the Import Factor under Article 14 (iv).

(ii) In the event of any reassignment of a receivable permitted to the

Import Factor under this article or under paragraph (vii) of Article 27, except as provided in paragraph (iv) of this Article, the Import Factor shall be relieved of all obligations in respect of the reassigned receivable and may recover from the Export Factor any amount paid by the Import Factor in respect of it.

(iii) Every such reassignment must be in writing.

(iv) If any payment shall be received by the Import Factor from the debtor in respect of any receivable so reassigned before notice of that reassignment shall have been received by the debtor then the Import Factor shall hold that payment for the benefit of, and remit it to, the Export Factor promptly.

(N. B. : Paragraph (i) amended June 2004 and again September 2008. In June 2010 Paragraph (ii) amended and Paragraph (iv) added)

SECTION III Credit Risk

Article 16 Definition of credit risk

(i) The credit risk is the risk that the debtor will fail to pay a receivable in full within 90 days of its due date otherwise than by reason of a dispute.

(ii) The assumption by the Import Factor of the credit risk on receivables assigned to him is conditional upon his written approval covering such receivables.

Article 17 Approvals and requests for approvals

(i) Requests of the Export Factor to the Import Factor for the assumption of the credit risk, which may be for the approval of individual orders or of credit lines, must be in writing and must contain all the necessary information to enable the Import Factor to appraise the credit risk and the normal payments terms.

(ii) If the Import Factor cannot confirm the exact identification of the debtor as submitted to him he may amend these details in his reply. Any approval shall apply only to the exact identity of the debtor given by the Import Factor in that approval.

(iii) The Import Factor must, without delay and, in any event, not later than 10 days from receipt of the request, advise the Export Factor of his decision in writing. If, within the said period, the Import Factor cannot make a decision he must, at the earliest, and before the expiry of the period so advise the Export Factor.

(iv) The approval shall apply up to the amount approved to the following receivables owed by the debtor:

(a) those on the Import Factor's records on the date of approval;

(b) those arising from shipments made up to 30 days before the date of request for approval;

and shall be conditional in each case, upon the receipt by the Import Factor of the invoice details and the documents as stipulated in Article 14.

(v) (a) Approval in full or in part of an individual order binds the Import Factor to assume the approved credit risk provided that the shipment of the goods is made not later than the date of shipment, if any, stated in the request for the assumption of credit risk or any earlier expiry date indicated by the Import Factor in the approval.

(b) The approval of a credit line binds the Import Factor to assume credit risk on those receivables up to the approved amount for shipments made before cancellation or expiry date of the line.

(c) The word "goods" includes "services" and the expression "shipments made" includes "services performed".

(d) Shipment in relation to goods occurs when they are placed in transit to the debtor or his designee, whether by common carrier or the debtor's or supplier's own transport and in relation to services when they are completed.

(vi) A credit line is a revolving approval of receivables on a debtor's account with one supplier up to the amount of the credit line. Revolving means that, while the credit line remains in force, receivables in excess of the line will succeed amounts within the line which are paid by the debtor or the Import Factor or credited to the debtor. The succession of such receivables shall take place in the order in which they are due for payment and shall be limited at any time to the amount then so paid or credited. Where 2 or more receivables are due for payment on the same date then their succession shall take place in accordance with the order of their respective invoice numbers.

(vii) All approvals are given on the basis that each account receivable is in conformity with the terms of payment (with a permissible occasional variation of 100% or 45 days whichever period is shorter) contained in the pertinent information upon which such approval was granted. However, no such variation, which extends the credit beyond any credit period specified as a maximum by the Import Factor in the approval, shall be permitted.

(viii) The approval shall be given in the same currency as the request. However, the credit line covers receivables represented by invoices expressed not only in that currency, but also in other currencies; but in all cases the risk to the Import Factor shall not at any time exceed the amount of the original approval.

(ix) There shall be only one credit line for each supplier on each debtor and any new credit line shall cancel and replace all previous credit lines for the same supplier on the same debtor in whatever currency denominated.

(x) If it is known to the Import Factor that it is the practice of the debtor to prohibit assignments of receivables owing by him then the Import Factor shall so inform the Export Factor in giving his approval or as soon as it is known to the Import Factor if later.

(N. B. Paragraphs (iv) (v) and vi) amended October 2007. Paragraphs (i), (v), and (vii) amended September 2008. Paragraph (v) amended June 2009, June 2010 and again June 2012.)

Article 18　Reduction or cancellation

(i) For good reason the Import Factor shall have the right to reduce or cancel the individual order approval or the credit line. Such cancellation or reduction must take place in writing or by telephone (to be confirmed in writing). Upon receipt of such notice of cancellation or reduction the Export Factor shall immediately notify the supplier and such cancellation or reduction shall be effective as to shipments made and/or services performed after the supplier's receipt of such notice. On or after the sending of any such notice of cancellation or reduction to the Export Factor, the Import Factor shall have the right to send such notice also direct to the supplier, but he shall inform the

Export Factor of such an action.

The Export Factor shall cooperate, and shall ensure that the supplier shall cooperate, with the Import Factor to stop any goods in transit and thus minimise the Import Factor's loss. The Export Factor undertakes to give the Import Factor all assistance possible in such circumstances.

(ii) On the effective date of the termination of the contract between supplier and Export Factor all order approvals and credit lines are immediately cancelled without notice, but shall remain valid for any receivable relating to a shipment made and services performed before the date of termination provided that the receivable is assigned to the Import Factor within 30 days of that date.

(iii) When the cancellation of the credit line is effective or the credit line has expired then:

(a) the right of succession ceases and thereafter, except as provided in sub-paragraphs (b) and (c) of this paragraph, any payment or credit (other than a payment or credit in connection with a transaction excluded in Article 3 or transactions otherwise excluded before the first assignment of a receivable in respect to that debtor) may be applied by the Import Factor in satisfaction of approved receivables in priority to unapproved receivables;

(b) if any such credit relates to an unapproved receivable and the Export Factor establishes to the satisfaction of the Import Factor that the credit arose solely from the failure to ship or a stoppage in transit, the credit shall be applied to such unapproved receivable; and

(c) any monies subsequently received by the Import Factor resulting from a general distribution from the estate of the debtor in respect of receivables assigned by the Export Factor shall be shared between the Import Factor and the Export Factor in proportion to their respective interests in the amount owing by the debtor as at the date of the distribution.

(N. B. Paragraph (iii) (b) and (c) amended June 2003. Paragraph (ii) amended June 2006. Paragraphs (i) and (ii) amended October 2007 and again September 2008 and again June 2009. Paragraphs (iii) (a) and (c) amended June 2012.)

Article 19　Obligation of Export Factor to assign

(i) Subject to the provisions of paragraph (ii) and (iii) of this Article the Export Factor may, but is not obliged to, offer to the Import Factor all receivables, owing by debtors in any one country and relating to one supplier, which have been assigned to the Export Factor.

(ii) The Export Factor shall inform the Import Factor whether or not the Export Factor's agreement is to include the whole turnover on credit terms to the debtor's country.

(iii) When the Import Factor has approved a credit line on a debtor and a receivable owing by that debtor has been assigned to the Import Factor, then all subsequent receivables of that supplier in respect of that debtor must be assigned to the Import Factor, even when the receivables are only partly approved or not approved at all.

(iv) When the Import Factor decides to cancel a credit line, the obligation for the Export Factor continues to exist until all approved receivables have been paid or otherwise provided for; in other words, until the Import Factor is "out of risk". However, after cancellation of the contract between the Export Factor and the supplier, further assignments of receivables cannot be expected.

(N. B. Paragraph (i) amended, old Paragraph (iii) deleted, Paragraphs (iv) & (v) become (iii) & (iv) June 2006. Paragraph (ii) amended October 2007.)

SECTION IV　Collection of receivables

Article 20　Rights of the Import Factor

(i) If any cash, cheque, draft, note or other instrument in payment of any receivables assigned to the Import Factor is received by the Export Factor or any of his suppliers, the Export Factor must immediately inform the Import Factor of such receipt. It shall be held in trust by the Export Factor or such supplier on behalf of the Import Factor and shall, if so requested by the Import Factor, be duly endorsed and delivered promptly to him.

(ii) If the sales contract contains a prohibition of assignment the Import Factor shall have the same rights as set forth in paragraph (ii) of Article 12 as agent for the Export Factor and/or the supplier.

(iii) If the Import Factor:

(a) is unable to obtain judgement in respect of any receivable assigned to him in the courts, any arbitration panel or other tribunal of competent jurisdiction of the debtor's country (collectively, a "Tribunal") by reason only of:

(1) clear and convincing language relating to jurisdiction or alternate dispute resolution in the contract of sale between the supplier and the debtor which gave rise to that receivable; or

(2) denial of jurisdiction to proceed in the debtor's country by any such Tribunal; and

(b) informs the Export Factor of that inability within 365 days of the due date of the invoice representing that receivable;

then the Import Factor may immediately reassign that receivable and recover from the Export Factor any amount paid in respect of it under paragraph (ii) of Article 24.

(iv) If, within 3 years from the date of any reassignment referred to in paragraph (iii) of this article, the Export Factor or the supplier shall have obtained a judgement or award by any Tribunal in relation to the reassigned receivable against the debtor enforceable in the debtor's country, then, to the extent that the receivable had been approved, the Import Factor shall:

(a) accept an assignment of all the rights against the debtor under that judgement and again accept the receivable as approved; and

(b) make a Payment under Appreval, as defcied in Article 24 and hereinafter referred to as a PUA within 14 days of the date on which payment is to be made by the debtor according to the judgement provided that the assignment required under paragraph (iv) (a) of this Article has been made effectively by the Export Factor within that period.

All costs in relation to the obtaining of judgement under this Article shall be the responsibility of the Export Factor.

(N. B.: Old Paragraph (i) deleted June 2009. Paragraph (ii) became (iii) and amended June 2004 and June 2009. Paragraph (iv) added June 2009.

Paragraph (iv)(b) amended June 2013.)

Article 21　Collection

(i) The responsibility for collection of all receivables assigned to the Import Factor rests with him and he shall use his best endeavours promptly to collect all such receivables whether approved or unapproved.

(ii) Except as provided in Article 27 when the total amount of receivables owing by a debtor at any one time is approved in part:

(a) the Import Factor shall be entitled to take legal proceedings for the recovery of all such receivables without obtaining the prior consent of the Export Factor but the Import Factor shall inform the Export Factor of such action;

(b) if the Export Factor notifies the Import Factor of his disagreement with such legal proceedings, which are then accordingly terminated, the Import Factor shall be entitled to reassign all receivables then owing by the debtor and to be reimbursed by the Export Factor with the amount of all costs and expenses incurred by the Import Factor in such proceedings and the provisions of paragraphs (ii) and (iii) of Article 15 will apply to that reassignment; and

(c) except as provided in paragraph (ii) b) of this Article the costs and expenses of such legal proceedings shall be borne by the Import Factor and the Export Factor in proportion to the respective amounts of the approved and unapproved parts of the outstanding receivables.

Article 22　Unapproved receivables

When all receivables owing by a debtor at any one time are wholly unapproved:

(a) the Import Factor shall obtain the consent of the Export Factor before incurring legal and other costs and expenses (other than the Import Factor's own and administrative costs and expenses) relating to their collection;

(b) such legal and other costs and expenses shall be the responsibility of the Export Factor and the Import Factor shall not be responsible for any loss and/or costs which are attributable to any delay in the giving of such consent by the Export Factor;

(c) If the Export Factor does not answer the Import Factor's request for consent within 30 days, the Import Factor is entitled to reassign the receivables then or any time thereafter;

(d) The Import Factor shall be entitled on demand to a deposit from the Export Factor to cover fully or partly the amount of the estimated costs to be incurred in the collection of such receivables.

SECTION V Transfer of funds

Article 23 Transfer of payments

(i) When any payment is made by the debtor to the Import Factor in respect of any receivable assigned to him he shall pay in the currency of the invoice the equivalent of the net amount received in his bank to the Export Factor immediately after the value date or the date of the Import Factor's receipt of the bank's notification of the amount received whichever is later except to the extent of any previous PUA.

(ii) All payments, irrespective of the amount, shall be transferred daily via SWIFT or a similar system.

(iii) Not later than the day of the transfer the Import Factor shall provide a report showing the allocation of the amount transferred.

(iv) The Export Factor shall repay to the Import Factor on his demand:

(a) any payment made by him to the Export Factor if the debtor's payment to the Import Factor was made by a payment instrument subsequently dishonoured (cheque or equivalent) provided that:

(1) the Import Factor notified the Export Factor of this possibility with the payment advice (payment under reserve); and

(2) the Import Factor's demand has been made within 10 banking days in the Import Factor's country from the date of his transfer of the funds to the Export Factor; or

(3) such dishonour was the result of a stopped payment order issued by the debtor owing to a dispute raised later than the issuance of the payment instrument, in which case the procedures and time limits are as provided in

Article 27 and for that purpose the payment by the Import Factor to the Export Factor shall be treated as if it were a PUA (as defined in Article 24 (ii) hereof).

(4) repayments demanded by the Import Factor will not affect his other obligations;

(b) without any time limit, any payment made by the Import Factor to the Export Factor in respect of any unapproved receivable or unapproved part of a receivable to the extent that payment by the debtor or any guarantor of the receivable is subsequently recalled under the law of the country of the payer and such recall is either paid or settled by the Import Factor provided that any such settlement is effected in good faith.

(N. B.: Paragraph (iv) (a) adjusted and Paragraph (iv) (b) added October 2002. Paragraph (iv) (a) adjusted again October 2007. Paragraphs (i) and (iv) (3) adjusted again June 2013.)

Article 24 Payment under Approval

Except as provided in Articles 25, 27 and 32:

(i) the Import Factor shall bear the risk of loss arising from the failure of the debtor to pay in full any approved receivable on the due date in accordance with the terms of the relevant contract of sale or service; and

(ii) to the extent that any such receivable shall not be paid by or on behalf of the debtor by the 90th day after the due date as described above, the Import Factor shall on such 90th day make a payment under Approval to the Export Factor; described herein as PUA.

(iii) For the purpose of paragraphs (i) and (ii) of this Article, payment by the debtor shall mean payment to any one of the Import Factor, the Export Factor, the supplier or the supplier's insolvent estate.

(iv) In the event of payment to the supplier or the supplier's insolvent estate the Import Factor shall co-operate with and assist in the debtor's country the Export Factor to mitigate any potential or actual loss to the Export Factor.

(v) If an approved receivable is expressed in a currency other than that of the corresponding credit line, in order to determine the approved amount that receivable shall be converted to the currency of the credit line at the rate of exchange (mid rate) quoted by XE. com (and used in edifactoring. com) at the date on which the PUA is due. In all cases the risk of the Import Factor shall not exceed at any time the amount of the original approval.

(N. B. : Heading and Paragraph (v) adjusted September 2008. Heading and Paragraphs (ii) and (v) adjusted June 2013.)

Article 25 Prohibitions against assignments

(i) In respect of any approved receivable arising from a contract of sale or for services which includes a prohibition of its assignment the Import Factor's obligation for a PUA shall arise on the official insolvency of the debtor or when the debtor makes a general declaration or admission of his insolvency, but, in any event, not earlier than the 90th day after the due date as described in paragraph (i) of Article 24.

(ii) After any PUA in respect of any receivable referred to in paragraph (i) of this article the Import Factor shall have the sole right to claim in the insolvent estate of the debtor in the name of the supplier.

(iii) The Export Factor shall obtain from the supplier and deliver to the Import Factor any document that may be required by him for the purpose of making any claim as described in paragraph (ii) of this Article.

(iv) The provisions of this article shall apply, in spite of anything to the contrary elsewhere in these rules.

(N. B. : Paragraph (iv) added June 2003. Paragraph (i) amended June 2004. paragraphs (i) and (ii) amended June 2013.)

Article 26 Late payments

(i) If the Import Factor or the Export Factor fails to make payment of any amount when it is due to be paid to the other he shall pay interest to that other.

(ii) Except as provided in paragraph (iii) of this Article, if the Import Factor does not initiate a payment to the Export Factor according to the requirements of Article 23 or Article 24, the Import Factor shall:

(a) be liable to pay to the Export Factor interest calculated for each day from the date on which such payment shall be due until actual payment at twice the 3-months-LIBOR as quoted on such due date in the relevant currency, provided that the accrued amount of interest exceeds EUR 50; and

(b) reimburse the Export Factor with the equivalent of any currency exchange loss suffered by him and caused by the delay in payment.

If there shall be no LIBOR quotation for the relevant currency, twice the lowest lending rate for such currency available to the Export Factor on such date shall apply.

(iii) If as a result of circumstances beyond his control the Import Factor is unable to make any such payment when due:

(a) he shall give immediate notice of that fact to the Export Factor;

(b) he shall pay to the Export Factor interest at a rate equivalent to the lowest lending offer rate available to the Export Factor in the relevant currency calculated for each day from the day when his payment shall be due until actual payment, provided the accrued amount of interests exceeds EUR 50

(iv) Any late payment by the Export Factor to the Import Factor will be subject to the provisions of paragraph (ii) and (iii) of this article.

(N. B. : Paragraph (iv) added October 2007.)

SECTION VI Disputes

Article 27 Disputes

(i) A dispute occurs whenever a debtor fails to accept the goods or the invoice or raises a defence, counterclaim or set-off including (but not limited to) any defence arising from a claim to the proceeds of the receivable by any third party. However, where there is a conflict between the provisions of this Article and those of Article 25 the latter shall prevail.

(ii) Upon being notified of a dispute the Import Factor or the Export Factor shall immediately send to the other a dispute notice containing all details and information known to him regarding the receivable and the nature of such dispute. In either case the Export Factor shall provide the Import Factor with further information regarding the dispute within 60 days of the receipt by the Export Factor or his sending it as the case may be.

(iii) Upon receipt of such dispute notice the approval of that receivable shall be deemed to be suspended.

If a dispute is raised by the debtor and the dispute notice is received within 90 days after the due date of the receivable to which the dispute relates, the Import Factor shall not be required to make PUA of the amount withheld by the debtor by reason of such dispute.

If a dispute is raised by the debtor and the dispute notice is received after PUA, but within 180 days of the due date of the receivable, the Import Factor shall be entitled to reimbursement of the amount withheld by the debtor by reason of such dispute.

(iv) (a) The Export Factor shall be responsible for the settlement of the dispute and shall act continuously to ensure that it is settled as quickly as possible. The Import Factor shall co-operate with and assist the Export Factor, if so required, in the settlement of the dispute including the taking of legal proceedings.

(b) If the Import Factor declines to take such proceedings or if the Export Factor requires a reassignment of the disputed receivables so that proceedings may be taken in his or the supplier's name, then, in either case, the Export Factor is entitled to such reassignment.

(c) Whether or not any such reassignment has been made the Import Factor shall again accept as approved, within the time limits specified in paragraph (v) of this Article, such disputed receivable to the extent that the dispute is settled in favour of the supplier (including an admission by the person responsible for the administration of the debtor's insolvent estate) provided that:

(1) the Export Factor has complied with his obligations under paragraph (iv) (a) of this Article;

(2) the Import Factor has been kept fully informed about the status of negotiations or proceedings at regular intervals; and

(3) the settlement provides for payment by the debtor to be made within 30 days of the date of the settlement, if amicable, or the date of the coming into effect of the judgement in the case of a legal settlement, provided, however,

that such 30 day period shall not apply in the case of the admission of the debt by the person responsible for the administration of the debtor's insolvent estate.

(d) For the purpose of this Article, "legal settlement" means a dispute settled by way of a decision of a court or other tribunal of competent jurisdiction (which, for the avoidance of doubt, shall include arbitration) provided such legal proceedings have been formally commenced by proper service of legal process or demand for arbitration prior to the term set for an amicable settlement; and "amicable settlement" means any settlement which is not a legal settlement.

(v) The time limits referred to in paragraph (iv) (c) above, for the Import Factor to accept again as approved a disputed receivable, are as follows:

(a) in the case of an amicable settlement, 180 days; and

(b) in the case of a legal settlement, 3 years;

in each case after the receipt of the dispute notice in accordance with paragraph (ii) of this Article. If, however, during such periods, the debtor becomes officially insolvent or makes a general declaration or admission of his insolvency, the Import Factor shall remain at risk until the dispute has been settled.

(vi) In the case of a disputed receivable which the Import Factor has accepted again as approved in accordance with paragraph (iv) of this Article:

(a) if the receivable has been reassigned to the Export Factor the Import Factor shall have the right to an immediate assignment to him of all the Export Factor's or (as the case may be) the supplier's rights under the settlement;

(b) in every such case any PUA, which is to be made in accordance with Article 24, shall be made within 14 days of the date on which payment is to be made by the debtor according to the settlement provided that:

(1) any assignment required by the Import Factor under paragraph (vi) (a) of this Article has been made effectively by the Export Factor within that period; and

(2) the end of that period of 14 days is later than the original due date for

the PUA.

(vii) If the Export Factor does not comply with all his obligations under this Article and such non-compliance substantially affects the risk position of the Import Factor, then the Import Factor shall have the right to reassign to the Export Factor the disputed receivable and the Export Factor shall promptly reimburse the Import Factor with the amount of the PUA; such payment shall include interest from date of PUA to date of reimbursement as calculated in accordance with paragraph (iii) (b) of Article 26.

(viii) If the dispute is solved in full in favour of the supplier, all related costs shall be the responsibility of the Import Factor. In all other cases the costs will be the responsibility of the Export Factor.

(N. B. : Paragraph (iv) (b) amended June 2004. Paragraph (iv) (c) (3) amended June 2009. Paragraph (vii) amended June 2010. Paragraphs (iii) (vi) (b) and (vii) amended June 2013.)

SECTION VII Representations, warranties and undertakings

Article 28 Representations, warranties and undertakings

(i) The Export Factor warrants and represents for himself and on behalf of his supplier:

(a) that each receivable represents an actual and bona fide sale and shipment of goods or provision of service made in the regular course of business and in conformity with the description of the supplier's business and terms of payment;

(b) that the debtor is liable for the payment of the amount stated in each invoice in accordance with the terms without defence or claim;

(c) that the original invoice bears notice that the receivable to which it relates has been assigned and is payable only to the Import Factor as its owner or that such notice has been given otherwise in writing before the due date of the receivable, any such notice of assignment being in the form prescribed by the Import Factor.

(d) that each one at the time of his assignment has the unconditional right to assign and transfer all rights and interest in and title to each receivable (including any interest and other costs relating to it which are recoverable from the debtor) free from claims of third parties;

(e) that he is factoring all the receivables arising from sales as defined in Article 3 of any one supplier to any one debtor for which the Import Factor has given approval; and

(f) that all such duties, forwarder's fees, storage and shipping charges and insurance and other expenses as are the responsibility of the supplier under the contract of sale or service has been fully discharged.

(ii) The Export Factor undertakes for himself and on behalf of his supplier:

(a) that he will inform the Import Factor of any payment received by the supplier or the Export Factor concerning any assigned receivable; and

(b) that as long as the Import Factor is on risk the Export Factor will inform the Import Factor in general or, if requested, in detail about any excluded transactions as defined in Article 3.

(iii) In addition to the provisions of Article 32, in the event of a breach of the warranty given in paragraph (i) e) or the undertaking given in paragraph (ii) b) of this Article the Import Factor shall be entitled to recover from the Export Factor

(a) the commission and/or charges as agreed for that supplier on the receivables withheld, and

(b) compensation for other damages, if any.

SECTION VIII Miscellaneous

Article 29 Communication and electronic data interchange (EDI)

(i) Any written message as well as any document referred to in these Rules, which has an equivalent in the current EDI Standard can or, if so required by the Constitution and/or the Rules between the Members whenever either of them is applicable, must be replaced by the appropriate EDI-message.

(ii) The use of EDI is governed by the edifactoring. com Rules.

(iii) The originator of a communication shall assume full responsibility for the damages and losses, if any, caused to the receiver by any errors and/or omissions in such communication.

(iv) Neither the Export Factor hor the Import Facter shall disclese any confidential information given to them to any third party without the written consent of the other unless required by law.

(N. B.: Paragraph (iv) added June 2013.)

Article 30 Accounts and reports

(i) The Import Factor is responsible for keeping detailed and correct debtor ledgers and for keeping the Export Factor informed about the accounts showing on such ledgers.

(ii) The Export Factor shall be entitled to rely upon all information and reports submitted by the Import Factor provided that such reliance is reasonable and in good faith.

(iii) If for any valid reason the Import Factor or the Export Factor will not be able to make use of the EDI then the Import Factor shall account and report at least once a month to the Export Factor with respect to all transactions and each such monthly account and report shall be deemed approved and accepted by the Export Factor except to the extent that written exceptions are taken by the Export Factor within 14 days of his receipt of such account and report.

Article 31 Indemnification

(i) In rendering his services, the Import Factor shall have no responsibility whatsoever to the Export Factor's suppliers.

(ii) The Export Factor shall indemnify the Import Factor and hold him harmless against all suits, claims, losses or other demands which may be made or asserted against the Import Factor:

(a) by any such supplier by reason of an action that the Import Factor may take or fail to take; and/or

(b) by any debtor in relation to the goods and/or services, the invoices or the underlying contracts of such supplier;

provided that in either case the Import Factor's performance in his action or failure to act is reasonable and in good faith.

(iii) The Import Factor shall indemnify the Export Factor against any losses, costs, interest or expenses suffered or incurred by the Export Factor by reason of any failure of the Import Factor to comply with his obligations or warranties under these Rules. The burden of proof of any such loss, costs, interest or expense lies with the Export Factor.

(iv) Each of the Export Factor and the Import Factor shall reimburse the other for all losses, costs, damages, interest, and expenses (including legal fees) suffered or incurred by that other by reason of any of the matters for which the indemnities are given in paragraphs (ii) and (iii) of this Article.

(N. B. : Paragraph (iii) amended September 2008.)

Article 32　Breaches of provisions of these Rules

(i) A substantial breach must be asserted within 365 days after the due date of the receivable to which it relates.

(ii) If the Export Factor has substantially breached any provision of these Rules, the Import Factor shall not be required to make PUA to the extent that the breach has seriously affected the Import Factor to his detriment in his appraisal of the credit risk and/or his ability to collect any receivable. The burden of proof lies with the Import Factor. If the Import Factor has made PUA the Import Factor shall be entitled to reimbursement of the amount paid, provided the Import Factor has established his right to reimbursement, to the satisfaction of the Export Factor, within 3 years from the date of assertion of the breach.

(iii) A substantial breach of paragraphs (i) (a) and (b) of Article 28 that results only from a dispute shall not be subject to the provisions of this Article and shall be covered by the provisions of paragraphs (i) to (viii) of Article 27.

(iv) The Export Factor shall promptly reimburse the Import Factor under this Article; such payment shall include interest from date of PUA to date of reimbursement as calculated in accordance with Article 26 (ii).

(v) The provisions of this Article are additional to and not in substitution for any other provisions of these Articles.

(N. B. : Paragraph (iii) becomes (i) with the other paragraphs to follow chronologically June 2009. Paragraph (ii) amended June 2010. Paragraphs (ii) and (iv) amended June 2013.)

图书在版编目(CIP)数据

商业保理法律实务与案例/叶正欣,万波主编.—上海:
复旦大学出版社,2016.4(2021.5 重印)
商业保理培训系列教材
ISBN 978-7-309-12015-8

Ⅰ.商… Ⅱ.①叶…②万… Ⅲ.商业银行-商业服务-研究 Ⅳ.F830.33

中国版本图书馆 CIP 数据核字(2015)第 308824 号

商业保理法律实务与案例
叶正欣 万 波 主编
责任编辑/王联合 戚雅斯

复旦大学出版社有限公司出版发行
上海市国权路 579 号 邮编:200433
网址:fupnet@fudanpress.com http://www.fudanpress.com
门市零售:86-21-65102580 团体订购:86-21-65104505
出版部电话:86-21-65642845
常熟市华顺印刷有限公司

开本 787×960 1/16 印张 24.25 字数 389 千
2021 年 5 月第 1 版第 3 次印刷

ISBN 978-7-309-12015-8/F·2229
定价:49.00 元